国家出版基金项目
NATIONAL PUBLICATION FOUNDATION

当代动物营养与饲料科学精品专著（第二辑）

现代
饲料工程
高新技术及应用

王春维　郝　波 ◎ 主编

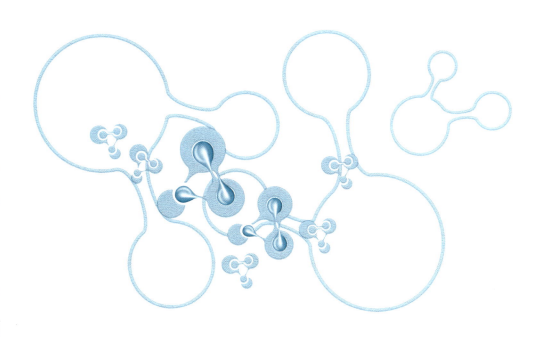

中国农业出版社
北　京

丛书编委会

主 任 委 员：**李德发**

副主任委员（以姓氏笔画为序）：

王宗礼　印遇龙　张宏福　赵立山　侯水生

姚　斌　谯仕彦

委　　　员（以姓氏笔画为序）：

卜登攀　刁其玉　马　曦　马永喜　马秋刚

王成章　王军军　王春维　方热军　尹靖东

邓　禹　邓雪娟　田亚东　史莹华　冯定远

伍树松　刘玉兰　刘国华　刘建新　齐广海

李　平　杨小军　吴　信　宋志刚　张广智

张军民　张桂国　张海军　陈　亮　陈代文

武旭峰　单安山　孟庆翔　郝　波　姚　婷

贺　喜　蒋林树　蒋显仁　曾祥芳　颜景辰

瞿明仁

主　　　审：张宏福　李胜利

本书编写人员

主　　编　王春维　郝　波

编　　者（以姓氏笔画为序）

马永喜　王春维　严平宇　李　奥

李云雁　周　兰　庞美霞　孟凡涛

郝　波　祝爱侠

主　　审　曹　康

粮食安全是国家安全的基本保障、治国理政的头等大事，我国一直突出强调粮食生产在保障粮食安全中的决定性作用。在口粮绝对安全的背景下，如何提升谷物自给率、保障饲料用粮供给是中国粮食安全战略的重要问题。为此，我们要以"大食物观"的新发展理念来保障国家粮食安全。

这种发展理念，一方面源于国际形势变化与全球性疫情蔓延均不同程度地冲击国际粮食市场秩序，区域性粮食危机叠加潜在不确定性因素致使粮食安全风险升高；另一方面源于国内社会经济发展下的居民膳食消费结构升级，粮食安全的内涵从口粮安全层次上升到整个食物系统安全与营养安全的新高度，以饲料用粮为达标的粮食结构安全问题引发广泛思考。在重新认知粮食安全概念的基础上，有效化解饲料用粮供需矛盾、筑牢畜牧业高质量发展的资源基础、实现肉蛋奶的稳产保供是粮食安全问题的焦点与核心。要解决饲料用粮安全，一定要树立"大食物观"，解决畜牧业对饲料用粮的过度依赖，从而缓解我国粮食安全压力。我们应当立足粮食安全之需，牢牢抓住饲料用粮供需这一亟须解决的关键问题。

"当代动物营养与饲料科学精品专著（第一辑）"，聚焦我国动物营养与饲料方面的重点选题，出版后在行业内引起了广泛反响。在第一辑的示范效应下，现又从畜牧业的可持续发展、畜禽精准饲养、饲料用粮对我国粮食发展的重要性方面出发，实时策划"当代动物营养与饲料科学精品专著（第二辑）"，抓住行业热点、紧跟国家政策、服务国家发展大局，其实施不仅有利于节约饲料资源、拓展科研和应用思路，而且对推动我国动物营养与饲料科学的发展、保证我国粮食安全具有重要理论参考价值和生产应用价值。

李德发

2024 年 2 月

前　言

　　我国饲料工业是伴随改革开放而萌生的一种新兴工业。饲料工业经过 40 多年的快速发展，现已形成一个完整的工业体系，其领域涉及饲料加工、饲料原料加工、饲料添加剂生产、饲料机械制造、畜牧养殖机械制造、制药（动物保健）、质量安全监测体系建设以及饲料科学研究等不同行业。2022 年我国饲料总产量 3.02 亿 t，连续 12 年位居世界第一；饲料工业总产值 1.3 万亿元。饲料工业已成为架设在种植业与畜牧养殖业之间的一座桥梁，其为种植的作物（粮食）拓展了广阔的市场，为养殖的动物提供了营养全面、高效、经济的物质保障（饲料）。饲料工业的发展，极大地推动了我国畜牧养殖业的快速发展，为国民提供了丰富的动物源性食品，为提高国民生活水平和促进大众身体健康提供了物质保障。

　　随着饲料行业和养殖业深度融合式的一体化发展，大众在关注动物营养的同时，逐渐开始关注饲料加工工艺对动物营养的影响。我国著名动物营养专家李德发院士多次公开强调"饲料加工工艺学与动物营养学的结合是饲料行业的基础"，这足以表明饲料加工在畜牧行业的重要性。而当今饲料加工的技术手段早已远远突破了起步阶段的原料清理、粉碎、配料、混合、制粒等传统加工技术，以干燥技术、微胶囊造粒技术、纳米技术、超临界和亚临界萃取技术、膜过滤技术、分子蒸馏技术、微波技术、挤压膨化技术、生物工程技术等为主的现代新型加工技术，在饲料加工、饲料资源开发、饲料添加剂生产中得到不断应用和推广，推动着饲料工业的快速和创新性发展，许多相关企业也以此为基础步入高新技术企业行列。

　　白春礼院士曾说："科学技术的发展和应用，离不开知识的传播；我们从事科学研究，得到了'数据'（论文），这只是'信息'。将相关的大量信息进行整理、分析，使之形成体系并付诸实践，才变成'知识'。信息和知识如果不能交流，就没有用处，所以需要'传播'（出版），这样才能被更多的人'应用'，被更有效、更准确地应用，知识才能产生更大的社会效益，国家才能向越来越高的水平发展。所以，数据信息知识传播应用效益发展，是科学

1

技术推动社会发展的基本流程。"受白院士的启迪，笔者萌生了把多年在教学和科研工作中积累的知识体系进行整理、传播的想法，以期推动饲料行业的科技进步。该想法得到了同行及专家的认可和鼓励，并得到了江苏正昌集团的鼎力支持。理想激发努力，努力改变现实。吾辈更希望这微不足道的努力能为同行提供参考、开拓新的思路，以对行业的科技进步有积极的促进作用。

　　本书在编撰过程中，参考了大量专家、学者的研究成果和资料，在书中已注明，部分资料作者不详，在此一并表示由衷的感谢！也非常感谢为此书付出辛勤劳动的所有编者和团队成员！

　　由于水平有限，书中不妥之处，敬请读者批评指正，以便日后修订时完善。

编　者

2024 年 1 月

目 录

1

第一章
干燥技术及其在饲料工业中的应用 ▶▶▶

干燥是将物料中的水分或其他液体成分去除至安全含量的作业，是工业化生产过程中的关键工序之一，农业、食品、化工、饲料加工等生产过程都涉及干燥工艺。在饲料加工领域，尤其是在颗粒饲料、膨化饲料、饲料资源开发和饲料添加剂生产中均需要对物料进行干燥。物料干燥效果直接影响产品的性能、形态、质量以及干燥过程中的能量消耗等。干燥技术的覆盖面较广，既涉及传热、传质，又与物料的特性参数等密切相关，最终还体现在各类干燥设备的结构及生产工艺中。

第一节　干燥技术概述

一、物料干燥过程

当对湿物料进行热力干燥时，其基本的干燥过程为，热空气从湿物料的表面通过，由于空气的温度较高，物料的温度低，因此空气与物料之间存在着传热推动力，热空气将热量传递给物料，物料接受热量用来汽化其中的水分，水分持续被气流带走，从而使物料的含水率不断降低，当达到平衡含水率时，干燥过程结束。

在整个干燥过程中，下述两种过程相继发生，并先后影响干燥速率。

过程 1：能量（大多数情况是热量）从周围环境传递至物料的表面，使表面水分蒸发，液体以蒸汽的形式从物料表面排除，此过程的干燥速率取决于物料温度、热空气温度、湿度以及热空气的流速、物料暴露的表面积及压力等外部条件，此过程称为外部条件影响过程，也称恒速干燥过程。

过程 2：内部水分传递至物料的表面，随之再发生表面蒸发。在物料内部水分的传递过程中，物料性质、温度和含水量互为函数，此过程称为内部条件影响过程，也称降速干燥过程。

物料的干燥速率是由上述两种过程中较慢的速率来控制。以上所述两种干燥过程如下。

外部条件控制的干燥过程（过程 1）：在干燥过程中基本的外部变量为温度、湿度、空气的流速和方向、物料的物理形态和运动状况，以及在干燥器干燥作业时的持料方式。在外部条件控制干燥效果的初始阶段，即在排除非结合表面水分阶段尤为重要，因为物料表面的水分以蒸汽形式通过物料表面的气膜向周围扩散，这种传质过程伴随传热进行，由此强化传热便可加速干燥。但在有些情况下，应对干燥速率加以控制，如在饲料和谷物原料的干燥过程中，很容易出现的表面裂纹（爆腰）或破碎。在此情况下，应采用相对湿度较高的空气，既能保持较高的干燥速率，又可防止出现质量缺陷。

内部条件控制的干燥过程（过程2）：在物料表面没有充足的自由水分时，热量传至湿物料后，物料就开始升温并在其内部形成温度梯度，使热量从外部传入内部，而水分从物料内部向表面迁移，这种过程的机制因物料结构特征而异。主要为扩散、毛细管流和由于干燥过程的收缩而产生的内部压力。在临界含水量出现到物料干燥至较低的最终含水量时，内部水分迁移成为关键因素。而部分外部可变量，如空气耗用量，对提高表面蒸发速率的作用降低。如物料允许在较高的温度下停留较长的时间就有利于此过程的进行，这可使物料内部温度较高，从而形成蒸气压梯度使水分扩散至表面，使液体水分迁移。对内部条件控制的干燥过程而言，其过程的强化措施是有限的，在允许的情况下，缩小物料的尺寸，对降低水分（或气体）的扩散阻力是很有效的。施加振动、脉冲、超声波技术有利于内部水分的扩散。而由微波提供的能量则可有效地使内部水分汽化，同时如辅以对流或抽真空则有利于水蒸气的排除。

实际生产中初始原料可能具有较高的含水量，而产品干燥后可能还要求保留一定的含水量，整个干燥过程可能均处于等速干燥阶段。而在多数情况下，两个阶段并存。而对难于干燥和水分含量要求较低的物料而言，主要干燥是在降速阶段进行。如物料的初始含水量相当低且要求最终含水量也极低时，则降速阶段是关键，干燥时间相对延长。空气流速、温度、湿度、物料厚度及料层深度对传热速率（即对等速干燥阶段全过程）有影响。

二、物料干燥速率

在大多数干燥过程中，干燥会经历初始的过渡阶段、恒速干燥阶段和降速干燥阶段。在图1-1中，AB段为初始的过渡段，BC段为恒速干燥段，CD段为降速干燥段。在干燥的初始过渡段，干燥速率可能高于或低于A'B段恒速段的干燥速率。这是因为如果物料的初始温度低于干燥条件下的湿球温度（恒速段的物料温度），则不可能开始恒速干燥，而物料要先吸收空气中的热量进行预加热，由于加热耗费了一定量的能量，所以干燥速度低于恒速干燥速度；反之，如物料的初始温度高于干燥条件下的湿球温度，则多余的能量用来加速物料的蒸发过程，导致其干燥速率高于恒速干燥段的干燥速度。对于绝大多数干燥过程，初始过渡段的时间都很短，可以忽略不计。当物料的温度达到干燥条件下的湿球温度时，开始恒速干燥阶段（BC段），其干燥速度为 W_{DI}。该阶段物料的温度近似维持在干燥条件下的湿球温度，平均湿含量随干燥时间呈线性下降，干燥速率保持不变，近似为一个常数。该干燥速率完全取决于外部的热质传递条件，几乎与被干燥物料的特性无关。然而，需要指出的是，有些物料的干燥过程并不存在恒速干燥阶段。在恒速与降速干燥段的临界点（C），物料的平均湿含量 X_c 称为临界湿含量，从这一时刻起，干燥进入降速干燥阶段（CD段），其干燥速度为 W_{DII}。由于此时内部水分向物料表面的传递速率低于恒速段的水分蒸发速率，所以没有足够的水分可以蒸发，而由干燥介质（热空气）提供的热量不变，多余的热量则导致物料的温度升高。该阶段的特征是干燥速率下降、物料的平均温度升高。最后物料的湿含量下降，一直下降至干燥速度为零，达到了在一定条件下的极限，这时物料的湿含量称为平衡湿含量（X_{eq}），温度趋于干燥介质温度，达到动态平衡状态E点，干燥过程结束。

如图1-1所示，当干燥速率曲线形状呈现急剧转变时，需干燥的物料可能有多个临

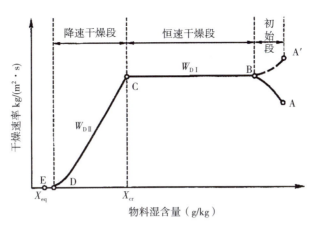

图 1-1 典型的干燥速率曲线

界含水率。这通常与组织结果或化学变化而导致的干燥机制变化有关。此外，临界含水率 X_c（临界湿含量）不是物料本身的特性，取决于干燥速率，只能由具体的试验来确定。

综上所述，干燥过程是很复杂的操作，包括瞬时传热、传质和多个速率过程，以及物理或化学变化；反言之，这些变化会导致产品质量的改变和传热、传质机制的改变。

三、传热与传质

干燥的形成是通过提供热量给湿物料实现液体的蒸发。因此，存在着传热和传质两个相互的过程。

所谓传热，就是热量的传递，可以通过对流（直接干燥设备）、传导（接触或间接干燥设备）、辐射或将湿物料放置于微波或电磁场中来实现。超过 85％的工业干燥器是以热空气或直接燃烧气体作为干燥介质的对流型干燥设备。超过 99％的应用涉及水分的去除。所有模式除了介电干燥（微波和电磁干燥）以外，都是在被干燥物料的表面提供热量，所以热量主要通过传导传递到物料内部。

而传质，即物料表面和内部水分的传递，水分的传递可能包括以下任一个或多个传质机制：①液体扩散，发生于湿物料的温度低于液体的沸点时；②水蒸气扩散，液体在物料内蒸发时；③克努森（Knudsen）扩散，干燥发生在非常低的温度和压力时，如冷冻干燥；④静水压差，当内部蒸发速率超过蒸汽由固体物料向环境传递的速率时。

另外应当注意，在干燥过程中由于被干燥物料的物理结构的改变，水分传递的机制随着干燥时间的流逝可能也会发生改变。

四、不同加热方法对干燥过程的影响

（一）对流

对流加热是干燥颗粒、粉状或膏状物料最通用的方式。由热空气或其他气体流过物料表面或穿过物料层提供热量，而蒸发的水分由干燥介质带走。空气（最常见）、惰性气体、直接燃烧气体或过热蒸汽（或溶剂蒸气）均可用作对流干燥系统的加热介质。

此类干燥器也称作直接（加热）干燥器，在初始等速干燥阶段（在此阶段表面水分被排除），物料表面温度为对应加热介质的湿球温度。在降速干燥阶段，物料的温度逐渐逼近介质的干球温度，在干燥热敏性物料时，必须考虑这些因素。

当采用过热蒸汽干燥时，物料的最高温度相应于操作压力时的饱和温度。例如，在0.1MPa 时蒸汽温度为 100℃。对于可能氧化和对氧敏感的物料在蒸汽环境中，产品质量可以得到保护和改善。以对流（直接）为主的干燥器包括：气流、流化床、转筒或喷雾干燥器等。

（二）传导

热传导或间接干燥器更适用于薄层物料或很湿的物料干燥。蒸发热由安置在干燥器内的加热面（静态的或移动的）供给。蒸发出的水分由真空操作或少量气流带走，对热敏性物料推荐真空操作。在对流干燥器中由于焓随干燥空气逸失较大，故其热效率很低，而传导干燥器热效率则较高。干燥膏状物料的桨式干燥器、内部装有蒸汽管的转筒干燥器、管束式干燥器、干燥薄层糊状物的转鼓干燥器均属间接干燥器。

有些干燥工艺，可结合直接和间接干燥两种加热的优点。例如，在流化床干燥器中配置浸没加热管组或蛇管式换热器用于干燥热敏性聚合物或松香片，该干燥器的尺寸仅为纯对流流化床干燥器完成相同作业时的 1/3。

部分设备可以直接方式、间接方式或联合方式操作。例如，振动流化床干燥器可以是单纯对流的（如茶叶干燥），单纯传导的（如药物颗粒的真空干燥），或者是直接方式与间接方式结合的形式，如带浸没加热管的碎煤干燥，对于煤这类产品干燥介质可用蒸汽。

（三）辐射

热辐射是一种物体用电磁辐射的形式把热能向外散发的热传方式。其不依赖任何外界条件而进行。任何物体在发出辐射能的同时，也不断吸收周围物体发来的辐射能。一个物体辐射出的能量与吸收的能量之差，就是其传递出去的净能量。物体的辐射能力（即单位时间内单位表面向外辐射的能量），随温度的升高增加很快。

辐射能被物体吸收时发生热效应，物体吸收的辐射能不同，所产生的温度变化也不同。因此，辐射是能量转换为热量的重要方式。辐射传热是指依靠电磁波辐射实现热冷物体间热量传递的过程，是一种非接触式传热，在真空中也可进行。物体发出的电磁波，理论上是在整个波谱范围内分布，但在工业化生产中遇到实际温度范围限制，仅波长为 $0.38\sim1\,000\mu m$ 的热辐射被用于烘干加热，而且大部分位于红外线（又称热射线）区段中 $0.76\sim20\mu m$ 的范围内。所谓红外线加热，就是利用这一区段的热辐射。

第二节 湿空气的性质

常见的干燥方式多采用预热后的空气作为干燥介质。空气是含有少量水蒸气的一种气体混合物。预热后的空气在与湿物料（含有水分）接触时将热量传递给湿物料，同时又带走从湿物料中逸出的水蒸气，从而使湿物料干燥。因此，在干燥过程的计算中，需要知道湿空气的一些基本热力学性质。

一、绝对湿度

每千克干空气中含有水蒸气的质量，称为空气的绝对湿度，又称为湿度或含水量，可以用以下公式表示：

$$y = \frac{m_A}{m_g} \qquad (1-1)$$

式中：y——绝对湿度，kg（水蒸气）/kg（干空气）；

　　　m_A——水蒸气的质量，kg；

　　　m_g——干空气的质量，kg。

在一定体积 V 和温度 Tg 时，对水蒸气和干空气可分别列出气体状态方程，如下：

$$p_A V = n_A RT = \frac{m_A}{M_A} RT \qquad (1-2)$$

$$p_g V = n_g RT = \frac{m_g}{M_g} RT \qquad (1-3)$$

式中：p_A——水蒸气的分压，Pa；

　　　p_g——干空气的分压，Pa；

　　　n_A——水蒸气的物质的量，mol；

　　　n_g——干空气的物质的量，mol；

　　　M_A——水蒸气的分子量，g/mol；

　　　M_g——干空气的分子量，g/mol；

　　　R——气体常数，J/（mol·K）；

　　　T——热力学温度，K。

对于湿空气总的压力：

$$p = p_A + p_g \qquad (1-4)$$

因此，由式（1-1）、式（1-2）和式（1-3）可得，湿空气的绝对湿度也可写为：

$$y = \frac{M_A}{M_g} \times \frac{p_A}{p_g} \qquad (1-5)$$

或者

$$y = \frac{M_A}{M_g} \times \frac{p_A}{p - p_A} \qquad (1-6)$$

由于已知水分子量为 $M_A = 18.016 \text{g/mol}$，干空气的分子量为 $Mg = 28.96 \text{g/mol}$，因此

$$y_s = 0.622 \times \frac{p_s}{p - p_s}; \quad y = 0.622 \times \frac{p_A}{p - p_A} \qquad (1-7)$$

在一定温度下，当水蒸气分压 p_A 达到饱和蒸气压 p_s 时，则上式为：

$$y_s = 0.622 \times \frac{p_s}{p - p_s} \qquad (1-8)$$

式中：y_s——饱和空气的绝对湿度，kg（水蒸气）/kg（干空气）；

　　　p_s——一定温度下空气的饱和蒸气压，Pa。

此时，湿空气中含有的水量达到最大值，如果 $y > y_s$，水蒸气则会凝结成水珠析出，因此当空气作为干燥介质时，其绝对湿度不得大于 y_s。

二、相对湿度

湿空气的实际蒸气压与相同温度下的饱和蒸气压之比，称为相对湿度，其表达式为：

$$\varphi = \frac{p_A}{p_s} \qquad (1-9)$$

式中：φ——相对湿度。

一般情况下，空气的饱和蒸气压 p_s 会随着温度的升高而增大，因此当水蒸气的分压 p_A 一定时，相对湿度 φ 随着温度的升高而减小。当湿空气中的水蒸气的分压 p_A 达到饱和蒸气压 p_s 时，$\varphi = 1$。

将式（1-9）代入式（1-7）即可得到湿空气的绝对湿度与相对湿度的关系为：

$$y = 0.622 \times \frac{\varphi p_s}{p - \varphi p_s} \qquad (1-10)$$

三、湿空气的比热容

湿空气的比热容，又称湿热或湿比热容，是指 1kg 干空气和其中含有的水蒸气组成的混合湿空气的比热容，或称为 1kg 湿空气的温度升高或降低 1K（开尔文）的时候所需要或放出的热量。故有：

$$c_H = c_g + c_A y \qquad (1-11)$$

式中：c_H——湿空气的比热容，kJ/（kg·K）；

c_g——干空气的比热容，kJ/（kg·K）；

c_A——水蒸气的比热容，kJ/（kg·K）。

在常压和 0～200℃ 的温度范围内，由于 c_g 和 c_A 变化极小，因此可将其视为常数，其值分别为 1.01kJ/（kg·K）和 1.88kJ/（kg·K），也就是说，湿空气的比热容只会随着湿度的变化而变化：

$$c_H = 1.01 + 1.88y \qquad (1-12)$$

四、湿空气的湿热焓

湿热焓也称热焓，是指 1kg 干空气及其被携带的水蒸气焓值之和，即：

$$I_H = I_g + I_A y \qquad (1-13)$$

式中：I_H——湿空气的热焓，kJ/kg；

I_g——干空气的热焓，kJ/kg；

I_A——水蒸气的热焓，kJ/kg。

在对干燥过程作热力学计算时，为方便起见，常取 0℃ 的水作为基准。在给定 t_g 温度时，湿空气的焓值为：

$$I_H = I_g + I_A y = c_g t_g + (c_A t_g + r_0)y = c_H t_g + r_0 y \qquad (1-14)$$

式中：t_g——温度，℃；

r_0——0℃ 时水的汽化潜热，$r_0 = 2\,491$kJ/kg。

因此，在 t_g 温度下，湿空气的热焓为：

$$I_H = (1.01 + 1.88y)t_g + 2\,491y \qquad (1-15)$$

五、露点

使不饱和的湿空气在总压和绝对湿度不变的情况下冷却达到饱和状态时的温度，称为

该湿空气的露点 t_s。达到露点温度的湿空气如果继续冷却，则会有水珠凝结析出。处于露点温度的湿空气的相对湿度 φ 为 100%，即湿空气中的水蒸气分压是饱和蒸气压 p_s，由式（1-8）可得：

$$p_s = \frac{y_s p}{0.622 + y_s} \tag{1-16}$$

饱和温度 t_s（露点）与饱和蒸气压总压 p_s 的关系可根据实测数据整理的经验公式计算。由此在一定总压 p 和绝对湿度 y 时，可由式（1-16）计算 p_s，并进而求取 t_s。

第三节 湿物料的性质

对于需要被干燥的湿物料，不同的湿物料具有不同的物理、化学等性质，虽然所有的参数都会对湿物料的干燥过程产生影响，但最重要的影响因素为水分的含量以及水分的结合方式。

一、含水率（含水量）

湿物料的含水率，又称为含水量或水分含量，一般有两种定义方式：干基含水率和湿基含水率，其公式分别为：

$$x = \frac{m_w}{m_d} \times 100\% \tag{1-17}$$

$$w = \frac{m_w}{m_d + m_w} \times 100\% = \frac{m_w}{m_m} \times 100\% \tag{1-18}$$

式中：x——湿物料的干基含水率，$\%$；

$\quad\quad w$——湿物料的湿基含水率，$\%$；

$\quad\quad m_w$——湿物料中水分的质量，kg；

$\quad\quad m_d$——湿物料中绝干物料的质量，kg；

$\quad\quad m_m$——湿物料的质量，kg。

干基含水率与湿基含水率可以互相换算，其公式为：

$$x = \frac{w}{1-w} \tag{1-19}$$

$$w = \frac{x}{1+x} \tag{1-20}$$

需要注意的是，在实际应用中，由于物料的整体质量比较容易测得，因此一般以湿基含水率来表示物料的含水率；但在干燥过程中，由于物料中的绝干物料的质量是恒定不变的，因此，在有关干燥理论公式和其推导中一般以干基含水率来计算物料中的含水率。

二、水分活度

(一) 水分活度的定义

物料中水分的含量与物料的腐败变质之间存在着一定的关系，高水分的物料更容易腐败变质。然而，研究发现具有相同水分含量的物料腐败变质情况具有显著差异，所以水分含量并不是物料腐败变质的可靠指标。水分含量指标不可靠的部分原因归结于各类物质中水与非水物质的结合强度的不同，参与强烈结合的水不能有效地支持降解活性，如微生物的生长和水解化学反应。考虑到这个因素，研究人员引入了水分活度（简称"水活度"）这个概念。

衡量水与物质结合力的大小或区分自由水和结合水，可用水分子的逃逸趋势（逸度）来反映，将物料中水的逸度与纯水的逸度之比称为水分活度（water activity，a_w）。

水分活度定义如下：

$$a_w = \frac{p_w}{p_{ws}} \tag{1-21}$$

式中：a_w——水分活度；

p_w——物料温度下，物料中水分的蒸气压，Pa；

p_{ws}——物料温度下，自由水分的饱和蒸气压，Pa。

物料在一定空气环境下达到平衡状态，物料的水分活度 a_w 等于空气的相对湿度 φ，即：

$$a_w = \frac{p_w}{p_{ws}} = \frac{p_v}{p_s} = \varphi \tag{1-22}$$

式中：p_v——空气温度下，空气中水蒸气分压，Pa；

p_s——空气温度下，饱和水蒸气分压，Pa。

即，在平衡状态下，$p_w = p_v$，$p_{ws} = p_s$。

需要有所区别的是，水分活度是物料的固有性质，相对湿度是与物料相平衡时的空气的性质。少量样品与环境空气之间达到平衡要花费大量时间，而大量样品则基本不可能达到平衡。

在水分活度定义中，需要指定测量温度，这是因为水分活度与温度有关。Clausius-Clapeyron 方程较精确地描述了水分活度与温度的关系，其公式为：

$$\frac{d\ln a_w}{d\left(\frac{1}{T}\right)} = -\frac{\Delta H_s}{R} \tag{1-23}$$

式中：T——热力学温度，K；

R——摩尔气体常量，J/（mol·K）；

ΔH_s——在样品的水分含量下，等量净吸附热，J/mol。

将此方程在边界条件下进行积分，可得到线性方程，即：

$$\ln a_w = -\frac{\Delta H_s}{R}\frac{1}{T} + C \tag{1-24}$$

式中：C——常数。

因此，在一定的水分含量下，以 $\ln a_w$ 与 $\frac{1}{T}$ 作图，应为一条直线。

（二）水分活度与物料贮存性能的关系

1. 水分活度对微生物生长的影响 各种微生物都有其自己生长最旺期的适宜 a_w 值。a_w 下降，微生物的生长率也下降，最终 a_w 还可以下降到微生物停止生长的水平。研究表明，不同类群微生物生长繁殖的最低 a_w 的范围是：大部分细菌为 0.94～0.99，大部分霉菌为 0.80～0.94，大部分耐盐细菌为 0.75，耐干燥霉菌和耐高渗透压酵母为 0.60～

0.65，当 a_w < 0.6 时，绝大部分微生物基本无法生长。

2. 水分活度与酶活性的关系　食品、饲料中酶的来源多种多样，包括物料的内源酶、微生物分泌的胞外酶及人为添加的酶。水分活度对酶活性的影响主要通过以下途径：①水作为运动介质促进扩散作用；②稳定酶的结构和构象；③水作为酶解反应的底物；④破坏极性基团的氢键；⑤从反应物中释放产物。

酶活性随水分活度的提高而增大，通常在 a_w 为 0.75～0.95 的范围内酶活性达到最大。在 a_w < 0.65 时，酶活性降低或减弱，但要完全抑制酶活性，a_w 应在 0.15 以下。因此通过降低 a_w 来抑制酶活性不是很有效的方法。为了控制干制品中酶的活性，就有必要在干制前对食品、饲料进行湿热或化学钝化处理，以达到使酶失活的目的。

3. 水分活度与化学变化的关系　水分活度的大小直接影响物料中的化学反应的进行。引起物料品质改变的反应主要是有氧化反应和褐变反应等，不同的反应对物料品质的影响是不同的。水分活度并不是确定最低化学反应的唯一参数。很多化学反应属于离子反应，而发生离子化或水化作用必须有足够的自由水。此外，很多化学反应和生物反应都必须有水分子参与才能进行。若降低水分活度，就减少了参加反应自由水的数量，反应物中水的浓度降低，化学反应速度也就减慢。

三、物料中水分含量的测定方法

测定物料中的含水率方法通常分为两类：一是直接测量法，此法用各种办法把水分从湿物料中排除，然后测量其重量或体积；另一类是间接测量法，此法根据某种参数值随含水率的变化而显著变化的特点来测量物料中水分的含量。

（一）直接测量法

常用的直接测量法有：物料加热法、化学干燥法、共沸蒸馏法和化学滴定法 4 种方法，在农产品加工过程中主要使用的是物料加热法。

物料加热法是将一个已知质量的物料样品放在称量皿中，然后在烘箱中恒温加热直到其达到恒定的质量。烘烤温度取决于物料的耐热性，使烘出水分时，物料不致发生化学变化（氧化或分解等）。对于耐热的物料可在微波炉里加热以排除水分，使烘烤时间大为缩短。而对于热敏性物料，需在真空干燥箱中作低温加热脱水。

（二）间接测量法

间接测量法主要有导电率法、电容法、微波法和远红外吸收法等，这些方法虽然具有快捷、准确的优势，但需要特定的仪器设备和较高的使用技术，所以这些方法在生产实际中很少被使用。在生产实际中普遍使用的方法是物料加热法，对于个别热敏性物质可采用其他方法进行。

四、湿物料的比热

湿物料的比热与湿空气的比热一样，指在一定过程中，使单位质量的物料升高（或降低）单位温度所需要的热量。若该过程中物料的体积不变，则称为定容比热；若压力不变，则称为定压比热。在干燥过程中，由于一般会保持物料的压力不变，或压力变化对湿物料的传热影响较小，因此常采用定压比热来表示湿物料的比热。定压比热与温度有关，在干燥过程中，采用一定温度范围内的比热平均值更为方便，因此通常用其公式表示为：

$$\bar{c_p} = (\frac{\Delta Q}{\Delta T})_p = \frac{1}{T_1 - T_2}\int_{T_1}^{T_2} c_p \mathrm{d}T \qquad (1-25)$$

式中：c_p——定压比热，kJ/（kg·K）；

$\quad\quad\quad \bar{c_p}$——平均定压比热，kJ/（kg·K）；

$\quad\quad\quad \Delta Q$——单位质量湿物料热量差值，kJ/kg；

$\quad\quad\quad T$——热力学温度差值，K；

T、T_1、T_2——热力学温度，K。

在 27～1 227℃的温度范围内，采用已知温度的二项式足以描述定压比热随温度的变化，且二次项可以忽略，因此有：

$$c_p = a + bT \qquad (1-26)$$

式中：a、b——参数。

则由式（1-25）和式（1-26）可得平均定压比热为：

$$\bar{c_p} = a + \frac{1}{2}(T_1 + T_2) \qquad (1-27)$$

湿物料的比热可通过绝干物料的比热 c_s 和水的比热 c_w 来计算，公式为：

$$c_p = c_s x + c_w w \qquad (1-28)$$

由于 $\qquad\qquad\qquad\qquad x = 1 - w \qquad (1-29)$

所以 $\qquad\qquad\qquad c_p = c_s + (c_w - c_s)w \qquad (1-30)$

式（1-28）至式（1-30）中：x——湿物料的干基含水率（d. b），%；

$\quad\quad\quad\quad\quad\quad\quad\quad w$——湿物料的湿基含水率（w. b），%；

$\quad\quad\quad\quad\quad\quad\quad\quad c_s$——湿物料中绝干物料的比热，kJ/（kg·K）；

$\quad\quad\quad\quad\quad\quad\quad\quad c_w$——湿物料中水的比热，kJ/（kg·K）。

一般情况下，湿物料中绝干物质的比热随温度升高而升高，而水的比热随温度变化在 0℃是个分界线。在 0℃以下比热随温度的升高而升高，在 0℃以上，比热随温度的升高而降低，最后（10℃）稳定在 4.187kJ/（kg·K）。

可采用一定温度间隔的比热容平均值代入式（1-30）计算湿物料的比热，湿物料的比热随含水量的增加而增加，其主要原因是一般构成物料干物质的比热〔脂肪为 1.90kJ/（kg·K），碳水化合物为 1.22kJ/（kg·K），蛋白质为 1.9kJ/（kg·K）〕都比水低。

根据式（1-30）计算的物料比热和其水分含量之间具有线性关系。表 1-1 列出了部分谷物和淀粉的比热模型公式。

表 1-1　部分谷物和淀粉的比热模型公式

物料	模型公式
玉米	$c_p = 1.47 + 0.036w$
玉米（高水分）	$c_p = 2.03 + 0.042w$
稻谷	$c_p = 1.12 + 0.045w$
小麦	$c_p = 1.21 + 0.035w$
小麦（高水分）	$c_p = 1.10 + 0.043w$
大豆	$c_p = 1.633 + 0.019\,2w$

（续）

物料	模型公式
裸麦	$c_p = 1.28 + 0.033w$
高粱	$c_p = 1.34 + 0.033w$
天然淀粉	$c_p = 1.215 + 0.029\,7w$
糊化淀粉	$c_p = 1.230 + 0.029\,7w$

五、干燥的平衡

（一）物料的平衡含水量（EMC）

当物料与一定状态的空气（温度、湿度）接触后，物料可能被除去水分或吸入水分；如果周围空气的水蒸气压 p_v ＜物料中水分的蒸气压 p_w，则物料将蒸发水分而干燥；相反，如果 p_v ＞p_w，则物料将从空气中吸收水分而润湿；最后，当 $p_v = p_w$ 时，物料所含水分与周围空气达到平衡，其含水率不再发生变化。

物料的平衡含水量即湿物料在一定环境条件下（一定的温度和一定的相对湿度）可达到的最小含水量。物料的平衡含水量是大多数干燥模型的一个重要性质。

（二）吸附等温线

在一定温度下，对应于不同空气相对湿度与此时达到的物料平衡含水量之间的关系曲线，称为吸附等温线。由于达到平衡状态时，物料的水分活度 a_w 与空气的相对湿度 φ 相等，因此，吸附等温线也即水分活度与物料平衡含水量的关系曲线。

等温吸附平衡关系可由物料吸收水分或物料失去水分两种方法获得，前者称吸附等温线，后者称解吸等温线。解吸等温线更适用于干燥过程。

实际上，如图1-2所示，当物料被放置在相对湿度等于 φ_A 的空气环境中时，含水量低于 x_A 的物料不能被干燥，并与之相反，物料反而会吸湿，使其含水率增加。

从图1-2中可见，吸附等温线和解吸等温线并不重合，有滞后现象。滞后的大小、曲线的形状以及滞后环的始点与终点会与物料的性质、温度、加入或去除水时所产生的物理变化、解吸速度以及解吸过程中被除去的水分的质量等因素有关。一般来说，当空气的相对湿度一定时，解吸过程中物料的平衡含水量大于吸附过程中物料的平衡含水量。对于两条曲线间的

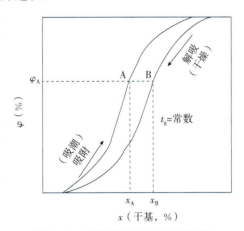

图1-2　吸附等温线和解吸等温线

滞后现象至今尚无科学合理的解释。显然，吸附等温线和解吸等温线与温度也有一定的关系。不同物料的吸附等温线其总体趋势是一样的，即当物料平衡含水量一定时，水分活度随温度的增加而增加，这从式（1-24）也可看出。但其变化曲线是有所不同的。吸附等温线分为5种不同的类型（图1-3）。其中，某些非金属无机物，如活性炭、硅胶等为Ⅰ型；亲水聚合物，如天然纤维和一般谷物、食品的等温线为Ⅱ型；吸水性差的橡胶、塑

料、人造纤维等为Ⅲ型；某些金属无机物，如氧化铝为Ⅳ型。但许多物料的吸附等温线不能作适当的分类，因为它们在不同的情况下，会分属不同的类型。

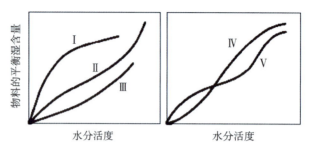

图1-3　5种不同类型的吸附等温线

六、物料中水分的结合形式

物料和水分的结合形式因物料的结构而有所不同，但从干燥的平衡特点看，根据空气相对湿度及物料含水量的大小可分别定义为：结合水分和非结合水分，平衡水分和自由水分。

（一）物料中所含水分的性质

1. 结合水分和非结合水分

（1）结合水分　结合水分包括物料细胞壁内的水分、物料内毛细管中的水分及以结晶水形态存在于固体物料之中的水分等。这种水分由于结合力强，其蒸气压低于同温度下纯水的饱和蒸气压，导致干燥过程中传质推动力降低，因而除去结合水分较困难。结合水分是空气相对湿度为100％时物料的平衡水分，可由等温吸附曲线获得。此时物料含水量又称为最大吸湿含水量，在等温吸附曲线上记为 x_{max}；物料中超过此含水量的水分为非结合水分。食品、饲料中的结合水分大多数是由原料中的蛋白质、淀粉、果胶等物质的羧基、氨基等亲水性基团或水中的无极离子的键合成或偶极作用产生。

（2）非结合水分　非结合水分包括机械地附着于固体表面的水分，如物料表面的吸附水分、较大孔隙中的水分等。物料中非结合水分与物料的结合力弱，其蒸气压与同温度下纯水的饱和蒸气压相同，因此，干燥过程中除去非结合水分较容易。而对应于吸附等温线上任意点的含水量称为平衡水分（x_{eq}，或 EMC），超过此含水量的水分称为自由水分。其在等温吸附曲线上的位置如图1-4所示。

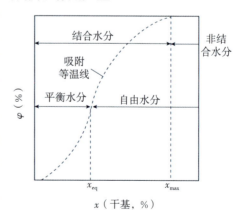

图1-4　物料中各水分之间的关系

2. 平衡水分和自由水分　根据物料在一定
干燥条件下所含水分能否用干燥方法除去来划分，可分为平衡水分和自由水分。

（1）平衡水分　指等于或小于平衡含水量，无法用相应空气所干燥的那部分水分。一定空气状态下，物料中所含水分不再因与空气接触时间的延长而有所增减，物料中所含水分称为在此空气状态下该物料的平衡水分，用 x_{eq} 表示。平衡水分随物料种类而异。

（2）自由水分　指湿物料中大于平衡含水量，有可能被该湿空气干燥除去的那部分水分。

两种分类方法的区别，平衡水分与自由水分以及结合水分与非结合水分是两种概念不同的区分方法。自由水分是在干燥中可以除去的水分，平衡水分是不能除去的水分。自由水分和平衡水分的划分除与物料有关外，还取决于空气的状态。非结合水分是在干燥中容易除去的水分，而结合水分较难除去。是结合水分还是非结合水分仅决定于固体物料本身的性质，与空气状态无关。物料的总水分、平衡水分、自由水分、结合水分、非结合水分之间的关系如图 1-4 所示。

（二）化学结合水分、物理化学结合水分和物理机械结合水分

有研究者提出，考虑到水分和物料结合能的大小，即从物料中排除 1mol 的水所耗的能量为基准，可将水和物料的结合形式分为 3 类。

1. 化学结合水分　这种水分与物料的结合有准确的数量关系，结合得非常牢固，只有在化学作用或非常强烈的热处理（如煅烧）时才能将其除去。普通干燥方法不能排除化学结合水分。

2. 物理化学结合水分　物料结合水有如下两种结合方式：

（1）吸附结合水　这种水分基本上相当于胶体微粒的外表面与内表面上吸附的单分子层水分，是胶体外表面与内表面上的力场所束缚的水分。吸附结合水与物料的结合无严格的数量关系。这种水分只有变成蒸汽后，才能从物料中去除。其蒸气压可根据物料的水分含量在吸附等温线上查取。

（2）渗透压保持水　封闭在细胞内的水分属于这种类型，从其结合能量极小的意义上讲，其属于游离水。

高分子化合物是由不同相对分子质量的混合组分构成，它们与水发生不同的作用；高分子组分不溶于水，而低分子组分可溶于水。细胞壁由不溶性组分构成，可溶性组分部分进入细胞，部分处在细胞外。因为细胞内可溶性组分的浓度比细胞外高，所以，水经过细胞壁靠渗透方式向细胞内渗透。渗透压保持水的吸收不放出热量，也不使体系受到压缩。由于细胞内外的浓度差，渗透压保持以液态形式经细胞壁扩散。

3. 物理机械结合水分　毛细管中的水分属于此种类型。把常压下气态物质的迁移机制作为毛细管分类的依据。毛细管半径小于水蒸气分子的平均自由程（$\lambda_L \approx 10^{-7}$m）时，气体的迁移主要以隙透方式进行（毛细管中单分子定向流动，称为克努森分子流），此类毛细管称为微毛细管（$R < 10^{-7}$m，即 $R < \lambda_L$）。当毛细管中半径大于水蒸气分子的平均自由程（$R > 10^{-7}$m，即 $R > \lambda_L$）时，气态物质的迁移以普通扩散形式进行（分子的无序运动），此类毛细管称为大毛细管。

（三）可用机械方法（如过滤）除去的水分

留在物料细小容积骨架中的水分是生产过程中保留下来的。去除这种水分只需克服流体流经物料骨架的流体阻力即可实现。

物理-化学结合水分和物理-机械结合水分中都有一部分难以去除的水分，属于结合水分。可用机械方法脱除的水分和存在于物料表面的大量水分属于自由水分。

第四节　干燥过程中的热质传递参数

一、水分扩散系数

在干燥过程中，物料中湿分的扩散是一个复杂的过程，可能涉及分子扩散、毛细流动、克努森流动、水力学流动、表面扩散等现象。基于不同的现象及理论，扩展许多水分扩散模型，其中基于液体扩散理论的赖维斯扩散方程最为常见。通常以水分有效扩散系数 D_{eff} 代替水分扩散系数。有效扩散系数综合考虑了所有这些现象的影响，该方程常被称为"费克第二定律"：

$$\frac{\partial_x}{\partial_t} = D_{eff} \nabla^2 x \qquad (1-31)$$

式中：D_{eff}——水分有效扩散系数，m^2/s；

$\quad\quad x$——物料的干基含水率，kg/kg；

$\quad\quad t$——时间，s。

此方程显示物理湿分分布随时间的变化规律，其描述了湿分在物料内部的迁移过程。也可作为干燥控制机制，控制湿分扩散的状况。

（一）水分扩散系数的测定方法

根据有效扩散系数，可将菲克定律扩展到不均匀介质的水分传递分析。D_{eff} 是一个依靠试验确定的参数，目前尚无测量扩散系数的标准方法。文献中经常提及的测定方法包括：吸附动力学法、渗透法、浓度-距离曲线法、干燥法，也包括一些现代技术方法（如放射性示踪法、导核磁共振法、顺磁共振法等）。

1. 吸附动力学法　吸附动力学法的理论依据为菲克扩散方程（忽略传质表面阻力），只能用于常规扩散系数的测定。测试时，将固体试样置于等温等浓度扩散物质环境中，等浓度环境可通过测吸附等温线的办法获得。每隔一定的时间测量试样的重量，直至试样达到其平衡水分。

2. 渗透法　该试验方法适用于膜、片状材料：将被测试的制备好的片状试样置于相对湿度不同的两个环境（φ_1、φ_2）之中，经过一定时间，试样达到平衡状态。此时，试样内扩散物质的浓度梯度达到稳定。然后应用菲克第一定律分析扩散率。

3. 浓度-距离曲线法　该方法用于测量扩散物质分布随时间的变化，可直接测出随物料水分浓度变化的有效扩散系数。试验时可采用半无限体、圆柱体等物料形状，再根据菲克定律计算扩散系数。

（二）影响有效扩散系数的因素

有效水分扩散系数与物料本身的温度和含水量有关。多孔材料的孔隙率对扩散系数有显著影响，但通常认为特定物质具有特定的不变孔隙结构和孔隙分布，因此该影响均只是在测量不同物质时才加以考虑。此外，如某种被干燥物料在干燥过程中由于体积的变化导致了明显的孔隙率变化，则在过程计算或模拟中就必须计入孔隙率对有效扩散系数的影响。

扩散系数与温度的关系通常可用 Arrhenius 关系式描述：

$$D_{eff} = D_0 e^{-\frac{E}{RT}} \qquad (1-32)$$

式中：D_0——指前因子，m^2/s；

E——扩散活化能，J/mol；

R——摩尔气体常量，$J/(mol \cdot K)$；

T——热力学温度，K。

式（1-32）中的指前因子和扩散活化能还可以成为含水量的函数，这样就可以用来描述有效扩散系数与物料自身温度和含水量间的关系。

一般情况下，有效扩散系数随温度的上升和水分含量的增加而增大。但对某些聚合物（如聚甲基丙烯酸酯等几种吸水性差的材料），其有效扩散系数随水分含量的增加而减小。此外，某些疏水的聚烯烃等物质的有效扩散系数为常数，与水分含量无关。

（三）常见农产品的扩散系数模型

自现代干燥技术发展以来，众多专家对扩散系数进行了研究，建立了一些模型。基本被大家所接受的常见农产品的扩散系数研究模型归纳如下。

1. 稻谷的扩散系数　水稻各组分的扩散系数模型为：

$$D = A \exp(-\frac{B}{T_a}) \qquad (1-33)$$

式中：D——扩散系数，m^2/h；

T_a——热空气温度，K；

A、B——系数，不同的稻谷组分，其系数值见表1-2。

表1-2　不同稻谷组分的系数值

组分	A	B	适用范围
稻谷	9.83×10^{-3}	4 151	中粒水稻
稻米	2.57×10^{-2}	2 880	短粒水稻
种皮	7.96×10^{-1}	5 110	短粒水稻
稻壳	4.84×10^{-2}	7 380	短粒水稻

2. 玉米的扩散系数　Chu 和 Hustrulid（1968）提出的扩散方程为：

$$D = A \exp[(BT - C)x] \exp(-\frac{E}{T}) \qquad (1-34)$$

式中：D——扩散系数，m^2/s；

T——热空气温度，K；

x——谷物含水率，kg/kg；

A、B、C、E——系数，其系数值分别为 $A = 4.254 \times 10^{-8}$，$B = 4.5 \times 10^{-2}$，$C = 5.5$，$E = 2\,513$。

3. 小麦的扩散系数　Jayas（1991）提出的扩散方程为：

$$D = (A + Bx + Cx^2) \exp(-ET_c) \qquad (1-35)$$

式中：T_c——物料的温度，K；

x——谷物含水率，kg/kg；

A、B、C、E——系数，其系数值分别为 $A = -32 \times 10^{-9}$，$B = 674 \times 10^{-9}$，$C = -2\,327 \times 10^{-9}$，$E = 0.033$。

二、热导率

干燥条件控制着干燥过程，这是由物料内部传热传质过程速率决定的。如前所述，水分扩散系数是物料内部水分扩散（传质）的重要参数，物料内部的传热过程中所涉及的重要参数则用热导率来表示，也可称为导热系数。

热导率（导热系数）反映了物料本身的热传导能力，与物料的构成、结构、温度等许多因素有关。由 Fourier（傅立叶）定律定义了均质物料的导热方程，其定义为单位温度梯度（在 1m 长度内温度降低 1K）在单位时间内经单位导热面所传递的热量。

其表达式为：

$$\frac{\partial T}{\partial t} = \frac{\lambda}{\rho c_p} \nabla^2 T \qquad (1-36)$$

式中：λ——热导率，W/（m·K）；

ρ——物料密度，kg/m³；

c_p——物料的定压比热容，J/（kg·K）；

T——热力学温度，K；

$\frac{\lambda}{\rho c_p}$——热扩散系数，m²/s。

由式（1-36）可知，热导率的物料意义是指在物体内部垂直于导热方向取两个相距 1m，面积为 1m² 的平行平面，若两个平面的温度相差 1K，则在 1s 内从一个平面传导至另一个平面的热量就规定为该物质的热导率，其单位为 W/（m·K）。

热导率 λ 高的物体是优良的热导体；而热导率低的物体是热的不良导体或为热绝缘体。λ 值受温度影响，随温度增高而略有增加。若物质各部之间温度差较小，在实用上对整个物质可视 λ 为一常数。各种物质的热导率数值主要靠试验测定，其理论估算是近代物理和物理化学中的一个活跃课题。热导率一般与压力关系不大，但受温度的影响很大。纯金属和大多数液体的热导率随温度升高而降低，但水除外；非金属和气体的热导率随温度的升高而增大。传热计算时通常采用物料平均温度下的数值。此外，固态物料的热导率还与其含湿量、结构和孔隙度有关。一般含湿量高的物料热导率大。如干砖的热导率约为 0.27W/（m·K），而湿砖的热导率为 0.87W/（m·K）。物质的密度大，其热导率通常也较大。当金属含杂质时热导率降低，合金的热导率比纯金属低。各类物质的热导率大致范围是：金属为 50～415W/（m·K），合金为 12～120W/（m·K），绝热材料为 0.03～0.17W/（m·K），液体为 0.17～0.7W/（m·K），气体为 0.007～0.17W/（m·K）。

（一）热导率的测量方法

热导率的测量技术分为稳定法和瞬态法。瞬态法可在短至 10s 内完成，在如此短的时间内湿分迁移和其他性质的变化较小。

1. 稳定法　试样置于热源或散热片之间，在稳定状态下测量试样中的温度分布，试样可以采用不同的几何体。纵向热流（防护热板）法适用于不良导热率的测量，试样为板块状物料；辐射热流法适用于松散、粉状和颗粒状物料。

2. 瞬态法　瞬态法（又称非稳定法）采用线状热源或板状热源。将稳定法热源放在试样外。在试样受热的过程中，测量试样中数个预定点的温度。

（二）影响热导率的因素

均质材料的热导率取决于温度和材料成分，可根据经验方程估算。对于非均质材料，则必须采用结构模型考虑材料形状的影响。Luikov（1964）最先根据电学领域的成果，采用基本单元的概念，建立了材料的结构模型，以计算粉状材料和固体多孔材料的有效热导率。Luikov（1964）还提出了估算与测量粉状材料与固体多孔材料混合物的有效热导率的方法。

三、对流换热系数和对流传质系数

对于物料内部的传热和传质，即为物料内部的水分扩散系数和导热系数；而对于物料表面与该表面流体边界层之间的传热和传质，则可以用对流换热系数和对流传质系数来说明，也可称为相间传热系数和传质系数。由牛顿定律，可得出对流换热和对流传质的定量模型分别为如下公式：

$$Q = h_H A (T_A - T) \tag{1-37}$$

$$J = h_M A (y_A - y_{As}) \tag{1-38}$$

式中：Q——热流量（传热速率），kW；

　　　J——传质速率，kg/s；

　　　h_H——物料和空气界面的对流传热系数，kW/（m²·K）；

　　　h_M——物料和空气界面的表面传质系数，kg/（m²·s）；

　　　A——有效表面积，m²；

　　　T_A——空气主流温度，K；

　　　T——物料表面的温度，K；

　　　y_A——空气主流中的空气湿度，%；

　　　y_{As}——物料表面的空气湿度，%。

式（1-37）和式（1-38），用于干燥过程中物料表面与干燥空气间的对流换热与对流传质的计算。在采用体积对流换热系数与体积对流传质系数时，表达式为：

$$h_{VH} = a h_H \tag{1-39}$$

$$h_{VM} = a h_M \tag{1-40}$$

式中：a——比表面，$a = a/V$；

　　　h_{VH}——有效表面积，m²；

　　　h_{VM}——物料体积，m³。

需要注意的是，从式（1-37）至式（1-40），当采用不同的推动力时，其传热系数和传质系数的数值和单位都不相同。

（一）影响对流换热系数和对流传质系数的因素

影响干燥过程湿物料与空气表面的对流换热、对流传质的因素很多，很难通过一个简单的理论关系来加以预测，至今尚未建立一个完全依据基本热物理性质来估算传热和传质系数的可靠理论。通常都是通过相似理论、传热和传质的过程类比等方法估算热质传递，如用传导类似定律可从传热数据估算传质数据，反之亦可。比较著名的类似定律为Chilton-Colburn比拟，其公式为：

$$j_M = j_H = \frac{f}{2} \tag{1-41}$$

式中：f——流体范宁（Fanning）摩擦系数；

　　　j_M——对流传质因子；

　　　j_H——对流换热因子。

在干燥过程中，传热传质类似定律通常用 Lewis 方程表示：

$$\frac{h_H}{h_M} = c_p \qquad (1-42)$$

式中：c_p——空气的定压比热容，kJ/（kg·K）。

当缺乏传热传质之间的关联式时，可按类似定律进行估算。

（二）对流换热系数和对流传质系数的测定方法

试验测量对流换热系数和对流传质系数的方法主要是通过对物料的热质传递试验研究得出，常见的测量方法如表 1-3 所示。

表 1-3　对流换热系数和对流传质系数的测量方法

方法分类	测量方法
稳态法	物料加热
	壁面加热
	微波加热
非稳态法	进气口空气温度突变
	进气口空气温度脉冲变化
	进气口空气温度循环变化
干燥试验法	干燥试验

测量方法分为稳态法和非稳态法。稳态法通过测得的热流量和温度，再根据牛顿换热公式得到对流传热系数。稳态法有 3 种加热方式：物料加热、壁面加热、微波加热。非稳态法则通过测量出气口温度对进气口温度变化（突变、脉冲或循环变化）的响应，利用对流换热系数的瞬态模型进行分析得出。干燥试验法则是通过相关形式的干燥试验，测出干燥动力学数据（温度时间、水分含量时间），再根据过程的热质传递数学模型，将各传递特性参数（D_{eff}、λ、h_H、h_M）作为模型的参数，对模型求解。最后通过干燥试验数据和模型计算值之间的拟合求出各传递特性系数。

第五节　干燥过程的计算

一、基于干燥过程的计算

用热空气作为干燥介质的对流干燥器，主要由空气预热器和对流传热干燥器两部分组成。连续式干燥过程是在空气和物料做相对运动状态下进行的。如图 1-5 所示，新鲜空气由风机送入预热器中，预热至一定温度后，进入干燥室。湿物料由进料口送入干燥室，通过输送设备沿干燥室移动。当热空气与物料接触后，进行湿交换和热交换，空气带走汽化的水分，并从排气口将废气排出，而干物料由卸料口卸出。

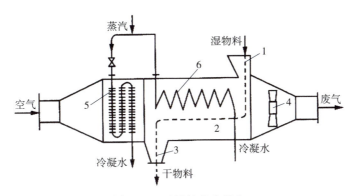

图 1-5　干燥的基本操作

1. 进料口　2. 干燥室　3. 卸料口　4. 抽风机　5. 空气交换器　6. 补充加热器

（一）干燥过程计算目的和步骤

干燥器的计算主要包括两部分内容：物料衡算和热量衡算。

干燥过程计算的目的在于确定以下数值：干燥设备的尺寸，干燥介质和被干燥物料进、出口的参数，干燥介质和热量的需要量。在此基础上，确定热交换器、风机、除尘设备以及各种预处理设备等辅助设备的性能参数。通常已知下列数据：

1. 设备方面　已知干燥设备的类型；生产能力；干燥介质类型及循环特点；物料装填和输送方式。

2. 物料方面　已知以绝干物料计的产量 W_S；物料的进、出口湿含量 x_1 和 x_2；物料的进、出口温度 T_{m1} 和 T_{m2}。

3. 干燥介质方面　已知干燥介质（空气）进入干燥器时的湿度 y_1、速度及其他参数；干燥的持续时间。

上述数据中的某些数据可以不在预定项目中。为了把干燥器的静力学计算同干燥过程的动力学结合起来，必须有干燥曲线和相应的方程式。根据这些曲线将工作室分成区段，并按区段进行计算。

在干燥设备设计中涉及的重要参数如图1-6所示。干燥器的设计在选定了"目标函数"后是一个复杂的寻优过程。目的是求得主要参数最佳值，如单位产品的干燥价格为最低等。也可采用多目标优化方法。但在实践应用中，常因假设了某些参数而忽略优化，如气流速度 u_s、进口气体温度 T_{g1}，惰性气体流量 W_B 等参数。

干燥器的设计过程通常包括下列计算步骤：

（1）由热、质衡算确定出口空气的温度 T_{g2} 和湿度 y_2。

（2）由 T_{g2} 和 y_2 及其他有关参数确定干燥

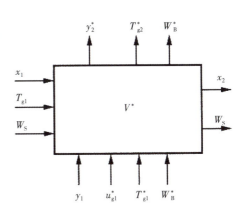

图 1-6　干燥过程计算的基本参数

注：x_1、x_2，物料进口、出口的干基湿含量；y_1、y_2，干燥介质（空气）进入和排出干燥器时的绝对湿度；T_{g1}、T_{g2}，物料进口、出口温度；W_S，以绝干物料计的产量；W_B，惰性气体流量；u_{g1}，气流速度；*代表参数是未知量

操作的平均推动力。

（3）确定热、质传递系数。

（4）以传热、传质动力学方程为基础，确定传热面积，进而确定干燥器操作室的尺寸。

在干燥曲线基础上直接计算时，采用试验时参数值作放大的设计步骤与上述步骤不同，较为简单。干燥过程的能量消耗对于干燥器的设计和操作影响很大。有多种技术经验指标可作依据，常见的指标为：

$$能量利用率（EE）= \frac{用于蒸发湿分的能量}{供给干燥器的总能量} \times 100\% \qquad (1-43)$$

$$比气耗（SGC）= \frac{干空气流量}{干物料产量（或蒸发的总水分）} \qquad (1-44)$$

（二）总体热质衡算

以进入和输出干燥器的物料和干燥介质作为衡算对象，对干燥过程进行总体热质衡算。

1. 质量（物料）衡算　在干燥过程中，保持恒定值的量为湿空气流量（G_g）中的绝干空气量（G_B），以及进出干燥器的绝干物料量（G_s）。由于进入和排出干燥器的湿分相等，根据质量守恒定律，可得：

$$G_s(x_1 - x_2) = G_B(y_2 - y_1) = G_A \qquad (1-45)$$

式中：G_s——绝干物料的流量，kg/s 或 kg/h；

$\qquad G_B$——绝干空气的流量，kg/s 或 kg/h；

$\qquad G_A$——水分蒸发量，kg/s 或 kg/h；

$\quad x_1$、x_2——物料的进口、出口的干基湿含量；

$\quad y_1$、y_2——干燥介质（空气）进入和排出干燥器时的绝对湿度。

因此，干空气的流量为：

$$G_B = \frac{G_A}{y_2 - y_1} \qquad (1-46)$$

即干燥器中蒸发 1kg 水分的干空气消耗量为：

$$\frac{G_B}{G_A} = \frac{1}{y_2 - y_1} \qquad (1-47)$$

2. 热量衡算　连续式干燥器的热量衡算均以单位时间为基准，间歇式干燥器则以一次干燥周期为基准。通过热量衡算，可确定在干燥过程中的热量消耗及热量在各个消耗项目中的分配情况。在热量衡算时，实际干燥过程可根据实际情况予以简化。

一般，在干燥过程中进入和排出干燥器的各项热量如图 1-7 所示。

由图 1-7 可知，热量衡算应包括下列诸项：外加热器供给的热量，Q_{ext}；内加热器供给的热量，Q_{int}；干燥过程中空气增加的热量，Q_B；加热物料消耗的热量，Q_m；加热输料装置消耗的热量，Q_t；湿物料中的湿分带入干燥器的热量，Q_w；热损失，Q_1；正比于干燥器的表面积及干燥器表面和环境的温度差。

以上各项的计算公式分别为：

$$Q_B = G_B(i_{g2} - i_{g0}) \qquad (1-48)$$

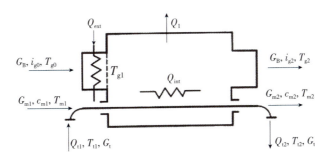

图 1-7　实际干燥过程的热量衡算

注：Q_{ext}，外加热器供给的热量，kJ/s；Q_{int}，内加热器供给的热量，kJ/s；Q_1，热损失，kJ/s；Q_{t1}，进口处加热输料装置的热量，kJ/s；Q_{t2}，出口处加热输料装置的热量，kJ/s；G_B，绝干空气的流量，kg/s；i_{g0}，空气的焓，kJ/kg；i_{g2}，出口处空气的焓，kJ/kg；T_{g0}，空气温度，K；T_{g2}，出口处空气温度，K；G_{m1}，进口处湿物料的流量，kg/s；G_{m2}，出口处湿物料的流量，kg/s；c_{m1}，进口处湿物料的比热容，kJ/(kg·K)；c_{m2}，出口处湿物料的比热容，kJ/(kg·K)；T_{m1}，进口处物料温度，K；T_{m2}，出口处物料温度，K；T_{t1}，进口处加热输料装置的温度，K；T_{t2}，出口处加热输料装置的温度，K；G_t，单位时间内通过干燥器的加热输料装置的重量，kg/s

$$Q_m = G_{m2}(c_{m2}T_{m2} - c_{m1}T_{m1}) \tag{1-49}$$

$$Q_t = G_t c_t (T_{t2} - T_{t1}) \tag{1-50}$$

$$Q_w = G_A T_{m1} c_{A1} \tag{1-51}$$

$$Q_1 = \sum K_i A_i \Delta T_i \tag{1-52}$$

式中：c_t——加热输料装置的材料比热，kJ/(kg·K)；

　　　A_i——干燥器外壳的面积，m²；

　　　K_i——此面积元的总传热系数，kW/(m²·s·K)；

　　ΔT_i——此面积元与环境的温度差，K。

由此，可列出热量衡算方程为：

$$Q_{ext} = Q_B + Q_m + Q_t + Q_1 - Q_{int} - Q_w \tag{1-53}$$

在零热损失的干燥器中，即理论干燥器，热量只消耗于物料蒸发水分和加热排风，因此，可认为：

$$Q_{ext} = Q_B \tag{1-54}$$

而其他各项均为零。

通常，绝热干燥过程中的总体热量衡算及传热、传质动力学可列出以下 5 个方程。

质量衡算方程：

$$G_s(x_1 - x_2) = G_B(y_2 - y_1) \tag{1-55}$$

焓衡算方程：

$$G_s(i_{m2} - i_{m1}) = G_B(i_{g1} - i_{g2}) \tag{1-56}$$

传质动力学方程：

$$G_s(x_1 - x_2) = \overline{w_D}A \tag{1-57}$$

传热动力学方程：

$$G_s(i_{m2} - i_{m1}) = \alpha A \overline{\Delta t} - \gamma A \overline{w_D} \tag{1-58}$$

停留时间方程：

$$G_s = \frac{m_s}{\tau_r} \qquad (1-59)$$

式（1-57）至式（1-59）中：A——物料与空气的接触面积，m^2；

$\overline{w_D}$——平均干燥速率，kg/s；

$\overline{\Delta t}$——平均温度差，K；

τ_r——物料在干燥器中的停留时间，s。

在上述的方程组中，有 6 个独立变量（G_s、G_B、i_m、i_g、x、y），为了求解，通常需假设已知一个变量（如绝干空气的流量 G_B）才能解得此方程组。

如对外加热器作热量衡算，则有：

$$Q_{ext} = G_B(i_{g1} - i_{g0}) \qquad (1-60)$$

由于在理论干燥器中，由式（1-48）和式（1-54）可知：

$$G_B(i_{g1} - i_{g0}) = G_B(i_{g2} - i_{g0}) \qquad (1-61)$$

则有：

$$i_{g2} = i_{g1} \qquad (1-62)$$

即在理论干燥器中，气体具有恒定的焓值。理论干燥器中的干燥过程是一个等焓过程。

二、物料干燥设计与计算

（一）大豆热风烘干的设计与计算

近年来，随着食品行业和饲养业的发展，对成品豆粕蛋白质含量提出了更高的要求。在实际生产中，只有尽可能提高大豆脱皮率，才能得到更高蛋白质含量的豆粕。因此，大豆脱皮对提高大豆油质量和得到高含量蛋白质的豆粕至关重要，而大豆脱皮的关键步骤是湿大豆干燥，为此针对大豆的设计与计算进行介绍。

1. 设计计算

（1）已知参数。

（2）原料大豆处理量 $G = 50t/d \approx 2\,080kg/h$。

（3）原料大豆：进机温度 $t_1 = -15℃$，含水分 $E_1 = 16\%$。

（4）产品大豆：出机温度 $t_3 = 40℃$，含水分 $E_3 = 10\%$。

（5）大豆烘干温度 $t_2 = 70℃$。

（6）空气进口温度 $t_x = -20℃$。

（7）空气排出温度 $t_f = 50℃$。

（8）热风进塔温度 $t_j = 100℃$。

2. 物料衡算

（1）物料衡算示意：

蒸发水分（E_Q）

↑

原料大豆处理量（G）→烘干→产品大豆处理量（G_1）

（2）原料大豆中水分（E_r）及干物质量（W）：

$$E_r = G \times E = 333 \ (kg/h); \quad W = D - E_r = 1\ 747 \ (kg)。$$

（3）蒸发水分（E_Q）及产品大豆处理量（G_1）：
$$G = E_Q + G_1 \tag{1-63}$$
$$E_r = E_Q + G_1 \times E_3 \tag{1-64}$$

由式（1-63）和式（1-64）可得 $G_1 = 1\ 941$（kg/h），$E_Q = 139$（kg/h）。

（4）产品大豆中水分（E_3）：
$$W = G_1 \times E_3 = 194 \ (kg/h)。$$

3. 热量衡算　只考虑消耗热量，余热利用未列入计算。

（1）干物质吸热（Q_1）：
$$Q_1 = WC_1(t_2 - t_1) = 310\ 800 \ (kJ/h)$$
式中大豆平均比热 $C_1 = 2.093$ kJ/（kg·℃）。

（2）水分升温吸热（Q_2）：

①水（冰）由 -15℃（t_z）升至 0℃（t_c）时所需热量：
$$q_1 = E_Y C_2(t_2 - t_1) = 11\ 498 \ (kJ/h)$$
式中冰的比热 $C_2 = 20\ 302$ kJ/（kg·℃）。

②0℃冰变为0℃的水所需热量：
$$q_2 = E_Y I_1 = 111\ 515 \ (kJ/h)$$
式中 0℃ 冰的热熔 $I_1 = 334.88$ kJ/h。

③0℃（t_c）水变为70℃（t_h）水所需热量：
$$q_3 = E_Y C_3(t_h - t_c) = 97\ 576 \ (kJ/h)$$
式中水的比热 $C_3 = 4.186$ kJ/（kg·℃）。
$$Q_2 = q_1 + q_2 + q_3 = 220\ 589 \ (kJ/h)。$$

（3）蒸发水消耗热量（Q_3）：
$$Q_3 = E_Q i = 338\ 465 \ (kJ/h)$$
式中 70℃时水蒸气潜热 $i = 2\ 435$ kJ/h。

（4）热量损失：依经验热量损失按以上3项之和的10%计。

（5）总热量（Q）：
$$Q = (Q_1 + Q_2 + Q_3) \times 1.1 \approx 956\ 839 \ (kJ/h)。$$

4. 空气流量

（1）已知条件　空气温度 $t_x = -20$℃；绝对湿度 $H = 0.000\ 2$ kg/kg；100℃时湿空气（热风）热熔 $I_{100} \approx 101$ kJ/kg；50℃时湿空气（排风）热熔 $I_{50} \approx 51$ kJ/kg。

（2）空气流量（V）计算　干空气用量：
$$(D) = \frac{Q}{I_{100} - I_{50}} = 319 \ (kg/min)$$

则湿空气流量：
$$V = D(V_g + V_w H) = 13\ 716 \ (m^3/h)$$
式中：V_g——-20℃时干空气的比容；

V_w——-20℃时水汽的比容。

因此，$V_g = \dfrac{22.4}{29} \times \dfrac{273-20}{273}$ 或 $V_w = \dfrac{22.4}{18} \times \dfrac{273-20}{273}$。

5. 烘干时间设计

（1）设计依据　依据实际经验，拟定加热烘干时间为 300min。

（2）计划水分条件　原料大豆湿基含水量由 16％降至 10％时，对应的干基含水量由 19.1％降至 11.1％。

（3）烘干时间的设计　拟定为降速烘干，则烘干时间为：

$$T = \frac{W(C_1 - C_0)}{R_C} \ln \frac{C_1 - C_0}{C_X - C_0} \qquad (1-65)$$

式中：C_0——平衡含水率，取 0.05％；

$\quad\quad C_1$——临界含水率，取经验数据 0.053 9％；

$\quad\quad R_C$——干燥速度，依经验取 1.2；

$\quad\quad W$——干物料量；

$\quad\quad C_X$——大豆干基含水量。

① 水分 10％时临界含水量的烘干时间为：

$$T_1 = \frac{W(C_1 - 0.05)}{R_C} \ln \frac{C_1 - 0.05}{0.111 - 0.05}$$

② 水分 16％时临界含水量的烘干时间为：

$$T_2 = \frac{W(C_1 - 0.05)}{R_C} \ln \frac{C_1 - 0.05}{0.191 - 0.05}$$

则理论加热烘干时间为：

$$T = T_2 - T_1 = \frac{W(C_1 - 0.05)}{R_C} \ln \frac{C_1 - 0.05}{0.191 - 0.05} \approx 283 \ (\text{min})$$

理论加热烘干时间小于实际设定时间，因此设置的烘干时间 300min 合理。

（4）冷却时间　依实践经验设计冷却时间 T_0 为 35min。

6. 风机的选择

依据理论计算的空气流量、输送高度、工作介质的要求，参考相关技术资料，确定风机如下：

（1）鼓风机选用 4-72-$\text{N}_0$8C，风量 19 500m³/h，风压 1.4kPa，功率 11kW。

（2）引风机选用 Y5-47-$\text{N}_0$8C，风量 18 500m³/h，风压 28.9kPa，功率 30kW。

（二）小型玉米高温烘干工艺设计与计算

为规模化玉米种植户设计玉米烘干设备。

1. 确定烘干机的生产能力（生产率）

对于我国东北秋季收获 1 500t 玉米的种植企业，按 15d 收完，玉米水分在 20％以上需高温烘干处理，每日烘干作业以 20h 计，则烘干机每小时生产能力（G）为：

$$G = \frac{Q}{D \times T}$$

式中：G——每小时烘干谷物的重量，kg；

$\quad\quad Q$——总处理量，t；

$\quad\quad D$——总收获天数，d；

$\quad\quad T$——每天工作小时数，h。

$$G = \frac{1\ 500}{15 \times 20} = 5 \ (\text{t/h}) = 5\ 000 \ (\text{kg/h})$$

2. 确定烘干塔体容积

（1）计算玉米每小时水分蒸发量（W）　由于冬季收获玉米时，通常需要把 27％ 的玉米烘干降水到 22％。故每小时总的脱水量为：

$$W = \frac{W_1 - W_2}{1 - W_2} \times G$$

式中：W_1——烘干前谷物水分，％；

$\quad\quad W_2$——烘干后谷物水分，％；

$\quad\quad G$——每小时烘干谷物的重量，kg；

$\quad\quad W$——每小时蒸发出水分的重量，kg/h。

$$W = \frac{0.27 - 0.22}{1 - 0.22} \times 5\,000 = 320 \ (\text{kg/h})$$

（2）确定烘干机的烘干强度（P）　烘干强度通常凭经验及统计资料确定，这里选定烘干强度为 60kg/（m³·h）。

（3）确定烘干仓容积（V）　烘干仓容积的计算为：

$$V = W/P = 320/60 = 5.3 \ (\text{m}^3)$$

所以设计烘干仓的容积不得小于 5.3（m³）。

3. 热功计算　在已知生产率的条件下，确定所需风量、热量、热耗、电耗，进而确定有关配套设备。

设计以气候条件最差的情况进行计算，空气的平均最低气温为 5℃，相对湿度为 60％。

（1）理论烘干热耗率　作业烘干气流温度为（95±5）℃，当高温热气流穿过粮层后，气流相对湿度平均高达 90％ 以上，废气出口温度为 31℃。

当气温 $t_1 = 5$℃，空气相对湿度 $\Phi_1 = 60$％ 时，空气的湿含量 $d_1 = 3.2$g/kg；当升温至 $t_2 = 90$℃ 时，热空气穿过粮层后 $t_3 = 31$℃，相对湿度 $\Phi_3 = 90$％，空气的湿含量 $d_2 = 26.2$g/kg，两种气体状态下的热量分别为：

$$I_1 = 3.2 \text{kcal}^* / \text{kg}$$
$$I_2 = 23.4 \text{kcal/kg}$$

两种气体状态的湿含量差值为：

$$\Delta d = d_2 - d_1 = 26.2 - 3.2 = 23 \ (\text{g/kg});$$

故每蒸发 1kg 水需要的空气量为：

$$G_空 = 1\,000/\Delta d = 1\,000/23 \approx 43.5 \ (\text{kg})$$

因当 90℃ 时，$\gamma = 0.97$（γ 为空气密度），故：

$$G_风 = G_空/\gamma = 43.5/0.97 = 44.81 \ (\text{m}^3/\text{kg})$$

而加热每 1kg 干空气从 5℃ 升至 90℃ 所需要的热量为：

$$\Delta I = I_2 - I_1 = 23.4 - 3.2 = 20.2 \ (\text{kcal/kg})$$

故每蒸发 1kg 水需要的热量为：

$$q_热 = G_风 \times \Delta I = 44.8 \times 20.2 = 904.96 \ (\text{kcal/kg})$$

这就是烘干机每蒸发 1kg 水需要的理论热耗率。

---

* 1kcal≈4.086kJ。——编者注

（2）总的风量及能源配备　因每蒸发 1kg 水需要的空气量为 43.5kg，每小时总的脱水量为 320kg，所以每小时需要的总风量（$G_总$）为：

$$G_总 = G_空 \times W = 43.5 \times 320 = 13\ 920\ （kg/h）$$
$$或\ G_总 = 13\ 920/\gamma = 13\ 920/0.97 = 14\ 350\ （m^3/h）$$

这是烘干机最少的配备风量，实践证明：高温烘干机较好的风量配备是以每立方米塔容每分钟风量值为 $60m^3/cm^3$ 为宜，故应配备的总风量为 $18\ 000m^3/h$。

而现在每小时蒸发的水量为 320kg，故每小时的理论热耗量 $H_耗$ 为：

$$H_耗 = q_热 \times W = 904.96 \times 320 = 289\ 587.2\ （kcal/h）$$

根据理论热耗量，最后选定配备燃烧炉为 300 000kcal/h。

故烘干玉米时配备 300 000kcal 的燃烧炉即可，但在计算热耗过程中还应将烘干机的热效率考虑进去。热效率数值与烘干机结构和气候条件有关，一般为 0.7～0.95，故烘干每 1kg 玉米的热量（$q_总$）为：

$$q_总 = q_热/\eta_烘 = 904.96/0.8 = 1\ 131.1\ （kcal/kg）$$

第六节　饲料工业中常见的干燥设备

在干燥过程中需要同时完成热量和质量的传递，保证物料表面湿分（湿分指水分或其他可挥发性液体成分）蒸气分压（浓度）高于外部空间中的湿分蒸气分压，保证热源温度高于物料温度。

热量从高温热源以多种方式传递给湿物料，使物料表面湿分汽化并逸散到外部空间，从而在物料表面和内部出现湿分含量的差别。内部湿分向表面扩散并汽化，使物料湿分含量持续降低，逐步完成物料整体的干燥。

物料的干燥速率取决于表面汽化速率和内部湿分的扩散速率。通常干燥前期的干燥速率受表面汽化速率控制；随后，若干燥的外部条件不变，物料的干燥速率和表面温度即保持稳定，这个阶段称为恒速干燥阶段；最后，当物料湿分含量降低到某一程度，内部湿分向表面的扩散速率降低，并小于表面汽化速率时，干燥速率即主要由内部扩散速率决定，并随湿分含量的降低而不断降低，此阶段称为降速干燥阶段。

物料的干燥过程涉及复杂的化学、物理和生物学的变化，干燥过程对产品的品质和卫生标准有影响，有些干燥制品还要求具有良好的复水性，即制品复水后可以恢复到接近原有的外观和风味。因此要根据物料的特性（黏附性、分散性、热敏性等）和生产工艺要求，考虑投资、操作费用等经济因素，科学合理地选用不同的干燥方法和相应的干燥设备。

干燥设备又称干燥器、干燥机或烘干机等。用于进行干燥操作的设备，通过加热使物料中的湿分汽化逸出，以获得规定含湿量的固体物料。干燥目的是满足物料的使用或进一步加工的需要。颗粒饲料干燥到一定水分含量以下，可防霉变、便于运输和贮存。由于自然干燥远不能满足生产发展的需要，各类机械化干燥设备的应用越来越广泛。

一、干燥设备的分类

干燥设备的种类繁多，根据操作压力、操作方式、传热原理、加热方式、构造等的不同可以将干燥设备归类。按操作压力可以分为常压式和真空式两类；按操作方式可分为间歇操作和连续操作两类；按传热原理可分为传导加热式、对流加热式、辐射传热式和高频加热式等；按加热方式可分为直接加热式和间接加热式两类；按机械构造可以分为喷雾干燥器、流化床干燥器、气流干燥器、桨式干燥器、箱式干燥器及旋转闪蒸干燥器等；根据干燥介质可分为空气、烟道气或其他干燥介质；根据物料运动（物料移动和干燥介质流动）方式可分为并流、逆流和错流等。

二、喷雾干燥器

喷雾干燥器是指将液态物料经过喷嘴雾化成微细的雾状液滴（液滴直径 $10\sim20\mu m$），使其表面积大幅增加，在干燥塔内与热介质接触，被分散的细小液滴在与热空气的接触中，水分被瞬时加热汽化蒸发的干燥过程。进料可以是溶液、悬浮液或糊状物，雾化可以通过旋转离心式、压力式和气流式雾化喷嘴等完成，操作条件和干燥设备的设计可依据产品所需的干燥特性和粉粒的规格进行选择。

喷雾干燥器是一种用于将液态物料一次性瞬间烘干成粉体的干燥设备。其主要原理是：将料液雾化成极小的雾滴状，并使之与热空气直接接触，在最大化接触表面积的作用下，雾滴状料液被瞬间烘干，蒸发出的水分随空气经过滤处理后排出，最终收集到粉体溶质。

喷雾干燥器按雾化的形式来区分主要可以分为离心式喷雾干燥器、压力式喷雾干燥器（包括立式和卧式压力式喷雾干燥器）和气流式喷雾干燥器。离心式喷雾干燥器采用高速离心雾化器将料液以极高的速度沿雾化盘切线甩出，在 $12\,000\sim25\,000r/min$ 的高转速下，料液被瞬间丝化成为极细的雾滴状。压力式喷雾干燥器采用的是高压喷嘴，料液由高压泵送至干燥室内的喷嘴，在呈直线状被喷出过程中被雾化。两种喷雾干燥器由于其雾化原理不同，结构也有差异：离心式喷雾干燥器是将料液水平甩出，其主塔直径较大；而压力式喷雾干燥器将料液高压向下方喷出（也有设计成底喷式，向上喷），其主塔直径相对较小，但高度较高。气流式喷雾干燥器是将压缩空气或水蒸气以 $\geqslant300m/s$ 的速度从喷嘴喷出，靠气、液两相间的速度差产生的摩擦力，使液料分离成细小的雾滴，雾滴与热空气充分接触并进行热交换，在 $10\sim30s$ 内迅速完成整个干燥过程。

（一）压力式喷雾干燥器

压力式喷雾干燥器是指物料的雾化方法是通过压力而获得。即利用高压泵，以 $2\sim20MPa$ 的压力使液体物料通过压力雾化器，聚化成 $10\sim200\mu m$ 的雾状微粒与热空气直接接触，进行热交换，短时间完成干燥。按工艺要求可以通过调节泵的压力、流量和喷孔的大小，得到所需的按一定大小比例的球形颗粒。其工作过程为料液通过隔膜泵高压输入，喷出雾状液滴，然后同热空气并流下降，大部分粉粒由塔底排料口收集，废气及其微小粉末经旋风分离器分离，废气由抽风机排出，粉末由设在旋风分离器下端的集粉筒收集，风机出口处还可配置二级除尘装置，回收率为 $96\%\sim98\%$。热源装置采用蒸汽加热器或电加热器，具有操作方便、启动快、结构紧凑、热风洁净等优点。另外在电气控制柜内装有电加热器的控制调节装置，实现进口温度无级调节。干燥加热装置亦可选用蒸汽、燃煤和燃油热风炉等加热方式。

1. 压力式喷雾干燥器的工作原理　通过 $2\sim20MPa$ 的高压将液料（经过过滤的液料）送入压力式雾化器，雾化成 $10\sim200\mu m$ 小液滴，经过雾化后的液滴（表面积大大增加）与热空气充分接触，进行热交换，迅速完成干燥过程，得到粉体或细小颗粒的成品。

2. 压力式喷雾干燥器的特点

（1）干燥速度快，料液经雾化后表面积大大增加，在热风气流中，瞬间就可蒸发95%～98%的水分，干燥时间仅需十几秒到数十秒钟，特别适用于热敏性物料的干燥。

（2）所得产品为球状颗粒，粒度均匀，流动性好，溶解性好，产品纯度高，质量好。

（3）使用范围广，根据物料的特性，可以用热风干燥也可以用冷风造粒，对物料的适应性强。

压力式喷雾干燥器的工作原理见图1-8。

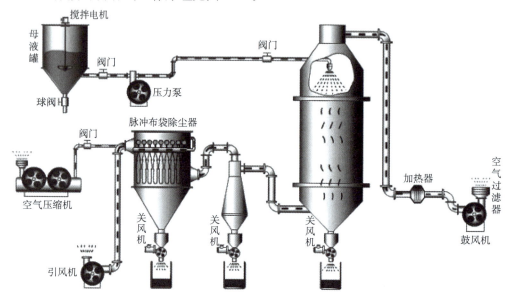

图1-8　压力式喷雾干燥器工作原理示意

3. 压力式雾化器　压力式雾化器又称为喷嘴，是压力式喷雾干燥器的关键部件。其原理是通过泵使料液具有一定的压力（p，$p=2～20$MPa），以一定的初速度从切线方向进入喷嘴的旋转室中，料液的部分静压能转化为动能，料液形成旋转运动。根据自由旋转动量矩守恒定律，旋转速度与旋涡半径成反比。因此，愈靠近轴心，旋转速度愈大，其静压力亦愈小（$p=0$，图1-9）；在喷嘴中央形成一股压力等于大气压的空气旋流，而液体则形成绕这个气心旋转的环形薄膜，液体静压能在喷嘴处转变为向前运动的液膜的动能，从喷嘴孔喷出。随后液膜伸长变薄并拉成细丝，最终细丝断裂为小液滴。这样形成的雾炬场为空心圆锥形，故又称空心锥喷嘴。雾化的分散度取决于喷嘴的结构、料液流出的速度、压力，以及料液的物理性质，如表面张力、黏度、相对密度等。

（二）离心式喷雾干燥器

离心式喷雾干燥器的工作原理是将经过过滤并加热的空气送入离心喷雾干燥器顶部的空气分配器，热空气呈螺旋状均匀进入干燥器。料液由料液槽经过滤器由泵送至干燥器顶部的离心雾化器，使料液喷成极小的雾状液滴，使料液和热空气并流接触，水分迅速蒸发，在极短时间内干燥成粉状成品，成品由干燥塔底部和旋风分离器排出，废气由风机排出。根据实际情况选定加热方式、收集和除尘方式。

离心式喷雾干燥器的核心部件是离心式喷雾器，其工作原理是利用在水平方向作高速旋转的圆盘给予溶液以离心力，使其高速甩出，形成薄膜、细丝或液滴，由于热空气的摩

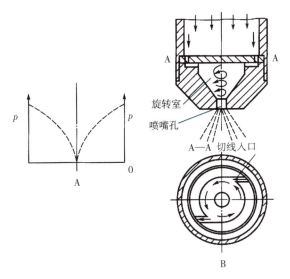

图 1 - 9　常见压力式喷嘴的工作原理示意
A. 压力分布示意　B. 喷嘴内液体运动示意

擦、阻碍、撕裂的作用，喷孔极易磨损。离心圆盘在电机带动下以 12 000～25 000r/min 的速度高速旋转。液体随圆盘旋转产生的切向加速度与离心力产生的径向加速度，结果以合速度在圆盘上运动，液体轨迹为螺旋线形状，液体沿着此螺旋线自圆盘上抛出后，分散成很微小的液滴以平均速度沿着圆盘切线方向运动，同时液滴受地球引力作用而下落，由于喷洒出的微粒大小有差异，抛出的距离也就不同，微粒根据不同粒径形成一个以转轴为对称中心的圆柱体。

离心式喷雾干燥器的特点：

(1) 离心式喷雾干燥不需要严格的过滤设备，料液中如无纤维状液体基本不堵塞料液通道。

(2) 可以适应较高黏度的料液（与压力式喷雾干燥器相比）。

(3) 雾化器的转速容易调节，通过调节转速控制产品粒度，粒度分布较窄。

(4) 在调节处理量时，不需要改变雾化器的工作状态，对进料率在±25％的变动可以获得相同的产品。

(5) 因离心式雾化器产生的雾群基本在同一水平面上，雾滴沿径向和切向的合成方向运动，几乎没有轴向的初速度，所以干燥器的直径相对较大。干燥塔的高度相对压力式雾化器低，可有效利用干燥室的空间。

喷雾干燥工艺要求液滴大小均匀一致，以达到均匀干燥的目的，要获得较均匀的液滴，必须降低圆盘旋转时的振动，进入圆盘的液体质量在单位时间内保持恒定，圆盘表面平整光滑，圆盘的圆周速率不宜过小，工业生产中圆周速度采用的最小值为 60m/s。例如，在乳品工业上一般采用 100～160m/s。实践证明，当离心盘圆周速度小于 60m/s，喷雾液滴不均匀，喷距主要由一群粗液滴及沉向圆盘近处的一群细液滴所组成，不均匀性随着转速的增大而减少，粗液滴和细液滴之间的距离也缩短。当圆周速度达到 60m/s 时，就不会出现上述的分化。工业生产中圆盘直径通常在 160～500mm，转速为 3 000～20 000r/min（也有大于 20 000r/min），圆周速度一般控制在 75～170m/s。图 1 - 10 所示为离心式喷雾干燥器的工作原理；图 1 - 11 所示为离心式雾化器的结构；图 1 - 12 所示为雾化器的雾化圆盘。

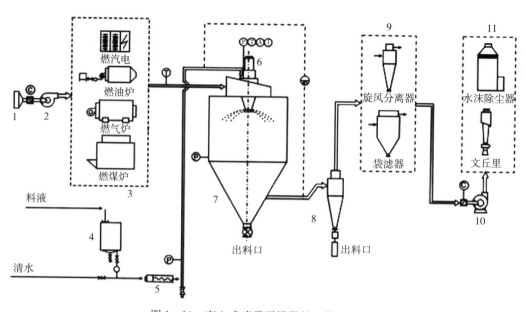

图 1-10　离心式喷雾干燥器的工作原理示意

1. 滤风罩　2. 送风机　3. 加热器（电、蒸汽、燃油、煤）　4. 料槽　5. 供料泵
6. 喷枪　7. 干燥塔　8. 一级除尘　9. 二级除尘　10. 引风机　11. 湿式除尘器
注：p 为压力表，T 为温度表，A 为电流表，I 为控制器

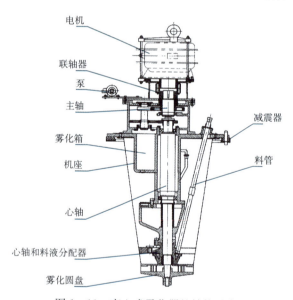

图 1-11　离心式雾化器的结构示意

图 1-12　离心式雾化器的雾化圆盘

三、沸腾干燥器

沸腾干燥器又称沸腾流化床干燥机，它是利用热空气流使湿颗粒物料悬浮、流态化沸腾使物料与热量进行热交换，通过热空气将蒸发的湿分带走。该设备采用热风流动对物料

进行气、固二相悬浮接触的传质、传热方式，达到湿颗粒干燥的目的。流化床干燥技术涉及传热和传质两个相互过程。在对流干燥过程中，热空气通过与湿物料接触将热能传至物料表面，再由表面传至物料内部，为传热过程；而湿物料受热后，表面水分首先汽化，而内部水分以液态或气态扩散到物料表面，并不断汽化到空气中，使物料的水分逐渐降低，完成干燥，为传质过程。

沸腾干燥器根据其外形，分为卧式和立式两大类。卧式沸腾干燥器又称箱式沸腾干燥器，立式沸腾干燥器又称高效沸腾干燥器。两者的基本工作原理相同，但卧式是连续生产，而立式是批次生产。

（一）卧式沸腾干燥器

卧式沸腾干燥器工作时，首先将洁净的热风经热分配器分配进入床体内，从加料器进入的湿物料在热风的作用下形成沸腾状态。由于热风与物料广泛接触，增强了传热、传质过程，因此可在较短时间内实现干燥。连续型干燥器，物料从床体的进料口进入，经过几十秒至几分钟沸腾干燥，自动从床体排料口排出，废气由沸腾床顶部排出，经旋风除尘器组和布袋除尘器回收固体粉料后排空。沸腾干燥器一般在负压状态下工作。卧式沸腾干燥器主要由空气过滤器、加热器、沸腾床主机、旋风分离器、布袋除尘器、高压离心风机和控制柜组成。

卧式沸腾干燥器适用于粒径一般为 0.1～6.0mm（最佳粒径为 0.5～3.0mm）的物料，如原料药、压片颗粒、中药冲剂、保健食品、饮料冲剂、玉米胚芽、饲料及饲料添加剂、塑料树脂、柠檬酸和其他粉状物料的干燥除湿。卧式沸腾干燥器的工作原理见图 1-13。其产品特点如下：

（1）物料的干燥时间可根据物料的状况进行调节，可生产出较低含水量的产品。

（2）热效率高，干燥强度大，占地面积小，应用范围广，投资成本低。

（3）系统全封闭，负压操作，无粉尘外逸，生产环境好。

（4）设备无运动部件（风机除外），性能稳定可靠，结构简单，易于操作。

（5）干燥和冷却可以在一台设备上完成，物料可采取批量加料方式，简化操作步骤。

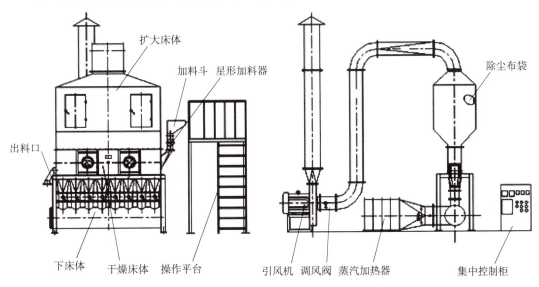

图 1-13　卧式沸腾干燥器的工作原理示意

（二）立式沸腾干燥器

立式沸腾干燥器工作时，首先将空气在高压离心通风机的吸送下，经过空气过滤器过滤，进入空气热交换器加热至设定温度；物料通过送料车运至沸腾床，在气缸顶升作用下通过密封圈与沸腾床密封。然后热气流通过气流分布板（筛网）分配进入沸腾床（干燥室），干燥室内的物料在热风和搅拌作用下形成沸腾状态（即流态化），在大面积气相、固相的接触中，物料内部的水分（或溶剂）在较短的时间内蒸发并随排出空气带走，物料被干燥。湿气流透过捕集袋由风机排出，被捕集袋截留在沸腾器内的物料则为干燥产品。

立式沸腾干燥器由空气过滤器、加热器、主机、料车、清灰室、连接风管、风机、消音器等组成。它能与摇摆式颗粒机或高效湿法制粒机配套使用，适用于大颗粒、小块状、黏性粒状物料的干燥。由于其具有比传统卧式沸腾床更宽的流化范围，所以广泛用于医药、化工、食品、饲料添加剂等生产领域的湿颗粒和粉状物料的干燥。立式沸腾干燥器的工作原理见图1-14。其具有如下特点：

（1）通过混合、造粒和干燥进一步造粒。

（2）双捕集过滤袋系统，完全除灰。

（3）多流体雾化器，确保均匀造粒和包衣，粉末含量极低。

（4）干燥时间可调，温度匀称，每批干燥时间一般在20～30min（视物料性质而定）。

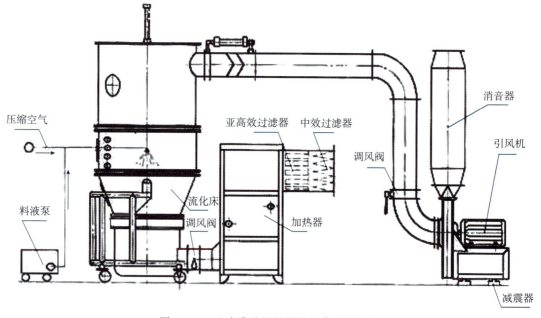

图1-14 立式沸腾干燥器的工作原理示意

四、闪蒸式干燥器

闪蒸式干燥器是集干燥、粉碎、筛分于一体的新型连续式干燥设备，特别适用于干燥滤饼状、膏糊状、泥浆状、板框压滤和离心机脱水后的物料。湿物料在干燥塔内干燥时间仅为5～8s，水分瞬间蒸发，干燥产品的质量与干燥温度、风速、风量、破碎的速度等有较大关系。

热空气由入口管以切线方向进入干燥室底部的环隙，并以螺旋状上升。同时，物料由加料器定量加入塔内，与热空气进行充分热交换，较湿而粒度较大的物料在搅拌器作用下被搅碎；而水分含量较低、粒度较小的物料随旋转气流上升被干燥，并输送至分离器进行气、固分离，成品收集包装，而尾气则经除尘装置处理后排放。

（一）闪蒸式干燥器的工作原理

闪蒸式干燥器工作时，首先将热空气由入口风管以切线方向进入干燥器底部，在搅拌器带动下形成强有力的旋转风场，并螺旋状上升；同时，膏状等湿物料由螺旋喂料器送入干燥器内，在高速旋转搅拌桨叶的强烈作用下，物料受撞击、摩擦和剪切力的作用被破碎、分散，块状物料被迅速粉碎、细化，并与热空气充分接触、加热、干燥。脱水后的干物料随热气流上升，分级环将大颗粒截留，未干透或大块物料受离心力作用甩向器壁，重新回落至底部再次被粉碎干燥。被干燥水分含量较低及颗粒度较小的物料随旋转气流一并上升，输送至分离器进行气、固分离，成品收集包装，而尾气则经除尘装置处理后排放，小颗粒从分级环中心排出干燥器外，由旋风分离器和除尘器回收。闪蒸式干燥器的工作原理见图1-15。

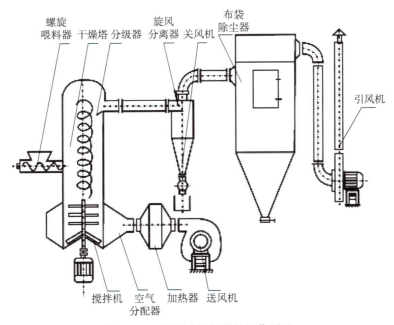

图1-15　闪蒸式干燥器的工作原理

（二）闪蒸式干燥器的主要特点

（1）物料受到离心、剪切、碰撞、摩擦作用而被微粒化，呈高度分散状态；固、气两相间的相对速度较大，强化了传质、传热，干燥强度较高。

（2）干燥热气体进入干燥器底部，产生强烈的旋转气流，对器壁表面黏附物料产生强烈的冲刷并携带排出，消除黏壁现象。

（3）在闪蒸式干燥器底部高温区装有特殊装置，可使热敏性物料不与热表面直接接触，避免热敏性物料的焦化变色问题。

（4）能有效控制最终水分和细度，通过对给料、进风温度、分级环的调节，保证产品水分含量及细度均匀一致。

五、管束式干燥器

新型滚筒管束式干燥器是一种大型连续式干燥设备。管束式干燥器按逆流加热方式进行干燥操作，根据需要也可采用顺流加热方式；其热耗低，干燥物料范围广。主要适用于松散状物料的干燥，具有处理能力强、水分蒸发量高、可干燥高水分物料的优势。

（一）管束式干燥器的工作原理

管束式干燥器是间接接触式加热干燥器，它利用热传导和热辐射原理，将蒸汽通过换热管壁将热量传向另一侧的被干物料，通过安装在外管上的桨叶搅拌和推动物料，使物料由进料端向出料端缓慢移动，经出料口排出；汽化后的水分由风机排出或自然排出，完成干燥过程。

（二）管束式干燥器的结构

管束式干燥器的主要结构包括主机转子系统、传动系统、管路系统、排风和除尘系统等。

1. 主机转子系统 主机转子为干燥器的核心部件，不同类型干燥器的转子结构不同。旋转列管式干燥器的转子由两端空心轴、封头及数百根管子形成的管束组成。转子四周有固定在架子上的抄板。管束式干燥器见图1-16；管束式干燥器转子的结构见图1-17。

2. 传动系统 由主电机、减速系统组成（摆线针轮减速和齿轮减速二级传动）。

3. 管路系统 由调节阀门、金属软管、旋转接头等组成。

4. 排风和除尘系统 引风机排风，配置湿法除尘器回收热气和粉尘。

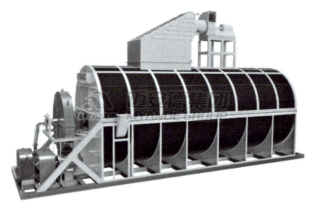

图1-16　管束式干燥器
（资料来源：迈安德集团有限公司）

图1-17　管束式干燥器的转子

（三）管束式干燥器的特点

（1）物料干燥弹性大（可根据不同的物料性质及水分要求对干燥时间进行调整），可连续生产。

（2）物料在呈负压状态的封闭腔内干燥，作业环境清洁、无污染、噪声低。

（3）相比其他干燥设备，其动力消耗较低，热耗低，每蒸发 1kg 水仅需要 1.5～2kg 蒸汽，是沸腾式干燥器的 50%；烘干 1t 发酵草粉耗电仅需 15kW·h，是流化床的 25%，电耗、气耗均较低。

（四）管束式干燥器的应用领域

管束式干燥器被广泛应用于发酵、淀粉、食品、粮食、饲料、酒精等加工行业副产物的干燥，如玉米胚芽、玉米纤维、蛋白饲料、蛋白粉、酒糟、万寿菊、木屑、饲料载体、鱼粉、油菜籽（非种子用）、化肥、菜籽粕、预处理葵花籽、预处理其他油料果实、无机矿物质等粉状、颗粒状、纤维状松散类物料。

六、旋转圆盘式干燥器

旋转圆盘式干燥器适宜干燥后不易结块、黏附的滤饼状、颗粒状物料的干燥。典型干燥物料包括鱼粉、石墨、聚乙烯粉末、饲料、酒糟、污泥、玉米胚芽等。

（一）旋转圆盘式干燥器的工作原理

旋转圆盘式干燥器的转子由中空轴和焊接组装在其上的数十组圆盘组成，其机械结构和干燥过程类似于管束干燥器。物料由进料口送入干燥器，干燥介质在机体外壳和空心轴之间流动，通过夹套、空心轴和轴上焊接的空心盘片传递热量，物料被间接加热干燥，产生的水蒸气聚集在干燥器的穹顶，由载气带出干燥器。空心盘片与轴基本垂直，通过盘片上的推进、搅拌器的作用，对物料进行搅拌、推进，持续更新干燥面，从而实现干燥。用蒸汽间接加热，通过搅拌物料使水分快速蒸发，进行干燥。旋转圆盘式干燥器的工作原理见图 1-18。

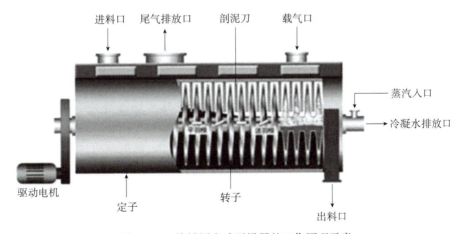

图 1-18　旋转圆盘式干燥器的工作原理示意

（二）旋转圆盘式干燥器的特点

（1）干燥器内转子淹没在物料中，充分利用传热面积。

（2）干燥器内部物料为湿物料，为防止物料黏结在转盘上，在外壳内壁有固定的较长刮刀，伸至圆盘之间的空隙，起到搅拌物料、清洁盘面的作用。物料经破碎和搅动后，成为均匀颗粒状物料，更有利于传热、传质。

（3）采用低温热源（≤180℃）加热，圆盘上的物料在停机时不会过热，重复启动不受影响。

（4）物料处理负荷大，即使进料不均匀也能保证平稳运行，内部运行阻力小，设备能耗低。

七、振动流化床干燥器

振动流化床干燥器（简称"振动流化床"），是一种适用于颗粒状、粉末状物料干燥的新型流态化高效干燥设备，具有便于操作、节能、环保等优点。振动流化床干燥器是将特定要求的振动源施加于普通流化床干燥器上的干燥设备。该振动源依其激振方法可分为电动机法、电磁感应法、曲轴或偏心轮法、气动或液压法等，常见的是电动机法。

振动流化床干燥器具有气、固两相间的传热、传质表面积大等优点，但其不足是：①处理物料的粒径应为 $50\sim100\mu m$ 或以上，否则易形成沟流和滞动区；②若颗粒粒度分布较宽时，挟带严重；③颗粒温度较高时容易形成结块或团聚；④对于麦粒、纤维、切片等非球形颗粒流化不佳。

振动流化床干燥器是一种改进型沸腾流化床，沸腾流化床支承在一组弹簧上，通常由激振电机提供动力。投入干燥器内的散状物料在多孔板上受激振电机离心力的作用被向出口端抛掷，并逐步被输送至出料口。热风由多孔板下正压送入，从物料层中垂直通过，将热量传递给物料，并携带从物料中汽化的水分由排气口排出，从而使物料干燥。由于物料在振动流化床中受机械振动的作用，处于运动状态，只需送入适量的热空气便可达到动态干燥，具有热效率高、物料干燥均匀的特点。

（一）振动流化床干燥器的工作原理

物料自进料口进入干燥器内，在振动力作用下，物料沿水平方向连续向前抛掷，连续作抛物线运动，热风向上穿过流化床同湿物料热交换后，湿空气经旋风分离器除尘并由排风口排出，干燥物料由排料口排出。

振动流化床使物料在流化的基础上增加床体的振动，使物料有一个抛掷和松动的过程，达到床低层流化效果。它与传统流化床干燥器的区别在于普通流化床干燥器的物料输送与流化仅借助于风力（热空气）来完成，而振动流化床干燥器则主要通过筛体振动来完成，可使物料的最低流化速度降低，尤其是靠近底部的颗粒先流化，改善了颗粒在底部的流化质量，使一些难以流化的物料能进行正常的干燥操作。激振电机通常采用固定激振角（一般为 $30°\sim60°$）对称安装在两侧板的后部，通过调节激振力和堰板高度（堰板安装在多孔板出料端）以改变物料在床内的停留时间。其机身由四根弹簧柱支承在机座上。对称安装可使两台激振电机产生的横向离心力通过激振电机间设置的横梁承受并抵消，降低横向振动和噪声。振动流化床干燥器的工作原理见图 1-19。

（二）振动流化床干燥器的特点

（1）采用振动电机驱动，运转较平稳、结构较简单、热效率高、维修方便，但有一定的噪声。

（2）比普通干燥器可节能 30% 以上，床层温度分布均匀，无局部过热现象，流态化

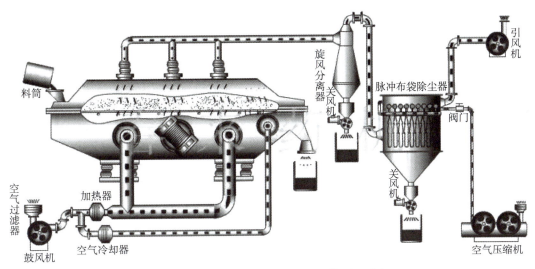

图 1-19 振动流化床干燥器的工作原理示意

均匀，无死角现象。

（3）料层厚度和机内移动速度及振幅均可在设计范围内进行无级调整。

（4）对物料表面损伤小，可用于易碎物料的干燥，对不规则颗粒物料亦可使用，不影响效果。

（5）采用全封闭式结构，有效防止物料与外界的交叉污染，环境清洁，可连续作业。

八、气流式干燥器

气流式干燥器是利用高速流动的热气流使湿物料悬浮在热气流中，从而实现对物料的干燥。其具有传热系数高、传热面积大、干燥时间短等特点。气流式干燥器是使加热介质与待干燥固体颗粒直接接触，属直接干燥过程，并使待干燥固体颗粒悬浮于热流体中，因而气、固两相接触面积大，强化传热、传质过程，广泛用于散状物料的干燥。

（一）气流式干燥器的分类

传统的气流式干燥器结构简单，但干燥管道较高，不便安装与维修。为降低干燥管道的高度，近年来出现了新型的气流干燥器，如直管式气流干燥器、旋风式气流干燥器和脉冲式气流干燥器等。

1. 直管式气流干燥器 湿料由加料器被加入直立管中，空气经鼓风机鼓入翅片加热器，空气被加热到一定温度后吹入直立管，热风在管内的速度由湿颗粒的大小和密度而定，但需大于颗粒物料的沉降速度（为 $10\sim20 m/s$）。经干燥的颗粒由强气流携带，送至旋风分离器分离，经螺旋输送机送出，尾气则经布袋式过滤器过滤后排出。由于干燥时间短，对高水分物料须采用二级或多级串联干燥工艺。

2. 旋风式气流干燥器 在干燥过程中，热空气流携带被干燥的物料颗粒从切线方向进入旋风式气流干燥器内，沿热壁产生旋转运动，使物料颗粒处于悬浮旋转运动状态而进行干燥。机壁（干燥管壁）根据需要可设蒸汽夹套，以强化干燥过程；此外，由于颗粒与机壁撞击而有所粉碎，气、固两相的接触面积增大，也强化了干燥过程。旋风式气流干燥器特别适用于憎水性强、不怕粉碎的热敏性散粒状物料的干燥。但不适用黏性大、熔点低、易升华爆炸、易产生静电效应的物料。

3. 脉冲式气流干燥器 其干燥管道的管径是交替缩小或扩大变化的，使气流和颗粒作不等速流动，气流和颗粒间的相对速度与传热面积都较大，从而强化传热、传质速率。此外，由于物料在扩大管中气流速度大幅下降，也就相应增加了干燥时间。该设备可根据工艺要求设计成鼓风系统、引风系统、鼓引风系统，鼓风机可兼作分散器。带有干燥塔的脉冲式气流干燥器的工作原理见图 1-20。

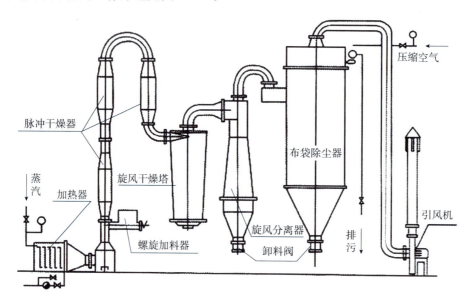

图 1-20 带有干燥塔的脉冲式气流干燥器的工作原理示意

(二) 气流式干燥器的工作原理

气流式干燥器在干燥过程中热空气进入干燥器，湿物料经输送机输送至进料口，与加热后的空气同时进入干燥器，并在瞬间与物料充分混合，使物料流态化并与热空气的接触面积最大化，从而快速蒸发水分。气流式干燥器适用于黏性小或无黏性的滤饼状物料干燥，干燥之前需经过机械脱水。气流式干燥器的干燥时间较短，一般为 1~4s，产品在温度尚未升高至对产品质量有影响之前已排出干燥器，适合热敏性物料的干燥。气流式干燥器以干燥物料表面的游离水为主，对内部含水较多的物料难以达到工艺要求。由于热质交换面积大，从而可在很短的时间内达到蒸发干燥的目的。干燥后的成品从旋风分离器排出，一小部分粉料由旋风除尘器或布袋除尘器回收利用。

(三) 气流式干燥器的特点

1. 传热系数相对较大 由于气流式干燥器加入的热风速度相对于物料颗粒的进料速度要高得多，以及气相、固相间接触面积大，所以体积传热系数也相对较大，比常用的转筒式干燥器大 20~30 倍。气流干燥适合于处理粒径小、干燥过程主要去除物料表面游离水的汽化控制的物料。但由于物料在气流式干燥器内的停留时间很短，不易获得含水量更低的干燥产品。

2. 气流干燥强度大 由于气流干燥的气流速度高，粒子在气相中分散良好，可以将粒子全部表面积作为干燥的有效面积，因此，干燥有效面积大幅增加。同时，由于干燥时的分散和搅动作用，使汽化表面持续更新，因此，干燥的传热、传质过程强度较大。干燥

38

时间一般在 0.5～4.0s，最长不超过 5.0s。物料的热变性是温度和时间的函数，因此，对于热敏性或低熔点物料不会造成过热或分解而影响产品质量。

3. 气流干燥热效率高　气流干燥采用气相、固相并流操作，而且，在表面汽化阶段，物料始终处于与其接触的气体的湿球温度，不超过 60～65℃；而在干燥末期物料温度上升的阶段，气体温度已开始降低，所以产品温度不会超过 70～90℃。

4. 气流干燥设备简单，占地面积小，节省成本　与回转干燥器相比，其占地面积减小了 60%，投资约节省 80%。同时，可以将干燥、粉碎、筛分、输送等工段联合操作，简化工艺流程，便于实现自动控制。

5. 干燥温度高　气流干燥设备有较大的适应性，根据条件可选用蒸汽、电、热风炉等不同热源加热。可根据物料耐热温度（或热风温度）进行选择，当物料耐热温度 ≤150℃时，可选用蒸汽加热；当物料耐热温度 ≤200℃时，可选用电加热（或蒸汽加热、电补偿加热、导热油加热）；当物料耐热温度 ≤300℃时，可选用燃煤热风炉加热；当物料耐热温度 ≤600℃时，可选用燃油热风炉加热。

九、滚筒刮板式干燥器

滚筒刮板式干燥器又称转鼓式干燥器，其工作原理是使液态或泥浆状物料在水蒸气或其他热载的滚筒表面构成薄膜，并在滚筒旋转一圈的过程中完成干燥，随后利用刮刀将干燥的物品刮下，形成产品。滚筒刮板式干燥器适用于黏性、膏状、糊状物料的干燥加工。

（一）滚筒刮板式干燥器的分类

滚筒刮板式干燥器根据滚筒的数量可分为单滚筒和双滚筒干燥器；根据操作压力可分为常压干燥和负压干燥。滚筒刮板式干燥器的结构见图 1－21。

（二）滚筒刮板式干燥器的工作原理

滚筒刮板式干燥器是一种内加热传导转动型连续干燥设备。旋转的滚筒通过其下部料槽，黏附着一定厚度的料膜，热量通过管道输送至滚筒内壁，传导到滚筒外壁，间接加热料膜，使料膜中的湿分得到蒸发、脱湿，使含湿分的物料得到干燥。干燥好的物料由安装在滚筒表面的刮刀铲离滚筒，落入刮刀下方的螺旋输送机，进而将产品收集、包装。

滚筒刮板式干燥器在干燥物料过程中，首先让液体或泥浆状物料在水蒸气或其他热载体加热的滚筒表面形成薄膜，滚筒转一圈的过程中便完成干燥，用刮刀将产品刮下来，清理后的滚筒表面再次与原料接触并形成薄膜进行下一次干燥。滚筒由可调速结构驱动，滚筒转速为 4～6r/min，从布膜到干燥、卸料一般控制在 5～30s 完成。加热介质一般采用 0.2～0.5MPa 的饱和水蒸气，其温度可达 120～150℃。

（三）滚筒刮板式干燥器的特点

1. 热效率高　因滚筒干燥器传热机制属热传导，传热方向在整个操作周期中保持一致，除机壳散热和热辐射损失外，其余热量全部用于筒状料膜湿分的蒸发，热效率可达 70%～80%。蒸发 1kg 水分所需热量为 3 000～3 800kJ（喷雾干燥需 3 500～5 000kJ）。

2. 适用性广　可调整滚筒干燥器的多个干燥因素，如通过调节物料的浓度、涂料料膜的厚度、加热介质的温度、滚筒的转速等，均可改变滚筒干燥器的干燥效率，且多个因素互不关联。

3. 干燥时间短，动力消耗低　物料的干燥周期一般只有 10～30s，适合于热敏性物

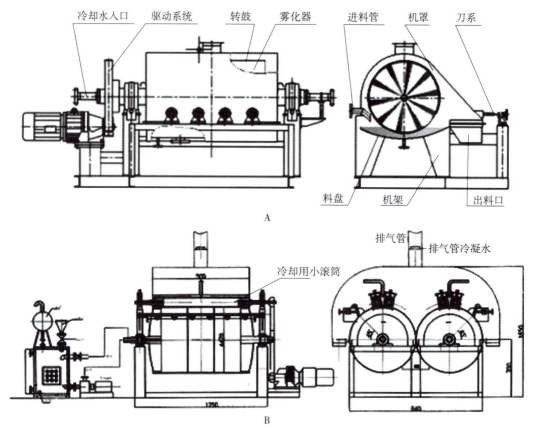

图 1-21 滚筒刮板式干燥器的结构示意
A. 单滚筒干燥器结构示意 B. 双滚筒干燥器结构示意

料。若将滚筒干燥器设置在真空环境中，则可在减压条件下运行。蒸发 1kg 水分需要 0.02～0.05kW 的动力（喷雾干燥大约为 0.6kW）。

4. 干燥速率大　由于物料抹于筒壁的料膜很薄，一般在 0.3～1.5mm，且传热、传质方向一致，料膜表面可保持 20～70kg/（m² · h）的水分蒸发强度。

滚筒刮板式干燥器的主要不足是单台设备传热面积小（一般不超过 12m²），生产能力较低。

（四）滚筒刮板式干燥器的适用物料

滚筒刮板式干燥器适用于化工、染料、制药、食品、冶金、酵母等行业的液体或黏稠状物料的干燥。广泛应用于将米粉、麦片、α 淀粉、马铃薯全粉等食品干燥成片状、粉状及颗粒状产品。

展望

干燥技术未来发展的方向主要在深入研究干燥机制和物料的干燥特性，在掌握不同物料的最优操作条件下，开发和改进干燥器。同时，大型化、高强度、高经济性，以及改进对原料的适应性和产品质量，是干燥器发展的基本趋势；进一步研究和开发新型高效和适应特殊要求的干燥器，如组合干燥器、微波干燥器和远红外干燥器；需要重视节能和能量综合利用，采用各种联合加热方式，如移植热泵和热管技术，开发太阳能干燥器；改进干燥器的环境保护措施以降低粉尘和废气的排放等技术将是未来研究的重点方向。

参考文献

车刚，吴春升，2017. 典型农产品干燥技术与智能化装备［M］. 北京：化学工业出版社.

崔春芳，童忠良，2009. 干燥新技术及应用［M］. 北京：化学工业出版社.

董全，黄艾祥，2007. 食品干燥加工技术［M］. 北京：化学工业出版社.

段续，2018. 新型食品干燥技术及应用［M］. 北京：化学工业出版社.

段续，2020. 食品微波干燥技术及装备［M］. 北京：化学工业出版社.

金国淼，2002. 干燥设备［M］. 北京：化学工业出版社.

李琳，苏健裕，李冰，等，2017. 食品热加工过程安全原理与控制［M］. 北京：化学工业出版社.

李树君，2015. 农产品微波组合干燥技术［M］. 北京：中国科学技术出版社.

刘相东，于才渊，周德仁，2004. 常用工业干燥设备及应用［M］. 北京：化学工业出版社.

潘永康，王喜忠，刘相东，等，2007. 现代干燥技术［M］. 北京：化学工业出版社.

王绍林，2004. 微波加热技术的应用——干燥和杀菌［M］. 北京：机械工业出版社.

赵春晖，杨莘元，2000. 现代微波技术基础［M］. 哈尔滨：哈尔滨工程大学出版社.

郑先哲，汪春，贾富国，等，2009. 农产品干燥理论与技术［M］. 北京：中国轻工业出版社.

朱文学，2009. 食品干燥原理与技术［M］. 北京：科学出版社.

Arun S，Mujumdar，2007. 工业化干燥原理与设备［M］. 张慜，范柳萍，等译. 北京：中国轻工业出版社.

Helmar Schubert Marc Regier，2008. 食品微波加工技术［M］. 徐树来，郑先哲，译. 北京：中国轻工业出版社.

第二章
膜分离技术及其在饲料工业中的应用 ▶▶▶

膜分离技术是一种新型、高效的分离技术，是一门集高分子材料科学、物理化学、有机合成、化工分离、生物化工、化工机械等多个领域的系统学科。近年来，膜分离技术已广泛应用于国民经济的各行业，尤其在水处理、电子、食品、环保、化工、冶金、医药、生物、农业、能源、石油、仿生等工业领域得到了广泛应用。

膜分离技术具有操作方便、设备紧凑、工作环境安全、节能等优点，与传统分离技术相比，膜分离技术在分离、浓缩、提纯及净化等方面具有无可比拟的优势，特别在节能降耗、清洁生产和循环经济中发挥着重要作用，产生了巨大的社会效益和经济效益。

第一节 概 述

一、膜分离过程

(一)膜分离定义

膜分离（membrane separation）是以选择性膜为分离介质，在推动力的作用下，使原料侧组分选择性地透过膜，以达到分离、分级、提纯和富集的目的。对于不同的膜分离技术，推动力可以是浓度差、压力差、电位差或温度差等。通常膜原料侧称为膜上游，透过侧称为膜下游。

(二)膜分离过程分类

由于被分离的物系及分离要求各不相同，出现了多种膜分离技术，常见的膜分离过程及其特征如表 2-1 所示，不同膜分离技术与微粒或分子大小的关系如图 2-1 所示。

表 2-1 几种主要膜分离过程及其特征

膜分离过程	膜分离过程示意	推动力	透过物	截留物	膜类型
微滤 (MF)	进料 → 滤液	压力差 (0.01~0.2MPa)	溶液、气体	0.02~10μm 颗粒	多孔膜
超滤 (UF)	进料 → 浓缩液 / 滤液	压力差 (0.1~1.0MPa)	水、溶剂小分子	2~20nm 大分子	非对称性膜
纳滤 (NF)	进料 → 浓缩液 / 滤液	压力差 (0.5~1.5MPa)	溶剂、一价离子、小分子溶质	1nm 以上小分子溶质	复合膜

（续）

膜分离过程	膜分离过程示意	推动力	透过物	截留物	膜类型
反渗透 （RO）	进料 → 浓缩液 / 溶剂	压力差 （1～10MPa）	水、溶剂	0.2～20nm 溶质、盐	非对称性膜、 复合膜
渗析 （D）	进料 → 纯化液 不纯液 → 渗析液	浓度差	低分子质量 物质、离子	溶剂	非对称性膜
电渗析（ED）	浓缩液 / 溶剂 +极　−极 阴膜　阳膜 进料	电位差	电解质离子	非电解质、 大分子物质	离子交换膜
气体分离 （GS）	进气 → 渗余气 / 渗透气	压力差 （0.1～15MPa）	气体或蒸汽	难渗透性气 体或蒸汽	均相膜、复合膜 非对称膜
渗透汽化 （PV）	进料 → 溶质或溶剂 （蒸汽） 溶剂或溶液	分压差	易渗透性溶质或 溶剂	难渗透性溶 质或溶剂	均相膜、复合膜 非对称膜

项目	微滤	超滤	纳滤	反渗透
膜孔径	0.05～2.0μm	0.001～0.1μm	<0.02μm	<0.001μm
操作压力	（0.35～2.1）×10⁵Pa	（1.0～5.25）×10⁵Pa	（3.5～8.75）×10⁵Pa	（7.0～42.0）×10⁵Pa， （56～84）×10⁵Pa （海水）

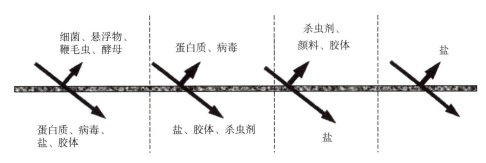

图 2-1　不同膜分离技术与微粒或分子大小的关系

（三）膜分离过程特点

与传统分离技术相比，膜分离技术具有下述特点。

（1）膜分离操作一般在常温下进行，大多不发生相变，适合处理热敏性物料，能耗较低。

（2）膜分离过程是物理过程，无须加入化学试剂，既节省原料，又可避免二次污染。

（3）膜选择性较高，分离系数大，适用范围广。

（4）膜分离过程中，浓缩和纯化可在同一步骤内完成，便于回收价值高的物质。

（5）膜分离装置简单，占地面积小，操作方便，便于连续化生产和自动化控制。

二、膜

（一）膜的定义

分离膜是膜分离过程的核心元件，膜（membrane）是一种流体相内或在两种流体相之间具有选择性透过能力的隔层，它将流体相分隔为互不相通的两部分，并使这两部分之间产生传质作用，从而产生分离。膜本身可以是均匀的一相，也可以是由两相以上的凝聚相物质所构成的复合体。膜必须有两个界面，这两个界面分别与两侧的流体相接触。

（二）膜的分类

由于膜材料种类丰富，制备方法多样，用途也非常广泛，因此膜有多种分类方式。常用的分类方式主要有：按膜凝聚状态、按膜材料、按膜结构、按膜的作用机制分类等。分离膜有气态、液体和固态三种状态，但大部分膜是固态膜。下面主要就固态膜的材料和结构进行分类介绍。

1. 固态膜的材料分类 固态膜一般是由高分子、金属和陶瓷等材料制成，其中以高分子材料为主。

2. 固态膜的结构分类 按结构，固态膜可以分为以下三类。

（1）对称膜（symmetric membrane） 其各向的化学结构、物理结构在各个方向上一致，在所有方向上的孔隙率都相似（图 2-2A）。

（2）非对称膜（asymmetric membrane） 由多孔支撑层和致密皮层构成，支撑层和致密层的材质是一样的，但只有致密皮层起到分离作用（图 2-2B）。

（3）复合膜（composite membrane） 由在非对称膜下面再复合一层支撑层构成，底层支撑层一般是无纺布或有纺布，用以提高膜的强度（图 2-2C）。

 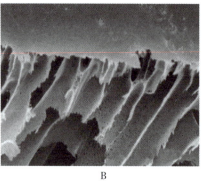 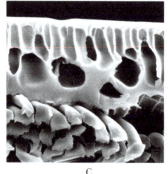

A   B   C

图 2-2 固态膜结构分类
A. 对称膜 B. 非对称膜 C. 复合膜

（三）膜性能

膜的性能通常包括膜的分离性能、膜通量、机械性能、热稳定性和化学稳定性等方面。

1. 分离性能　对于不同的膜过程，膜分离性能的表达是不同的。例如，对于反渗透和纳滤，常用脱盐率和浓缩比等参数表达分离效果；对于超滤则常用截留率、截留分子量来表示；对于电渗析则常用选择通过率和交换容量来表达。膜分离能力主要取决于膜材料的化学特性和形态结构，还与膜的一些操作条件相关。

2. 膜通量　即膜在单位时间内透过液的量，是分离膜最重要的性能之一，反映膜过程的处理能力，其亦与操作条件有关。

3. 机械性能　对于高分子膜，机械性能常用断裂伸长率、最大拉伸拉力、膜的机械强度等表征；对于无机膜，机械性能一般用机械强度、硬度、密度等参数表达。

4. 热稳定性　膜的热稳定性决定了膜对温度变化的适应性。一般有机膜在高温时易变形，低温时易脆化。可以通过测定膜在不同温度下的机械性能，然后与常温时比较，即可判断膜的热稳定性。

5. 化学稳定性　膜的化学稳定性一般是指膜不能被所处理的物质所溶胀、溶解或发生化学反应，膜无法对被处理物质产生不良的影响。将膜样品分别浸入酸、碱、过氧化物中浸泡一段时间，与没有浸泡过对照样品进行比较，若纯水通量、截留率下降（不超过10%），即可认为具有较好的化学稳定性。

第二节　反　渗　透

反渗透（reverse osmosis，RO）是指利用反渗透膜选择性地只透过溶剂（通常是水）而截留离子物质的性质，以膜两侧静压差为推动力，使溶剂通过反渗透膜而实现对溶液进行分离的膜过程。所以反渗透膜分离过程可以对溶液进行浓缩或得到纯度较高的溶剂。反渗透技术在料液分离、纯化和浓缩，废液的回收以及微生物、细菌和病毒的分离方面都发挥着巨大作用。

一、反渗透基本原理

（一）渗透

渗透（osmosis）是溶剂（水）从稀溶液一侧通过半透膜向浓溶液一侧自发流动的过程。半透膜只允许溶剂（水）通过，阻止溶解固形物（盐）通过，渗透结果是溶液被稀释。

将纯水和盐水置于半透膜两侧，初始液位高度相同，由于半透膜只允许水通过，所以经过一段时间之后，盐水侧液位升高，即溶剂水通过半透膜向盐水侧净流入；水分子的这种流动推动力，即半透膜两侧的化学势的差值，这种现象称为渗透（图2-3）。渗透要一直进行到溶液侧的压力高到足以使水分子不再流动为止。平衡时，此压力即为溶液的渗透压。

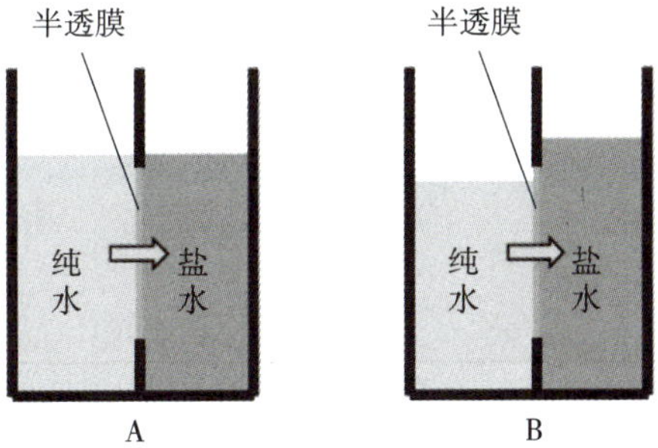

图2-3　渗透过程
A. 渗透前　B. 渗透后

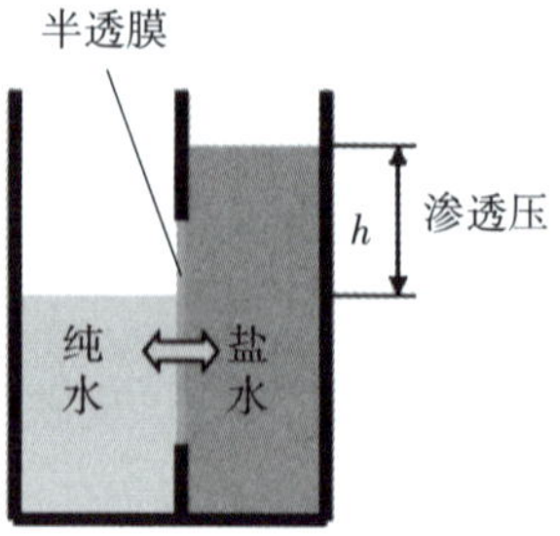

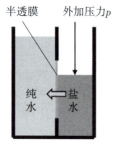

图 2-4 纯水与盐水渗透平衡

半透膜　外加压力 p

纯水 ← 盐水

图 2-5 纯水与盐水反渗透

（二）渗透平衡

当溶剂（水）向浓溶液流动产生的压差（液柱高 h）能够阻止溶剂（水）的继续净流入时，就达到了渗透平衡（图 2-4）。渗透平衡是一个动态平衡，即溶剂（水）往半透膜两侧流入量相等。达到渗透平衡时的静压差转变成渗透压。正是由于半透膜的存在，渗透压才能体现。

（三）反渗透

当在浓溶液上有外加压力 p，且该压力大于渗透压时，浓溶液中的水就会通过半透膜流向稀溶液（或纯水）侧，这就是一个反渗透膜分离过程（图 2-5）。

反渗透工作原理是基于溶剂通量与溶质通量间的巨大差别。若反渗透膜为理想半透膜，则膜只允许溶剂通过，不存在溶质通量。但是在实际的渗透过程中，有少量溶质可以通过半透膜，但其通量远小于溶剂通量，常常可忽略不计。一般来说，溶剂（水）的通量取决于有效压差，溶质通量不受压差影响而取决于溶质浓度差。

渗透是自发过程，而反渗透是非自发过程，溶剂通过膜的迁移速率与膜的性能、膜两侧压力差、溶液的渗透压等有关。

渗透压是溶液的一种特性，与溶液的浓度和温度及其所含离子的类型有关。例如，NaCl 溶液浓度每增加 1mg/L，渗透压约增加 69Pa。但是高分子有机物产生的渗透压比较低，溶液的典型渗透压如表 2-2 所示。

表 2-2 部分溶液的典型渗透压

化合物	浓度（mg/L）	摩尔浓度（mol/L）	渗透压（Pa）
NaCl	35 000	0.6	2 742.2
NaCl	1 000	0.017 1	78.5
NaHCO$_3$	1 000	0.011 9	88.2
Na$_2$SO$_4$	1 000	0.007 05	41.3
MgSO$_4$	1 000	0.008 31	24.8
MgCl$_2$	1 000	0.010 5	66.8
CaCl$_2$	1 000	0.009	57.2
蔗糖	1 000	0.002 92	7.2
葡萄糖	1 000	0.005 55	13.8

对于稀溶液，渗透压（π）可近似用 Van't Hoff 公式计算：

$$\pi = RT \sum c_i \tag{2-1}$$

式中：R——常数，取 $82 \times 10^3 Pa \cdot L/(mol \cdot K)$；

$\sum c_i$——溶质各离子浓度总和，mol/L；

T——热力学温度，K。

虽然从理论上讲，只要外加压力大于溶液的渗透压，反渗透过程就能进行，但在实际操作中，在系统和膜允许的范围内，外加压力必须达到计算出的 π 值的几倍至几十倍。

根据反渗透的基本原理，反渗透过程具有如下技术特点：

（1）反渗透过程一般在常温下进行，不发生相变，具有能耗低的特点，适用于热敏性物质的分离、浓缩。

（2）反渗透过程可以用于溶液的提纯，杂质去除范围广，可去除溶解的无机盐类与各类有机物杂质。

（3）反渗透膜可截留粒径几纳米以上的溶质，具有较高的除盐率和溶剂（水）的回收率。

（4）反渗透分离装置结构简单，操作容易，便于维修和实现自动控制。

（5）反渗透过程需要加压，一般处于高压状态下运行，需要配备高压泵和耐高压的管路。

（6）为减少反渗透膜的污染，进料液进入反渗透膜器之前需预处理，要定期对膜进行清洗，以提高膜的使用寿命。

二、反渗透过程的传质模型

为了揭示反渗透过程的物理本质，从理论上阐明各因素对反渗透过程的影响，科技工作者提出了多种传质模型，其中两种传质模型较为典型。

1. 溶解-扩散模型 可将反渗透膜的活性表皮层看作致密的无孔膜，并假设溶质和溶剂都能溶解于膜内，膜中溶解量的大小服从亨利定律；溶质和溶剂分别在浓度或压力造成的化学势推动下扩散通过膜，再从膜下游解吸。

可以将分离过程分成三步：第一步，溶质和溶剂在膜的进料液侧表面吸附和溶解；第二步，溶质和溶剂之间没有相互作用，它们在各自化学位差的推动下以分子扩散的方式通过反渗透膜的活性层；第三步，溶质和溶剂在膜的透过液侧表面解吸（图 2-6）。

溶解-扩散模型适用于均相、高选择性膜。假设第一步、第三步进行得很快，则此时透过速率主要取决于第二步。该模型的分离依据基于膜的选择性，使液体混合物得以分离。物质的渗透能力不仅取决于扩散系数，还与其在膜中的溶解度有关。

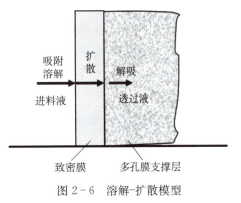

图 2-6 溶解-扩散模型

2. 优先吸附-毛细孔流动模型 该模型假定膜为微孔膜，分离机制由膜的表面现象及液体通过孔的传质决定。

膜层具有优先吸附溶剂（水）及斥盐的特性，其结果是在膜表面及膜孔内形成几乎为纯溶剂的溶剂层，该优先吸附的溶剂层在压力的作用下连续通过膜而形成产液，其浓度低于原料液。

以盐水分离为例的优先吸附-毛细孔流动机制如图 2-7 所示，图中溶质是氯化钠，溶剂是水，膜表面是亲水斥盐的，所以在膜界面上形成水层，在压力的作用下，水就优先通过膜孔，从而达到分离目的。

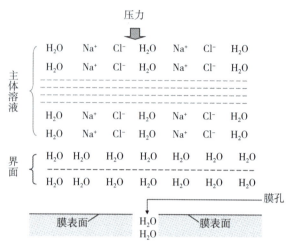

图 2-7　水脱盐优先吸附-毛细孔流动机制示意

三、反渗透膜

目前工业上常用的反渗透膜材料主要有醋酸纤维素（CA）和芳香酰胺（PA）两大类，此外还有一些用于提高膜性能的特种膜（如耐氯膜、耐热膜）材料，如聚苯并咪唑（PBI）、聚苯醚（PPO）、聚乙烯醇缩丁醛（PVB）等。

醋酸纤维素（CA）是最早开发的一类反渗透膜，耐氯性好，成膜性佳。但这种膜压密性差，在长期高压下，易发生蠕变而导致膜孔变小，使膜通量不可逆地下降。同时，CA 膜在较高的温度和酸碱条件下易发生水解、被氧化或被微生物侵蚀。

芳香族聚酰胺（PA）具有优良的物理化学稳定性，耐强碱、油脂、有机溶剂，机械性能极好，吸湿性低，耐高温，日光性能优良，但耐酸性和耐氯性较差。PA 膜在海水淡化和苦咸水脱盐领域较为常见，基于其良好的耐有机溶剂性，适用于有机小分子物质的分离、回收，如酚类和醇类。

四、反渗透膜分离性能评价

反映反渗透膜分离性能的指标有多种形式，主要是以下两种评价指标。

1. 脱除率或截留率　R 表示反渗透过程中溶质被截留（或脱除）的比例，其计算公式为：

$$R = \left(1 - \frac{c_p}{c_w}\right) \times 100\% \qquad (2-2)$$

式中：c_p——膜透过液浓度，mg/L；
　　　c_w——原料液主体浓度，mg/L。

2. 渗透通量　J 表示单位时间内透过单位膜面积的渗透物量（质量或体积），其计算公式为：

$$J = \frac{V}{St} \qquad\qquad (2-3)$$

或
$$J = \frac{m}{St} \qquad\qquad (2-4)$$

式中：V——透过液（气）的体积，L 或 m^3；

　　　m——透过液（气）的质量，kg 或 g；

　　　S——膜的有效面积，m^2；

　　　t——设备运行时间，h；

　　　J——渗透通量，$m^3/(m^2 \cdot h)$ 或 $kg/(m^2 \cdot h)$。

五、反渗透膜的污染和防治

（一）膜污染概述

膜污染（membrane fouling）是指反渗透膜的性能（膜的渗透通量、盐的截留率等）随时间劣化的现象。膜污染通常可以分为可逆污染和不可逆污染。前者是指浓差极化导致的污染，可以通过优化动力学条件及控制回收率等方法来缓解；后者是由于微粒、胶体粒子或溶质分子在膜表面或膜孔道内吸附、沉积导致膜孔径变小或堵塞，使膜的通量和选择渗透性能发生不可逆的变化。

（二）浓差极化

在分离过程中，由于膜的选择透过性，被截留组分在膜料液侧积累，其浓度往往比料液主体浓度高得多（图 2-8），在浓度梯度的作用下，溶质会从膜表面向主体溶液扩散。当溶质向膜表面流动时引起的溶质的流动速率与浓度梯度导致的溶质从膜表面向主体溶液的扩散速率达到平衡时，将在膜表面形成一个稳定的浓度梯度区——浓差极化边界层，这种现象称为浓差极化（concentration polarization）。

浓差极化会引发下述不良影响：①膜表面渗透压升高，传质推动力下降，溶剂（水）通量下降；②溶质通过膜的通量上升；③溶质在膜的表面沉积并堵塞膜孔，会导致溶剂（水）通量降低；④高盐浓度会导致膜分离性能改变；⑤出现膜污染，严重时相当

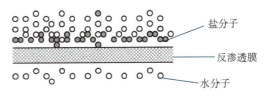

图 2-8　浓差极化现象示意

于在膜表面形成一层二次薄膜，导致反渗透膜透水性能大幅下降，甚至完全消失。

工业生产中，为减轻浓差极化"污染"，可采取如下措施：①降低料液中溶质浓度；②缩小膜两侧压差；③提高流体的湍流程度，减小浓差极化层厚度。

（三）不可逆膜污染及控制方法

不可逆膜污染分为两类，一类是表面电性及吸附引起的污染，由于膜与溶质之间形成了表面化学键或存在范德华力，从而产生化学吸附或物理吸附，该吸附作用使膜表面溶液浓度高于主体溶液浓度，导致膜通量不可逆下降；另一类是膜表面孔隙的机械堵塞引起的污染，当料液中有悬浮颗粒或大分子胶体时，这些物质会在压力的作用下被膜截留沉积于膜的表面，随处理量的增加，沉积物的厚度会持续增加，膜孔堵塞会越来越严重，溶剂通量也会越来越小。

为了减少不可逆膜污染，工业生产中通常采取如下措施：

1. 预处理法 预先消除使膜性能发生变化的因素，如调整进料液的 pH 或添加抗氧化剂来防止膜的化学劣化；预先清除进料液中的微生物，防止生物性劣化；采用絮凝、沉淀、过滤等方法降低进料液浊度和去除悬浮固体；添加阻垢剂，防止钙、镁离子结垢等。

2. 洗涤法 该法可以除去污染物，根据污染物的特点采取物理洗涤、化学洗涤法或物理化学组合法洗涤。化学洗涤是根据所形成附着层的性质，采用乙二胺四乙酸（EDTA）、表面活性剂、酶洗涤剂、酸碱洗涤剂等进行清洗；物理洗涤法是采用泡沫球擦洗、水浸洗、气液清洗、超声波清洗等机械手段去除污染物。

第三节 纳 滤

纳滤（nanofiltration，NF）是一种介于反渗透和超滤之间的压力（0.5～2.0MPa）驱动膜分离过程，纳滤膜的孔径范围在几纳米左右。纳滤在常温下进行，无相变和化学反应，不会破坏生物活性，适合热敏性物质的分离、浓缩、纯化。纳滤适合用于截留分子大小在 1nm 以上、相对分子质量为 200～2 000 的物质，分离精度介于反渗透和超滤之间。纳滤膜多为荷电膜，对离子具有选择性，对二价和多价离子具有较高的截留率，但对一价离子截留率较低。

一、纳滤分离机制

1. 概述 纳滤膜是具有三维交联结构的复合膜，存在纳米级微孔，孔径介于超滤和反渗透之间，且大部分荷负电，不同类型的纳滤膜分离机制不同。纳滤膜对中性不带电荷的物质（如乳糖、葡萄糖、抗生素、合成药等）的截留是根据膜的纳米级微孔的筛分作用而得以实现；纳滤膜对离子的截留性能主要是由离子与膜之间的 Donnan（道南）效应或电荷效应引起。

2. Donnan 平衡和 Donnan 效应 当含有固定电荷的纳滤膜与电解质溶液中的离子接触时，会产生静电作用（相同电荷排斥，相反电荷吸引）。达到平衡时，膜中的反离子（与膜所带电荷相反）浓度高于主体溶液中该离子的浓度，而同性离子的浓度却较低。此时，主体溶液与膜之间产生 Donnan 电势梯度，阻止了反离子从主体溶液向膜的扩散，也阻止了同性离子从膜向主体溶液的扩散。

当受压力驱动，电解质溶液接近膜表面时，Donnan 电势梯度排斥同性离子，为保持电中性，反离子也被膜截留。

Donnan 效应对稀电解质溶液中离子的截留尤为明显，由于电解质离子的电荷强度不同，膜对离子的截留率存在差异。纳滤膜对不同价态的离子截留效果不同，对二价和高价离子的截留率明显高于单价离子。对阳离子截留率递增顺序为 H^+、Na^+、K^+、Ca^{2+}、Mg^{2+}、Cu^{2+} 等，对阴离子截留率递增顺序为 NO_3^-、Cl^-、OH^-、SO_4^{2-}、CO_3^{2-} 等。对于价数相同的同类离子，离子半径越小，膜对其截留率越小。

二、纳滤膜

纳滤膜多为非对称膜，一种是整体非对称，即皮层与多孔支撑层为同种材料；另一种是复合结构，即复合层和支撑层不是同种材料。按照膜材料类型，纳滤膜主要可分为有机高分子膜、无机膜和有机-无机复合膜三种，其中有机高分子膜使用最为广泛。有机高分子纳滤膜主要包括芳香族聚酰亚胺类、聚哌嗪酰胺类、磺化聚（醚）砜类等。

表2-3列出了Film Tec公司生产的NF系列（芳香族聚酰亚胺类）两种纳滤膜的分离性能，从表中可见纳滤膜的操作压力远低于反渗透，对氯化钠截留率不高，对二价的离子和不带电的有机糖有较高的截留率。

表2-3 NF-50、NF-70纳滤膜性能

项目	规格	
	NF-50	NF-70
纯水通量［L/（m² · h）］	43	43
压力（MPa）	0.4	0.6
pH	2～10	3～9
最高使用温度（℃）	45	45
NaCl脱除率（%）	50	70
MgSO₄脱除率（%）	90	98
葡萄糖（$M_w=180$）脱除率（%）	90	98
蔗糖（$M_w=342$）脱除率（%）	98	99

注：测试温度为35℃，供液浓度为2 000mg/L。

三、纳滤膜分离性能指标

表达纳滤分离效率主要有以下指标。

1. 脱盐率或截留率（R）　其计算公式为：

$$R=(1-\frac{K_p}{K_f})\times 100\% \tag{2-5}$$

或

$$R=(1-\frac{c_p}{c_w})\times 100\% \tag{2-6}$$

式中：K_p——膜透过液（产水）电导率，S/m；

K_f——原料液（进水）电导率，S/m；

c_p——膜透过液浓度，mg/L；

c_w——原料液主体浓度，mg/L。

2. 溶剂通量（J）　同反渗透，见式2-3和式2-4。

3. 系统回收率（ζ）　其计算公式为：

$$\zeta=\frac{Q_p}{Q_f} \tag{2-7}$$

式中：Q_p——透过液流量，L/（m² · h）；

Q_f——原料液流量，L/（m² · h）。

4. 体积浓缩比　当纳滤用于溶液浓缩时，常用体积浓缩比（VCR）表示浓缩程度，其计算公式为：

$$VCR=\frac{V_0}{V_R} \tag{2-8}$$

式中：V_0——初始料液体积，L 或 m^3；

　　　V_R——截留液体积，L 或 m^3。

四、纳滤膜的污染和防治

纳滤膜的污染和防治与反渗透膜相同。

第四节　超　　滤

超滤（ultrafiltration，UF）是以压差为推动力，用固体多孔膜分离溶液中相对分子质量大于 500 的大分子、胶体、蛋白质、微粒、病毒等的过程。超滤介于纳滤和微滤之间，膜孔径范围在 1mm 至 $0.05\mu m$，在食品、医药、超纯水的制备及生物技术等领域应用广泛。

一、超滤基本理论

超滤膜为多孔膜，超滤是一种筛分过程，其原理如图 2-9 所示。在静压差为推动力的作用下，原料液中溶剂和小溶质粒子从高压的料液侧透过膜到低压侧，而大粒子被膜截留。

在超滤中，超滤膜对溶质的分离过程包括以下几种情况：

（1）在膜表面及微孔内吸附（一次吸附）。

（2）在孔内停留而被去除（阻塞）。

（3）在膜表面的机械截留（筛分）。

超滤过程操作压差为 0.1～0.5MPa，被截留组分是直径为 $0.01～0.1\ \mu m$、相对分子质量

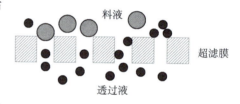

图 2-9　超滤过程分离原理

为 500～1 000 000 的大分子和胶体粒子，几乎不能截留无机离子。超滤过程具有如下特点：

（1）超滤过程在常温无相变的温和条件下进行封闭操作，对于 pH、离子强度敏感的生物体系及热敏性物质的分离、浓缩、纯化最为适宜。

（2）超滤过程不需要加热，能耗低。

（3）不需添加化学试剂，环保。

（4）采用不同截留相对分子质量的超滤膜，可以实现有机化合物的分级、分离。

（5）操作压力（0.1～0.5MPa）相对较低，溶液的渗透压可以忽略不计。

（6）由于溶液中大分子物质扩散系数小，超滤过程易产生浓差极化现象。

二、超滤膜

（一）超滤膜形态结构

超滤膜一般为非对称结构，由一层极薄（$\leqslant 3\mu m$）皮层和具有海绵状或指状结构的多孔支撑层构成（图 2-10）。

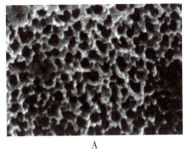 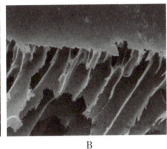 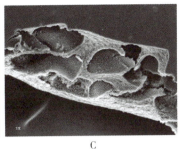

图 2-10　超滤膜微观结构
A. 海绵孔结构　　B. 指状孔结构　　C. 大泡状孔结构

(二) 超滤膜分离性能表征

除了通量、截留率、体积浓缩比之外，超滤过程还可用截留相对分子质量表达分离性能。

根据筛分机制，超滤膜的分离特性和透过液通量完全取决于膜孔径的大小，常用截留相对分子质量（molecular weight cut off，MWCO）来反映超滤膜孔径的大小，许多制造商也是采用 MWCO 来表征超滤膜的分离性能。通常膜孔径大小不一，被截留物的相对分子质量分布在一定范围内，取截留率为 90% 的物质的分子质量称为 MWCO。如果某种膜的截留相对分子质量为 10 000，则表示相对分子质量大于 10 000 的所有溶质有 90% 以上能被这种膜所截留。

(三) 膜材料

超滤膜按膜材料分为有机高分子膜和无机膜两类，其中有机高分子膜在工业生产中使用更为广泛。醋酸纤维素、聚砜、聚醚砜、聚丙烯腈、聚偏氟乙烯和聚酰亚胺等是常用的成膜材料

醋酸纤维素（CA）是由纤维素与醋酸酐、醋酸的乙酰化反应制得。聚砜类超滤膜是继 CA 膜之后发展较快的一类超滤膜材料，主要有双酚 A 型聚砜（PSF）及其磺化产物（SPSF）、聚芳醚砜（PES）和聚砜酰胺（PSA）等。聚丙烯腈（PAN）属于乙烯类聚合物，其截留相对分子质量为 30 000～100 000，为半结晶聚合物，柔顺性差，但具有较好的耐水解性和抗氧化性。聚偏氟乙烯（PVDF）为半结晶聚合物，机械强度高，耐温性好，可重复进行 128℃ 高温灭菌。聚酰亚胺（PI）具有逐渐干燥且性能无损的独特性能，耐温性好。

三、超滤膜的污染和防治

(一) 膜污染表达

污染表现为膜通量随操作时间衰减，且伴生着溶质截留率增加，膜污染程度可以用水通量衰减系数 m 表达：

$$m = \frac{J_0 - J_t}{J_0} \tag{2-9}$$

式中：J_0——超滤前纯水的通量，L/h；

J_t——经过超滤时间 t，清洗后膜的纯水通量，L/h。

（二）超滤膜污染的防治措施

超滤膜污染的主要原因是浓差极化形成的凝胶层和膜孔的堵塞，因而污染的防治就应从降低浓差极化、消除凝胶层和防止膜堵塞开始。

超滤膜污染防治可以采取下述措施：

（1）选用抗污染能力强的超滤膜，如采用亲水性超滤膜可以减少蛋白质分子在膜表面的吸附。另外，由于待分离的料液多带有负电荷，采用负电荷的超滤膜可以有效减少颗粒在膜表面的沉积，有利于降低膜的污染。

（2）采用絮凝沉淀、热处理、pH调节、加氯处理、活性炭吸附等手段对料液进行预处理，可降低膜的污染程度。

（3）提高料液的湍流程度可以减少浓差极化的影响。例如，在流动通道上可安置扰流装置，或采用振动的膜支撑物，在流道上产生压力波等方法。

（4）适当提高操作温度。在保证膜和料液的物理、化学或生物稳定性的前提下，适当提高操作温度，以降低料液的黏度，减小流动阻力，提高透过通量。例如，酶最高操作温度为25℃，蛋白质操作温度为55℃，乳品加工操作温度为50～55℃。

（5）控制原料液浓度。随着超滤过程的进行，料液的浓度增高，边界层的厚度增大，对超滤极为不利，因此对超滤过程溶液的浓度应有一个限制，即最高允许浓度（质量分数）。例如，蛋白质最高允许浓度为10%～20%，多糖和低聚糖为1%～10%。

（6）超滤膜清洗。超滤膜污染的清洗方法也可以分为物理、化学方法。物理方法是利用物理机械力的作用，去除膜表面和膜孔中污染物的方法，利用水冲洗或气流反洗等方法。化学清洗是利用化学物质与污染物发生化学反应达到清洗的目的，利用酸碱清洗 Ca^{2+}、Mg^{2+} 等在膜表面形成的沉积层，表面活性剂、氧化剂和酶制剂等也可作为清洗用化学药剂。

第五节　微　　滤

微滤（microporous filtration，MF）是以微孔膜为过滤介质，以压差为推动力的膜分离技术，可以分离截留气相或液相中直径为 $0.01～10\mu m$ 的微米级颗粒，如细小悬浮物、微生物、细菌、酵母、红细胞、污染物等，达到分离、纯化和浓缩的目的。所有膜分离过程中，以微滤技术的应用最广，所产生的经济效益也最大；是现代规模化工业尖端工业技术领域确保产品质量的必要手段，也是精密技术、生物医学等领域科学试验的重要方法。

一、微滤膜分离机制

微滤分离过程是流体在压差（0.01～0.2MPa）的作用下，利用膜对被分离组分的尺寸选择，尺寸较大的微粒和溶质被截留，而尺寸较小的粒子和溶剂则通过膜孔。该过程与常规过滤过程类似，但能截留更小的微粒，效率和稳定性更好。

微滤膜的分离机制与膜物理结构、与被分离原料的物理化学性质有关，主要包括图2-11所示的几种情况。

1. 机械截留　如图2-11A所示，当微粒的尺寸大于微滤膜的孔径时，微粒无法通过

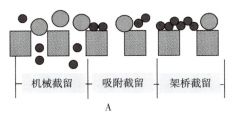

图 2-11　微滤膜截留分离示意

A. 膜表面截留　　B. 膜内部网络截留

膜孔而被截留，即筛分截留，此时被截留的微粒会在膜表面形成滤饼层。

2. 吸附截留　由于电性能或物理化学力的作用，被膜孔吸附而被截留。

3. 架桥作用　在膜孔的入口处，微粒因"架桥"作用而被截留。

4. 网络截留　如图 2-11B 所示，由于膜孔的曲折而使微粒被截留在膜内部。

由此可见，微滤膜的截留作用是由多方面因素形成的。对于表面截留（表面型），微滤过程接近于常规过滤，微粒在膜表面形成滤饼层，容易清洗，微滤膜可以重复使用，但膜内部截留杂质捕捉量较少。对于膜内部截留（深度型），杂质的捕捉量较大，但不易清洗，适用于一次性使用。

二、微滤膜

（一）微滤膜形态结构

根据膜孔的形态结构，微滤膜可以分为两类。

1. 筛网型　此类微滤膜具有毛细管状孔和圆柱形孔，对大于其孔径的物质可以起到截留作用。

2. 深度型　此类微滤膜具有弯曲孔结构，表面粗糙，内部孔结构相互交织形成立体网状结构，当溶液流过时，截留、吸附和架桥三种作用并存，可以除去粒径小于其表观孔径的颗粒。

（二）微滤膜主要特征

微滤膜的孔径一般为 $0.05 \sim 8 \mu m$，具有以下主要特征。

1. 孔径均一　微滤膜孔径均匀，最大孔径与平均孔径的比值大约为 3，过滤精度较高。

2. 孔隙率高　微滤膜表面微孔数量多，孔隙率高达 80%。孔隙率越高，则过滤阻力越小，过滤速率越快，通量越大。

3. 滤膜薄　大部分微滤膜的厚度为 $100 \sim 150 \mu m$，单位面积的质量约为 $5 mg/cm^2$，过滤时被过滤介质吸收的液体量少，可降低料液中有效成分的损失。

（三）微滤膜材料的种类和特点

用于微滤膜的材料包括高分子材料和无机材料两大类，其中以高分子材料为主。天然高分子和合成的高分子材料均可作为微滤膜材料。天然高分子材料主要是纤维素及其衍生物（如硝基纤维素、醋酸纤维素、乙基纤维素等），纤维素来源丰富、价廉，是最早应用的亲水性膜材，孔径规格多；不足是易被生物降解。

第六节　电渗析与离子交换膜

电渗析（electrodialysis，ED）是以电位差为推动力，利用离子交换膜的选择透过性，将带电组分的盐类与非带电组分的溶剂（水）分离的技术，可实现溶液的淡化、浓缩、精制或纯化等工艺过程。由于电渗析技术具有装置设计与系统应用简单、无污染、寿命长等优点，被广泛应用于食品、医药、化工等领域。

一、离子交换膜

（一）离子交换膜分类

离子交换膜（ion exchange membrane）是对离子具有选择性透过能力的功能膜，是电渗析的核心部件。

离子交换膜的种类很多，按材料可分为无机和有机离子交换膜。有机离子交换膜难溶于水、酸和碱，对有机溶剂、氧化剂、还原剂和其他化学试剂具有一定的稳定性；无机离子交换膜具有耐高温、抗氧化、抗辐射、耐化学腐蚀、抗有机物污染等特点。

如果按膜形态结构分类，则可分为异相离子交换膜、均相离子交换膜和半均相离子交换膜：①异相离子交换膜又称异相膜或非均相膜（图 2-12），在构成离子交换膜的离子交换树脂之间存在第三相分散组成或第三相界面，各向异性。异相膜具有孔隙率大、膜厚、膜电阻大、耐温性好（＜40℃）、机械强度高、制作简单、制造成本高等特点。②均相离子交换膜也称均相膜，是直接由离子交换树脂构成的离子交换膜，组成是均相的，无相界面。均相膜孔隙率小、膜薄、膜电阻小、耐温性好（50～60℃）、机械强度高、制造成本低。③半均相离子交换膜的构成介于均相膜和异相膜之间，添加的高分子材料和离子交换基团无化学结合。如果按照作用机制来分类，离子交换膜主要可分阳离子交换膜、阴离子交换膜和特殊离子交换膜（图 2-13）。

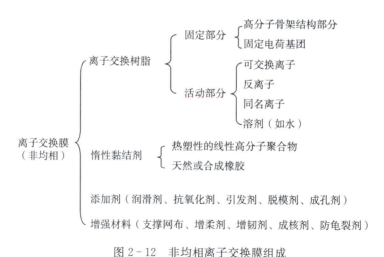

图 2-12　非均相离子交换膜组成

阳离子交换膜（CM）能离解出阳离子，膜结构中含有酸性荷电活性基团，对阳离子具有选择透过性，亦简称"阳膜"或"K膜"，活性基团主要有磺酸、磷酸或羧酸等。对

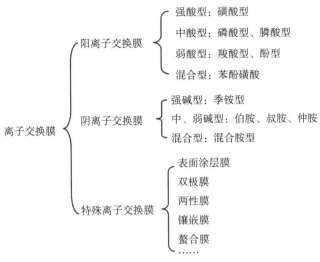

图 2-13　离子交换膜分类

于强酸型阳离子交换膜，使用范围 pH<12，在酸性、中性和碱性溶液中都能使用，不同价态的离子，电荷越高亲和力越大，如 Na^+<Ca^{2+}<Al^{3+}<Th^{4+}。对于弱酸型阳离子交换膜，一般在中性和酸性溶液中使用，对 H^+ 的亲和力比其他阳离子大，亲和力大小顺序与强酸型阳离子交换膜相同。

阴离子交换膜（AM）能离解出阳离子，膜结构中含有碱性酸性荷电活性基团，它对阴离子具有选择透过性，亦简称"阴膜"或"A 膜"，活性基团主要是伯胺、叔胺、仲胺等。对于强碱型阴离子交换膜，使用范围 pH<12，在酸性、中性和碱性溶液中都能使用，常见阴离子亲和力排序为：F^-<OH^-<CH_3COO^-<$HCOO^-$<Cl^-<NO_2^-<CN^-<Br^-<$C_2O_4^{2-}$<NO_3^-<HSO_4^-<I^-<CrO_4^{2-}<SO_4^{2-}<柠檬酸根。

（二）离子交换膜作用机制

离子交换膜是高分子电解质，具有三维空间的网状结构，在网状的高分子链上分布着可离解的活性基团，当离子交换膜浸泡在溶液中时，膜上的活性基团会发生离解，产生离解离子，也称为反离子或可交换离子，可交换离子进入溶液，膜上留下带有一定电荷的固定基团。图 2-14 所示为离子交换膜在电解质溶液中的离解情况。阳膜离解后，本身带负电，可交换离子为阳离子；阴膜离解后，固定基团带正电，可交换离子为阴离子。

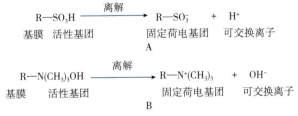

图 2-14　离子交换膜在电解质溶液中的离解

A. 阳离子交换膜离解示意　　B. 阴离子交换膜离解示意

以氯化钠溶液为例，当离子交换膜浸入电解质溶液中时，电解质溶液中的离子和膜内的可交换离子发生交换，由于阳膜带负电荷，构成负电场，溶液中带正电荷的阳离子被其吸引，通过膜进入膜的另一侧，而带负电荷的阴离子受到阳膜上固定电荷的排斥，不能通过膜而被截留。同理，阴膜离解后带正电荷，构成正电场，阳离子被排斥而截留，阴离子被吸引而透过膜，从而达到阴阳离子分离的目的（图 2-15）。

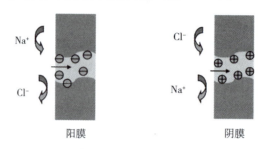

图 2-15　离子交换膜作用机制

离子交换膜选择性透过必须满足以下三个条件：①离子交换膜有足够大的空隙作为离子通道，要求被选择离子的水合半径小于孔隙半径；②膜中分布着大量活性带电基团，对同性离子有足够的排斥作用；③推动力：一般情况下被选择离子的浓度差可以使离子发生定性运动，但是大多数情况下需要外加电场提供推动力。

离子交换膜分离过程可以分为三步，首先离子被膜选择性吸附，其次与膜内的可交换离子发生离子交换，最后离子在膜内发生迁移扩散，从膜的一侧扩散到另一侧。

（三）离子交换膜的主要性能指标

1. 反离子迁移数（t_g'）　其是反离子在膜内迁移数与全部离子在膜内迁移数的比值，有时用离子迁移所带的电量之比来表示，计算公式为：

$$t_g' = \frac{E_m + E_m^0}{2E_m^0} \qquad (2-10)$$

式中：E_m^0——25℃下膜两侧溶液浓度分别为 0.1mol/L 和 0.2mol/L KCl 是理想的膜电位，mV，可根据能斯特公式计算；

E_m——以上条件实测膜电位，mV。

2. 选择性透过率 P　离子交换膜的选择透过率一般要求在 95% 以上，计算公式为：

$$P = \frac{t_g' - t_g}{t_g'^0 - t_g} = \frac{t_g' - t_g}{1 - t_g} \qquad (2-11)$$

式中：t_g'——反离子在膜内的迁移数，mmol/g；

t_g——反离子在溶液中的迁移数，mmol/g；

$t_g'^0$——反离子在理想膜内的迁移数，即 100%。

3. 交换容量　是指每克干膜所含的活性基团的毫克当量数，单位为 meq/g，一般为 2~3 meq/g，它取决于网状结构中活性基团的数目，交换容量大的膜，选择性好，导电能力强。

4. 含水率　是指膜内与活性基团结合的内在水与总膜质量的比率。交换容量增大，含水量提高，膜的导电性能提高。若含水率过高，则膜的溶胀性越大，使膜的选择性能下降。膜的含水率通常为 20%~40%。

5. 膜电阻　是表示膜功率消耗的一个指标，反映了离子在膜内迁移速度的大小，单位为 Ω·cm²，有时也用电阻率或电导率表示。

二、电渗析原理

电渗析是在直流电场的作用下，溶液中的带电离子选择性通过离子交换膜的过程，主要用于溶液中电解质的分离。图 2-16 所示为以氯化钠溶液的浓缩为例的电渗析工作原理：在阳极和阴极之间交替排列一系列阴离子交换膜和阳离子交换膜，一张阴膜和一张阳膜组成膜对，形成一个隔室，每个隔室中充满电解质溶液（如 NaCl），在接通直流电之前，所有隔室内的阴阳离子浓度是均匀的，呈电平衡状态。接入直流电后，阴离子会向阳极迁移，阴膜只允许阴离子透过，在透过阴膜后受到阳膜的阻挡，在 2、4 室累积。在直流电场的作用下，阳离子会向阴极迁移，阳膜只允许阳离子透过，在透过阳膜后受到阴膜的阻挡，最后也在 2、4 室累积。最终淡化室的氯化钠溶液浓度不断减小，得到淡水，而在浓缩室中得到高浓度的氯化钠溶液。

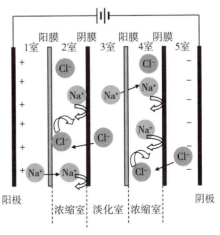

图 2-16　电渗析过程原理示意

三、离子交换膜的污染和防治

（一）膜污染

离子交换膜带有活性离子，若料液预处理不当，极易发生膜污染，引起迁移量下降和电阻增加，影响膜的使用寿命。离子交换膜污染包括以下几种情形。

1. 有机物污染　常见的有机物包括腐殖酸、表面活性剂、蛋白质和微生物等。

2. 离子污染　由于离子能与膜上的活性基团发生反应并固定在膜上，成为不可逆污染。阳膜易受带负电的羧酸有机物污染，阴膜易被多价金属离子污染。

3. 极化现象　电渗析过程中，物料在浓、淡室流动时，离子交换膜和水之间存在一个滞流层。当工作电流增大到一定程度，溶质离子定向迁移速度加快，主体溶液中的离子不能迅速补充到膜表面，此时膜表面的离子浓度趋于零，滞流层中大量水分子将发生电离，生成 H^+ 和 OH^- 负载电荷，此现象称为"极化"，此时电流密度为极限电流密度。极化现象将引起膜表面产生沉淀，膜电阻增大，缩短电渗析器的使用寿命。

（二）膜污染的防治

1. 料液的预处理　可采用物理和化学的方法对料液进行预处理，以除去料液中的有机污染物和离子。物理处理包括预过滤、吸附、加螯合剂和离心分离等方法。化学处理法可以根据料液中污染物的性质，通过化学手段减少污染。例如，调节料液 pH，使大分子或胶质污染物远离等电点，以减少凝胶层的形成；加入絮凝剂进行预絮凝、预过滤等。

2. 操作过程优化　在操作过程中，可以采用一些方法减少污染物的沉淀。例如，控制操作电流低于极限电流密度，尽可能提高膜面流速，减少沉淀的发生；适当加厚电渗析器隔板厚度，并向隔室内导入空气泡，借助空气泡的搅拌和清洗作用将污染物冲洗出隔室，防止污染物在膜面沉积；采用脉冲电流，改变膜两边的浓度变化规律，避免沉淀发生。

3. 膜清洗　虽然采用上述方法能减少膜污染，但膜污染现象仍然存在，需定期对膜进行清洗。清洗方法可以采用机械清洗和化学清洗等方法，应针对污染物、膜类型和系统结构采取合理的清洗方法。

第七节　膜分离设备及流程

一、膜分离设备

膜分离设备主要由膜分离器、泵、过滤器、阀门、仪表及管路等构成。其中膜分离器又被称为膜组件（membrane module），一般包括膜、膜支撑体或连接物、与膜组件中流体分布有关的流道、膜的密封、外壳以及外接口等。在工业生产中，根据生产规模的需要，设备中可设置数个乃至数千个膜组件（图 2-17）。膜组件的结构及型式取决于膜的形状，工业上应用的膜组件主要有平板式、管式、螺旋卷式和中空纤维式 4 种型式。

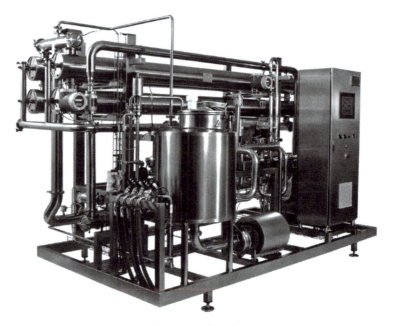

图 2-17　膜组件

（一）平板式膜组件

平板式（plate）膜组件的基本单元由膜、支承板、隔板和透过液隔网组成。膜复合在钢性多孔支撑板上，料液从膜面流过时，透过液从支撑板两侧隔网中汇集排出（图 2-18）。

平板式膜组件组装方便，膜的清洗更换容易，料液流通截面较大，不易堵塞，流动阻力较小，同一设备可视生产需要组装不同数量的膜。但是由于需密封的边界线长，易泄漏，所以不能承受过高的压强。

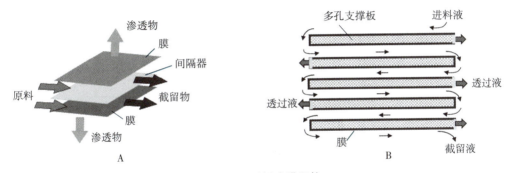

图 2-18 平板式膜组件
A. 平板式膜组件原理示意 B. 平板式膜复合组件

（二）管式膜组件

管式（tubular）膜是将膜涂在多孔的不锈钢、陶瓷或塑料管的内侧或外侧，管直径通常为 6~24mm。根据液体的流动路线，管式膜可分为以下两种。

1. 内压式 膜涂在管内，料液走管内，透过液在管外被收集（图 2-19）。

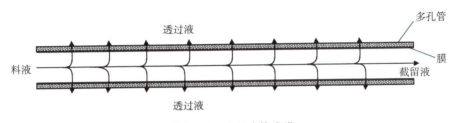

图 2-19 内压式管式膜

2. 外压式 膜涂在管外，料液走管外，透过液则由管外通过膜进入管内（图 2-20）。

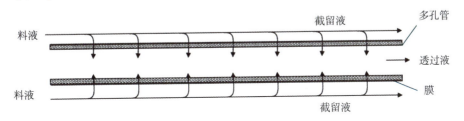

图 2-20 外压式管式膜

每个膜组件中膜管的数量一般为 4~18 根（图 2-21），为了提高膜面积，可以将多个管式组件组合成管束式膜分离器（图 2-22）。管式膜结构简单，适应性强，清洗方便，耐高压，适宜于处理高黏度及固体含量较高的料液；其缺点是单位体积膜组件的膜面积小，一般为 33~330m²/m³，保留体积大，压力降大，除特殊场合外，一般不选用。

图 2-21 管式膜组件

（三）螺旋卷式膜组件

在多孔支撑材料的两侧覆以膜，然后铺一层隔网，围绕一中心管卷紧即成一个螺旋卷式（spiral wound）膜组件（图 2-23）。将膜组件置于压力容器内，原料液沿隔网流动，

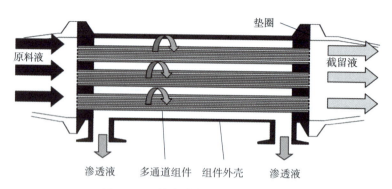

图 2 - 22 管式膜分离器进出料示意

穿过膜的透过液则在多孔支撑板中流动，并在中心管汇集流出。

螺旋卷式膜分离设备结构比较紧凑，单位体积内的膜面积可达 $650 \sim 1\,600 \mathrm{m^2/m^3}$，流体湍流状况好；缺点是清洗不方便，易堵塞。

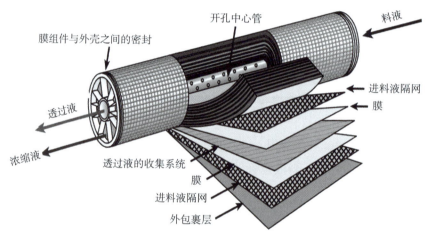

图 2 - 23 螺旋卷式膜组件的内部结构

（四）中空纤维式膜组件

中空纤维组件是将膜材料直接制成极细的中空纤维（hollow fiber）（图 2 - 24），外径为 $40 \sim 250 \mu m$，内径为 $25 \sim 42 \mu m$。由于中空纤维极细，耐压性好，故不需要支撑材料。将大量的中空纤维安装在一个管状容器内，中空纤维的一端用环氧树脂与管外壳壁固定封制成膜组件（图 2 - 25）。若原料液先进入中空纤维内部，则为内压式；反之则为外压式。在图 2 - 25 中，透过液在中空纤维内部流出并汇集，为外压式。

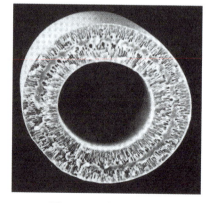

图 2 - 24 中空纤维膜

中空纤维式膜组件单位装填膜面积大，最高可达 $30\,000 \mathrm{m^2/m^3}$；可进行逆流操作，压力较低，设备投资低。但中空纤维存在内径小，阻力大，易堵塞，膜污染难除去，对料液处理要求高等不足。

二、膜分离操作方式

对于反渗透、纳滤、超滤、微滤这些以压力为推动力的膜分离过程，操作方式相类似，一般分为死端过滤和错流分离两种过滤模式。

1. 死端过滤　死端过滤又称重过滤，是料液置于分离膜的上游，在压差的作用下进行。可以通过在膜上游侧加压、膜下游侧抽真空的方式形成压差。死端过滤又可分为间歇和连续两种方式。间歇操作时，是将料液浓缩到一定体积，然后再补充溶剂（水）进行稀释，最终达到浓缩的目的；对于连续方式，溶剂（水）是连续加入的，溶液不断被稀释，但总料液量保持不变（图 2-26）。

死端过滤设备结构简单，能耗低，适用于去除渗透组分，也适用于超滤和微滤时大分子的去除。但在死端过滤时存在被截留的物质会在膜表面形成污染层，增加分离阻力，导致膜通量下降，出现浓差极化和膜污染严重等情况。

2. 错流分离　错流操作时，料液以切线方向流过膜表面，所产生的高剪切力可使沉积于膜表面的颗粒扩散至主体溶液，因此膜表面不易产生浓差极化现象和结垢问题，膜通量衰减较慢。错流操作可分为间歇和连续两种错流操作方式。

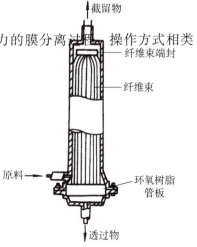

图 2-25　中空纤维膜组件

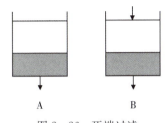

图 2-26　死端过滤
A. 间歇方式　B. 连续方式

（1）间歇错流操作　在原料液不进行补充的情况下，可按截留液不循环、部分循环和全循环进行间歇错流操作（图 2-27）。截留液不循环方式中，料液一次性加入；截留液部分循环时，截留液一部分作为产品，一部回流重新分离；截留液全循环时，无截留产品，仅有透过产品。

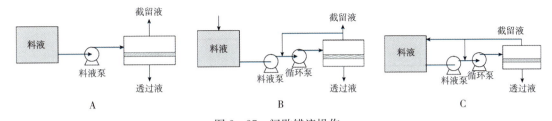

图 2-27　间歇错流操作
A. 截留液不循环　B. 截留液部分循环　C. 截留液全循环

对于间歇错流操作，由于透过液的不断增加，原料溶质浓度持续增加，浓缩速度快，因此适合于膜面积较小、浓差极化效应可忽略的情形。但在截留液全循环时，泵的能耗高，而采用截留液部分循环可降低能耗。间歇错流操作适合于实验室或中等规模的生产使用。

（2）连续错流操作　连续错流按照级数可分为单级和多级两种方式（图 2-28）。级数是指膜组件透过液经过泵流入下一组膜组件进行处理，所经过的泵的数量。

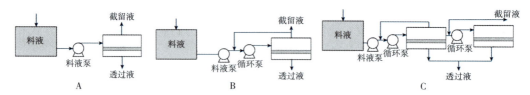

图 2-28　连续错流操作

A. 单级不循环　B. 单级部分循环　C. 多级部分循环

单级不循环操作中，料液连续加入，透过液和截留液均不循环，加料和出料的流量保持平衡。该方式透过液流量小，浓缩比小，所需膜面积大，组分在系统中停留时间短。该流程在反渗透、纳滤中普遍采用。

单级部分循环操作中，料液连续加入，截留液部分循环，进出系统料液量保持平衡。该方式单级操作始终在高浓度下进行，渗透速率低，适合于大规模工业化生产。

多级连续错流操作中，采用了两个或两个以上单级操作，每一级都在固定浓度下操作，截留液浓度随着级数的增加而增高，需多级泵进行料液循环。多级连续错流操作可获得较高浓度的产品，最后一级的渗透通量较小，所需膜面积小于单级连续错流操作，接近间歇操作，而停留时间和所需储槽少于相应间歇操作，适合大规模的工业化生产。

第八节　膜分离技术在饲料工业中的应用

一、膜分离技术在乳制品加工中的应用

自 20 世纪 70 年代以来，膜分离技术逐渐应用于乳品工业中，膜分离技术的推广应用促进了新乳制品的开发。牛奶中含水 87%，13% 是乳固体。在牛奶干物质中 27% 是乳蛋白质，乳蛋白质中含有 20% 乳清蛋白，其余 80% 为酪蛋白，乳清蛋白在牛奶中的含量为 0.7% 左右。牛奶主要营养成分及乳制品分类见图 2-29。乳制品，即奶粉（主要是过期奶粉）、乳清粉（低蛋白乳清粉、高蛋白乳清粉）、乳糖等产品在饲料工业中得到广泛应用。

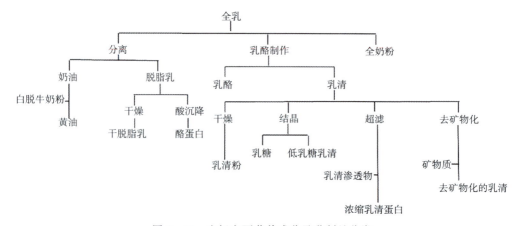

图 2-29　牛奶主要营养成分及乳制品分类

目前，全球乳品工业应用的膜装置（主要是超滤和反渗透）配套膜面积已超过 $3 \times 10^5 m^2$。超滤膜技术在乳品工业中，主要是应用于各种乳酪生产中牛奶的浓缩和乳清蛋白质的浓缩，也用于改善风味和生产增浓蛋白质、钙的特质牛奶产品（图 2-30）。将超滤、反渗透、纳滤和微滤等膜分离技术结合使用，可生产出更多新型乳制品，实现产品的多样化。

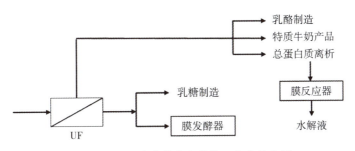

图 2-30　超滤膜技术在乳品工业中的应用

（一）牛奶浓缩和乳酪制造

传统的牛奶浓缩常采用加热蒸发操作，在此过程中，不仅能耗高，而且牛奶中蛋白质破坏程度较大，产品品质低。采用膜分离技术，可在常温下对牛奶进行浓缩，牛奶的风味和营养得到最大限度的保留。例如，用纳滤浓缩牛奶，除了水分之外，还可以将牛奶中的 Cl^-、Na^+ 等小分子除去，纳滤浓缩奶可以作为饮料和高级冰激凌等乳产品的原料；反渗透则可以阻止牛奶中的几乎所有的矿物质和乳糖透过，利用反渗透浓缩牛奶制得的奶油，其中凝乳含量较传统方法有显著提高；超滤则可截留牛奶中的蛋白质，其他小分子成分都可以通过，因此工业上常用超滤技术控制牛奶中蛋白质的含量，如果蛋白质含量低于标准含量，可以用超滤过程中被截留下来的溶液添加到原料乳中，进而提高蛋白质的含量。

乳酪生产中，在牛奶凝聚前用超滤（MMV）移去过量的水分和乳糖，减少或消除了从乳液中分离乳清的步骤。MMV 过程首先将牛奶预浓缩至乳酪的浓度，然后用传统的乳酪制造法将此"预乳酪"转变成乳酪。传统的乳酪制造法和 MMV 过程见图 2-31。以脱脂奶为原料生产乳酪的工艺流程见图 2-32。膜分离技术与传统方法生产的干酪相比，具有如下优点：①截留了乳清蛋白，干酪产量增加 10%～30%；②新技术中凝乳酶的用量大幅减少，最大减幅达 80%；③新技术节省了传统乳酪生产中加热、冷却凝乳的能耗等成本；④基本不产生乳清，超滤透过液中不含蛋白质，主要成分是水和乳糖。

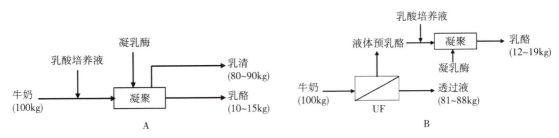

图 2-31　乳酪制造的传统方法和超滤过程比较
A. 传统方法　B. 超滤法

为了完全截留 100% 牛奶蛋白质，超滤膜的截留分子质量应小于 10 000u。早期用于

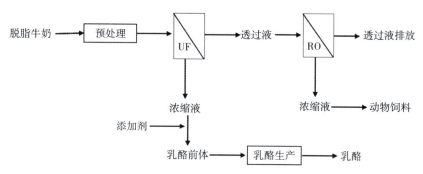

图 2-32　脱脂牛奶生产乳酪工艺流程

乳品工业的超滤膜材料主要是醋酸纤维素，后来逐步被热稳定性和化学稳定性更好的聚砜、聚醚砜和聚偏氟乙烯膜所取代。由于这些超滤膜可以在较高温度（50～55℃）下使用，从而能保持料液的低黏度，保证膜的高通量，减少装置的膜面积，降低泵的动力消耗；同时，膜适用的 pH 范围宽，抗氧化性能好，可以用酸、碱等化学清洗剂和氧化剂对膜进行清洗。

（二）乳清蛋白浓缩

乳清是传统乳（奶）酪生产的副产品，是乳酪生产期间自凝乳排出的液体，其固形物含量约 6.3％，主要成分为乳糖（5.0％）、蛋白质（0.6％）、矿物质（0.6％）和脂肪（0.1％）。由于乳清浓度低，且乳糖与蛋白质含量比高，利用困难。过去液体乳清曾经被作为废弃液体，由于其含有一定的营养物质，所以会对环境构成严重的污染。

采用膜分离技术可以实现乳清的分级、纯化和浓缩，提高乳清利用率并减少污染。超滤可移除乳清中的乳糖和矿物质，得到高浓度的蛋白质截留液，该溶液再经过蒸发和喷雾干燥获得粉态的乳清蛋白浓缩物（whey protein concentrate，WPC）。该乳清蛋白浓缩物的比例高达 60％（干基），是很好的饲料原料。通过超滤和全过滤的组合操作，可进一步将蛋白质含量提高约 95.5％（干基），如此高浓度的蛋白质浓缩物可以直接添加至许多乳品中使用，或作为蛋白质添加剂。鲜乳超滤法生产乳清蛋白粉的工艺流程见图 2-33。

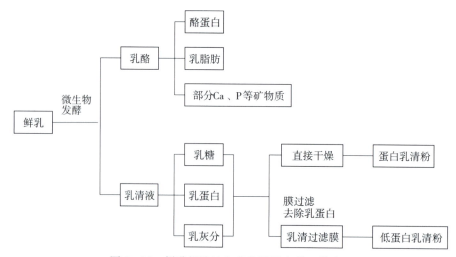

图 2-33　鲜乳超滤法生产乳清蛋白粉工艺流程

超滤法生产干态乳清蛋白浓缩物的流程见图 2-34。该流程中，超滤前先用分离器除去乳清中的脂肪和细渣，以防膜污染。为了提高超滤通量，乳清需在平衡槽内 55℃热处理 30~90min。该流程每 100kg 乳清可产生 1.5kg 干态乳清蛋白浓缩物（WPC）。此类超滤生产 WPC 工艺的超滤装置的膜面积达 100m^2，平均通量约 20L/（m^2·h）。

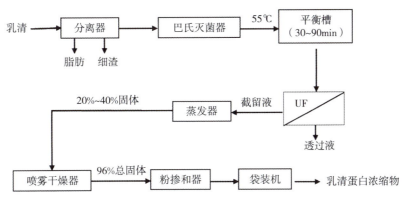

图 2-34　乳清超滤生产粉态 WPC 流程

图 2-35 所示为引入了超滤和反渗透技术处理乳清的工艺流程。以乳酪生产中产生的乳清或牛奶超滤透过液为原料，经过超滤，截留液为乳清蛋白浓缩液，透过液中乳糖含量较高；超滤透过液经过反渗透脱水后得到乳糖浓缩液，可以作为动物饲料，而反渗透的透过液的生物需氧量（BOD）<500g/m^3，可以直接排放。

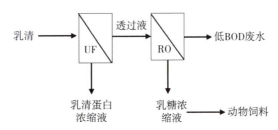

图 2-35　采用超滤和反渗透技术处理乳清的工艺流程

乳清粉是优质的断奶仔猪饲料原料，其通常含有 68% 的乳糖和 12% 的蛋白质，主要的蛋白质成分是β-乳球蛋白、α-乳白蛋白、牛血清白蛋白和免疫球蛋白，是断奶仔猪饲料中必需氨基酸的来源之一，是有效抵御微生物侵入的防御系统、生长和调节代谢因子的来源，并含有一定量具有重要生物学特性的蛋白质，如乳铁蛋白、乳过氧化物酶、溶菌酶、酪蛋白糖聚肽、磷化肽和脂肪球膜蛋白等。乳糖在动物消化道内，尤其是幼龄动物肠道内有充足的分解乳糖的乳糖酶，能很好地消化吸收乳糖，将乳糖分解成 α-乳糖和 β-乳糖。乳糖有利于幼龄动物乳酸菌增殖，对肠胃有调整保护作用。乳糖在钙的代谢过程中还可以促进对钙的吸收。

乳清液经过干燥获得的高蛋白乳清粉，含有 12% 的乳蛋白、70% 的乳糖和约 8.5% 左右的灰分。乳清液通过膜过滤技术去除乳液蛋白，其过滤液经干燥得到的是低蛋白乳清粉，低蛋白乳清粉含有 2%~3% 的蛋白质、80% 的乳糖以及少量的矿物质。乳清粉是断奶仔猪饲料以及食品的重要原料。

（三）乳清脱盐

乳清中含有 4%～6% 的 NaCl，由于盐含量高，限制了其在食品工业中的应用。乳清中的盐可以采用纳滤脱除（图 2-36）。乳清中可溶性盐可透过纳滤膜，透过液可以再利用或直接排放，截留浓缩物则可返回重新利用。该法既解决了废水排放问题，同时又通过回收利用提高了经济效益。

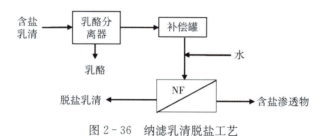

图 2-36　纳滤乳清脱盐工艺

二、膜分离技术在大豆制品加工中的应用

大豆富含蛋白质和油脂，其中大豆蛋白是一种重要的动物蛋白饲料原料。传统生产大豆蛋白（醇法或酸法）的方法得率低、工艺复杂、废水污染严重，而采用膜分离技术可直接提取分离大豆蛋白，实现对大豆的综合利用以及大豆蛋白的清洁生产。

膜法大豆蛋白生产流程见图 2-37。该法直接采用超滤处理大豆浸提液，分离纯化制取大豆蛋白，超滤透过液经反渗透技术浓缩可制备高附加值的低聚糖，反渗透透过液则直接回收用作浸渍液，两种膜分离技术的结合使水资源在生产过程内循环，实现了大豆蛋白的清洁生产。在膜分离过程中，为提高透水率，可适当提高操作温度以降低蛋白质大分子溶液的黏度，考虑到大豆蛋白的稳定性，一般在 50～55℃ 进行大豆蛋白的浓缩。为防止蛋白质变性，对大豆蛋白的分离浓缩要在较短的时间内完成。在膜分离过程中，要求所用的膜材料应具有耐热、耐各种清洗剂和消毒剂，以及抗蛋白污染与亲水性能好的特性。目前应用的主要有聚砜、聚醚砜和亲水改性聚醚砜超滤膜等。

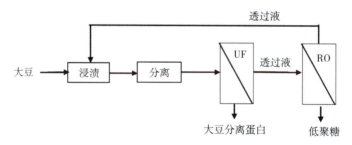

图 2-37　膜法大豆蛋白生产流程示意

膜分离技术还可解决传统大豆蛋白生产过程中所产生废水的污染问题，是实现资源回收利用的重要手段。例如，利用超滤法从大豆乳清中回收浓缩大豆蛋白，可以将蛋白质含量从 0.3% 提高到 8%，乳清固形物成分中的蛋白质含量从 12% 提高至 80%。图 2-38 所示为典型的大豆乳清膜分离工艺流程，乳清先经过预处理除去其中所含的大分子及杂质，降低膜污染。超滤（UF）主要用于浓缩乳清蛋白，两级纳滤（NF）用于浓缩低聚糖，反渗透（RO）以脱盐为主，透过的再生水可以达到纯净水的标准。

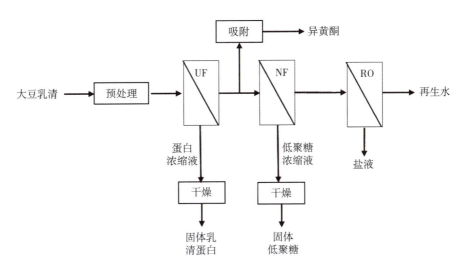

图 2-38 典型大豆乳清膜分离工艺流程

从大豆粕中提取大豆分离蛋白是大豆研究领域的一个重要课题。目前，采用的碱提酸沉工艺会产生大量的乳清废水，其废水中固形物为 1.5%～2.5%，大豆乳清蛋白占 0.1%～2.5%。我国每年产生上百万吨的大豆乳清水，若不处理直接排入自然水体，会造成大量的资源浪费和环境污染。邵弘（2007）利用膜分离技术对乳清废水中的大豆乳清蛋白进行分离纯化。该工艺首先对原料进行预处理，除去大豆乳清水中的大颗粒杂质。选择再生纤维膜（PXC010C50）超滤膜作为大豆乳清蛋白分离的最佳超滤膜。通过正交试验确定了影响膜分离的压力、温度、浓缩比、pH 等技术参数。最后得出选用截留分子质量为 10 000u 的再生纤维超滤膜进行超滤，得到分离大豆乳清蛋白的最佳工艺条件为：压力 205kPa、pH9、浓缩比 5∶1、温度为室温。此操作条件下渗透通量为 31.2L/（m² · h），蛋白截留率为 78.46%。获得的大豆乳清蛋白粉产品中粗蛋白含量≥70%，蛋白截留率≥70%。

三、膜分离技术在血液制品开发中的应用

血液作为畜禽屠宰加工过程中的主要副产物，其营养丰富，蛋白质含量为 17%～22%，必需氨基酸含量高，脂肪含量较低（0.15%～0.2%），血液中铁含量达 2.1～2.2g/kg，是一种良好的补血剂，素有"液态肉"之称。近几年我国每年生猪出栏量在 7.0 亿头左右，虽然畜禽血液产量尚未有精确的统计数据，但仅以每头猪收集 3L 血液量计算，估计我国每年猪血产量可达 2 100 万 t。若以血液中粗蛋白含量为 18% 计算，相当于 360 万 t 的蛋白源。此外，我国每年还有大量的家禽、牛、羊出栏。由此可见，我国畜禽血液资源丰富，具有广阔的应用前景。

动物血液在含高蛋白的同时又具有低脂肪的特性，潜在营养价值很高。血粉的蛋白质含量达 80% 以上，而血液制品的加工工艺对其营养价值的发挥有决定性的影响。目前，畜禽血液在饲料中的利用仍以血粉（包括水解血粉）、血浆蛋白粉、血球蛋白粉、水解血球蛋白粉等为主。血液主要成分如图 2-39 所示。

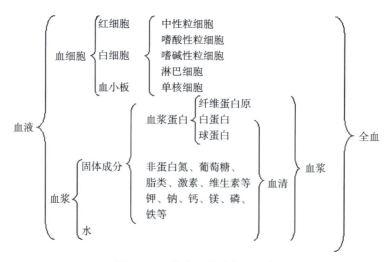

图 2-39　构成血液的主要成分

（一）从血液中分离纯化超氧化物歧化酶（SOD)

采用超滤膜分离技术从血液中提取并纯化 SOD。以猪血为原料制备 SOD 的工艺如图 2-40所示。猪血经粗分离、热变、有机溶剂分级沉淀得到沉淀物，沉淀物用 pH 7.8 的磷酸缓冲液溶解，然后用截留分子质量为 10 000u（MWCO 10 000u）的超滤膜将混合溶液进行浓缩，得到粗酶液。SOD 粗酶液再进行多次超滤，可得到蛋白含量为 200mg/mL 的浓缩液，再将该浓缩酶液进行冷冻干燥，制得 SOD 冻干粉，呈酶纯度达电泳纯的蓝绿色。

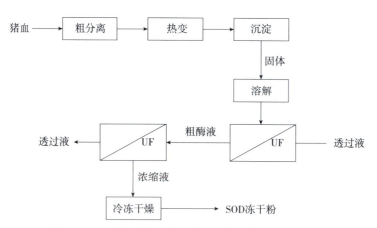

图 2-40　超滤法从血液中分离纯化超氧化物歧化酶

采用不同 MWCO 的超滤膜经过多次分离浓缩，SOD 溶液的体积大幅度缩小，使后续干燥过程的能耗大幅降低。超滤膜工艺提纯 SOD 不仅节省热量和溶剂耗用量，而且通过膜过程简化工艺过程，可获得高纯度的 SOD。

（二）从动物血液中制备血浆蛋白粉和血球蛋白粉

喷雾干燥血浆蛋白粉（spray-dried plasma protein，SDPP），是一种优质的饲料蛋白质资源，其蛋白质含量达 75％以上，消化率高，适口性明显优于脱脂奶粉、鱼粉、膨化大豆粉等其他蛋白源，含有丰富的免疫物质，对断奶仔猪饲喂效果明显。目前我国每年动物血液产量超过 2 500 万 t，但合理利用的比例有待提高。20 世纪 90 年代末血浆蛋白粉进入我国，有关加工技术直到 2000 年后才引入我国，其生产工艺可分为血浆分离、超滤浓缩和喷雾干燥三部分。动物血浆约占血液总量的 55% 左右，其中水分约占 90%，其余为血浆蛋白（白蛋白、球蛋白、纤维蛋白原）、脂蛋白、无机盐、酶、激素、维生素和各种代谢产物。王春维等（2006）以新鲜抗凝猪血为原料，研究了由猪血制备血浆蛋白粉的加工工艺流程（图 2-41）。

图 2-41 血浆蛋白粉生产工艺流程

胡奇伟等（2005）研究报道，加工血浆蛋白粉的首要工序是分离血浆。血浆是血液的液体部分，占猪全血的 50%～60%。该工艺是利用血浆相对密度 1.024 与血球相对密度 1.09 的差异，可采用管式离心分离机分离。合理的离心转速和离心力可最大限度地获得血浆蛋白，充分除去红细胞（红细胞主要成分是血红蛋白，约占细胞干物质的 90%）。

经离心分离的血浆中含有粗蛋白 6.01%，免疫球蛋白 2.02%，水分 90.84%，灰分 1.28%。血浆中干物质含量只有 10% 左右，若直接干燥，因其含水量大，单位产品能耗高并影响设备效率。因此，必须对离心后的血浆进行浓缩。试验选用截留分子质量为 10 000u 的超滤膜进行分离浓缩，结果表明：当 pH 为 9、压力为 0.12MPa、循环超滤时间为 24min 时，可得到粗蛋白为 18.30%、免疫球蛋白为 6.28%、水分为 77.8% 的浓缩血浆。

将蛋白浓度为 18.30% 的浓缩血浆进行喷雾干燥，可得到优质的血浆蛋白粉。在该工艺条件下制备的血浆蛋白粉的氮溶解指数 88.57%，免疫球蛋白含量为 17.89%，粗蛋白含量为 81.76%，产品得率为 89.32%。

在生产血浆蛋白粉的工艺中，分离出来的血细胞（约占动物血液容积的 45%）可生产血球蛋白粉。通过喷雾干燥制备的血球蛋白粉主要包含红细胞、白细胞和血小板；主要成分是血红蛋白。而血红蛋白是良好的铁源，可预防动物贫血。

四、膜分离技术在饲料资源开发中的其他应用

（一）膜分离技术在饲料添加剂生产加工中的应用

1. 酶制剂生产 酶是一类具有特殊催化功能的蛋白质，是重要的饲料添加剂。酶一般是从发酵液或天然产物中分离并提纯的产品，由于酶制剂的分子质量一般为 10 000～100 000u，如葡萄糖淀粉酶为 60 000u 左右，碱性蛋白酶在 27 000u，α-淀粉酶约为 50 000u，果胶酶为 10 000～20 000u，其分子质量恰好处于超滤膜的截留分子质量的范围内，所以超滤技术应用在酶制剂的分离和提纯中得到了广泛应用。

超滤技术浓缩酶制剂的工艺流程如图 2-42 所示，先用精密过滤除去悬浮固形物，得到纯净酶液，再经过超滤膜浓缩，使酶溶液被浓缩的同时又除去了分子质量较低的杂质。

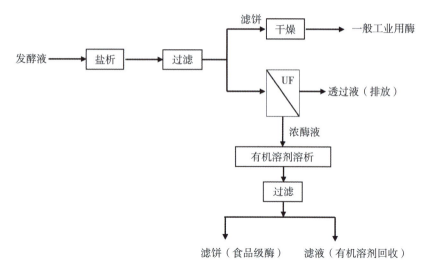

图 2-42 超滤技术浓缩酶制剂工艺流程

2. 氨基酸的分离和纯化　氨基酸也是一类常用的饲料添加剂，超滤、纳滤、电渗析、液膜等膜分离技术也逐渐在氨基酸产品的制备、分离和纯化中得到应用。

（1）电渗析法制备 L-半胱氨酸　采用如图 2-43 所示的电解槽，其中隔膜是阳离子交换膜，胱氨酸的盐酸溶液用循环泵输送至电解槽的阴极室，0.5mol/L 的强酸打入阳极室，在直流电场中，胱氨酸发生电解，电解之后的阴极液为 L-半胱氨酸的盐酸溶液，阴极液经蒸发浓缩、结晶、分离、干燥即得成品。

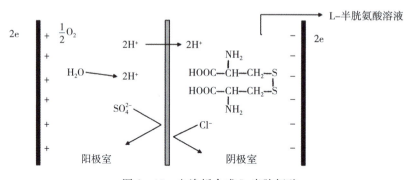

图 2-43　电渗析合成 L-半胱氨酸

（2）甘氨酸提纯　工业上，甘氨酸常用 α-卤代酸合成制得，在制备过程中会得到甘氨酸和氯化铵的混合物，若采用传统的醇析法分离提纯，能耗大、费用高、污染环境，且甘氨酸产品质量不高。若采用如图 2-44 所示的电渗析装置，在阳极和阴极之间交替排列一系列阴离子交换膜和阳离子交换膜，每个隔室中充满甘氨酸和氯化铵的混合溶液，在通直流电之前，所有隔室内的阴阳离子浓度是均匀的，呈电平衡状态。接入直流电后，阴离子 Cl⁻ 会向阳极迁移，阴膜只允许阴离子透过，在透过阴膜后受到阳膜的阻挡，Cl⁻ 在 2、4 室累积；接入直流电后，阳离子 NH₄⁺ 会向阴极迁移，阳膜只允许阳离子透过，在透过阳膜后受到阴膜的阻挡，NH₄⁺ 也在 2、4 室累积，最后在淡化室 3 得到高纯度的甘氨酸溶液，溶液引出后再经蒸发浓缩、结晶、分离、干燥即得成品。

（二）膜分离技术在饲料资源开发中的应用

1. 膜分离技术在乳酸菌菌体富集浓缩工艺中的应用研究　随着"饲料禁抗""养殖减抗"和"产品无抗"政策的实施，绿色安全益生菌制剂作为重要的抗生素替代品倍受行业关注。乳酸菌（lactic acid bacteria，LAB）是主要的饲用益生菌之一，也是我国饲料原料目录批准使用的有益菌。研究结果表明，饲粮添加 LAB 可显著提高饲料转化率、促进畜禽生长、增强免疫功能以及减轻腹泻和肠炎等疾病，从而维持动物健康和提高生产性能。LAB 的主要益生作用是抑制肠道病原菌。

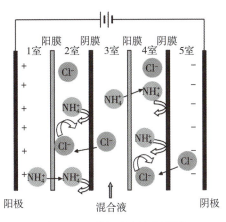

图 2-44　甘氨酸电渗析提纯

在乳酸菌生产工艺中，菌体的富集浓缩是发酵剂制备的关键技术之一，目前工业生产中常用的分离方法是离心分离，该方法对菌体损伤大，回收率低，而且与菌体一起沉淀的化合物，杂质较多，并且有些物质会与乳酸菌细胞内的氨基反应，从而加速细胞死亡。为此黄立昆（2008）进行了以膜分离代替传统的离心分离富集浓缩菌体研究，探讨了膜分离是否可以克服离心分离的不足。该试验采用 0.2μm 的无机陶瓷微滤膜对嗜热链球菌发酵液进行分离和浓缩。膜过滤嗜热链球菌的最佳工作条件为：操作压力 0.15MPa，操作温度 45℃。在此操作条件下，对嗜热链球菌发酵液进行分离和浓缩，菌体存活率可达到90%，微滤工艺流程见图 2-45。通过试验得出膜分离技术可以用于乳酸菌菌体的富集浓缩，与离心分离法相比，膜分离具有菌体分离存活率高和分离后发酵活力高的优点。

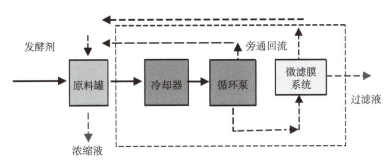

图 2-45　无机陶瓷膜乳酸菌菌体富集浓缩工艺流程

2. 膜分离提取纯化中草药中多糖的工艺研究　中草药来源于天然，残留量少、不易产生耐药性，而且含有多种活性成分，如植物多糖、生物碱、精油等活性物质，可增强机体免疫力，提高生产性能和抗氧化能力，调节胃肠道菌群等。其中植物多糖是多个单糖残基以 α-糖苷键或 β-糖苷键相连在一起的大分子。地黄、黄芪、艾蒿、甘草等均含有多糖成分。植物多糖可提高动物免疫器官指数，促进免疫器官分泌淋巴细胞，增强动物机体的体液免疫力；能够激活 B 淋巴细胞增殖，促进 B 淋巴细胞分泌各种免疫球蛋白，提高动物的生长性能。

从天然产物中分离提取多糖的传统提前工艺相对较复杂，生产周期长，从而生产成本高，使工业化生产和大规模临床应用受到限制。随着新型分离技术如凝胶分离、柱层析、超滤等陆续被尝试用于多糖的分离，为多糖的应用带来新的发展前景。其中，超滤分离颗粒的允许粒度范围为 $0.001 \sim 0.1 \mu m$，而多糖的粒度是 $0.002 \sim 0.01 \mu m$。为此董艳（2007）采用超滤膜和纳滤膜进行了地黄等低分子植物多糖的提取纯化工艺研究。通过试验首先选用截留分子质量为 6 000u 的聚砜平板超滤膜进行前处理，以去除水提液中的蛋白质、大质量分子等无效多糖，确定了地黄水提液超滤的最佳操作参数是浓度为 0.013g/mL、料液压力为 0.275MPa、温度为 36℃。超滤透过液中还含有一定量的盐分和水分，以及没有生理功能的单糖，有试验证明截留分子质量为 200u 的纳滤膜能够去除分子质量为 180u 的葡萄糖、果糖等单糖，使低聚糖质量分数总量达到 90%，所以本试验采用纳滤膜截留分子质量为 200u 的纳滤复合卷式膜。纳滤过程适宜的工艺参数是操作压强范围为 1.03 ~ 1.24MPa，操作温度为 20~45℃，浓缩倍数为 3~6 倍。最后对其进行纯度检测，结果表明，其蛋白去除率达到 94.15%，脱色率达到 92.31%，脱盐率达 72.8%，灰分脱除率在 88.7%左右，多糖制品的得率和纯度分别为 46.63%和 93.3%，而且多糖的分子质量集中在 692u 和 5 777u 组分上。

展望

在食品、饲料工业中，随着对产品品质和生产成本控制要求的不断提高，具有常温操作、能耗低、环境友好、分离效率高等优点的膜分离技术越来越受到生产者和研究者的关注，膜分离技术的开发和应用逐渐成为研究的热点，具有广阔的应用前景和市场潜力，未来将可能取代传统的低效分离技术。但作为一门相对较新的技术，其仍有一些亟待解决的关键问题，在膜的选择性上，需要开发出功能高分子膜材料和无机膜材料；在膜渗透的抗污染性和膜过程强化上，还存在膜通量的稳定性不高和产值比低等的问题。此外，膜分离技术还较为普遍地存在膜孔易堵塞、膜表面黏性附层等膜污染问题，如何有效地降低膜污染和延长膜寿命，还需要持续进行探索研究。随着现代科学技术的不断发展，膜分离过程的技术研究会不断深入，新型高效的膜材料将不断被开发，在膜分离技术的逐渐完善过程中，其在食品、饲料工业中的应用将更加广泛。

参考文献

安树林，2005. 膜科学技术实用教程［M］. 北京：化学工业出版社.

陈全胜，2004. 膜分离技术在分离菜籽饼粕中蛋白质的应用研究［D］. 合肥：安徽农业大学.

陈少洲，陈芳，2005. 膜分离技术与食品加工［M］. 北京：化学工业出版社.

邓红玉，1999. 血粉饲料的开发和利用［J］. 浙江畜牧兽医（2）：14-15.

董艳，2008. 膜分离提取纯化中药多糖的工艺研究［D］. 天津：天津大学.

冯骉，2005. 膜分离的工程与应用［M］. 北京：中国轻工业出版社.

华耀祖，2004. 超滤技术与应用［M］. 北京：化学工业出版社.

焦洪超，朱建华，2002. 血粉的加工工艺［J］. 广东饲料（1）：25-26.

李学艳，蔡邦肖，夏仙兵，2012. 畜禽副产物资源利用中的膜技术应用［J］. 中国食品学报，12（10）：163-168.

刘茉娥，2000. 膜分离技术［M］. 北京：化学工业出版社.

刘艳，2000. 低质蛋白—血粉的有效利用［J］. 饲料工业，21（5）：19-20.

马美湖，1996. 试论畜禽血液综合利用的重要意义［J］. 农牧产品开发，12：28-30.

彭跃莲，秦振平，孟洪，等，2009. 膜技术前沿及工程应用［M］. 北京：中国纺织出版社.

邵弘，2007. 大豆乳清蛋白膜分离纯化技术研究［D］. 哈尔滨：哈尔滨理工大学.

王春维，胡奇伟，2006. 喷雾干燥血浆蛋白粉生产工艺研究进展［J］. 中国粮油学报，21（3）：396-399.

王晓琳，丁宁，2005. 反渗透和纳滤技术与原理［M］. 北京：化学工业出版社.

王学松，2005. 现代膜技术及其应用指南［M］. 北京：化学工业出版社.

王湛，王志，高学理，2019. 膜分离技术基础［M］. 3版. 北京：化学工业出版社.

吴刘建，2006. 大蒜素测定及膜分离纯化工艺研究［D］. 南昌：南昌大学.

许振良，马炳荣，2005. 微滤技术与应用［M］. 北京：化学工业出版社.

杨座国，2009. 膜科学技术过程与原理［M］. 上海：华东理工大学出版社.

朱长乐，2004. 膜科学技术［M］. 北京：高等教育出版社.

Zahid Amjad，1999. 反渗透——膜技术·水化学和工业应用［M］. 殷琦，华耀祖，译. 北京：化学工业出版社.

Johnson J A，Summerfelt R C，2007. Spray-dried blood cells as a partial replacement for fishmeal in diets for rainbow trout oncorhynchus mykiss［J］. Journal of the World Aquaculture Society，31（1）：96-104.

Knaus W F，Beermann D H，Tedeschi L O，et al，2002. Effects of urea，isolated soybean protein and blood meal on growing steers fed a corn-based diet［J］. Animal Feed Science and Technology，102：3-14.

ParrT M B，Kerr J，Bakerr D H，2004. Isoleueine requirement for late-finishing（87to100kg）pigs［J］. Animal Science，82：1334-1338.

Polo J，Quigley J，Russell L，et al，2005. Efficacy of spray-drying to reduce infectivity of pseudorabies and porcine reproductive and respiratory yndrome（PRRS）viruses and seroconversion in pigs fed diets containing spray-dried animal plasma［J］. Journal of Animal Science，83：1938-1988.

Wahlstrom R C，Libal G W，1977. Dried blood meal as a protein source in diets for growing-finishing swine［J］. Journal of Animal Science，44（5）：778-783.

Zhang Q，Veum T L，Bollinger D，1999. Spray dried animal blood cells in diets for weanling pigs［J］. Animal Science，77（Suppl. l）：62.

第三章
纳米技术及其在饲料工业中的应用 ▶▶▶

纳米科学是 20 世纪 80 年代末期才逐步发展起来的一门前沿、交叉学科,其迅猛发展促使工业领域产生了革命性变化。纳米科学也是一门覆盖范围广的边缘学科。纳米技术的最终目标是直接利用原子、分子及物质在纳米尺度上表现出的新颖物理、化学和生物学特性,制造出具有特定功能的产品。我国饲料工业已快速发展 40 多年,在传统饲料加工技术持续提档进步的同时,一些新兴高新技术也在饲料工业中不断涌现,纳米产品就是其中之一。

纳米技术是指在纳米尺度上(1～100nm)研究物质的特性和相互作用以及利用这些特性的多学科交叉的科学技术。纳米技术主要包括纳米材料、纳米加工技术、纳米粒子的制备技术、纳米动力学、纳米生物学、纳米药物学技术、纳米电子学、纳米组装技术以及纳米材料的分析检测技术等,其研究和应用主要集中在材料和制备、微电子和计算机技术、医学与健康、航天和航空、环境和能源、生物技术和现代农产品等方面。

第一节　纳米材料

纳米(nanometer,nm)是一个物理学上的度量单位,1nm 是 1m 的十亿分之一。广义地说,所谓纳米材料,是指微观结构至少在一维方向上受纳米尺度(1～100nm)调制的各种固体超细材料,包括零维的原子团簇(几十个原子的聚集体)和纳米微粒,一维调制的纳米多层膜,二维调制的纳米微粒膜(涂层),以及三维调制的纳米相材料。目前,国际上严格将粒径在 1～100nm 尺度范围内的超微颗粒及其致密的聚集体定义为纳米材料。而在生产实际中,常将材料粒径在 100nm 左右,小于 200nm 的材料定义为纳米材料,包括金属、非金属等多种粉末和液体材料。

一、纳米材料的分类

纳米材料包含纳米微粒、纳米固体和纳米组装体系。按材料的性质、结构、性能可有不同的分类方法。

按维数,纳米材料的基本单元可以分为三类:①零维,指在空间三维尺度均在纳米尺度,如纳米尺度颗粒、原子团簇等;②一维,指在空间有两维处于纳米尺度,如纳米丝、纳米棒、纳米管等;③二维,指在三维空间中有一维在纳米尺度,如超薄膜、多层膜、超晶格等。

按化学组成可分为纳米金属、纳米晶体、纳米陶瓷、纳米玻璃、纳米高分子和纳米复合材料。按材料物性可分为纳米半导体、纳米磁性材料、纳米非线性光学材料、纳米铁电体、纳米超导材料、纳米热电材料等。

从材料的性能来分，可以按照材料的力、热、光、电等性能分为不同的种类。从力学性能来分可以有纳米增强陶瓷材料、纳米改性高分子材料、纳米耐磨及润滑材料、超精细研磨材料等；从光学性能来分可以有纳米吸波（隐身）材料、光过滤材料、光导电材料、感光或发光材料、纳米改性颜料、抗紫外线材料等。

（一）纳米微粒

纳米微粒是指线度为 $1\sim100nm$ 的粒子的聚合体，是处于该几何尺寸的各种粒子聚合体的总称。纳米微粒的形态并不限于球形，还有片形、棒状、针状、星状、网状等。一般认为，微观粒子聚合体的线度小于 $1nm$ 时，称为簇，而通常所说的微粉的线度又在微米级。纳米微粒的线度恰好处于这两者之间，故又被称作超微粒子。纳米是通过一般显微镜看不见的粒子，而氢原子的直径为 $0.08nm$；非金属原子直径一般为 $0.1\sim0.2nm$；金属原子的直径为 $0.3\sim0.4nm$；血液中的红细胞大小为 $200\sim300nm$；病毒大小为几十个纳米。所以纳米粒子小于红细胞，与病毒大小相当。

（二）纳米固体

纳米固体是由纳米微粒聚集而成的凝聚体。从几何形态的角度可将纳米固体划分为纳米块状材料、纳米薄膜材料和纳米纤维材料。这几种形态的纳米固体又称作纳米结构材料。构成纳米固体的纳米微粒可以是单相的，也可以是不同材料或不同相的，分别称为纳米相材料和纳米复合材料。

纳米固体材料的主要特征是具有巨大的颗粒间界面，如 $5nm$ 颗粒所构成的固体每立方厘米含 10^{19} 个晶界，原子的扩散系数要比大块材料高 $10^{14}\sim10^{16}$ 倍，从而使得纳米材料具有高韧性。通常陶瓷材料具有高硬度、耐磨、抗腐蚀等优点，但又存在脆性和难以加工等缺点，而纳米陶瓷在一定的程度上可增加韧性，改善脆性。

（三）纳米组装体系

由人工组装合成的纳米结构的体系称为纳米组装体系，也称为纳米尺度的图案材料。纳米组装体系是以纳米微粒及其组成的纳米丝和纳米管为基本单元，在一维、二维和三维空间组装排列成具有纳米结构的体系。自组装技术是一种自下而上、由小而大的制作方法，即从原子或分子级开始完整地构造器件。关于纳米结构自组装体系的划分，至今尚无成熟的观点。根据纳米结构体系构筑过程中的驱动力是外因还是内因来划分，大致可分为两大类，即人工纳米结构组装体系、纳米结构自组装体系和分子自组装体系。

人工纳米结构组装体系是以人为的意志，利用物理和化学的方法，人工地将纳米尺度的物质单元组装、排列构成一维、二维和三维纳米结构体系，包括纳米有序阵列体系和介孔复合体等。可以将制造的纳米微粒、纳米管、纳米棒组装起来，营造自然界尚不存在的新的物质体系。纳米结构的自组装体系是指通过弱小的方向性非共价键，如氢键、范德华键和弱的离子键协同作用将原子、离子或分子连接构筑成纳米结构。自组装过程的关键不是大量原子、离子、分子之间弱作用力的简单叠加，而是一种整体的、复杂的协同作用。纳米结构的自组装体系形成的两个重要条件：①有足够数量的非共价键或氢键的存在，这是因为氢键和范德华键等非共价键很弱（ $211\sim412kJ/mol$ ），只有足够量的弱键存在，才能通过协同作用构筑成稳定的纳米结构体系；②自组装体系能量较低，否则很难形成稳定的自组装体系。

二、纳米材料的性质

纳米材料的物理性质和化学性质既不同于宏观物体，也不同于微观的原子和分子。当组成材料的尺寸达到纳米量级时，纳米材料表现出的性质与本体材料有很大差异。在纳米尺度范围内原子及分子的相互作用，强烈地影响物质的宏观性质。物质的机械、电学、光学等性质的改变，使构筑它们的基石达到纳米尺度。纳米材料之所以能具备独特的性质，是因为当组成物质中某一相的某一维尺度缩小至纳米级，物质的物理性能将出现非其自身任一组分所能比拟的根本改变。纳米微粒由于其尺寸小至几纳米或十几纳米而表现出奇异的小尺寸效应和表面界面效应，因而其光学性能也与常规的块体及粗颗粒材料不同。

总之，在纳米尺度下，物质中电子的波性以及原子之间的相互作用将受到尺度大小的影响。由纳米颗粒组成的纳米材料具有以下超越传统材料的特殊性能。

(一) 表面效应

纳米材料的表面效应是指纳米粒子的表面原子数与总原子数之比随粒径的减小而急剧增大后所引起的性质上的变化（图 3-1）。

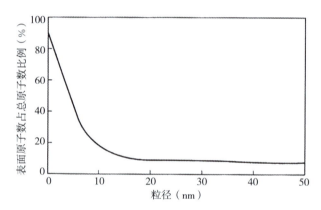

图 3-1 粒径随表面原子数占总原子数比例的变化

从图 3-1 中可以看出，粒径在 10nm 以下，将迅速增加表面原子数的比例。当粒径降到 1nm 时，表面原子数比例接近 90%，原子几乎全部集中到纳米粒子的表面。粒径为 10nm 时，比表面积为 $90m^2/g$；粒径为 5nm 时，比表面积为 $180m^2/g$；而当粒径为 2nm 时，比表面积为 $450m^2/g$。可以看出随着粒径的降低，比表面积急剧增大。由于纳米粒子表面原子数增多，表面原子配位数不足和高的表面能，使这些原子易与其他原子相结合而趋于稳定，因而具有很高的化学活性。

(二) 小尺寸效应

随着颗粒尺寸的量变，在一定条件下会引起颗粒性质的质变。由于颗粒尺寸变小所引起的宏观物理性质的变化称为小尺寸效应。对超微颗粒而言，尺寸变小，同时其比表面积亦显著增加，从而产生一系列新颖的性质。主要表现在：①特殊的光学性质；②特殊的热学性质；③特殊的磁学性质；④特殊的力学性质。超微颗粒的小尺寸效应还表现在超导电性能、介电性能、声学特性以及化学性能等方面。

（三）宏观量子隧道效应

纳米材料中一些宏观物理量具有穿过势垒的能力，这种能力称为隧道效应。宏观物理量在量子相关器件中的隧道效应称为宏观量子隧道效应。例如磁化强度，具有铁磁性的磁铁，其粒子尺寸达到纳米级时，即由铁磁性变为顺磁性或软磁性。

纳米材料除这些最基本的物理效应以外，在纳米结构材料中有大量的界面，这些界面为原子提供了短程扩散途径。因此，与单晶材料相比，纳米结构材料具有较高的扩散率；对于蠕变、超塑性等力学性能有显著影响，同时可以在较低的温度对材料进行有效的掺杂。扩散能力的提高，也使一些在较高温度下才能形成的稳定或介稳相在较低温度下就可以存在，还可以大幅降低纳米结构材料的烧结温度。

三、纳米材料的团聚与分散

随着颗粒材料粒径减小，比表面积增大，表面能升高，表面原子或离子数的比例也大幅提高，其表面活性增加，颗粒之间的吸引力增加，会出现颗粒的团聚现象。一旦纳米颗粒团聚后形成二次粒子，粒径与一般的微米级颗粒相当，上述优异性能因此消失。纳米粉体的团聚问题成为其工业化生产应用的瓶颈。如何控制纳米颗粒的分散性，使其在高表面能态下稳定存在，是当今纳米粉体技术的世界性难题。

（一）纳米材料的团聚

纳米粉体的团聚是指原生的纳米粉体颗粒在制备、分离、处理及存放过程中相互连接形成较大的颗粒团聚的现象。纳米粉体的团聚对其性能的影响相当严重。首先，团聚的出现不仅降低了纳米粒子的活性，还影响纳米粒子的综合性能；其次，纳米材料的团聚给纳米材料的混合、均化及包装都带来极大的不便，在实际生产应用中变得十分困难。

纳米颗粒的表面效应和小尺寸效应直接影响纳米颗粒的团聚。引起纳米颗粒团聚的因素主要有以下 4 个方面：①纳米颗粒表面静电荷引力；②纳米颗粒的高表面能；③纳米颗粒间的范德华力；④纳米颗粒表面的氢键及其他化学键作用。

图 3－2 所示为采用溶胶-凝胶方法制备的 $SrBi_4Ti_4O_{15}$ 粉体材料。其粉体的粒度在纳米级，出现了严重的团聚现象，影响后期陶瓷的制备及性能。

图 3－2　采用溶胶-凝胶方法制备的 $SrBi_4Ti_4O_{15}$ 粉体材料

纳米颗粒的团聚一般划分为软团聚和硬团聚。软团聚主要是由颗粒间的静电力和范德华力所致，由于作用力相对较弱，可以通过一些化学作用或施加机械能的方式来消除；硬团聚形成的原因除了静电力和范德华力之外，还存在化学键作用，因此硬团聚体不易破坏，需要采取针对性的方法进行控制。

（二）纳米颗粒在液体介质中的团聚机制

液相中的颗粒之间存在范德华力、双电层固相排斥力、液相桥和溶剂化层交叠，固相中存在固相桥和烧结颈（图3-3）。颗粒在液体介质中的相互作用非常复杂，除了范德华力和库仑力外，还有溶剂化力、毛细管力、憎水力、水动力等，它们既与液体介质有关，又直接影响团聚的程度。颗粒在液体介质中，由于吸引了一层极性物质，会形成溶剂化层。在颗粒互相接近时，溶剂化层重叠，便产生排斥力，即溶剂化层力。当颗粒表面被介质良好润湿，两个颗粒接近至一定的距离，在其颈部会形成液相桥；液相桥存在着一定的压力差，使颗粒相互吸引，颗粒间形成毛细管力。憎水力是一种长程作用力，其强度高于范德华力，与憎水颗粒在水中趋向于团聚的现象有关。水动力普遍存在于固相高的悬浮液中，当两个颗粒接近时，液-液间产生剪切力并阻止颗粒接近，当两颗粒分开时，水动力又表现为吸引力，其作用相当复杂。在固相中，团聚的生成主要是固相桥与烧结颈造成的，如图3-3E及图3-3F所示。如果凝胶颗粒表面紧密接触，更容易形成硬团聚。

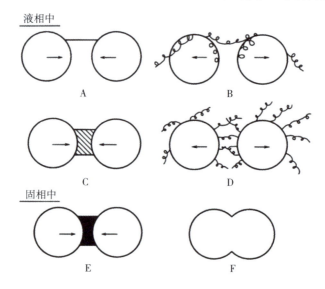

图3-3 各种物相状态下颗粒间的相互作用力

A. 范德华力　B. 双点层的交叠　C. 液相桥
D. 溶剂化层的交叠（或高分子链的交叠）　E. 固相桥　F. 烧结颈

纳米颗粒在液体介质中的团聚是吸附和排斥共同作用的结果。液体介质中的纳米颗粒的吸附作用包括：量子隧道效应、电荷转移和界面原子的相互耦合产生的吸附；纳米颗粒分子间力、氢键、静电作用产生的吸附。纳米颗粒的比表面积大，极易吸附气体介质或与其作用产生吸附；纳米粒子极高的表面能和较大的接触面，使晶粒生长的速度加快，从而粒子间易发生吸附。在存在吸附作用的同时，液体介质中纳米颗粒间同样存在排斥作用，主要有粒子表面产生溶剂化膜作用、双电层静电作用、聚合物吸附层的空间保护作用。这几种作用的综合效果使纳米颗粒趋向于分散。如果吸附作用大于排斥作用，则纳米颗粒团聚；反之则纳米颗粒分散。

（三）纳米颗粒在气体介质中的团聚机制

纳米颗粒在气体中极易黏结成团，这给粉体加工和贮存带来不便。纳米颗粒在气体中团聚的原因主要包括以下几个方面：①分子间作用力即范德华力；②颗粒间的静电作用力；③颗粒在潮湿气相中的黏结；④颗粒表面润湿性的调整作用。上述作用的结果会导致纳米颗粒在气体介质中的团聚。虽然范德华力的大小与分子间距的 7 次方成反比，但是由于纳米颗粒之间的距离很小，它的作用仍然非常明显，是纳米颗粒团聚的根本原因。在空气中，大多数颗粒都是带有自然荷电，因此静电引力的作用不可避免，其同样是造成纳米颗粒团聚的重要因素。颗粒在空气中黏结的原因是当空气的相对湿度过大时，水蒸气在颗粒表面及颗粒间聚集，增大了颗粒间的黏结力。颗粒表面的润湿性显著地影响颗粒间的黏附力，因此也对颗粒的团聚有着重要影响。

（四）纳米颗粒的分散

为防止纳米颗粒的团聚，在动力学上可通过强力搅拌进行分散。因为纳米粒子要分散存在溶剂中会造成系统能量增大，通过搅拌对系统做功，提供增加表面积需要的能量，纳米粒子的动能足以克服粒子间的吸引力而不集结。但是，当停止搅拌后，纳米粒子就会重新集结。对于软团聚重新搅拌后可重新分散，但对于硬团聚来说却很难再重新分散。图 3-4 是图 3-2 所示的溶胶-凝胶法制备的 $SrBi_4Ti_4O_{15}$ 粉体球磨分散后的形态，由该图可见，团聚程度明显降低，但仍然存在着较为严重的团聚问题。

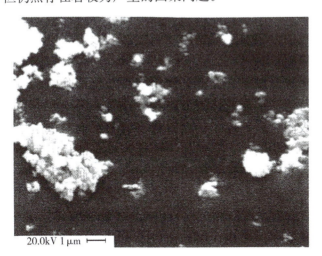

20.0kV 1 μm

图 3-4　$SrBi_4Ti_4O_{15}$ 粉体球磨分散后的形态

（五）气体介质中纳米粉体分散技术与机制

对于存在于气体介质中的纳米粉体，软团聚可用化学作用或机械作用消除；硬团聚可用大功率超声或球磨等高能机械方式减弱团聚程度。存在于气体中的纳米粉体分散方法分为物理分散法和化学改性分散法。物理分散有机械分散法、静电分散法、高真空及惰性气体保护法等。化学改性分散法是通过改性剂与纳米颗粒之间发生化学反应而改变纳米颗粒表面的结构、化学成分及电化学特性等达到表面改性的目的，促进纳米颗粒的分散。

1. 机械分散法　是用机械力将颗粒聚团打散。机械分散的必要条件是机械力（通常是指流体的剪切力及压差力）应大于颗粒间的黏着力。机械分散比较容易实现，但其是一种强制性分散；互相黏结的颗粒尽管可以通过机械力被打破，但它们之间的作用力仍然存在，处理过程完成以后可能发生重新团聚。因此，后续分散与其他方法配合使用方可使机械分散方法更加完善。

2. 静电分散法 是一种新的纳米颗粒分散方法，已经在表面喷涂、矿粉分选、集尘、印刷和照相等技术领域得到广泛应用。其基本原理是库仑定律，使颗粒表面形成极性电荷，利用同极性电荷相互排斥的作用阻止颗粒团聚，从而实现颗粒均匀分散。目前，颗粒的荷电主要包括电子束照射荷电、接触荷电、电晕荷电等。静电抗团聚分散的极限粒径只是电场强度的函数，与电场强度平方成反比，电场强度越高，抗团聚分散的极限粒径越小。

3. 高真空及惰性气体保护法 是在纳米颗粒制备、贮存、使用过程中减少乃至消除纳米粉体团聚的有效方法。其原理是，采用高真空维持清洁纳米粉体表面结构，或加入不与纳米粉体起反应的惰性气体，纳米粉体表面仅有物理吸附，表面原子仍保持自身调整结构与电矩排斥状态，粉体保持静电排斥-静电稳定。高真空法存在能耗与生产成本高的不足，也不利于贮存和使用。

(六) 液体介质中纳米粉体分散技术与机制

对于液体中的纳米粉体，解决团聚问题一般采用加入分散剂、共沸蒸馏、有机物洗涤、超声分散等方法。

1. 加入分散剂法 在液体介质中常用的纳米粉体分散剂有：①无机电解质，如聚磷酸钠、硅酸钠、氢氧化钠及苏打等；②有机高聚合物，常用的有聚丙烯酰胺系列、聚氧化乙烯系列及单宁、木质素等天然高分子材料；③表面活性剂，包括阴离子型、阳离子型和非离子型表面活性剂，其分散作用主要表现为对颗粒表面润湿性的调整。

2. 共沸蒸馏法 是在纳米颗粒形成的湿凝胶中加入沸点高于水的醇类有机物，混合后进行共沸蒸馏，可以有效地除去多余的水分子，消除氢键作用的可能，并且取代羟基的有机长链分子能产生很强的空间位阻效应，使化学键合的可能性降低，因而可以防止团聚体的形成。

3. 有机物洗涤法 是用表面张力小的有机溶剂充分洗涤纳米颗粒，可以置换颗粒表面吸附的水分，降低氢键的作用，降低颗粒聚结的毛细管力，使颗粒不再团聚。目前此方法采用的洗涤溶剂为醇类，如无水乙醇、乙二醇等。用醇类可以洗去粒子表面的配位水分子，并以烷氧基取代颗粒表面的羟基团。

4. 超声分散法 是近年来研究的热点领域。粉体由于强烈的冲击、剪切、研磨后以均匀的小的团聚体分散在介质中。超声时间对颗粒的分散性影响较大，将超声时间从0.5s增加到1s，颗粒在介质中的分散性明显改善，团聚体体积变小且分布更趋均匀。但超声时间过长时，纳米颗粒的团聚现象反而会加剧。

四、纳米颗粒表面修饰

新型纳米复合材料的优异性能很大程度上取决于无机纳米粒子与有机物的界面结构，即纳米颗粒的分散状态是否良好。在实际应用中，纳米粒子极易吸附成团，成为带有若干弱枝连接界面尺寸较大的团聚体，很难均匀稳定地分散于有机体中。研究表明，利用表面修饰法对无机纳米颗粒进行表面改性处理，可以降低其表面能并促进颗粒均匀稳定地分散于有机体中。

纳米颗粒表面修饰的目的主要有：①改善或改变纳米粒子的分散性；②提高微粒表面活性；③使微粒表面产生新的物理、化学、机械性能及新的功能；④改善纳米粒子与其他物质之间的相容性。根据表面修饰原理可以分为表面物理修饰和表面化学修饰两大类；按其工艺可分为表面覆盖修饰、局部化学修饰、机械化学修饰、外膜修饰、高能量表面修饰、沉淀反应修饰等。

（一）表面物理修饰

表面物理修饰就是在改性过程中物质与纳米颗粒表面不发生化学反应，而是通过物理的相互作用（如范德华力、沉积包覆等）达到改变或改善纳米颗粒表面特性的目的。目前，常用的纳米颗粒表面物理修饰方法主要有表面活性剂法和表面沉积包覆法。

1. 表面活性剂法　是指在范德华力作用下，将改性剂吸附在纳米颗粒表面，达到纳米颗粒分散和稳定悬浮等目的。

2. 表面沉积包覆法　是将一种物质（改性剂）沉积在纳米颗粒表面，形成与颗粒表面无化学结合的一个异质包覆层来实现纳米颗粒表面改性的目的。

（二）表面化学修饰

纳米颗粒表面化学修饰是通过改性剂与纳米颗粒表面之间发生化学反应，从而改变纳米颗粒表面的结构、化学成分及电化学特性等，达到表面改性的目的。由于采用化学法改性，纳米颗粒性能稳定，已被广泛应用。表面化学修饰虽然是一种比较可靠的方法，但过程非常复杂，其通过化学键共价固定，主要包括酯化反应法、偶联剂表面覆盖法和表面接枝法等。

1. 酯化反应法　是利用酯化反应对纳米颗粒表面修饰改性，主要是使原来亲水疏油的界面变成亲油疏水的表面。利用酯化反应进行表面改性修饰后纳米颗粒即变为亲有机疏无机的表面，有利于其在有机物中均匀分布和有机相进行有效的结合。

2. 偶联剂表面覆盖法　是将普通无机纳米颗粒（如氧化物 SiO_2、Al_2O_3 等）表面经过偶联剂处理后可以与有机物产生很好相容性的方法。有效的偶联剂分子结构应是一端能与无机物表面进行化学反应，另一端能与有机物或高聚物起反应或具有相容性的双功能基团化合物。

3. 表面接枝法　是通过化学反应将高分子链接到无机纳米颗粒表面上的一种方法，可分为偶联接枝法、颗粒表面聚合生长接枝法、聚合与表面接枝同步进行法等。

除上述改性方法外，还有机械化学改性法，这对于大颗粒的碳酸钙比较有效。由于纳米碳酸钙已经达到了一定的细度，再通过机械粉碎、研磨等方法并不能取得很好的效果，但机械化学改性可增加纳米碳酸钙表面的活性点和活性基团，增强与有机表面改性剂的作用，因此结合其他改性方法共同使用，进行复合表面改性和处理，也能有效改变纳米碳酸钙的表面性质。

第二节　纳米材料的制备

纳米材料是一类应用前景广阔的新型材料，由于它的尺寸小（1～100nm）、比表面积大及具有量子尺寸效应等，使之具有常规粗晶材料不具备的特殊性能，在光吸收、敏感、催化及其他功能特性等方面展现出引人注目的应用前景。

纳米粉体的制备方法有物理法和化学法两大类。物理法包括蒸发-冷凝法、机械合金化等；化学方法包括化学气相法、化学沉淀法、水热法、溶胶-凝胶法、溶剂蒸发法、电解法等。

一、纳米粉体材料的物理法制备

纳米材料的物理法制备，是指采用光、电技术使材料在真空或惰性气体中蒸发，然后使原子或分子形成纳米颗粒，包括球磨、喷雾等以力学过程为主的制备技术。

（一）蒸发冷凝法

蒸发冷凝法又称为物理气相沉积法（PVD），是指在高真空的条件下，金属试样经蒸发后冷凝。试样蒸发方式包括电弧放电产生高能电脉冲或高频感应等形成高温等离子体，使金属蒸发。在高真空室内，导入一定压力 Ar（氩气），当金属蒸发后，金属粒子被周围气体分子碰撞，凝聚在冷凝管上形成 10nm 左右的纳米颗粒，其尺寸可以通过调节蒸发温度场、气体压力进行控制，最小颗粒粒径为 2nm。蒸发冷凝法制备的超微颗粒具有如下特征：①高纯度；②粒径分布窄；③良好结晶和清洁表面；④粒度大小易于控制。该方法原则上适用于任何被蒸发的元素以及化合物，但该装备技术要求相对较高。

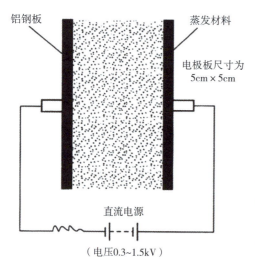

图 3-5 溅射法制备纳米粒子的原理

根据加热源的不同，该方法又可分为 6 类。

1. 溅射法 其原理如图 3-5 所示，用两块金属板分别作为阳极与阴极，阳极为蒸发用的材料，在两电极间充入氩气（40～250Pa），两电极间施加的电压范围为 0.3～1.5kV。由于两极间的辉光放电使氩离子形成，在电场的作用下氩离子冲击阴极靶材表面，使靶材上的原子或分子溅射出来，形成超微粒子，并沉积到基板上形成薄膜。粒子的大小及尺寸分布取决于两电极间的电压、电流和气体压力。靶材的表面积越大，原子的蒸发速度越高，超微粒的获得量越多。

2. 流动液面真空蒸镀法 其基本原理是：在高真空中蒸发的金属原子在流动的油面内形成极超微粒子，产品为含有大量超微粒子的糊状油（图 3-6）。高真空中的蒸发是采用电子束加热，当冷铜坩埚中的蒸发原料被加热蒸发时，打开快门，使蒸发物镀在旋转的圆盘表面上形成纳米粒子。含有纳米粒子的油被甩进真空室外壁的容器中，然后将超微粒含量很低的油在真空状态下浓缩，使其成为含有纳米粒子的浓缩糊状物。

3. 通电加热蒸发法 是通过碳棒与金属相接触，通电加热使金属熔化，金属与高温碳棒反应并蒸发形成碳化物超微粒子的方法。图 3-7 为制备 SiC（碳化硅）超微粒子的装置。碳棒（碳电极）与硅板（蒸发材料）相接触，在蒸发室内充有 Ar 或 He、压力为 1～10kPa，在碳棒与硅板间通交流电（几百安培）。硅板被其下面的加热器加热，随硅板

图中标注：铝钢板、蒸发材料、电极板尺寸为 5cm×5cm、直流电源、（电压0.3~1.5kV）

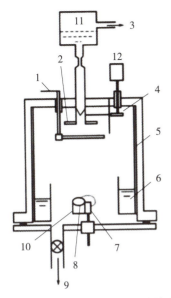

图 3-6　流动液面真空蒸镀法制备纳米
　　　　粒子的原理示意
1.快门　2.旋转盘　3.真空泵　4.旋转机构
5.流动油面形成容器　6.含有（极）超微粒子的油
7.电子枪　8.蒸发材料（电子束加热）　9.真空泵
10.冷铜坩埚　11.油　12.电动机

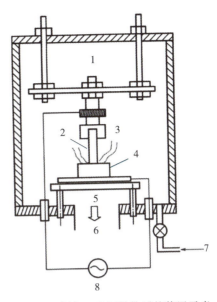

图 3-7　制备 SiC 超微粒子的装置示意
1.氩气　2.碳电极　3.碳化硅蒸气　4.硅板
5.电热器　6.真空泵
7.导入气体　8.通用加热电源

温度上升，电阻下降，电路接通，当碳棒温度达白热程度时，硅板与碳棒相接触的部位熔化。当碳棒温度高于 2 473K 时，在其周围形成了 SiC 超微粒的"烟"，然后将"烟"收集起来得到 SiC 纳米颗粒。用此种方法还可以制备 Cr、Ti、V、Zr、Hf、Mo、Nb、Ta 和 W 等碳化物超微粒子。

4. 混合等离子体法　是采用射频（RF）等离子与直流（DC）等离子组合的方式来获得纳米粒子的方法。图 3-8 所示为混合等离子体法原理，由图中石英管外的感应线圈产生的高频磁场（几兆赫兹）将气体电离产生 RF 等离子体。内载气携带的原料经离子体加热、反应生成纳米粒子并附着在冷却壁上。由 DC 等离子电弧束防止 RF 等离子电弧束受干扰，因此称为"混合等离子体"法。

5. 激光诱导化学气相沉积（LICVD）法　LICVD 法制备超细微粉是近几年兴起的一种新型制备方法。其原理如图 3-9 所示，激光束照在反应气体上形成反应焰，在火焰中形成微粒，由氩气携带进入上方微粒捕集装置。该法利用反应气体分子（或光敏剂分子）对特定波长激光束的吸收，引起反应气体分子激光光解（紫外光解或红外多光光解）、激光热解、激光光敏化和激光诱导化学合成反应，在一定工艺条件（激光功率密度反应池压力、反应气体配比和流速、反应温度等）下，获得纳米粒子空间成核和生长。

6. 静电纺丝法　是一种制备纳米纤维的新技术，可低成本制得直径为纳米级的连续纤维。近年来，随着对纳米科技研究的快速发展，静电纺丝法规模制备纳米纤维的纺丝技术引起了人们的日益关注。典型的静电纺丝装置见图 3-10。

该法所用装置由以下 3 部分组成：高压直流或交流电源、电纺丝喷嘴和接收电极。聚

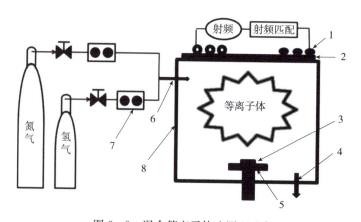

图 3-8 混合等离子体法原理示意

1. 射频天线 2. 石英圆盘 3. 样品台 4. 出气口 5. 加热台 6. 进气口 7. 流量计 8. 反应室

（资料来源：周海平等，2018）

合物溶液或熔体与高压电源通过导线相连，接收板接地，当高压电施加于聚合物溶液或熔体时，位于针头顶端的液滴表面在强电场作用下，将带有大量诱导电荷，液滴在其表面电荷的排斥力和外部电场的库仑作用力下，形成泰勒锥状，当电场强度达到某一临界值时，静电力将克服溶液的表面张力，液体流从泰勒锥顶端喷射而出，在射流运动一段距离后，裂解为许多小的聚合物流。在此过程中，受到连续的电场拉伸作用力和溶剂挥发的影响，在接收板上得到无纺布状纳米纤维。静电纺丝技术对溶液黏度的要求非常严格，过去局限于采用有机高聚物来制备纳米纤维。最近研究发现，溶胶-凝胶法配制成的溶液作为前驱体也能很好地满足静电纺丝所要求的黏度，这使电纺丝制备无机氧化物纳米纤维成为可能。

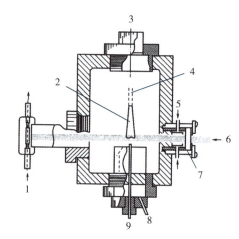

图 3-9 LICVD 法的原理示意

1. 用水冷铜板阻挡激光束 2. 反应焰
3. 捕集装置 4. 粒子流的边界 5、8. 氩气进气口
6. 激光束 7. 激光入射窗 9. 反应气体

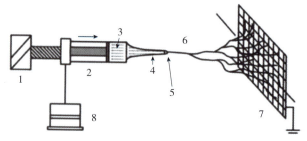

图 3-10 静电纺丝法制备纳米材料装置示意

1. 计量泵 2. 注射器 3. 聚合物溶液 4. 毛细管
5. 泰勒锥 6. 射流 7. 接收屏（旋转或固定） 8. 高压电源

（二）机械合金化

机械合金化（MA），也称为高能球磨技术，最初应用于研制氧化物弥散强化的镍基超合金。由于在高能球磨过程中引入大量的应变、缺陷及纳米量级的微结构，使得合金化过程的热力学和动力学过程有别于普通的固态反应过程，得到其他技术（如快速凝固等）无法获得的组织结构，从而有可能制备常规条件下难以合成的众多新型合金。

1. MA 物理过程　高能球磨是一个高能量干式球磨过程。其是在高能量磨球的撞击研磨作用下，使研磨的粉末之间发生反复的冷焊和断裂，形成细化的复合颗粒，发生固态反应形成新材料的过程。

高能球磨的原材料可以是元素粉末、元素与合金粉末、金属间化合物、氧化物粉末等的混合物。磨球一般采用轴承钢球。球-粉末-球的碰撞引起塑性粉末的压扁和加工硬化。当被压扁的金属粒子重叠时，原子级洁净的表面紧密地接触，发生冷焊，形成由各组分组成的多层复合粉末粒子，同时发生加工硬化的组分及复合粒子的断裂。冷焊与断裂持续反复，有效地"揉混"复合粉末的内部结构，不断细化与匀化，形成均匀细化的复合颗粒。由于复合颗粒内含有大量的缺陷和纳米微结构，继续高能球磨时发生固态反应形成新的合金材料。材料在高能球磨过程中，界面及其晶体缺陷的增加普遍存在，而元素本身的性质、不同元素之间的交互作用及外界条件的影响等，则决定了高能球磨的最终效果。

为了提供高能球磨所需要的能量，在碰撞之前，磨球速度应达到每秒几米以上的水平。图 3-11 所示为高能球磨所用的 Szegvari 球磨机工作原理。该设备有一水平设置的中心轴，装在中心轴上以一定速度旋转的搅动器驱动钢球，赋予了钢球能量。球磨机需保持密封，根据需要在保护性气体（如 Ar、N_2）下进行高能球磨。对于工业化生产可采用普通滚筒式球磨机，但为使钢球获得足够高的能量，须配置适当的型号（直径至少大于 1.0m）。

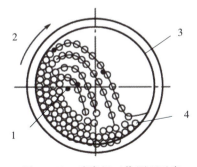

图 3-11　球磨机工作原理示意
1. 研磨对象　2. 罐筒转向
3. 球磨罐筒　4. 磨球

2. MA 工艺流程　如图 3-12 所示，MA 工艺流程主要包括：①获取构成材料的初始粉末，初始粉末粒径一般在 $100\mu m$ 以下；②根据构成材料的性质选择磨球材料，如钢球、钢玉球（刚玉球）或其他材质的球，磨球尺寸按一定比例配置；③将初始粉末和磨球按一定比例（球料比）放入球磨罐；④根据需要选择保护性气体，通常选择高真空，也可选用氩气、氦气等惰性气体；⑤球磨中球与球，球与球磨罐壁对初始粉末的碰撞使其经过冷焊-粉碎-冷焊的重复过程，经一定时间研磨后形成组织成分均匀的纳米级粉末。

3. MA 工艺的主要影响因素　采用机械合金化制备纳米晶及其材料时，过程相对复杂，影响制备纳米材料的相和微观结构因素较多。使用机械合金化制备材料过程中有以下主要影响因素需要根据材料的种类及性质进行设计与探索。

（1）研磨装置　生产机械合金化粉末的研磨装置有多种形式，如行星磨、振动磨、搅拌磨等。它们的研磨能量、研磨效率、物料的污染程度以及研磨介质与研磨容器内壁的力的作用各不相同，对研磨结果有着至关重要的影响。

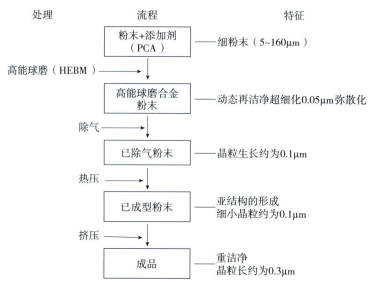

图 3-12　高能球磨制备材料的工艺流程

（2）研磨速度　研磨机的转速提高，传递给研磨物料的能量随之增加。但并不是转速越高越好，这是因为在研磨机转速提高的同时，研磨介质的转速也会提高，当高到一定程度时研磨介质就紧贴于研磨容器内壁，而不能对研磨物料产生任何冲击作用，不利于塑性变形和合金化进程；同时，转速过高会造成研磨系统温度过高，可能会引起在过程中需要形成的过饱和固溶体、非晶相或其他亚稳态相的分解。

（3）研磨时间　在一定条件下，随着研磨的进程，合金化程度会越来越高，颗粒尺寸会逐渐减小并最终形成稳定的平衡态，即颗粒的冷焊和破碎达到动态平衡，此时颗粒尺寸不再发生变化。但随着研磨时间延长，污染的风险越来越高。

（4）研磨介质　选择研磨介质时，除考虑材料和形状（如球状、棒状等）外，还需考虑介质的密度及尺寸的大小和分布等，球磨介质要有适当的密度和尺寸得以对研磨物料产生足够的冲击，其对最终产物都有着直接的影响。例如，研磨 Ti-Al 混合粉末时，若采用直径为 15mm 的磨球，最终可得到固溶体，而若采用直径为 25mm 的磨球，在同样条件下即使研磨更长的时间也得不到 Ti-Al 固溶体。

（5）球料比　是指研磨介质与研磨物料的质量比，通常研磨介质是球状的，故称球料比。试验研究用的球料比在（1～200）∶1 的范围内，多数情况为 15∶1。当进行小批量生产或试验时，球料比可高达 50∶1 甚至 100∶1。

（6）填充率　是指研磨介质的总体积占研磨容器容积的百分率，研磨物料的填充率是指研磨物料的松散容积占研磨介质之间空隙的百分率。一般来说，振动磨中研磨介质填充率为 60%～80%，物料填充率为 100%～130%。

（7）气体环境　在机械合金化过程中，由于球磨罐内的温升很高，同时，合金化过程中往往发生粒子的细化，并引入缺陷，自由能升高，很容易与球磨环境中的氧等发生反应，因此一般机械合金化过程中均加入惰性气体，如氩气等保护性气体。球磨条件不同，会对合金化的反应方式、最终产物以及性质等造成显著影响。

（8）过程控制剂　在 MA 过程中粉末存在着严重的团聚、结块和黏壁现象，大大阻碍了 MA 的进程。为此，常在 MA 过程中添加过程控制剂，如硬脂酸、固体石蜡、液体酒精和四氯化碳等，以降低粉末的团聚、黏球、黏壁以及研磨介质与研磨容器内壁的磨损，可以较好地控制粉末的成分和提高产品得率。

（9）研磨温度 无论 MA 的最终产物是固溶体、金属间化合物、纳米晶，还是非晶相都涉及扩散问题，而扩散又受到研磨温度的影响，因此温度也是 MA 的一个重要影响因素。例如，Ni-50% Zr 粉末系统在振动球磨时，在液氮冷却下研磨 15h 未发现非晶相的形成；而在 200℃下研磨时，则发现粉末物料完全非晶化；室温下研磨时，粉末物料部分非晶化。

综上所述，最佳研磨时间依赖于研磨机类型、介质尺寸、研磨温度以及球料比等各项参数。

二、纳米粉体材料的湿式化学法制备

湿式化学法是指通过液相来合成粉体材料。由于在液相中配制，各组分的含量可精确控制，并可实现在分子、原子水平上的均匀混合。通过工艺条件的适当控制，可使所生成的固相颗粒尺寸在纳米级，并且颗粒尺寸分布相对较窄。湿式化学法主要包括溶胶-凝胶法、微乳液技术、水热法、沉淀法、喷雾热分解法等方法。

（一）溶胶-凝胶法

溶胶-凝胶法（sol-gel）中涉及胶体、溶胶、凝胶等基本部分。胶体（colloid）是一种分散相粒径很小的分散体系，分散相粒子的重力可以忽略，粒子之间的相互作用主要是短程作用力。溶胶（sol）是具有液体特征的胶体体系，分散的粒子是固体或者大分子，分散的粒子大小为 1～1 000nm。凝胶（gel）是具有固体特征的胶体体系，被分散的物质形成连续的网状骨架，骨架空隙中充有液体或气体，凝胶中分散相的含量很低，一般为 1%～3%。溶胶-凝胶法就是用含高化学活性组分的化合物作前驱体，在液相下将这些原料均匀混合，并进行水解、缩合化学反应，在溶液中形成稳定的透明溶胶体系，溶胶经陈化胶粒间缓慢聚合，形成三维空间网络结构的凝胶，凝胶网络间充满了失去流动性的溶剂，形成凝胶。凝胶经过干燥、烧结固化制备出分子级乃至纳米级结构的材料。

（二）微乳液技术

水和油与大量表面活性剂、助表面活性剂混合，能自发形成透明或半透明的体系，这种体系同样既可以是水包油（O/W）型，也可以是油包水（W/O）型，分散相质点为球形，但半径非常小，通常为 10～100nm，这种体系是热力学稳定体系。微乳液是由两种互不相溶液体在表面活性剂的作用下形成的热力学稳定的、各向同性、外观透明或半透明的液体分散体系，分散相直径为 1～100nm。通常所说的表面活性剂、水、油的分散体系就是微乳液。相应地，将制备微乳液的技术称为微乳技术。根据表面活性剂、化学组成和连续相的不同，可将其分为水包油和油包水两种不同的分散状态。

1. 微乳反应器原理 在微乳体系中，用于制备纳米粒子的一般是 W/O 型体系，该体系一般由有机溶剂、水溶液、活性剂、助表面活性剂 4 个组分构成。常用的有机溶剂为 C_6～C_8 直链烃或环烷烃；表面活性剂一般有 2-乙基己基磺基琥珀酸钠（AOT）、α-烯基磺酸钠（AOS）、十二烷基硫酸钠（SDS）、十六烷基磺酸钠（SD-BS）阴离子表面活性剂、十六烷基三甲基溴化铵（CTAB）阳离子表面活性剂、聚氧乙烯醚类（Triton X）非离子表面活性剂等；助表面活性剂一般为中等碳链 $C_5 \sim C_8$ 的脂肪酸。

W/O 型微乳液中的水核可以看作微型反应器或称为纳米反应器，反应器的水核半径与体系中水和表面活性剂的浓度及种类直接相关。利用微胶束反应器制备纳米粒子时，粒子形成一般有三种类型（图 3-13）。

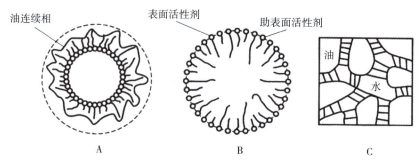

图 3-13 微乳液结构的三种类型
A. W/O 型 B. O/W 型 C. 双连续结构

在实际应用中，可根据反应特点选用相应的模式。通常，将两种反应物分别溶于组成完全相同的两份微乳液中，然后在设定条件下混合。两种反应物通过物质交换而发生反应，当微乳液界面强度较大时，反应物的生长受到限制。如微乳液颗粒大小控制在几纳米，则反应物以纳米颗粒的形式分散在不同的微乳液中。

2. 微乳反应器的形成及结构 同普通乳状液相比，在分散类型方面微乳液和普通乳状液有相似之处，即有 O/W 型和 W/O 型，其中 W/O 型可以作为纳米粒子制备的反应器。但是微乳液是一种热力学稳定的体系，它的形成是自发的，不需要外界提供能量。正是由于微乳液的形成技术要求不高，并且液滴粒度可控，试验装置简单且操作容易，所以微乳反应器得到更多的研究和应用。

（三）喷雾热分解法

喷雾热分解法（SP）是在喷雾干燥基础上发展起来的一种合成超细粉体及薄膜制备溶液气溶胶技术。SP 技术与喷雾干燥技术有许多类同点，但又有区别，二者所使用的溶液不同，雾滴的沉淀和缩聚过程不同，最大的区别是 SP 技术需要在较高的温度（>300℃）下才能完成整个工艺过程。尤其是 SP 技术中同时发生物理反应和化学反应（如热分解），而喷雾干燥技术中仅发生物理反应。

在 SP 工艺过程中，溶液雾化后进入一系列的反应容器（图 3-14）。在反应容器中气溶胶雾滴经历蒸发和雾滴中溶质的浓缩、干燥，然后在高温下沉淀物分解为具有微孔的颗粒，微孔颗粒经过烧结后形成致密颗粒（图 3-15）。陶瓷粉体合成的溶液气溶胶技术具有很多优点，且业已成熟。SP 技术是唯一通过溶液形成雾滴控制颗粒大小的过程。

喷雾热分解技术的分解合成步骤主要包括：溶胶前驱体的制备、喷雾、蒸发、干燥、雾滴聚集、热分解和合成（烧结）等工序。在 SP 工艺过程中，液相雾滴会发生凝聚，可以采用降低初始雾滴数密度方法来减少雾滴聚集。另外，在热分解和合成（烧结）工序中，热分解形成的颗粒活性大，因此原位合成是喷雾热分解工艺的优势。设计中蒸发、分解和合成（烧结）都分别独自在反应器中进行，以有效控制各反应过程中温度与时间之间关系。例如，热分解温度一般为 400～500℃，而合成则需要更高的温度。

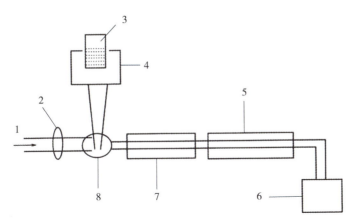

图 3-14　喷雾热分解装置示意
1. 载气　2. 流量计　3. 溶液　4. 雾化装置
5. 合成部分　6. 收集部分　7. 干燥部分　8. 三通

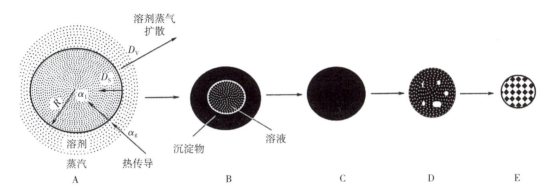

图 3-15　SP 技术的合成过程
A. 蒸发　B. 沉淀　C. 干燥　D. 分解　E. 合成
注：D_S，溶质在液滴中的扩散率；D_V，溶剂蒸气在空气中的扩散率；R，液滴半径；
α_1，气相中的热扩散率（cm^2/s）；α_g，液相中的热扩散率（cm^2/s）

（四）水热法

水热反应过程是指在一定的温度和压力下，在水、水溶液或蒸汽的流体中所进行的有关化学反应的总称。按水热反应的温度进行分类，可分为亚临界反应和超临界反应，前者反应温度在 $100 \sim 240℃$，适用于工业生产或实验室操作。

水热法采用高压釜作为高压反应器，高压釜按压力来源分为内加压式和外加压式两种形式。内加压式靠釜内一定填充度的溶媒在高温时膨胀产生压力，而外加压式则靠高压泵将气体或液体输入高压釜生产压力。高压釜按操作方式又分为间歇式和连续式两种。间歇式是在冷却减压后得到产物，而连续式不必完全冷却减压，反应过程连续循环。

水热法制备高质量纳米粉体应用前景广阔，其可在不同温度、压力、溶媒和矿化剂下实现不同成分、粒径的粉体制备。随着高温高压水热条件下的反应机制，包括相平衡和化学平衡热力学、反应动力学、晶化机制等基础理论的研究和完善，水热法将得到快速发展和应用。

（五）沉淀法

沉淀法是制备纳米材料的湿式化学法中工艺简单、成本低、所得粉体性能良好的一种新兴方法。根据沉淀方法的不同可分为直接沉淀法、共沉淀法和均相沉淀法三种。

1. 沉淀法的原理 通过加入某种试剂或改变溶液条件，使生化产物以固体形式（沉淀和晶体）从溶液中沉降析出的分离纯化技术称为固相析出技术。在固相析出过程中，析出物为晶体时称为结晶法；在固相析出过程中，析出物为无定形固体时则称为沉淀法。常用的沉淀法主要有盐析法、有机溶剂沉淀法和等电点沉淀法等。沉淀法通常是在溶液状态下将不同化学成分的物质混合，在混合液中加入适当的沉淀剂制备前驱体沉淀物，再将沉淀物进行干燥或烧结，从而制得相应粉体颗粒的方法。

2. 沉淀法原料选择及溶液配制 由于制备材料的不同，通常选择可溶于水的硝酸银、氯化物、草酸盐或金属醇盐等，根据所用原料的不同，沉淀法又可分为硝酸盐沉淀法、氯化物沉淀法、草酸盐沉淀法及醇盐水解法等。

溶液配制是沉淀法制备纳米材料过程中第一关键的操作步骤。通常将含有制备目标物质元素的几种溶液混合，或相应物质的盐类配制成水溶液，必要时还可以在混合液中加入各种沉淀剂，或向溶液中加入有利于沉淀反应的相关添加剂。为实现溶液均匀混合，同步沉淀，配制溶液时可按化学计量比来调整溶液中金属离子浓度。对于有些特殊的难以同时共存的离子，在配料时还需加热或严格控制各溶液的相对浓度。

三、纳米粉体材料的声化学湿法制备

在所有化学手段中，溶胶-凝胶（sol-gel）过程至关重要。溶胶-凝胶法就是利用液体化学试剂（或将粉末试剂溶于试剂）为原料（高化学活性的含材料成分的化合物前驱体），在液相下将这些原料均匀混合，并进行一系列的水解、缩合（缩聚）的化学反应，在溶液中形成稳定的透明溶胶体系，溶胶经过陈化、胶粒间缓慢聚合，形成由氧化物前驱体为骨架的三维聚合物或是颗粒空间网络，其间充满失去流动性的溶剂，这就是凝胶。凝胶再经过低温干燥，脱去其间溶剂而成为一种多孔空间结构的干凝胶或气凝胶，最后，经过烧结固化制备出致密的氧化物材料。溶胶-凝胶法制备材料的核心就是通过溶胶化这种湿式化学法，将物质通过形成溶胶、凝胶、固化处理等过程形成最终产品。

超声化学是指利用超声功率的空化现象加速和控制化学反应，提高反应速率和引发新的化学反应的边缘交叉学科，它具有加速化学反应、降低反应条件、缩短反应诱导时间和能进行有些传统方法难以进行的化学反应等特点。声化学是声能量与物质间的一种独特的相互作用，它不同于传统的光化学、热化学和电化学。超声化学的原理主要取决于超声波对化学介质的独特作用，即机械作用和空化作用。由于超声波在液体中的空化作用，反应体系中可形成许多"热点"，其压力和温度可达几千大气压和几千摄氏度（℃），使反应物电离或自由基化，加速化学反应的进行。

将溶胶-凝胶工艺与超声雾化技术结合起来制备纳米材料的方法称之为声化学湿法。声化学湿法中的一个突出特点就是在合成制备中引入部分不溶性前驱体替代湿式化学中的可溶性前驱体，不仅扩大了制备材料的种类，而且能较规模地进行粉体制备。

（一）声化学湿法工艺过程与特点

声化学湿法的工艺过程就是利用溶胶-凝胶中的溶胶过程，将合成材料的部分前驱体进行溶胶化，然后加入剩余前驱体的不可溶性盐，再进行超声雾化处理，最后经过凝胶化等热处理手段获得陶瓷粉体。

声化学湿法工艺过程中，溶胶-凝胶工艺所起的作用除了与一般溶胶-凝胶工艺相同外，还需为超声雾化处理准备前驱物。超声雾化的作用就是利用空化效应和产生的微射流将溶胶与不溶性盐的前驱体充分混合，并起到一定粉碎作用。

(二) 声化学湿法机制

研究者通过将溶胶-凝胶工艺与声化学中的超声雾化技术有机结合，探索出了一种先进的粉体合成技术——声化学湿法。声化学湿法结合了 sol-gel 工艺与超声雾化技术对材料作用的机制。声化学湿法的机制正是由于溶胶-凝胶工艺与超声雾化技术的共同作用，使物质的合成温度下降，并避免出现不利因素。过程中起主要作用的是超声空化效应，即超声雾化过程中气泡的产生、长大以及崩溃的过程。在发生空化效应的瞬间，空化气泡内产生的高温、高压，可以促使某些化学反应发生，从而为合成优质粉体创造条件。

第三节　纳米材料的表征

纳米科学和技术是在纳米尺度上研究物质（包括原子、分子）的特性及其相互作用，并且对这些特性加以利用的多学科的高新技术。纳米材料的化学组成及结构是决定其性能和应用的关键因素，探讨纳米材料结构与性能之间的关系，需对其在原子尺度和纳米尺度上进行表征。重要的微观特征包括晶粒尺寸及其分布和形貌、晶界及相界面的本质和形貌、晶体的完整性和晶间缺陷的性质、跨晶粒和跨晶界的成分分布、微晶及晶界中杂质的剖析等。如果是层状纳米结构，则要表征的重要特征还有界面的厚度和凝聚力、跨界面的成分分布、缺陷的性质等。纳米材料的性能与其微观结构有着重要的关系，因此研究纳米材料微观结构的表征对认识纳米材料的特性，推动纳米材料的应用有着重要的意义。

一、粒度的表征

(一) 颗粒及颗粒粒度

在一定尺寸范围内具有特定形状的几何体，称为颗粒。所谓一定尺寸，一般是指在毫米到纳米之间，颗粒不仅指固体颗粒，还有雾滴、油珠等液体颗粒。颗粒的大小称为颗粒粒度，也称为粒径。颗粒按大小可分为纳米颗粒、超微颗粒、微粒、细粒、粗粒等。随着纳米技术的发展，纳米材料的颗粒分布以及颗粒大小也是纳米材料表征的重要指标。在粒度分析中，材料颗粒大小一般在 1nm 至 $10\mu m$（图 3-16）。

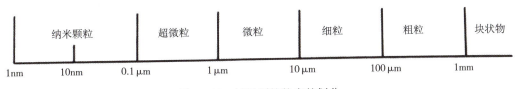

纳米颗粒	超微粒	微粒	细粒	粗粒	块状物

1nm　　10nm　　0.1μm　　　1μm　　　10μm　　100μm　　1mm

图 3-16　材料颗粒粒度的划分

由于颗粒形状很复杂，很难用一个标准尺寸来形容颗粒的大小，所以常用等效粒径的概念予以说明。等效粒径是指当一个颗粒的某一物理特性与同质的球形颗粒相同或相近时，就用该球形颗粒的直径来代表这个实际颗粒的直径。那么这个球形颗粒的粒径就是该实际颗粒的等效粒径。等效粒径具体有如下几种：①等效体积径；②等效沉速径，也称Stokes径；③等效电阻径；④等效投影面积径。

由于纳米颗粒的表面效应和小尺寸效应，造成纳米颗粒的团聚，形成团聚体，因而实际分析纳米颗粒的粒度时，会包含一次颗粒和团聚体。一次颗粒是指含有低气孔率的一种独立粒子。团聚体是由一次颗粒通过表面力或固体桥键作用而形成的更大的颗粒。团聚体内含有相互连接的气孔网络。团聚体可分为硬团聚体和软团聚体两种，团聚体的形成过程使体系能量下降。相对应一次颗粒的概念是二次颗粒，二次颗粒是指人为制造的粉料团聚粒子。纳米微粒一般指一次颗粒。纳米微粒的结构可以是晶态、非晶态和准晶态，也可以是单相、多相或多晶结构。

在粒度分析时，涉及一些关键指标，主要有以下几种：①D_{50}，指一个样品的累计粒度分布分数达到50%时所对应的粒径。其物理意义是粒径大于、小于它的颗粒各占50%，D_{50}也称为中位粒径或中值粒径。D_{50}常用来表示粉体的平均粒度。②D_{97}，指一个样品的累计粒度分布数达到97%时所对应的粒径。其物理意义是粒径小于它的颗粒占97%。D_{97}常用来表示粉体粗端的粒度指标。③比表面积，指单位质量的颗粒的表面积之和。比表面积的单位为m^2/kg或cm^2/g。比表面积与粒度有一定的关系，粒度越细，比表面积越大，但这种关系并不一定是正比关系。

（二）粒度分析方法

对于纳米材料体系的粒度分析，首先要分清是对颗粒的一次粒度还是二次粒度进行分析。由于纳米材料颗粒间的强自吸特性，纳米颗粒的团聚体是不可避免的，单分散体系非常少见，两者差异较大。

一次粒度的分析主要采用电镜的直观观测，根据需要和样品的粒度范围，可依次采用扫描电子显微镜（SEM）、透射电子显微镜（TEM）、扫描隧道显微镜（STM）、原子力显微镜（AFM）观测，直观得到单个颗粒的原始粒径及形貌。由于电镜法是对局部区域的观测，所以，在进行粒度分布分析时，需要多幅照片的观测，通过软件分析得到统计的粒度分布。电镜法得到的一次粒度分析结果很难代表实际样品颗粒的分布状态。因此，一次粒度检测结果通常作为其他分析方法结果的比照。

纳米材料颗粒体系二次粒度统计分析方法，按原理分为三种典型方法，即高速离心沉降法、激光粒度分析法和电超声粒度分析法。其中激光粒度分析法按其分析粒度范围不同，又分为光衍射法和动态光散射法。光衍射法主要针对微米、亚微米级颗粒；动态光散射法则主要针对纳米、亚微米级颗粒的粒度分析。电超声粒度分析方法是最近出现的新的粒度分析方法，主要针对高浓度体系的粒度分析。纳米材料粒度分析的特点是分析方法多，主要针对高浓度体系的粒度分析，获得的是等效粒径，相互之间不能横向比较。每种分析方法均具有一定的适用范围以及样品条件，应该根据实际情况选用合适的分析方法。

1. 显微镜法　显微镜法（microscopy）是一种测定颗粒粒度的常用方法。普通光学显微镜测定范围为$0.8\sim150\mu m$，小于$0.8\mu m$必须用电子显微镜观察。扫描电镜和透射电子显微镜常用于直接观察大小在1nm至$5\mu m$范围内的颗粒，适合纳米材料的粒度大小和形貌分析。图像分析技术因其测量的随机性、统计性和直观性被公认为是测量结果与实际粒度分布吻合度最高的测试技术。其优点是直接观察颗粒形状，可以直接观察颗粒是否团聚；缺点是取样代表性差，试验重复性差，测量速度慢。

目前，适合纳米材料粒度分析的方法主要是激光动态光散射粒度分析法和光子相关光谱分析法，其测量颗粒最小粒径分别可以达到 20nm 和 1nm。

2. 电镜法　采用电镜法进行纳米材料颗粒度分析不仅可以进行纳米颗粒大小的分析，也可以对颗粒大小的分布进行分析，还可以获得颗粒形貌的数据。一般采用的电镜有扫描电镜和透射电镜，其进行粒度分布的主要原理是：通过溶液分散制样的方式把纳米材料样品分散在样品台上，然后通过电镜进行放大观察和照相。通过计算机图像分析程序就可以将颗粒大小及其分布以及形状数据统计出来。

普通扫描电镜的颗粒分辨率一般在 6nm 左右，场发射扫描电镜的分辨率可以达到 0.5nm。扫描电镜针对的纳米粉体样品可以进行溶液分散制样，也可以直接进行干粉制样，对样品制备的要求比较低，但由于电镜要求样品有一定的导电性能，因此，对于非导电性样品需要进行表面蒸镀导电层如表面镀金、蒸碳等。一般在 10nm 以下的样品不能镀金，因为颗粒大小在 8nm 左右，会产生干扰，应采取蒸碳方式。扫描电镜有很大的扫描范围，原则上从 1nm 到毫米量级均可以用扫描电镜进行粒度分析。而对于透射电镜，由于需要电子束透过样品，因此，适用的粒度分析范围为 1～300 nm。对于电镜法粒度分析还可以与电镜的其他技术联用，实现对颗粒成分和晶体结构的测定。

3. 激光粒度分析　激光粒度分析仪是根据激光散射技术而制备的测量颗粒粒度的仪器。激光散射技术是指用激光作光源，在入射光方向以外，借检测散射光强度、频移及其角度依赖等而得到粒子重量、尺寸、分布及聚集态结构等信息的方法的统称，用途较为广泛。就检测纳米材料而言，主要涉及频移及其角度依赖性的检测，这种散射技术又称动态光散射、准弹性光射及光子相关光谱，分别以测定参数的性质、能量转移的大小及测定方法的原理而获得佳誉。

4. 沉降法　沉降法（sedimentation size analysis）的原理是基于颗粒处于悬浮体系时，颗粒本身重力（或所受离心力）、所受浮力和黏滞阻力三者平衡，并且黏滞阻力服从斯托克斯定律来实施测定，此时颗粒在悬浮体系中以恒定速度沉降，而且沉降速度与粒度大小的平方成正比。值得注意的是，只有满足下述条件才能采用沉降法：主要用于测定球形颗粒的粒度；颗粒形状应当接近于球形，并且完全被液体润湿。测定颗粒粒度的沉降法分为重力沉降法和离心沉降法两种，重力沉降法适用于粒度在 $2\sim100\mu m$ 范围内的颗粒，而离心沉降法适用于粒度为 $10\sim20\mu m$ 的颗粒。由于离心式粒度分析仪依据斯托克斯定律，所以分析得到的是一种等效粒径，粒度分布为等效平均粒度分布。目前较通行的方法就是消光沉降法，由于不同的粒度颗粒在悬浮体系中沉降速度不同，同一时间颗粒沉降的深度也不同，因此在不同深度处悬浮液的密度将表现出不同变化，根据测量光束通过悬浮体系的光密度变化便可计算出颗粒粒度分布。

二、形貌表征

材料的形貌，尤其是纳米材料的形貌是材料分析中的重要组成部分，材料的很多物理化学性能是由其形貌特征所决定。对于纳米材料，其性能不仅与材料颗粒大小还与材料的形貌有密切关系。因此，形貌分析是纳米材料的重要研究内容。形貌分析主要内容包括分析材料的几何形貌、材料的粒度、粒度的分布以及形貌微区的成分和物相结构等方面。

纳米材料常用的形貌分析方法有扫描电子显微镜法、透射电子显微镜法、扫描隧道显微镜法、原子力显微镜法等。扫描电子显微镜和透射电子显微镜不仅可以进行纳米粉体材料的形貌分析，还可分析块体材料的形貌。其提供的信息主要有材料的几何形貌，粉体的分散状态，纳米颗粒的大小、分布，特定形貌区域的元素组成和物相结构。扫描电子显微镜法可以提供从数纳米到毫米范围内的形貌图像。透射电子显微镜是研究纳米材料的重要仪器之一，具有很高的空间分辨能力，特别适合粉体材料的分析。其特点是样品使用量少，不仅可以获得样品的形貌、颗粒大小、分布，还可以获得特定区域的元素组成及物相结构信息。扫描隧道显微镜主要是针对一些特殊导电固体样品的形貌分析，可以达到原子量级的分辨率，仅适合具有导电性的薄膜材料的形貌分析和表面原子结构分布分析，对纳米粉体材料不能分析。原子力显微镜可以对纳米薄膜进行形貌分析，分辨率可以达到几十纳米，比扫描隧道显微镜差，但适合导体和非导体样品，不适合纳米粉体的形貌分析。总之，四种形貌分析方法各有特点，电镜分析更具综合优势，但扫描隧道显微镜和原子力显微镜具有进行原位形貌分析的优势。

第四节　纳米技术在饲料工业中的应用

随着我国饲料工业和先进加工技术的快速发展，纳米技术在饲料资源开发和饲料添加剂生产中得到推广和应用。纳米级饲料添加剂是指在对饲料添加剂进行纳米化处理后，添加到动物饲料中的一种饲料原料。饲料添加剂经纳米化处理后，其性质会发生特异性变化，如纳米氧化锌具有纳米材料和普通氧化锌的双重特性（马吉锋等，2006）。与普通氧化锌相比，纳米氧化锌因其纳米材料的特性具有抑菌性更强，药效和吸收率更高，添加量少等特点（丁小波等，2008）。有研究报道，在早期断奶仔猪的基础日粮中添加500mg/kg的纳米氧化锌，其效果与高剂量氧化锌效果相当（尤丽娜等，2016）。

一、饲料级纳米氧化锌的制备

（一）饲料级纳米氧化锌的优势

饲料级纳米氧化锌的粒径小，暴露在介质中的表面积大，所以更加有利于动物胃肠道的吸收。其吸收可通过直接渗透的方式进行，而不是经离子交换的形式，这种吸收方式可以减少对载体、能量的需要和消耗，所以可以大幅度提高氧化锌的利用效率，进而降低氧化锌在饲料中的添加量。营养物质的粒径大小直接影响胃肠道对其吸收的速度和效率。有研究表明，粒径小于 $5\mu m$、300nm 和 100nm 的微粒分别可以直接进入肺、血液循环和骨髓中。因此，纳米物质更容易被胃肠黏膜吸收。将饲料原料通过纳米化处理，可以使原料中本身不易被吸收，但又非常重要的营养成分充分地被动物吸收，从而最大限度地提高饲料原料的生物利用率。

纳米 ZnO 的化学活性很强，能够杀死多种细菌和病毒。其作用机制为：纳米 ZnO 活性较高，分子表面容易形成具有强氧化性的羟基，可以氧化分解构成微生物的各种有机物，从而有效抑制微生物的生长和繁殖，达到抑菌的效果。在免疫系统中有多种细胞的增殖和功能的发挥受到锌的调节，由于纳米 ZnO 具有较高的吸收效率，有利于刺激生物体内细胞、体液和非特异性免疫功能的发挥，提高动物机体的防病抗病能力。锌参与机体内300 多种酶的组成和活性的调节，与胰岛素、生长激素、胰岛素样生长因子Ⅰ（IGF-Ⅰ）等激素有着非常密切的关系，同时也是锌脂蛋白的重要组成部分。由于机体内含锌酶的水平、相关激素的分泌以及锌脂蛋白含量都受到纳米 ZnO 高吸收效率的影响，因此纳米 ZnO 可促进体内蛋白质的合成，提高氮的吸收利用效率，降低氮的排泄量，从而减少氮排放对环境的污染，可以较好地改善动物养殖的生产环境。纳米 ZnO 利用效率高，添加量少，可减少锌对其他矿物质元素（如铜、铁等）的拮抗作用，进而减少这些矿物质的排出量，降低对环境的污染和动物产品质量的影响。此外，纳米 ZnO 具有较大的比表面积，能有效吸附有害气体和废水中有机物，利用高强度吸收紫外光进行光催化作用，降解这些物质，净化养殖场空气和废水，对周围环境起到保护作用。

（二）纳米氧化锌的制备方法

目前纳米氧化锌的制备方法主要有化学合成法和机械粉碎法。化学合成法制得的产品有较多弊端，实际生产受到一定的限制。因此，有必要探索一种可行的、有效的、实用的机械粉碎方法来制备合格的纳米氧化锌。

湿法研磨作为一种广泛应用的机械粉碎方法，具有加工工艺简单、产量大、不易污染环境的优点，其工业应用前景广阔。湿法研磨采用大量的研磨介质，如氧化锆，对样品进行研磨处理，逐渐减少其粒径。

湿法研磨的设备主要有球磨机、搅拌磨和研磨机（图 3-17）。其中球磨机的筒体低速转动，从而带动内部的研磨介质，使得研磨介质作用于物料，降低物料粒径。搅拌磨和研磨机的筒体固定不动，筒体内有搅拌器和不同大小的研磨介质，当搅拌器运转之后，搅动研磨介质和物料，最终使得物料的粒径减小。三种设备的最小研磨细度分别可达 $5\mu m$、$1\mu m$ 和 100nm。

影响湿法研磨效果的因素主要有两大类，即设备结构参数和设备运行参数。设备结构参数基本是固定不变的，而运行参数可以由操作人员根据实际生产需要进行调节，也是控制最终产品粒径的

图 3-17　湿法研磨机

主要途径。湿法研磨设备的主要运行参数有研磨时间、主轴转速、填充率（物料浓度）等。

1. 研磨时间　研磨时间的长短直接影响物料在研磨腔内受到剪切后的破碎程度，只有物料经过合理的时间研磨，才能达到所要求的粒度要求。时间过长会造成物料过度研磨，可能会产生物料二次团聚从而增大物料的粒径，使机器磨损，造成能量的浪费和时间的损失，因此准确的研磨时间是评价制备纳米级产品效果的重要指标之一。

2. 主轴转速 主转轴转速决定了搅拌器的线速度，线速度的大小影响研磨介质施加给物料的动能强度，直接影响研磨效率、物料细度及机械磨损程度。主轴转速有一定的设定范围，转速过低不能达到设计的粒度要求，但是转速过高对设备会产生损害，缩短机械的使用寿命。因此，应根据产品的要求和设备的承载能力合理选择最佳转轴转速。

3. 填充率（物料浓度） 物料浓度也可称为悬浮液固形物含量，也是影响研磨效率的一个重要因素，物料浓度的高低直接影响物料与研磨介质的接触概率。浓度过高，会使研磨的时间延长，并且产品的均一性差；而且浓度过高会影响机械的正常运行，容易产生堵料现象。但浓度过低，就会降低研磨机的工作效率，不利于实际生产应用。

韩朋伟（2016）利用卧式砂磨机进行氧化锌的湿法研磨试验研究。以饲料级氧化锌为原料，以氧化锌粒径为测定指标，以氧化锌固含量、分散剂种类、研磨机转速、研磨步骤和研磨时间为因素进行单因素试验，最后确定湿法研磨的最适研磨参数，以提高氧化锌研磨效率。优化后的研磨参数为：氧化锌固含量30%，初磨2h和精磨2h（研磨珠为氧化锆，装载量为砂磨机研磨仓容的80%；氧化锆磨珠直径，初磨d=0.5mm，精磨d=0.2mm），分散剂为聚乙二醇（PEG20000，添加量为氧化锌质量的0.5%），转速为3 000r/min。在此条件下制备的氧化锌颗粒粒径为190.6nm。研磨工艺路线见图3-18；研磨前后氧化锌颗粒形貌及粒径变化见图3-19；研磨前后氧化锌颗粒粒径分布变化见图3-20。

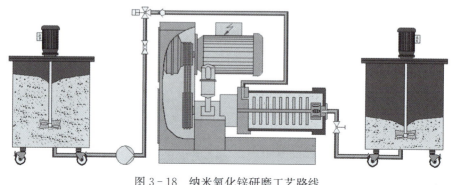

图3-18 纳米氧化锌研磨工艺路线

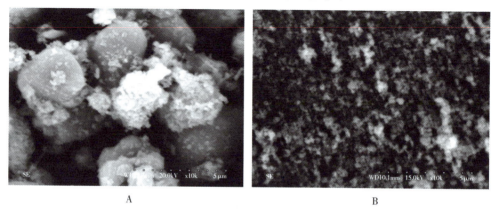

图3-19 研磨前后氧化锌颗粒形貌及粒径变化（扫描电镜径分析）
A. 研磨前 B. 研磨后

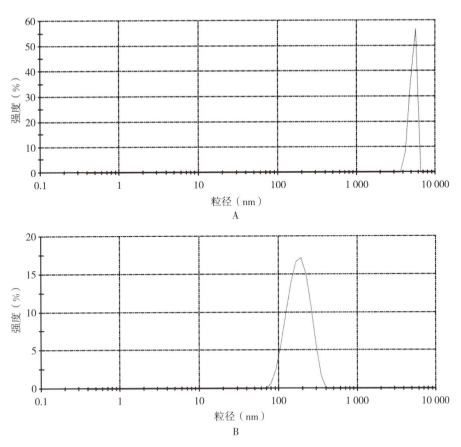

图 3-20　研磨前后氧化锌颗粒粒度分布变化
A. 研磨前氧化锌粒度分布　B. 研磨后氧化锌粒度分布

　　为验证纳米氧化锌的实际饲喂效果，该研究还选择 180 头 21 日龄断奶仔猪进行了养殖试验，试验按体重相近原则随机分为 5 组，每组 6 个重复，每个重复 6 头猪，进行为期 14d 的饲养试验。各组仔猪分别饲喂：①对照组（基础日粮）；②氧化锌组（基础日粮＋2 500mg/kg 氧化锌）；③处理组一（基础日粮＋250mg/kg 包被纳米氧化锌）；④处理组二（基础日粮＋500mg/kg 包被纳米氧化锌）；⑤处理组三（基础日粮＋750mg/kg 包被纳米氧化锌）。试验结果表明，断奶仔猪日粮添加 500mg/kg 包被纳米氧化锌，能显著提高其日增重、日采食量及血清抗氧化酶活性，降低料重比、腹泻率等。在减少药理剂量氧化锌添加量 80% 的条件下，达到抗腹泻的作用，其效果与高剂量氧化锌相当。

二、纳米乳液的应用

（一）纳米乳液概述

　　纳米乳液是指在表面活性剂的作用下将一种液相（小组分）以液滴形式分散于另一相（主要成分）中形成的一种溶液，是热力学不稳定的胶体分散体系。以乳液为基础介质的输送系统已经广泛应用于化妆品、制药和食品行业。一般情况下乳液有两种基本类型：油包水（W/O）型和水包油（O/W）型。在食品行业中，油包水型乳液多用于制备黄油和人造奶油等；水包油型乳液多用于制备牛奶和各种风味饮料等。纳米乳液是指液滴的平均粒径在 20～500nm，同时这种乳液具有抗沉降和乳析的动力学稳定特性。

（二）纳米乳液的制备工艺

纳米乳液是非平衡体系，必须由外部剪切力将较大的液滴破碎成纳米级，因此制备纳米乳液需要油、水、表面活性剂和外部能量。油相对于亲脂性生物活性物质的溶解性有比较重要的影响，它的理化性质如黏度、溶解生物活性物质的能力和生物有效性会显著影响纳米乳液的形成和稳定性等。乳化剂的两亲特性使其在界面上形成界面膜，降低界面张力，减小液滴破碎所需外部能量；同时乳化剂可以阻止液滴的聚结，改善乳液稳定性。表面活性剂的种类有很多，可以根据乳液类型选择亲水性或亲油性乳化剂，两种或两种以上的复配乳化剂比单一使用的乳化剂具有更好的效果。纳米乳液形成所需能量一般由外在提供或者内部化学结构潜能提供。根据不同的乳化技术可以分为低能乳化法和高能乳化法（图 3-21）。

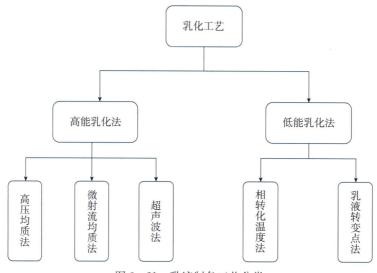

图 3-21　乳液制备工艺分类

1. 低能乳化法　通常是指利用结构中的化学潜能形成乳液，近几年比较常用的低能乳化技术有相转化温度法和乳液转变点法。利用低能乳化技术制备乳液的过程中对原料的物理破坏较小。此类技术耗能比较低，有利于乳液的自发形成，同时也依赖于乳液体系的构成及所处环境。Peshkovsky 等（2013）认为由于低能乳化法需要较高的表面活性剂浓度，同时涉及比较复杂的配制方法，因此不适用于工业生产。

2. 高能乳化法　是指借助机械设备的能量，如高压均质、微射流均质和超声波制备纳米乳液。这些方法均需依靠机械装置产生强烈的破坏性力击穿所需的宏观相。利用高压均质技术制备的纳米乳液的粒径可以低至 1nm，其工作原理是原料由高压泵导入均质阀，高速喷出，发生碰撞，产生剪切和撞击效应，进而达到细化和均质的目的。微射流均质是采用高压容积泵，利用液压泵产生的高压，流体经过孔径很微小的阀芯，产生几倍音速的流体，并在分散单元的狭小缝隙间快速通过，进行强烈的高速撞击。在撞击过程中，流体瞬间转化其大部分能量，流体内压力的急剧下降形成超声速流体，流体内的粒子碰撞、空化和湍流等剪切力作用于细微分子，分散成非常细的亚微米颗粒，结合内联均质机使物料达到乳化和均质的作用。

目前，利用超声波制备纳米乳液的技术发展较快。超声波是一种频率为 20kHz 至 10MHz 的机械波，超声波作用原理主要表现为空化效应，并伴随着热学、化学以及机械的超声效应。空化效应产生的微气泡有很高的聚能能力，在空化气泡崩溃时会形成局部高能部位（高温 $>4\,500℃$，高压 $>18\times10^7Pa$），由此推进物质粒子运动速度加快，从而促使液体乳化、凝胶液化与固体分散。超声波技术对酶和细胞有钝化、灭活的作用，可以引发食品原料的改性和结晶，对于天然化合物的提取，以及制备纳米颗粒的均质和乳化都是有益的。超声波技术在食品领域已经成为一个重要的加工手段，用于开发优质功能特性食品。近几十年来，超声波技术得到广泛与深入的研究，已在纳米乳液制药中小规模应用。超声波法相对于高压均质机有很多潜在优势，如设备成本低、占用空间小、操作简单、清洗和维修方便等，同时超声波还具有自我消毒的抗菌性能。

（三）超声波乳化

超声波可以分为高频超声波和低频超声波两大类，超声波乳化属低频超声波技术。超声波乳化是指在超声波能量作用下，使两种（或两种以上）不相溶液体混合均匀形成分散物系，其中一种液体均匀分布在另一种液体之中而形成乳状液的工艺过程。低频超声波在液体媒介中传播时，空化效应会产生巨大的剪切力促使液滴的分裂和两相的混溶，从而控制纳米乳液的形成。超声波空化效应是指在强超声波作用下，液体内会产生大量的气泡，形成负压相；气泡随着超声振动而逐渐生长和增大，形成正压相；然后气泡突然破灭和崩溃（图 3-22），分裂后的气泡又连续生长和破灭。这些气泡急速崩溃时在气泡内产生了高温高压，且因气泡周围的液体高速冲入气泡，而在气泡附近的液体中产生了强烈的局部激波，也形成了局部的高温高压，从而产生了超声的粉碎、乳化作用。超声波乳化设备见图 3-23。

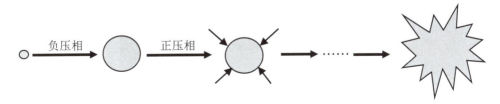

图 3-22　微气泡破裂过程

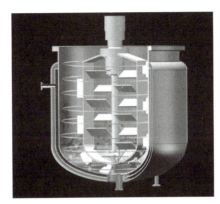

图 3-23　超声波乳化设备

冯伟（2015）以调和油为芯材，乳清蛋白为壁材，卵磷脂为乳化剂，维生素 E 为抗氧化剂，采用高速搅拌法制备得到纳米乳液的初乳，随后利用超声波法制备稳定的纳米乳液。经响应面优化试验结果验证，纳米乳液制备的最佳试验条件为：m（芯材）∶m（壁材）＝1∶2；乳化剂添加量为 5.0%（W/W，固形物总质量）；高速搅拌转速为 18 000r/min、时间为 15min；超声功率为 660W，超声时间为 20min。乳液平均粒径为（184.37±0.64）nm，粒径分布见图 3-24。由图 3-25 可见包埋油脂颗粒表面比较平滑，无裂缝，呈球形，颗粒比较完整，包埋效果较好，在此条件下所得产品的粒径大约为 4.16μm，表面含油率约为 5.82%。

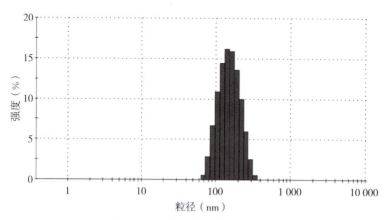

图 3-24 纳米乳液的粒径分布

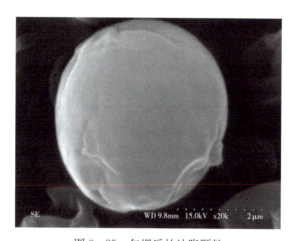

图 3-25 包埋后的油脂颗粒

三、纳米体系在免疫学中的研究进展

传统佐剂的局限性使得新型佐剂研发得到快速发展，其中，将纳米技术与免疫学技术融合生产佐剂也成为新型疫苗的研究热点。纳米材料多以纳米球的形式呈现，应用在疫苗中能有效提高免疫持续时间，增强免疫原性，纳米佐剂疫苗也是现代疫苗和佐剂的研究热点。纳米材料是尺度在 1～100 nm 结构的物质，与大多数生物活性物质如病毒、蛋白复合物及细胞膜等处在相同的数量级，具有独特的小尺寸效应和表面效应，试验结果表明，纳米佐剂疫苗可加强细胞膜和蛋白之间的相互作用。

（一）脂质体

脂质体（liposome）是一种人工膜。在水中磷脂分子亲水头部插入水中，脂质体疏水尾部伸向空气，搅动后形成双层脂分子的球形脂质体，直径一般为5~1 000nm。脂质体可用于转基因，或制备药物。利用脂质体可以和细胞膜融合的特点，可将药物送入细胞内部。脂质体的生物学定义为：当两性分子如磷脂和鞘脂分散于水相时，分子的疏水尾部倾向于聚集在一起，避开水相，而亲水头部暴露在水相，形成具有双分子层结构的封闭囊泡，称为脂质体。药剂学定义脂质体为：将药物包封于类脂质双分子层内而形成的微型泡囊体。

脂质体作为一种纳米传送体系，自被报道具有免疫效应以来，就得到广泛关注与研究。脂质体是一种人造细胞膜样小球体，是主要由磷酸类脂、胆固醇、硬脂胺等组成的单层或多层双分子膜结构，可有效地包裹疫苗并传送入细胞内。磷脂是一种两性物质，其结构中包含亲水的头部（磷酸基团以及含氮的碱基）和亲油的尾部（两个长烃链）两部分，在形成脂质体的过程中，两亲性的磷脂定向排列，亲水基团形成双分子层的内外表面，疏水的长烃链则分布于膜的中间（图3-26）。

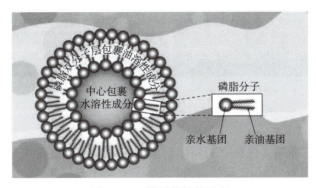

图3-26　脂质体结构示意

（二）纳米佐剂的研究进展

佐剂（adjuvant）又称免疫调节剂或免疫增强剂，是指先于抗原或与抗原同时作用，能够非特异改变或增强机体对抗原的特异性免疫应答，以及增强相应抗原的免疫原性或改变免疫反应类型，而自身无抗原性且不能引起免疫应答反应的一类物质。

1. 多重乳佐剂　油乳佐剂作为最为广泛应用的佐剂之一，长期以来备受关注，其主要的制备机制是通过乳化剂的乳化作用，使得油水两相混合乳化后获得一定粒径的颗粒物质。这类佐剂通常包括三种类型：水包油（O/W）型、油包水（W/O）型和水包油包水（W/O/W）型。

（1）O/W型疫苗佐剂　该佐剂具有注射部位显现局部反应小且稳定性高的优势，然而包含或者暴露在连续相中的抗原很快在注射部位分散并被体液酶分解，难以持续提供长期的保护性抗体，常常需要特殊的免疫刺激剂和多次加强免疫，制备成本高，使用不够广泛。

（2）W/O型疫苗佐剂　该佐剂在注射部位贮存时间较长，易使局部产生肉芽肿和炎症反应等现象，吸引巨噬细胞、淋巴细胞等聚集以识别抗原，产生抗体。同时，缓慢扩散的 W/O 型佐剂使抗原输送到二级淋巴器官的时间延长，不断刺激机体的免疫系统，从而产生续期长、抗体水平高的免疫效力。

（3）W/O/W 型疫苗佐剂　该佐剂有效地避免了 O/W 型疫苗佐剂和 W/O 型疫苗佐剂的不足，结合了两者的优点，其黏度低、刺激作用小、缓释时间长，同时具有激活和增强体液免疫应答和细胞免疫应答的功效，有效地提高了抗体水平。

陶冶（2018）通过自乳化方法，应用伪三元相图制备 W/O 型初乳，再以混合乳化剂亲水亲油平衡值（HLB 值）及含量、W/O 型初乳含量、剪切速度和剪切时间为单因素进行试验，制备得到 W/O/W 型多重乳佐剂（图 3 - 27），所制乳液为乳白色均一液体，粒径为（177.1±3.081）nm，Zeta 电位为（−27.7±0.265）mV，黏度小于 40mPa・s。

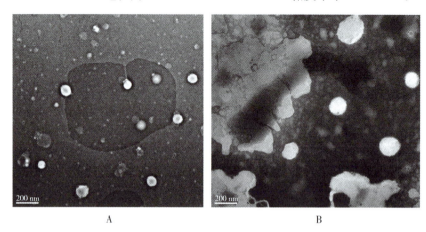

图 3 - 27　W/O/W 型多重乳佐剂透射电镜图
A. 空白乳液　B. 含糖乳液

2. 阳离子角鲨烯脂质体佐剂　脂质体是由磷脂双层膜组成的可生物降解的微粒，具有类似生物膜双分子层结构。脂质体可分为阳离子、中性离子和阴离子脂质体。其中阳离子脂质体的佐剂效应优于阴离子与中性脂质体，因此备受关注。

夏廉臣（2019）通过乙醇注入法结合探头超声制备阳离子角鲨烯脂质体。阳离子角鲨烯脂质体佐剂的最佳制备工艺参数为：卵磷脂 15mg/mL、胆固醇 2mg/mL、硬脂胺 0.25mg/mL、角鲨烯 8μL/mL，用 20mL 乙醇溶解，取 1mL 甘油溶于 20mL 蒸馏水。将水相加入乙醇相中，常温磁力搅拌 15min，搅拌速率为 600r/min，之后真空旋蒸去除溶剂，加 20mL 水进行水化，探头超声功率 100W，时间 15min（3s 开 2s 关）。得到平均电位 45mV、平均粒径 182nm 的阳离子角鲨烯脂质体佐剂（图 3 - 28），其黏度较低，小于 80mPa・s。包埋角鲨烯后的脂质体相比空白脂质体，相转变温度有所下降，红外光谱扫描结果表明，阳离子脂质体能够较好地包埋角鲨烯，阳离子角鲨烯脂质体颗粒外观呈圆球形，粒径均一。

3. 壳聚糖盐酸盐脂质体佐剂　壳聚糖（chitosan，CS）是甲壳素的脱乙酰化产物，也是自然界唯一大量存在的高分子碱性氨基多糖，属线性多糖类。壳聚糖作为带正电多糖，其性质稳定。

壳聚糖特殊的酸溶性质使其作为疫苗佐剂的应用存在一定困难，为了改善壳聚糖不溶于水的问题，并提高疫苗抗原进入机体细胞的效率，提高疫苗的免疫效果，研究者对壳聚

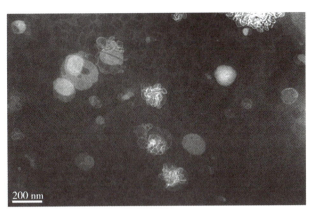

图 3-28 阳离子角鲨烯脂质体透射电镜图

糖分子结构中活泼的氨基和羟基进行化学改性，以获得各种水溶性的壳聚糖衍生物。目前常见的有以下几种类型：①羧化壳聚糖；②壳聚糖盐类，常见的有壳聚糖盐酸盐；③壳聚糖硫酸酯；④壳聚糖寡糖；⑤类透明质酸壳聚糖等。这些壳聚糖衍生物不仅可溶于水，还保留了壳聚糖的一般特性，在不同领域均有广泛的应用。

壳聚糖盐酸盐（chitosan hydrochloride，CHC）是由壳聚糖经质子化改性得到的一种水溶性壳聚糖，在稀酸水溶液（最常见的是盐酸和乙酸）中，壳聚糖形成盐，生成在其胺基团的氮原子上带有正电荷的聚电解质链。

王雪晖（2020）以卵磷脂和胆固醇为原料，采用薄膜蒸发-超声法制备空白脂质体，再将其与壳聚糖盐酸盐溶液结合一段时间，成功制得平均粒径为106.6nm的壳聚糖盐酸盐脂质体。该脂质体在透射电镜下呈椭圆球形，分布均匀（图 3-29）；Zeta 电位为+32.7mV，稳定性良好；黏度小于80mPa·s，易于注射。壳聚糖盐酸盐脂质体佐剂稳定性好、黏度低、易于注射，符合生物制品质量检验的要求。

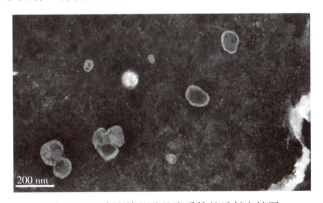

图 3-29 壳聚糖盐酸盐脂质体的透射电镜图

展望

纳米技术正在引起一场新的技术革命，其目的是实现纳米制品的高性能、多功能、缩微化、低成本、环境友好。现今纳米技术所处的位置堪比 20 世纪 50 年代的计算机/信息时代，纳米技术涉及凝聚态物理、量子力学、材料科学、胶体化学、物理化学、高分子化学、生物化学、微电子技术、畜牧学等多领域的知识，多学科的交叉对推动纳米技术的发展具有重要意义。相关的研究和应用同样多样化，从传统器件物理的扩展到基于分子自组装的全新方法，从开发纳米级尺寸的新材料到直接控制原子尺度的物质。科学家们目前正在讨论纳米技术对未来的影响。纳米技术可能创造出许多能够广泛应用的新材料和新设备，如纳米医学、纳米电子学、纳米生物材料等。但是，纳米技术的发展也引起了社会对纳米材料的安全性、毒性和环境等问题的关注。这些担忧也引发了关于是否有必要对纳米技术进行特别监管的争论。

近年来，纳米材料已经在世界范围内广泛应用，在备受关注的同时，其安全性问题也受到各国政府和社会的高度关注。因此在大力开发利用纳米材料，享受纳米技术给人类带来正面效应的同时，一定要关注纳米材料可能给人类带来的负面危害性，在开发利用纳米材料的同时，要进行纳米材料的安全性评价，避免纳米材料给人类健康和生态环境造成负面影响，推进纳米技术的健康发展。

参考文献

艾秀娟，陈建海，平渊，等，2007. 高压均质技术在纳米制剂制备中的应用 [J]. 医药导报，26（9）：1055-1058.

陈芳芳，孙晓洋，王兴国，等，2012. 超声波技术在油脂工业中的应用和研究进展 [J]. 中国油脂，37（10）：76-80.

冯伟，2015. 纳米乳液技术在婴儿配方奶粉油脂配料中的应用研究 [D]. 武汉：武汉轻工大学.

冯莹莹，胡海梅，2018. 不同物质修饰的阳离子脂质体的研究进展 [J]. 中国药理学与毒理学杂志，32（6）：490-496.

高世博，左奕，邹琴，等，2011. 新型水溶性壳聚糖盐酸盐微球的制备与表征 [J]. 功能材料，10：55-58，63.

韩朋伟，2016. 包被纳米氧化锌制备工艺优化及断奶仔猪应用效果研究 [D]. 武汉：武汉轻工大学.

韩淑贤，李津，朱俊铭，2015. PLGA 微球/纳米球作为乙型肝炎表面抗原疫苗载体研究进展 [J]. 中国病毒病杂志，2：150-156.

侯丽芬，谷克仁，吴永辉，2016. 不同制剂脂质体制备方法的研究进展 [J]. 河南工业大学学报（自然科学版），37（5）：118-124.

胡莹，李洋，王举，2014. 聚乙二醇修饰对抑制纳米颗粒在水中聚集行为影响的分子动力学模拟 [J]. 中国科技论文，12：1357-1361.

孔玉方，杨毅梅，2017. 纳米佐剂疫苗的特点与应用 [J]. 医药导报，36（6）：654-658.

刘婍，2016. 基于抗原装载方式的均一 PLGA 纳微球疫苗递送与佐剂系统的研究 [D]. 北京：中国科学院研究生院（过程工程研究所）.

刘玉莹，2013. 表面电荷对纳微球佐剂效果的影响之细胞水平研究 [D]. 北京：北京化工大学.

陶冶，2018. W/O/W 多重乳佐剂的制备及免疫功效评价 [D]. 武汉：武汉轻工大学.

王雪晖，2020. 壳聚糖盐酸盐脂质体佐剂的制备及免疫效果研究 [D]. 武汉：武汉轻工大学.

夏廉臣，2019. 阳离子角鲨烯脂质体佐剂的制备及免疫功效评价 [D]. 武汉：武汉轻工大学.

徐志军，初瑞清，2010. 纳米材料与纳米技术 [M]. 北京：化学工业出版社.

张晓艳，赵凯，候志勇，等，2012. 壳聚糖及其衍生物作为免疫佐剂的研究进展 [J]. 中国新药杂志，21（2）：138-143.

赵武奇，殷涌光，梁歧，等，2004. 大豆色拉油包水乳浊液中乳化剂的应用 [J]. 吉林大学学报（工学版），34（2）：307-311.

周海平，何苗，吴孟强，等，2018. 一种氮气和氢气混合等离子体处理石墨粉末的方法：中国，CN 109167062 A［P］. 2018-8-28.

朱永发，2003. 纳米材料表征与测试［M］. 北京：化学工业出版社．

Abbas S，Hayat K，Karangwa E，etal，2013. An overview of ultrasound-assisted food-grade nanoemulsions［J］. Food Engineering Reviews，5（3）：139-157.

Azmi F，Fuaad H A，Skwarczynski M，et al，2014. Recent progress in adjuvant discovery for peptide-based subunit vaccines［J］. Human Vaccines & Immunotherapeutics，10（3）：778-796.

Chadwick S，Kriegel C，Amiji M，2010. Nanotechnology solutions for mucosal immunization［J］. Advanced Drug Delivery Reviews，62（4）：394-407.

Dai-Hung N，Thanh-Sang V，Dai-Nghiep N，et al，2015. Biological effects of chitosan and its derivatives ［J］. Food Hydrocolloids，51：200-216.

Gumiero V C，Da Rocha Filho P A，2012. Babassu nanoemulsions have physical and chemical stability［J］. Journal of Dispersion Science and Technology，33（11）：1569-1573.

Hongda Chena，RickeyYadab，2011. Nanotechnologies in agriculture：new tools for sustainable development［J］. Trends in Food Science and Technology，22（11）：585-594.

Kanchan V，Panda A K，2007. Interactions of antigen-loaded polylactide particles with macrophages and their correlation with the immune response［J］. Biomaterials，28（35）：5344-5357.

Li M K，Fogler H S，1978a. Acoustic emulsification. Part 1. The instability of the oil-water interface to form the initial droplets［J］. Journal of Fluid Mechanics，3（88）：499-511.

Li M K，Fogler H S，1978b. Acoustic emulsification. Part 2. Breakup of the large primary oil droplets in a water medium［J］. Journal of Fluid Mechanics，3（88）：513-528.

Liu Y，Yin Y，Wang L，et al，2013. Surface hydrophobicity of microparticles modulates adjuvanticity ［J］. Journal of Materials Chemistry B，1（32）：3888.

Lonez C，Vandenbranden M，Ruysschaert J M，2008. Cationic liposomal lipids：from gene carriers to cell signaling［J］. Progress in Lipid Research，47（5）：340-347.

Mosca F，Tritto E，Muzzi A，et al，2008. Molecular and cellular signatures of human vaccine adjuvants ［J］. Proceedings of the National Academy of Sciences of the United States of America，105 （30）：10501.

Peshkovsky A S，Peshkovsky S L，Bystryak S，2013. Scalable high-power ultrasonic technology for the production of translucent nanoemulsions［J］. Chemical Engineering and Processing：Process Intensification，69：77-82.

Shah P，Bhalodia D，Shelat P，2010. Nanoemulsion：a pharmaceutical review［J］. Systematic Reviews in Pharmacy，1（1）：24.

Shah R R，Dodd S，Schaefer M，et al，2015. The development of self-emulsifying oil-in-water emulsion adjuvant and an evaluation of the impact of droplet size on performance［J］. Journal of Pharmaceutical Sciences，104：1352-1361.

Solans C，Izquierdo P，Nolla J，et al，2005. Nano-emulsions［J］. Current Opinion in Colloid & Interface Science，10（3/4）：102-110.

Wang J，Asghar S，Yang L，et al，2018. Chitosan hydrochloride/hyaluronic acid nanoparticles coated by mPEG as long-circulating nanocarriers for systemic delivery of mitoxantrone［J］. International Journal of Biological Macromolecules，113：345-353.

第四章
微胶囊造粒技术及其在饲料工业中的应用 ▶▶▶

第一节　微胶囊基本原理

微胶囊是利用天然的或合成的高分子膜将固态、液态或气态的功能性材料包裹而成的一种微小粒子，具有提高被包埋物质稳定性、延长货架期和控制释放的优点。通常将包覆用的膜材料称为壁材，被包覆的材料称为芯材。芯材被壁材包覆而与外界环境隔离，在适当条件下（如温度、压力及 pH 等），壁材会发生破坏而释放出芯材，这些特性使微胶囊产品得到广泛应用。由于其核心物质、包囊壁膜材料和微胶囊化方法不同，因此微胶囊的形态、结构也各不相同。但一般以球形为主，表面复杂，不规则。微胶囊的壁膜结构有单层和多层的区别，囊膜包覆的核心物质有单核和多核之分。微胶囊按直径的大小通常可分为超细胶囊、微胶囊、纳米胶囊。它们的理想形状为球形，受材料影响有时也会呈现米粒状、块状、针状或折叠状等不规则的形状。胶囊化后的微粒，由于壁材的保护，可避免光、热、氧等外界不利条件对芯材的影响，最大限度地保持原有组分的色、香、味和生物活性，延长贮存周期。

一、微胶囊的定义及原理

微胶囊技术是一种或多种组分的混合物被包裹在另一种材料或系统中，从而实现对包埋物有效递送的技术。采用天然或人工合成高分子成膜材料，将具有反应活性、敏感性或易挥发性的固态、液态或气态的功能性材料包封形成微小粒子，粒径在纳米、微米甚至毫米的范围，不同粒径大小的微小粒子分别称为纳米粒或纳米胶囊、微胶囊以及微球等。微胶囊粒子一般粒度为 $5\sim200\mu m$，有时范围可扩大到 $0.25\sim1\,000\mu m$。被包覆、包埋或夹带的材料被称为芯材或核心材料、填充物、内部相。形成涂层的材料被称为壁材或载体、外壳、膜、涂层。制得的微胶囊具有改善和提高芯材物质外观及性质的能力，能够保护囊心物质不受外界的影响。目前微胶囊技术广泛应用于医药、食品和饲料工业中，具有提高产品对光照、温度稳定性的优点，能有效保护生物活性；避免给食品、饲料引入异味等不利因素，还能保护活性成分顺利过胃后释放，进入肠道发挥作用。

二、微胶囊的结构与特性

（一）微胶囊的结构

微胶囊是由一种或两种以上的天然或高分子材料制成的微型容器，由芯材和壁材两部分构成。当胶囊粒度小于 $5\mu m$ 时，由于布朗运动而难于收集，当粒度超过 $200\mu m$ 时，由于表面的静电摩擦系数减小而导致稳定性下降。微胶囊的囊壁有单层、双层或多层结构；囊心有单一组分（如单核）、多种组分（多核）两种。在特定条件下（如加压、揉破、摩擦、加热、酶解、溶剂溶解、水溶解、pH、电磁作用等），囊壁所包埋的组分可在控制速率下释放。由于芯材、壁材性质及微胶囊化制备方法不同，形成的微胶囊大小、形状和结构差异较大。固体芯材的形状与其固体微粒形状相似，若芯材为液体或气体时，一般为球形，也有椭圆形、絮状、无定形等形态。图 4-1 所示为典型的微胶囊结构形态。

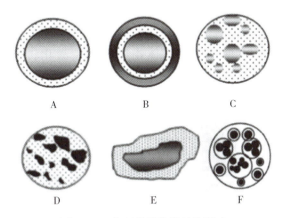

图 4-1 典型的微胶囊结构形态

A. 单核微胶囊，指连续的芯材被连续的壁材包埋形成的微胶囊

B. 多壳微胶囊，指连续的芯材被双层或多层连续的壁材包埋形成的微胶囊

C. 多核微胶囊，指芯材被分割成若干部分，嵌在壁材的连续相中，包括多核、
多核无定形及絮集成簇等多种结构

D. 微珠/微球（微胶囊簇），指将芯材夹在固体基质中，不具有独特的膜结构的微胶囊

E. 无定形微胶囊，指不规则或非球形的胶囊，包埋的粒子可以是单核、多核或固体颗粒

F. 复合微胶囊，指用连续的壁材包埋多个微胶囊，即对已形成的微胶囊进行二次包得到的微胶囊

（二）微胶囊的特性

1. 粒度分布 微胶囊的粒度不均匀，变化范围也较宽，而工艺参数条件的变化对于最终产品的粒度有直接影响，如乳化条件、反应原料的化学性质、聚合反应的温度、黏度、表面活性剂的浓度和类型、容器及搅拌器的构造、有机相和水相量等。测定粒度分布主要采用显微镜、激光粒度仪和计数器等。

2. 囊膜厚度 胶囊中芯材的含量为 $70\%\sim90\%$，壳厚度为 $0.1\sim200\mu m$，壳厚与制法有关。采用相分离法制得的微胶囊壳厚为微米级，采用界面聚合法制得的微胶囊技术壳厚则是纳米级。胶囊壳厚除了与微胶囊制法有关外，还与胶囊粒度、胶囊材料含量和密度、反应物的化学结构有关。

3. 微胶囊壳的渗透性能 微胶囊壳的渗透性是胶囊主要的性能之一，为防止芯材料流失或防止外界材料的侵袭，应使囊壳有较低的渗透性；而要实现芯材能缓慢或可控制释放，则又需要囊壳具有一定的渗透性。微胶囊的渗透性与囊壳厚度、囊壳材料种类、芯材分子大小等因素有关。

4. 芯材的释放性能 控释技术首先被应用于制药工业。现已广泛应用于食品、农药、肥料、饲料及兽药工业。控释技术是指一种或多种活性物质成分以一定的速率在指定的时间和位置释放，该技术的出现使得一些对温度、pH 等环境敏感的添加剂能更方便地应用于各类工业领域。

三、微胶囊的功能与功效

1. 改变物料存在状态　改变物料存在状态是微胶囊的最主要功能，将液体或半固体物料转化为固体粉末状态，除了便于加工、贮存与运输外，还能简化饲料或食品生产工艺，已开发出的新产品有粉末香料、粉末油脂、包被氧化锌等。液态芯材经微胶囊化后，可通过制成含有空气或空心的胶囊而使体积增大。

2. 改变重量或体积　物质经微胶囊化后重量增加，通过制成含有空气或空心胶囊可使胶囊的体积增加；可使高密度固体物质经微胶囊化转变成能漂浮在水面上的产品。

3. 降低挥发性　易挥发物质经微胶囊化后，能够抑制挥发，因而能降低饲料中香气成分的损失，并延长贮存时间。

4. 控制释放　通过构建不同的微胶囊壁材组合，可实现微胶囊中芯材在不同食品体系及人体消化吸收过程中的"爆释""缓释""控释"等特性。控制芯材释放的速度是微胶囊技术应用最广的功能之一。控制释放使芯材稳定地到达某一特定的条件或位点发挥作用，避免在加工、贮存、冲调与使用过程的损失。缓释是芯材通过囊壁扩散以及壁材的溶蚀或降解而释放。壁材对芯材的释放速度的影响因素主要有壁膜厚度、囊壁存在的孔洞、壁材变形、结晶度、交联度等；芯材的溶解度、扩散系数等也对释放速率有直接影响。

5. 保护敏感成分　微胶囊化可使芯材免受外界不良因素（如光、氧气、温度、湿度、酸碱度等）的影响，保护原料成分原有特性，提高其在加工时的稳定性并延长产品的货架期。许多饲料添加剂制成微胶囊产品后，由于壁材的保护，能够防止其氧化，避免或降低紫外线、温度和湿度等因素的影响，确保营养成分保全。

6. 隔离物料的组分　运用微胶囊技术，将可能相互发生反应的组分分别制成微胶囊产品，使它们稳定在一个体系中，各种有效成分有序释放，分别在相应的时刻发生作用，以提高和增进饲料的风味和营养。

7. 掩蔽不良风味和色泽　有些饲料添加剂，因异味和色泽而影响最终饲料的品质，将其微胶囊化，可掩盖不良风味、色泽，改善饲料添加剂在饲料加工中的使用功能。部分易挥发的添加剂，经微胶囊化后可抑制挥发，降低在贮存加工时的损失。

8. 降低毒副作用和添加量　由于微胶囊化能提高敏感性饲料添加剂的稳定性，并且可控制释放，因此可以降低其添加剂的添加量和毒副作用。

第二节　微胶囊制备方法

微胶囊制备方法较多，根据其材料性质、囊壁形成的机制和成囊条件可分为物理法、物理化学法、化学法等微胶囊化方式（表 4-1）。近年来，随着饲料工业的发展以及人们对饲料营养和风味要求的不断提高，新型微胶囊技术不断开发，极大地推动了微胶囊技术的发展。

表 4 - 1　微胶囊主要制备方法

分类	制备方法
物理法	喷雾干燥法、喷雾冷冻法、空气悬浮法、挤压法、分子包埋法、真空蒸发沉积法、静电结合法、多孔离心法
物理化学法	水相分离法、油相分离法、囊心交换法、粉末床法、熔化分散法、复相乳液法
化学法	界面聚合法、原位聚合法、锐孔法、辐射包囊法

一、物理法微胶囊造粒技术

物理法微胶囊制备技术应用较多的是喷雾干燥法、空气悬浮法、挤压法和分子包埋法，其中喷雾干燥法在工业化生产中应用最多。真空蒸发沉积法、静电结合法和超临界流体是近年来发展起来的微胶囊制备方法。

（一）喷雾干燥法

目前普遍使用的方法是喷雾干燥法。该方法先将芯材物质溶解分散在溶剂的壁材溶液中，充分混合形成悬浮液或乳浊液，再经过乳化均质及包埋工艺后，用泵将混合液送至喷雾干燥机的雾化器中，混合液在热气流中进行雾化，使溶剂迅速挥发，经喷雾干燥，成膜材料固化并包覆芯材而形成微胶囊。喷雾干燥法制备微胶囊工艺流程如图4-2所示。

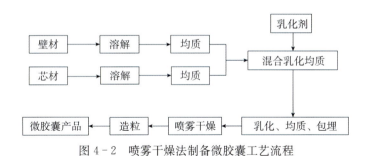

图 4 - 2　喷雾干燥法制备微胶囊工艺流程

喷雾干燥法适用于亲油性液体物料的微胶囊化，且芯材的疏水性越强，微胶囊化效果越好。包埋的芯材通常是香精及油脂等风味物质，壁材一般为明胶、阿拉伯胶、麦芽糊精、蛋白质及纤维酯等。该方法具有生产工艺简单、成本低、操作灵活、无环境污染、干燥速率较快、物料温度较低的特点，适合于热敏材料的微胶囊的规模化、连续生产。该方法的缺点是微胶囊产品的颗粒较小，会导致溶解度下降，需喷入湿蒸汽进行二次复聚；且包埋率低、能耗大，芯材有可能附着在微胶囊表面，影响产品质量，不适用于制备有缓释需求的微胶囊产品。

在饲料生产中，饲料添加剂是微胶囊制粒技术的主要芯材物质，各种饲料添加剂具有不同的使用功能和物理特性，因此在对饲料添加剂使用微胶囊制粒时应根据其目的对壁材和工艺进行优化筛选。

喷雾干燥的特点：①干燥速度快，料液经喷雾后，表面积大大增加，在高温气流中，瞬间就可蒸发95%～98%的水分，完成干燥时间仅需数秒。②采用并流型喷雾干燥形式能使液滴与热风同向流动，虽然热风的温度较高，但由于热风进入干燥室内立即与喷雾液滴接触，室内温度急降，而物料的湿球温度基本不变，因此也适宜于热敏性的物料干燥。

③适用范围广，根据物料的特性，可以用于热风干燥、离心造粒和冷风造粒，多数特性差异大的产品都能用此工艺生产。④整个操作过程密闭性好，适用于洁净生产区域。由于喷雾干燥过程在密闭的塔内进行，避免了交叉污染和粉尘飞扬，适合于制药工业中原料药生产（特别是无菌原料药）。⑤由于干燥过程是在瞬间完成的，产品的颗粒基本上能保持液滴近似的球状，使产品具有良好的分散性、流动性和溶解性。⑥生产过程简化，操作控制方便。喷雾干燥通常用于固含量 60％ 以下的溶液，干燥后，不需要再进行粉碎和筛选，减少了生产工序，简化了生产工艺。对于产品的粒径、密度、水分，在一定范围内，可通过改变操作条件进行调整。

（二）喷雾冷冻干燥法

喷雾冷冻干燥技术属于一种非常规干燥技术，其结合了喷雾干燥和冷冻干燥的优点，早期应用于产品价值较高的生物医药产业，近几年在食品、医药、饲料等领域都得到了广泛的应用。该方法既适用于水溶性芯材，如酶、水溶性维生素、酸味剂等，也适用于固体芯材的微胶囊化和难溶于一般溶剂的生物活性物质的微胶囊化等。随着喷雾冷冻干燥技术的推广，对设备要求也日趋提高，而且用于工业生产的中、大型设备研发速度较慢，在一定程度上限制了喷雾冷冻喷雾技术的发展。

喷雾冷冻干燥技术分为三个阶段：物料雾化阶段、雾化物料冻结阶段和冷冻干燥阶段（图 4 - 3）。

（1）物料雾化阶段是液态物料经过雾化器将物料雾化为微小的液滴，主要目的是增大液态物料的表面积，加强后续的传热和传质速率。

（2）雾化物料冻结阶段是雾化后的微小液滴经过冷介质区域，并与冷介质充分接触，实现物料在短时间内迅速冻结至物料共晶点温度以下，形成小冰粒即冻结冰粉。

（3）冷冻干燥阶段是使用冷冻干燥装置，对冻结的冰粉进行真空冷冻干燥，最终获得粉末状干燥成品。

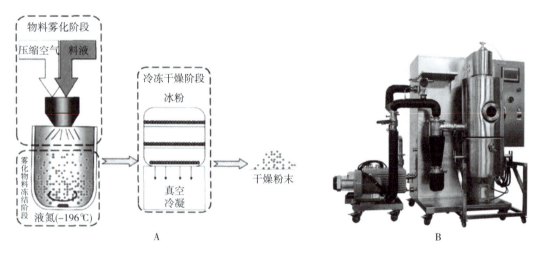

图 4 - 3　喷雾冷冻干燥技术及其设备
A. 喷雾冷冻干燥技术过程示意　B. 小型喷雾冷冻干燥设备

喷雾冷冻干燥是真空冷冻干燥和喷雾干燥技术的结合成果，具有两项传统干燥技术的优点，其主要特点如下：

（1）在低温下进行操作，可避免活性物质在制备过程中受热，适合于热敏性物质，使得生产的产品生物活性高、质量好、营养物质及芳香成分保全性高。

（2）雾化后的细小液滴在低温条件下迅速冻结成型，能弱化冰晶的生长，减少冰晶对粒子的破坏，克服冷冻干燥产品粒子粒径大、粒度分布宽、不规则等不足，相比真空冷冻干燥技术，制得的粉状产品粒径更小，所需冻结时间和干燥时间更短。

（3）冻结样品经减压干燥后形成具有微孔结构的球状颗粒，流动性好，明显优于喷雾干燥的团聚型产品和真空冷冻干燥的饼状产品。

（4）制备得到的微粉具有蓬松的表面和内部多孔的粉状或粒状颗粒，溶解度高，有助于改善难溶性物质的溶出。

（5）喷雾冷冻干燥和冷冻干燥均能有效去除产品中的水分，而喷雾干燥产品中的水分比例取决于喷雾干燥时的温度和样品流速。

（6）相对于真空冷冻干燥，喷雾冷冻干燥能耗更低，符合低碳要求。

喷雾冷冻干燥作为一种新型的干燥方式，结合了喷雾干燥及冷冻干燥的优点，在产品品质、结构、生物活性及化合物保有率等方面，喷雾冷冻干燥技术比其他干燥技术更具优势。

（三）空气悬浮法

空气悬浮法是指利用流化床的强气流将固体芯材颗粒分散悬浮在空气中，通过喷嘴将调成适当黏度的壁材溶液喷涂在循环流动的芯材颗粒表面，提高气流温度使壁材溶液中的溶剂挥发，壁材析出而成囊膜（图 4-4）。该方法可采用溶剂、水溶液乳化剂分散体系或热熔物等形式的成膜材料对芯材进行包裹，通常用于包裹香精、香料及脂溶性维生素等。

其成膜方式有以下三种：

1. Wurster 法　在柱式设备中，由成膜段和沉积段组成，沉积段截面积比成膜段大，气流速度降低，利于微胶囊颗粒通过重力作用下降沉积。

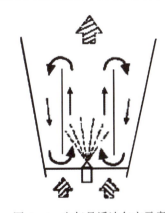

图 4-4　空气悬浮法包衣示意

2. 化学成膜法　采用高离子射流或高温气体，在芯材被悬浮于流化床时，使壁材分解或与芯材反应而完成包埋。

3. 液态芯材成膜法　是 Wurster 法的改良，可使液态芯材微胶囊化。

空气悬浮法包埋具有效率高、微胶囊颗粒均匀的特性。其缺点是：只能用固体颗粒作芯材。较细的颗粒易被排出空气带走而造成损失。颗粒在柱中上下左右运动，黏胶囊颗粒会彼此碰撞易凝聚，干燥后的胶囊会磨损，胶囊颗粒外观粗糙。

影响 Wurster 法微胶囊化产品质量的因素主要有以下几个方面：①芯材的相对密度、表面积、熔点、溶解度、脆碎度、挥发性、结晶性及流动性等；②壁材的浓度（如果不是溶液则是指熔点）；③壁材的包囊速度；④承载芯材和使之流态化所需要的空气量；⑤壁材的用量；⑥进口与出口的操作温度。

（四）挤压法

挤压技术的工作原理是将混悬在一种液化的碳水化合物介质中的混合物经过一系列模孔，用压力将其挤进一种凝固液的溶液中，当混合物接触到凝固液时，包裹材料从溶液中析出，对囊心包覆并硬化，结果形成挤压成型的细丝状微胶囊，从凝固液中把这种细丝分离出来，并加入抗结块剂，同时加以干燥，即可得到初级产品微胶囊。

1. 挤压设备　目前用于微胶囊的挤压机可分为单螺杆和双螺杆两种形式，其机械结构类似于食品、饲料生产中的膨化机。这两种不同的挤压机各有特点，在用于生产微胶囊香精时要根据所需包裹芯材、壁材的不同选择合适的设备，才能达到良好的微胶囊化效果。

2. 挤压微胶囊常用壁材　影响挤压微胶囊产品的一个主要因素就是所选用的壁材，壁材的优劣在很大程度上决定了产品对外界环境的耐受性。目前在挤压微胶囊中使用的壁材一般以糖类为主，包括麦芽糊精、淀粉及其衍生物、葡萄糖、果糖、乳糖、核糖、木糖、蔗糖和麦芽糖等。

3. 水分含量对挤压微胶囊的影响　玻璃态是一种最为稳定的物理状态，当处于玻璃态时分子热运动能量很低，只有较小的运动单元，大部分的运动单元都处于冻结的状态，挤压法是将香精在惰性气体的保护下分散于熔化的糖类物质中，然后将其通过压力挤入冷却介质中快速脱水、降温而得到的一种含有香精的玻璃态产品。由此所制成的香精微胶囊化产品具有非常高的稳定性。评价玻璃态 Tg（玻璃化转变温度）是一个重要的指标，水在挤压过程中是一个优质的增塑剂，但是水分的含量对于玻璃态化转变温度有很大的影响，一般来说，每增加 1％水分，玻璃态化转变温度下降 5％～10％，因此研究挤压法生产微胶囊时，水分含量对微胶囊稳定性的影响是不可忽视的。

（五）分子包埋法

分子包埋法又称为包囊络合法，它是利用有特殊分子结构的 β-环状糊精作为壁材，来包埋其他物质的一种分子水平的微胶囊技术。β-环糊精是利用生物酶法合成的一种分子结构呈环状的淀粉衍生物，其内部有亲水基团可与疏水物质形成稳定的包合物，外部有较多的疏水基团，吸湿性低。用这种方法制得的微胶囊不易受潮，在干燥状态下较稳定，不易分解且流动性好。但不足是只能包裹疏水性的芯材。使用水胶体聚合物分散体取代水溶性聚合物在固体制剂包被时的有机溶剂，同样也可用于取代微胶囊化时所用的有机溶剂，该法称为水中成囊法。

利用 β-环糊精（β-CD）中空且内部疏水外部亲水的结构特点（图 4-5），将疏水芯材通过形成包结络合物而形成分子水平上的微胶囊。由于 β-环糊精有一个相对疏水的中心和一个相对亲水的表面，可使高分子物质镶嵌在中间，在使用过程中既能均匀分散，又能对高分子物质起到一定的保护作用。采用该法生产的微胶囊产品，其有效含量一般为 6％～15％（W/W），在干燥状态下非常稳定。

分子包埋法制备微胶囊工艺较为简单，通常步骤为：取环糊精加入 2～5 倍量水研匀，加入溶解的芯材，置研磨机中充分混合研磨成糊状，低温干燥后用适当溶剂洗净，再干燥，即得包埋物。将 β-环糊精制成饱和水溶液，加入被包埋物，搅拌混合物，冷藏、沉淀、过滤、洗涤、干燥即得包埋物。用饱和水溶液法制备包埋物，应注意控制被包埋物和β-CD 的浓度，否则易造成被包埋物和 β-CD 单独析出。在溶液中加入少量的第三种组分，对包埋过程有重要的影响，如聚乙烯吡咯烷酮（PVP）、聚乙二醇（PEG）能增加被包埋物与 β-CD 的包埋作用，使形成的包埋物更加稳定。

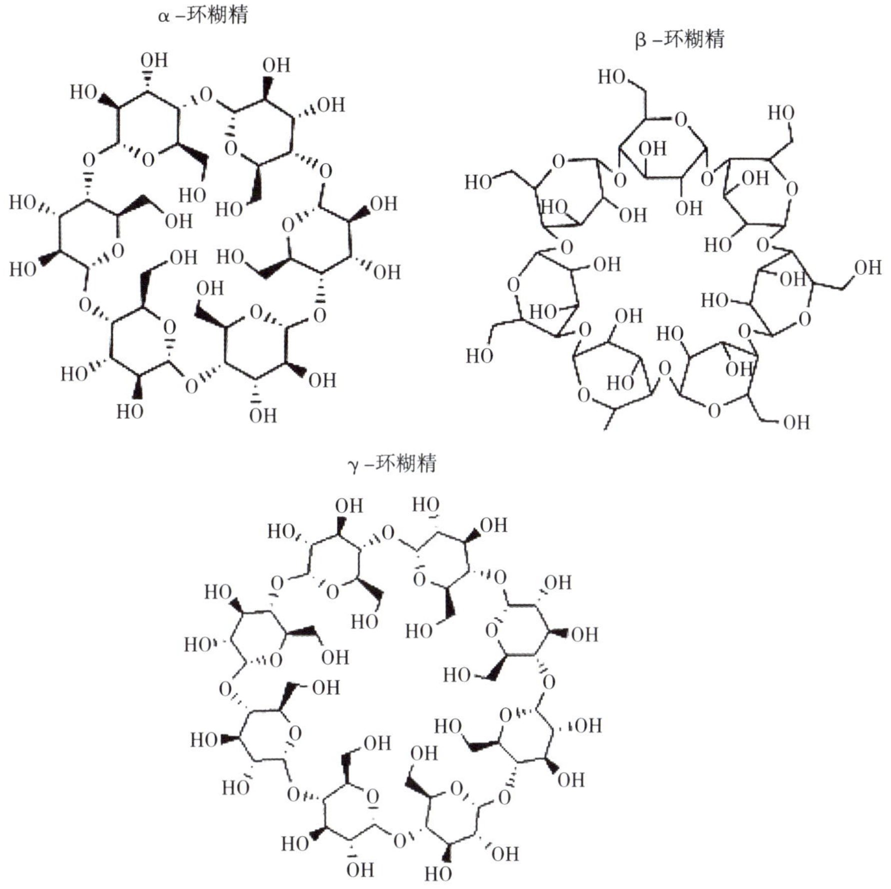

α-环糊精

β-环糊精

γ-环糊精

图 4-5　三种常见的环糊精结构

二、物理化学法微胶囊造粒技术

物理化学法也称物化法，其主要包括水相分离法、油相分离法和囊心交换法等。

（一）水相分离法

在水相分离法中，形成微胶囊囊壳的起始原料为水溶性的聚合物，聚合物的凝聚相自水溶液中分离出来，形成了微胶囊壳。水相分离法的生产无须特殊设备，以水为介质，是目前对油溶性固体或液体进行微胶囊化的一种常用方法。水相分离法通过凝聚进行微胶囊化有两种机制：其一是芯材物质在凝聚开始时的混合物中就已经出现，芯材液滴或粒子逐步被新形成的凝聚核所覆盖，体系被充分混合且很稳定；其二是芯材物质在凝聚过程完成之后加入，先形成相对较大的凝聚液滴或可见的凝聚物，再将芯材液滴或颗粒包囊。通过相分离过程制备的微胶囊是形成单核还是多核，主要取决于芯材材料与壁材材料的比率、芯材液滴或粒子的尺寸、加入稳定剂的性质与浓度以及搅拌速度等。

凝聚现象与胶体物质和溶液中沉析、絮凝现象密切相关，凝聚发生在沉析前一步。因此，凡是能引起沉析的因素都能引起凝聚。这些因素包括胶体间电荷的中和以及亲水粒周围水相溶剂层的消失，将这两种现象分别称为复凝聚和单凝聚。复凝聚是由至少两种带相反电荷的胶体彼此中和而引起的相分离；单凝聚是由凝聚剂引起单——种聚合物的相分离。

1. 复凝聚 由两种或多种带有相反电荷的线性无规则聚合物材料作囊壁材料，将囊芯物分散在囊壁材料水溶液中，在适当条件下（如 pH 的改变、温度的改变、稀释、无机盐电解质的加入），使得相反电荷的高分子材料间（如带正电荷的明胶与带负电荷的阿拉伯胶）发生静电作用。相反电荷的高分子材料互相吸引后，溶解度降低并产生相分离，体系分离出的两相分别为稀释胶体相（又称为稀相或贫相）和凝聚胶体相（又称为富相或浓相），胶体自溶液中凝聚出来，这种凝聚现象称为复凝聚，自溶液中凝聚出来的胶体可以用作微胶囊的壳。在该过程中，由于微胶囊化是在水溶液中进行的，故芯材必须选用非水溶性的固体粉末或液体。

实现复凝聚的必要条件是两种相关聚合物离子的电荷截然相反，并且具有最佳的混合比，即混合物中离子数量在电学上恰好相等。除此以外，还须调节体系的温度和盐含量，以促进复凝聚产物的形成。由于平衡离子的优先缔合减少了聚离子上的有效静电荷，无机盐的存在因其性质和用量不同将在不同程度上起到抑制复凝聚的作用。

2. 单凝聚 当乙醇逐渐滴加到明胶水溶液中时，明胶会沉淀析出。甲醇、苯酚、间苯二酚和丙酮均具有相似的作用。另外，当电解质加入聚合物的水溶液（如聚乙烯醇、羧甲基纤维素或明胶的水溶液）中之后，也会发生相分离，这些现象就是单凝聚。

单凝聚是只有一种聚合物产生相分离的现象，该现象是通过能溶于水的聚合物非溶剂的作用，使水中的水溶性聚合物浓缩，浓缩的聚合物相以液滴的形式自体系中分离。单凝聚制备微胶囊是以一种高分子材料作为胶囊的囊壁材料，将囊芯物分散到囊壁材料的水溶液中，然后加入凝聚剂（如乙醇、丙酮、盐等强亲水性非溶剂）。由于大量的水与凝聚剂结合，致使体系中囊壁材料的溶解度降低而凝聚出来，形成微胶囊。如果适当地选择凝聚剂、温度、pH 或溶剂，任何一种聚合物的水溶液都能发生单凝聚。

单凝聚包囊方法，其微胶囊化过程包括三个步骤：第一步，被包囊材料分散到壳材料的水溶液中；第二步，凝聚层沉析在芯材周围；第三步，凝聚层的胶凝与固化。单凝聚与复凝聚一样，也适用于非水溶性物质的微胶囊化。

（二）油相分离法

油相分离法也称有机相分离法，该方法的基本原理是经过相分离的过程，聚合物溶液被分离成两相（稀释液相和浓缩液相）。该过程是通过向聚合物溶液中加入芯材，混合后分散成悬浮液，然后加入对该聚合物为非溶剂的液体，引发相分离而将芯材包覆成微胶囊。该方法适用的芯材是水溶性或亲水性物质，如硝酸铵、金属卤化物等易溶盐类及糖类物质等。

聚对苯二甲酸乙烯酯、苯酚及正庚烷的三元体系相见图 4-6。图中，AKB 代表曲线，K 表示临界点。在低浓度的聚合物溶液体系中（在混合溶剂顶点 SD 的线上），当聚合物的非溶剂正庚烷逐渐加入

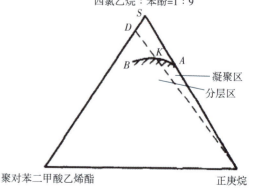

图 4-6 聚对苯二甲酸乙烯酯、苯酚及庚烷的三元体系相图

时，分离出的聚合物相逐步增加，当增至最大值时即产生"凝聚"。

实现有机相分离的方法主要有以下三种：加入非溶剂法、改变温度法和相分离的聚合物法。

1. 加入非溶剂法　非溶剂是一种与聚合物溶剂相互混溶，但不能溶解聚合物，且能够使聚合物发生凝聚作用的溶剂，这种溶剂称为聚合物的非溶剂。提纯合成聚合物的一般方法是将聚合物沉淀。在这个提纯方法中，聚合物沉淀的数量与形态取决于体系中聚合物的浓度、加入非溶剂的数量与温度。当高聚物壁材在有机溶剂中浓度较低时，容易在加入非溶剂时发生相分离，并产生一个含壁材较多的聚合物凝聚相，同时形成一个含壁材较少的聚合物缺乏相。聚合物凝聚相可以自由流动，能够逐渐在芯材周围形成包覆制成微胶囊。浓度过高时加入非溶剂会引起壁材从溶液中立即沉淀分层，不能对芯材很好地形成包覆。只有控制好反应条件才能引起凝聚相分离。

2. 改变温度法　在某些聚合物-溶剂体系中，由于温度的改变，可使聚合物的溶解度有较大差别。例如，在室温下不溶的聚合物，却在高温下溶解度增大。因此，该方法利用溶解度随温度变化的聚合物作为微胶囊的壁材，通过改变体系的温度引起有机溶剂体系中聚合物的相分离。

3. 相分离的聚合物法　是指通过加入非溶剂或其他的聚合物引起聚合物相分离。能引起相分离的聚合物法已经得到商业化应用。该技术利用聚合物进行相分离，与复合凝聚法有很大差异。

在复合凝聚法中，两种相反电荷的聚合物结合在一起形成复合凝聚物，两种聚合物均成为微胶囊壁材的一部分。相反，能引起相分离的聚合物法是指溶解在同一溶剂中的两种化学性质不同的两个液相，一相富含微胶囊壁材的聚合物，另一相则以另一种不相溶的聚合物为主。体系中不相溶聚合物的引入是为了形成两相，并不成为壁材。这种微胶囊过程无任何化学反应。

相分离的聚合物法通常是在有机溶剂中进行的，用于生产水溶性有限的固体物质的微胶囊。大多数商业化生产的微胶囊都是以乙基纤维素为壁材，具有不规则外形的胶囊（$200\sim800\mu m$）。包裹固体药物微粒，主要用于掩盖异味或延长口服药物释放的时间。

李书国等（2005）以维生素 C 作为微胶囊的芯材，以乙基纤维素为壁材、聚乙烯为添加剂，采用油相分离法制备维生素 C 微胶囊，该微胶囊粒度在 $80\sim150\mu m$，颗粒大小均匀，对维生素 C 的活性具有良好的保护作用。试验结果表明，乙基纤维素包埋的维生素 C 微胶囊具有稳定性、安全性和缓释等优点。

（三）囊心交换法

对于水溶性、高极性和低沸点的芯材来说，其微胶囊化是非常困难的。囊心交换法就是通过凝聚法，用明胶和阿拉伯胶将易包覆的非极性溶剂进行微胶囊化，然后在囊壁尚保持高渗透性的情况下，用极性溶剂逐步置换囊中的非极性溶剂。在交换过程中，采用中等极性的溶剂，交换完成之后，明胶-阿拉伯胶囊壁则转变成非渗透性。

囊心交换法对于由结构与比例都非常易变的成分混合而成的芯材微胶囊化非常有效，如柠檬油微胶囊等。应用明胶和阿拉伯胶，通过复凝聚法将非水溶性芯材（如甲苯）微胶囊化非常容易。当囊壁仍处于非固化状态并具有充分的溶胀能力时，可用二噁烷置换甲苯溶剂，也可用水代替二噁烷交换溶剂。在甲苯溶剂完成交换之后，应用明胶的非溶剂（如乙醇、丙酮）处理微胶囊，使其形成非渗透性的囊壁。

（四）粉末床法

粉末床法的原理是利用液滴润湿细小固体粉末并在液滴周围形成一定厚度的壁膜。在微胶囊化操作中，由于液滴是从粉末层的上方落下的，所以通常将此法命名为"粉末床法"。通过这种方法制备的微胶囊颗粒一般在毫米级范围。

根据制备微胶囊使用的芯材、壁材材料的不同和是否使用溶剂，具体使用的粉末床法制备微胶囊可分为以下几种类型：

（1）由壁材粉末、落入壁材中的芯材溶液构成粉末床。

（2）由芯材在壁材溶液的分散液滴入壁材粉末构成粉末床。

（3）由壁材、芯材和其他惰性粉末组成粉末床。

（4）将芯材材料在壁材溶液中的分散液滴入由惰性粉末组成的粉末床中。

（5）芯材材料受热熔化形成的液滴滴入由惰性粉末组成的粉末床中。

在粉末床法制备微胶囊中，惰性粉末可作为填料进入微胶囊壳内，从而使微胶囊壳增强。另外，惰性粉末亦可吸收溶剂，加速液滴的干燥速度，因此使用的惰性粉末应不溶于溶剂。常用的惰性粉末为粉末状的无机化合物。由这种粉末床法形成的微胶囊表面凹凸不平。

适合于粉末床微胶囊化的壁材材料有醋酸纤维素酞酸酯、硬脂酸钙、乙酰水杨酸铝、明胶、酪蛋白、糊精、葡萄糖等，并且都可以呈细粉末状态。影响该法的重要因素是，既要考虑壁材在溶剂中的溶解与湿润速度，又要考虑液体成滴时的黏度。需通过试验寻找最优的制备条件。适合于粉末床微胶囊化的惰性粉末包括二氧化硅、滑石粉、高岭土、石膏粉、铝硅酸钠和淀粉等无机或有机粉末状物质。惰性粉末不溶于壁材溶剂，而是作为填料机械地嵌入壁壳中起到增强壁膜的作用，有时惰性粉末也有吸收溶剂加速液滴干燥的作用。如果微胶囊化是采用仅由惰性粉末组成的粉末床进行时，则操作主要受粉末的粒径大小及摇动速率影响。

（五）复相乳液法

复相乳液法的原理是将壁材与芯材形成的混合物以微滴状态分散到介质中，然后将挥发性的分散介质快速从液滴中蒸除，形成膜，再通过加热、减压、搅拌、溶液萃取、冷却或冻结等方法将膜壁中的溶剂除去而制备微胶囊。其操作流程首先将成膜聚合物材料溶解在一个蒸气压比水高、沸点比水低、与水不混溶的有机溶剂中，接着将芯材的水溶液分散在该有机溶液中形成 W/O 型乳状液。然后，边搅拌边将乳状液分散到含有保护胶体稳定剂的水溶液中，形成 W/O/W 型双重乳状液。该体系非常稳定，由水溶液微滴和包覆这些水溶液微滴的有机聚合物组成的液滴悬浮于水中，再通过加热、减压或溶剂萃取将聚合物干燥，硬化了的聚合物薄膜就包围住分散的水相从而形成了微胶囊。正常情况下，壁材溶于挥发性溶剂中。

三、化学法微胶囊造粒技术

化学法制备微胶囊主要包括界面聚合法、原位聚合法和锐孔法等。

（一）界面聚合法

界面聚合法的原理是通过将两种活性单体（即亲水性和疏水性的不同单体）分别溶于

互不相溶的溶剂中（即水和有机溶剂中），再用合适的乳化剂形成水包油或油包水体系，单体从两相内部向乳化液滴的界面扩散，并在相界面上发生聚合反应而形成囊。常用的壁材有聚脲、聚酯和聚酰胺等。

界面聚合法既适用于制备水溶性芯材的微胶囊，也适用于制备脂溶性芯材的微胶囊。在乳化分散过程中，芯材溶解在分散相中，水溶性芯材分散时形成油包水（W/O）型乳液，而水不溶性芯材分散时形成水包油（O/W）型乳状液。在反应前，将芯材分散在溶有反应物 A 的溶液中，然后将该溶液分散到连续相中，同时加入适当的乳化剂，得到水包油或油包水型乳状液，再在连续相中溶解第二个反应单体 B。两种单体分别从两相内部向乳状液溶液的界面移动，迅速在相界面发生聚合反应，形成聚合物，将芯材包裹形成微胶囊，并从液相中分离出来。

（二）原位聚合法

原位聚合法的基本原理是通过在乳液中分别将单体和催化剂溶于芯材的内部或外部，单体成分与催化剂在芯材的外表面发生聚合反应生成不溶的聚合物，沉积在芯材表面形成微胶囊。该方法相对简单，壁厚及其所包覆物含量可控，得率高，成本低，易于工业化生产。与界面聚合法不同的是，原位聚合法单体成分及催化剂全部位于芯材液滴的内部或者外部，发生聚合反应而微胶囊化。实现原位聚合的必要条件是：单体可溶，而聚合物不可溶，聚合反应在分散相芯材上发生，反应开始单体首先发生预聚，然后预聚体聚合，当预聚体聚合尺寸逐步增大后，沉积在芯材物质的表面。由于交联及聚合的持续进行，最终形成芯材物质的微胶囊外壳。

（三）锐孔法

界面聚合法和原位聚合法均是以单体为原料，并经聚合反应形成囊壁，而锐孔法则是因聚合物的固化导致微胶囊囊壁的形成，即先将线性聚合物溶解形成溶液，当其固化时，聚合物迅速沉淀析出形成囊壁。因为大多数固化反应即聚合物的沉淀作用，是在瞬间进行并完成，所以锐孔法可满足含有芯材的聚合物溶液在加至固化剂中之前，预先成型。

第三节　微胶囊壁材及辅料

微胶囊的制备可以改变物料的存在状态、质量和体积，隔离物料间的相互作用、保护敏感性物料，掩盖不良风味、降低挥发性，控制释放，降低饲料添加剂的毒副作用。然而微胶囊也有一定的局限性：一是释放速度的控制能否满足要求；二是释放后剩余的壁材可能带来一定的负面影响。因此在微胶囊制备过程中，壁材的选择与组成对微胶囊的性质至关重要，这也是获得性能优越的微胶囊产品的必要条件。壁材是包埋芯材、构成微胶囊外部结构的材料，是微胶囊技术的主要材料，可对芯材起到良好的保护作用。

一般来说，对于壁材的选配，可以从以下几个方面来考虑。首先，壁材应当无毒且不与芯材发生化学反应；其次，壁材应当具备较高的溶解力、稳定性、乳化性和干燥性，同时还要考虑壁材的机械强度、吸湿性、流动性和成膜性；最后，壁材还应具有容易获得且成本低的特点。天然材料作为最常用的壁材，具有免疫原性低、生物相容性好、可生物降解和无毒副作用等特点，已成功应用到微胶囊的制备中。合成材料具有化学稳定性高、成膜性好等特点，但其价格高，生物相容性也较差。目前，常用的微胶囊壁材按其化学性质可分为碳水化合物类、亲水性胶体类以及蛋白质类。其主要分类有：碳水化合物类（麦芽糊精、环状糊精、玉米淀粉、小分子糖和纤维素等）、亲水性胶体类（阿拉伯胶、刺槐树胶和海藻酸钠等）、蛋白质类（酪蛋白、氨基酸、大豆蛋白和明胶等）。

一、碳水化合物类

碳水化合物类，包括淀粉、淀粉糖浆干粉、麦芽糊精、壳聚糖、小分子糖和纤维素等，常被用作微胶囊壁材，这是因为它们在高固体含量时仍表现较低黏度，具有很好的溶解性。然而，除淀粉外，因缺乏达到高微胶囊化效率所需的界面特性，单独使用不能有效地包埋住油脂，因此它们通常与蛋白和胶体等复配使用，以提高微胶囊的致密性。

（一）变性淀粉

变性淀粉，即在淀粉所具有的固有特性的基础上，为改善淀粉的性能和扩大应用范围，利用物理、化学或酶法处理，改变淀粉的天然性质，增加其某些功能性或引入新的特性，使其满足淀粉的应用要求。微胶囊化过程中使用最广泛的变性淀粉是辛烯基琥珀酸淀粉酯（n-octenylsuccinate derivatised starch，n-OSA）淀粉，商品名为纯胶，它是在淀粉链的基础上引入了疏水侧链（辛烯基），从而实现两亲性质。n-OSA 淀粉乳化性和成膜性能高，具有溶液黏度低、易干燥、不易吸潮等性能。其主要靠淀粉大分子产生的空间位阻作用来稳定乳化体系，与其他生物高聚物类似，较之小分子乳化剂，其吸附到油水界面的速度较慢，适宜应用于制备过程中物料停留时间较长的设备，如多级高压均质机、胶体磨等，以便与料液有更多的接触机会，这一特性也可有效防止放置阶段油滴的重聚。王文静等（2020）采用微胶囊喷雾干燥技术，以原花青素乳液为芯材，变性淀粉＋阿拉伯胶＋蔗糖（质量比为 9：9：2）为复合壁材，在芯材与壁材质量比为 4：6 的条件下，得到最佳的包埋效率 90.58％和包埋产率 87.17％，结果显示制备得到的原花青素微胶囊具有良好的稳定性、贮存性和流动性。

（二）壳聚糖

壳聚糖是由甲壳素经浓碱处理脱乙酰基后的产物，其分子的刚性结构更适用于微胶囊领域。在微胶囊的制备过程中，壳聚糖与二醛或三羧酸的交联物常被作为壁材使用，其脱乙酰程度、分子质量大小、黏度等都会影响产品的性能。在饲料添加剂应用中，吴小嫚等（2020）采用锐孔凝固浴法和复凝聚法复合法，以海藻酸钠和壳聚糖为壁材，将嗜酸乳杆菌、双歧杆菌和饲料包埋起来制备成益生菌微胶囊饲料。结果表明，最佳制备工艺条件为：海藻酸钠浓度 1.25％，菌胶比例 1：10，氯化钙浓度 1.5％，固化时间 15min，壳聚糖浓度 1.5％。在此工艺条件下，制备的益生菌微胶囊饲料粒径大小均匀（1.6～2.0mm），包埋率达到 96.68％；而且在水中浸泡 12h 后，悬浮率为 77.96％，溶解率为 13.04％；在模拟人工胃液中处理 120min 后，仍然有 5.2CFU/mL 的活菌数；在模拟人工肠液中处理 120min 后，所包埋的活菌可全部释放，具备较好的漂浮性、水中稳定性、耐酸性以及肠溶性。

（三）其他材料

一些乳化性较差甚至没有乳化性的碳水化合物，如麦芽糊精、玉米糖浆等淀粉水解产物，蔗糖、葡萄糖、乳糖等小分子碳水化合物可以作为填充剂与大分子壁材复配，起到补充包埋的作用，这类物质由于资源丰富，价格低廉，也有助于降低微胶囊产品的成本。麦芽糊精的葡萄糖当量（dextrose equivalent，DE）值较低，即体系中存在较少的还原糖，所以在与蛋白质共存的高温条件下发生褐变反应的程度较小，可作为惰性壁材用于敏感性化学物质，如香精香料、药物等的微胶囊化。

二、亲水性胶体类

亲水胶体通常是指能溶于水，并在一定条件下充分水化形成黏稠、滑腻或胶冻溶液的大分子物质，在食品、医药、化工及其他领域中广泛应用。亲水胶体按来源可分为：植物分泌物，如阿拉伯胶、瓜尔豆胶、果胶等；微生物发酵、代谢产物，如黄原胶、结冷胶等；海藻胶提取物，如卡拉胶、琼脂、海藻酸盐等。

（一）阿拉伯胶

阿拉伯胶具有突出的乳化性能，在微胶囊及乳状液领域使用最广。阿拉伯胶约由98％的多糖和2％的蛋白质组成，蛋白质片段的存在对其乳化性能有着不可替代的作用，但因蛋白成分对高温较为敏感，长时间高温加热会导致其乳化性能下降。阿拉伯胶易溶于水形成低黏度溶液，配制成50％浓度的水溶液时仍具有流动性，这是有别于其他亲水胶体的主要特性之一。许国娟等（2021）以肉桂精油为芯材，玉米糊精、阿拉伯胶、明胶为壁材，采用复合凝聚-冷冻干燥法制备肉桂精油微胶囊，结果表明，得到的肉桂精油微胶囊包埋性良好，呈近似球形结构，热稳定性好、分散均匀、流动性好。

（二）果胶

果胶是从植物细胞壁中提取的天然多糖类高分子化合物，如柑橘果皮、苹果糊、甜菜浆等是提取果胶最常见的原料。各种果胶性能的主要差异在于它们的酯化度不同，根据果胶分子中酯化的半乳糖醛酸基的比例可将其分为高甲氧基果胶和低甲氧基果胶（酯化50％为区分分界点）。果胶分子的乳化性能与许多因素相关，如分子质量大小、蛋白质含量、乙酰基含量等。赵文昌等（2010）采用湿法制粒压片法制备苦豆子总碱水凝胶骨架结肠定位释放片，研究了高酯果胶DE54［酯化度（degree of esterification，DE）52％～60％］和低酯果胶DE9（DE6％～12％）对其释放行为的影响。结果表明，不同酯化度果胶能够明显影响其在模拟胃液、肠液中的释放，其中，低酯果胶配方能够使苦豆子总碱中槐定碱结肠释放，近似零级释放模型，肠溶包衣的低酯果胶骨架片靶向性强，能够使苦豆子总碱定位释放，从而提高疗效。果胶在不同环境条件下表现出的特性也有较大的差异。

不同来源的果胶在性能上也存在差异，Leroux等（2015）的研究表明，果胶（2％）可在使用量远小于阿拉伯胶（15％）的情况下制备出性质相似的乳状液；甜菜果胶较之柑橘果胶所制备的乳状液粒度分布更窄且更稳定，这可能与其含有更多的蛋白和乙酰基团有关，也可能是因为构象上的差异造成的。

（三）黄原胶

黄原胶是由细菌产生的阴离子细胞外多糖，在低浓度时便可形成高黏度溶液，黄原胶与瓜尔豆胶共存时产生增效作用，体系黏度增大，与角豆胶共同使用则形成热可逆凝胶。文献报道，在水包油（O/W）型乳状液中加入低浓度的黄原胶会增加油水体系分层的机会，这可能与原位絮凝有关；而高浓度的黄原胶可起到减缓乳状液分层的作用，因为连续相表观黏度的增加可阻碍分散油滴的运动。黄原胶多被用于与阿拉伯胶或蛋白等成分复配共同制备乳状液。刘冉等（2021）以黄原胶（XG）和大豆分离蛋白（SPI）为试验原料，通过超声波预处理和葡萄糖酸内酯诱导的方式制备 XG-SPI 复合凝胶，结果表明，随着 XG 浓度（0.1%～0.5%）的增加，复合凝胶的弹性模量和黏性模量随之增加，损耗因子随之减小，凝胶强度持续增强。

（四）其他胶体

除传统胶体外，一些新型壁材也受到了关注。Ercelebi 等（2007）研究了 3 种亲水胶体（果胶、瓜尔豆胶、卡拉胶）的加入对于由乳清蛋白制备的乳状液性能的影响，结果表明，果胶或瓜尔豆胶与乳清蛋白的复配因热力学不相容导致乳状液发生了相分离，而具有高凝胶化能力的卡拉胶则未引起明显的相分离；在不发生相分离的浓度下，随果胶和瓜尔豆胶浓度的增加，乳状液稳定性提高，这可能是由于多糖能够在蛋白质吸附层的外部再形成一层致密的保护层，进而提高空间位阻效应，并且高浓度的胶体也能提高体系黏度，阻止油滴的运动，此外，乳状液的油相上浮现象也随果胶和瓜尔豆胶浓度的增加而受到抑制。

三、蛋白质类

蛋白质因其具有良好的功能特性而被作为壁材广泛应用于微胶囊领域，它会起到促进乳状液形成，并通过减少界面张力及在油滴周围形成一层保护膜而达到稳定乳状液的效果。最常用的蛋白质包括动物源性的乳清蛋白、酪蛋白、明胶等，以及植物源性的大豆蛋白等。蛋白质含量、质构、蛋白和非蛋白成分等差异，以及外界温度、离子强度、pH 等外界因素都会对其功能性质造成影响。

（一）酪蛋白酸钠

牛乳中所含的酪蛋白多以胶束的形式存在，以碱性物质处理酪蛋白可将其转变成溶解性良好的蛋白类亲水胶体，酪蛋白酸钠是其中最重要的一种。环境条件的改变会对酪蛋白酸钠的乳化性造成较大影响，其在等电点时乳化性能最差，在碱性环境下乳化性随 pH 上升而提高；又因为其耐热性较好，在加热到 130℃ 以上才会被破坏。白雪等（2021）以高粱醇溶蛋白和酪蛋白酸钠作为壁材，采用喷雾干燥法制备大豆油粉末油脂，结果表明，酪蛋白酸钠的两亲结构改善了高粱醇溶蛋白和酪蛋白酸钠复合物的水中溶解度，利用高粱醇溶蛋白和酪蛋白酸钠作为壁材制备大豆油粉末油脂，改善了大豆油粉末油脂的性能。

（二）乳清蛋白

乳清蛋白是干酪生产过程中的副产品经浓缩精制而得到的一类蛋白质，主要分为乳清浓缩蛋白（WPC）和乳清分离蛋白（WPI）两大类，WPC 的蛋白质浓度一般在 30%～80%，而 WPI 的蛋白质含量不低于 90%。WPI 具有两亲性，可以结合静电和空间相互作用，稳定乳液，防止絮凝或聚结，从而为油滴提供保护，在较宽的 pH、温度和离子强度范围内具有良好的溶解度。因此，WPI 可用作乳化剂来提高乳液的稳定性。梁博等（2020）选用乳清分离蛋白（WPI）与阿拉伯胶（GA）为复合壁材，采用复凝聚法制备茶油微胶囊，得到茶油微胶囊最佳制备条件为：壁材质量分数为 2.0%（即 WPI 与 GA 壁材占全部混合物的质量分数），壁材组分 WPI 与 GA 的质量比为 1:1，芯材和壁材质量比为 0.84:1.00，复凝聚 pH＝4.3，复凝聚温度为 40℃，搅拌速度为 500r/min，此时包埋率达 89.67%。结果表明，茶油微胶囊结构完整、粒径均一且具有良好的流动性、分散性、热稳定性和抗氧化性。体外缓释数据表明，茶油微胶囊在模拟胃液和肠液中的缓释机制符合人体消化吸收特性。茶油微胶囊化保护了茶油的有效成分，其使用范围得到扩展，消化吸收效果得到提高。乳清浓缩蛋白作为传统的蛋白类微胶囊壁材，其乳化能力强、成膜性好，形成的蛋白膜能够阻绝氧气的渗透，能够有效延缓芯材（不饱和脂肪酸）的氧化速度。

（三）明胶

明胶来源于动物结缔组织或表皮组织中的胶原蛋白，其具有良好的乳化性、成膜性、水溶性，且来源广、价格低，符合微胶囊壁材对材质的要求。因此，在微胶囊技术应用中，明胶被广泛使用作为壁材。刘耀东等（2021）采用挤压法对益生菌进行微胶囊化，利用海藻酸钠和明胶进行复合包埋，结果表明，使用明胶和海藻酸钠复合壁材，能够高效地包埋鼠李糖乳杆菌，包埋率达到（76.0±2.0）%，制备益生菌微胶囊的最佳工艺为：海藻酸钠 3%，明胶 0.2%，氯化钙 2%，搅拌速度 800r/min。通过仔猪饲喂添加有益生菌制剂的日粮，可使仔猪的采食量增加，进而起到促生长作用，添加量为 0.3% 时效果最佳。

（四）大豆蛋白

大豆蛋白作为一种重要的植物蛋白资源，主要分为大豆浓缩蛋白（SPC）和大豆分离蛋白（SPI）两大类。SPI 是经过提取、分离等纯化过程，将碳水化合物等非蛋白成分除去的精制蛋白产品，其蛋白质含量达 90% 以上，生产成本高。由于 SPI 的蛋白含量较高，具有良好的乳化性。研究者将 SPI 作为乳化剂来稳定乳液。单一的 SPI 因受结构影响容易变质，限制了其在乳液中作为乳化剂的应用，为了解决这一问题，目前采用 WPI 用作乳化剂来提高乳液的稳定性。李良等（2019）采用大豆分离蛋白-乳清分离蛋白（SPI-WPI）作为乳化剂制备 O/W（水包油）型乳液，结果表明当 SPI-WPI 乳液质量分数为 2.0%、SPI 与 WPI 质量比为 1：9 时，乳状液稳定性、乳化性、微观状态、氧化稳定性最好。在微胶囊技术应用中，采用大豆分离蛋白与其他壁材物质作为复合壁材对芯材进行微胶囊化，也表现出良好的包埋效果。

除了必要的芯材和壁材外，有些微胶囊的制备需要添加适量的乳化剂，以此来提高芯材的包埋率。乳化剂包括亲水和亲脂部分，是表面活性的两亲性分子。在乳化期间，乳化剂通过形成油-水界面防止油滴聚集。乳化剂与油脂、壁材溶液一起形成乳剂来制备微胶囊。乳化剂可分为非离子型、阴离子型、阳离子型和两性型四类。

第四节 微胶囊技术在饲料工业中的应用

微胶囊技术是一项发展非常迅速的高新技术，它克服了许多技术障碍，使传统产品的品质得到进一步提升。微胶囊技术作为一种饲料加工的新方法在欧美等发达国家也已十分普遍，利用微胶囊化技术生产的饲料添加剂已成为国际现代饲料工业中一类十分重要的饲料产品，然而微胶囊技术在我国饲料工业中的应用尚处于起步阶段。随着饲料工业快速发展，开发出了大量新的活性物质，如酶制剂、微生物制剂、免疫球蛋白、香精香料、有机酸和工业氨基酸等。同时，对这些活性物质的保护也提出了更高要求，不仅要求在饲料生产和贮存过程中，甚至要求在动物体内免受胃酸、内源酶的破坏，有的活性成分还要求定点释放或定速释放等。因此，对有必要的饲料添加剂进行微胶囊化，提高产品的性能、降低饲料添加剂的添加量具有重要意义。

一、饲料添加剂微胶囊技术

广义饲料添加剂是指在饲料生产、使用过程中添加的少量或微量物质，在饲料中用量很少但作用显著。饲料添加剂是现代饲料工业必不可少的饲料原料，其对强化基础饲料营养价值、提高动物生产性能、保证动物健康、节省饲料成本、改善畜产品品质等方面具有明显的效果。饲料添加剂微胶囊技术是用可以形成囊壁的物质，将需保护的饲料添加剂作为囊芯，包裹在微胶囊中，当被包裹的饲料添加剂被动物采食后通过囊壁上的微孔慢慢地向外渗透、扩散。

饲料添加剂的范围很广，包括氨基酸、维生素、微量元素、抗菌剂、风味剂等。其中某些品种如同多数药物、香料一样，对光、氧、水、气、温度等敏感，在贮存和使用过程中易变质，或容易挥发并与其他介质发生反应而降低使用效果，而将饲料添加剂进行微胶囊化，能保护被包裹的物料，使之与外界环境隔绝；能有效地延缓其分解、氧化、挥发等变质过程的发生，最大限度地保持饲料添加剂原有的功能活性；能控制有效成分的释放速度，使之长效化。将同一产品的两种或两种以上因混合在一起易发生化学反应而失效的添加剂成分用微胶囊隔离开来，可以提高其稳定性。改变物料的状态，如将液态物质制成分散性好、便于运输、贮存及使用的微胶囊固态粉末，可以调节物质的密度，保护挥发性物质，遮蔽一些芯材物质的不良气味等，改善产品品质。此外，饲料添加剂会受消化道中pH、酶及肠道微生物的影响，因此，微胶囊包埋技术对提升饲料添加剂产品的品质具有重要的现实意义。

为拓宽肉桂精油在食品、饲料等领域的应用，李国良等（2021）采用β-环糊精为壁材，肉桂叶精油为芯材，制备了肉桂叶精油/β-环糊精微胶囊。研究结果表明，壁芯比6∶1、包埋温度50℃、包埋时间4h、搅拌速度1 000r/min为最优的制备条件，得到的肉桂叶精油的包埋率为74.17%；通过气相色谱-质谱联用（GC-MS）分析表明，肉桂叶精油的主要组成为反式肉桂醛（81.39%）和邻甲氧基肉桂醛（7.61%），微胶囊中的肉桂叶精油的主要成分也是反式肉桂醛（78.68%）和邻甲氧基肉桂醛（9.34%）；傅立叶变换红外光谱（FT-IR）表征结果分析发现，肉桂叶精油与β-环糊精之间形成了较好的包合物结构，微胶囊具有良好的热稳定性及缓释性能。包清彬等（2015）为将液体香精加工成缓释性固体粉末香精，以明胶和海藻酸钠为壁材，使用复凝聚法制备液体香精微胶囊，结果表明，壁材为1%明胶溶液与0.5%海藻酸钠溶液按3∶1的质量比混合、液体香精与壁材质量比1∶1、复凝pH4.0～4.5条件下，平均包埋率达92.80%，产品缓释性较好。用复凝聚技术生产香精香料微胶囊，可以避免喷雾干燥等方法的高温损失问题，具有独特的优越性。

除了复凝聚法以外，分子络合法制备的香精微胶囊稳定性强且缓释性能好。许建营等（2020）采用分子络合法制备了西瓜香精-α-环糊精微胶囊，制备的西瓜香精-α-环糊精微胶囊具有高热稳定性，并有效延缓西瓜香精挥发等优点。最佳工艺条件为：α-环糊精溶液质量浓度为20g/L，芯壁比为1∶3，西瓜香精与吐温20的比例为2∶1，反应时间为2.0h，反应温度为60℃。在此条件下制备的西瓜香精-α-环糊精微胶囊平均粒径较小（201.2nm），微胶囊包封率为80.4%。

二、饲料活性成分微胶囊技术

饲料中活性物质（成分）是指在饲料原料中天然存在的或饲料营养物质在饲料加工过程中及在动物体内消化代谢过程中产生，且具有促进肠道健康、维持理想的免疫平衡和氧化平衡、调节基因表达等特殊营养调控或保健功能的超微量成分。天然活性成分饲料添加剂主要有皂苷类、生物碱类、黄酮类、多糖类及维生素类等。

维生素是维持动物正常生理机能不可缺少的营养素，但大多数维生素极易被氧化或还原。温度、水分、微量元素和常量矿物质，氯化胆碱、载体和稀释剂以及维生素本身都会影响其稳定性。因此，采用微胶囊技术将维生素包封制备成微胶囊，经微胶囊化后不仅具有保护作用，还能提高分散均匀度，并可在需要时再将被包埋的维生素释放出来。

（一）维生素 A

生产实践中，为了提高维生素 A（vitamin A）的化学稳定性，延长保存时间，通常采用乳化液包埋和流化床喷雾造粒的方法将其加工成微胶囊颗粒使用，一般选用合适的高分子包埋材料如阿拉伯胶、明胶、β-环糊精、卡拉胶、变性淀粉等，加工得到的微胶囊制剂再在食品、药品、饲料中添加应用。石立芳等（2019）采用喷雾干燥方法，以明胶为壁材制备维生素 A 微胶囊，得到最佳乳化工艺条件为：壁材与芯材的最佳质量比为 4∶1，乳化的最佳温度为 60℃，乳化液 pH 4.5，乳化时间为 40min，乳化剪切速度为 10 000r/min。最佳的喷雾干燥条件为：进风温度 120～140℃，进料流量 20mL/min，乳液固含量 25%～30%。在优化的工艺条件下制备的维生素 A 微胶囊产品包埋率高达 97.3%，外观呈乳黄白色，无异味，比未经包埋的维生素 A 稳定性更好。

张炳等（2018）选用阿拉伯胶、明胶、β-环糊精和变性淀粉分别作壁材包埋制备维生素 A 乳液，在制备过程中加入黄原胶来提高乳液稳定性，结果显示，用明胶制备的维生素 A 微胶囊制剂稳定性最好。但维生素 A 在喷雾造粒过程中，存在产量波动、不稳定等问题。为实现维生素 A 喷雾造粒过程中产量的稳定性，探讨了包埋剂材料种类、水分含量、乳化时间、喷雾造粒时间对维生素 A 乳液黏度的影响，结果表明，维生素 A 喷雾造粒乳液温度应控制在 60～62℃，喷雾造粒 30min 后应及时补水 5kg，当阿拉伯胶、变性淀粉、麦芽糊精作包埋材料时，维生素 A 乳液水分含量应分别控制在 61%、58% 和 56%，在改进的工艺条件下，维生素 A 喷雾造粒产量稳定性增强。

（二）维生素 E

维生素 E 又名生育酚，是具有 α-生育酚生物活性的一类物质，具有预防衰老、维持机体正常的繁殖机能、增强免疫力等功能，维生素 E 作为必需的营养物质广泛应用于饲料、医药、食品及化妆品中。然而，维生素 E 对酸、热稳定，对氧、紫外线、碱等物质敏感，极易遭到破坏。已有学者对维生素 E 的微胶囊化工艺及所得微胶囊的稳定性进行了研究。敖慧君等（2015）采用 β-环糊精包埋维生素 E，制备维生素 E 微胶囊，结果表明，采用超声法制备的最佳工艺条件为：包合时间 20min、包合温度 30℃、超声功率 150W，芯壁比 1∶9，此时包埋率可达 83.5%，且解决了维生素 E 易氧化、遇光和热不稳定的难题，提高了稳定性。

与其他微胶囊化方法相比，复凝聚法具有安全性高、反应条件温和、包埋率高、控释性好等特点，它是利用两种带不同电荷的聚电解质之间的静电相互作用来达到包埋芯材的目的。已有学者就复凝聚微胶囊化技术在维生素 E 包埋中的应用进行了报道。强军锋等（2018）则以明胶和海藻酸钠为壁材，5％氯化钙溶液为固化剂，采用复合凝聚法制备天然维生素 E 微胶囊。结果表明，当明胶与海藻酸钠质量比为 3∶1 时，制得的微胶囊形状规则，粒径适中且分布在 $30\sim60\mu m$，平均粒径为 $35.17\mu m$，产率和效率（分别为 72.5％、67.9％）以及固态时的有效载量达到最高（69.6％）。复合凝聚法制备天然维生素 E 微胶囊的质量还与壁材浓度、芯壁配比、体系 pH 和固化时间等因素有关。孙欣等（2017）以大豆分离蛋白（SPI）和壳聚糖为壁材，通过复凝聚法制备维生素 E 微胶囊，研究了维生素 E 与大豆分离蛋白质量比对维生素 E 包埋产率与包埋效率的影响，还比较了戊二醛、谷氨酰胺转氨酶交联对维生素 E 微胶囊释放效果的影响。结果表明，当维生素 E 与大豆分离蛋白质量比为 1∶2 时，微胶囊的包埋产率和包埋效率最高，分别为 91.48％和 86.45％；戊二醛和谷氨酰胺转氨酶交联均能显著提高维生素 E 微胶囊的稳定性，包括热稳定性、光照稳定性及在不同湿度条件下的稳定性。

（三）B 族维生素

B 族维生素属于水溶性维生素，虽具有多种生物功能，但不稳定，有必要对其进行包埋。赵阳等（2017）以明胶和阿拉伯胶为壁材，采用复乳化-复凝聚-喷雾干燥法制备了维生素 B_1 微胶囊。结果表明，得到的维生素 B_1 微胶囊外观呈球形，表面完整，囊壁的结构对芯材有良好的保护作用，微胶囊产品的包埋率高达 91.84％。维生素 B_2 又称核黄素，微溶于水，色黄，在中性或酸性溶液中热稳定。造成维生素 B_2 损失的主要原因有：可被光降解，在碱性溶液中加热可被破坏。为了避免维生素 B_2 的损失，任顺成等（2014）以阿拉伯胶为壁材，采用喷雾干燥方法制备了维生素 B_2 微胶囊。其最佳工艺条件为：壁芯比 10∶1、壁材浓度 20％、进风温度 170℃、进料流速 3mL/min，该条件下维生素 B_2 微胶囊的包埋率为 86.12％。

叶酸在酸性、光照以及含吸湿性强的微量矿物质如硫酸盐、氯化物等存在条件下稳定性差。目前，常用的叶酸微胶囊制剂是采用喷雾干燥方法制备的含叶酸 80％左右的微胶囊制剂。以糊精作为载体的喷雾干燥型制剂为流动性好的微粒，在预混料或配合饲料中易混合均匀。以明胶或异丙醇和乙基纤维素作为包埋材料制成的微胶囊产品稳定性好，特别是乙基纤维素包埋的制剂稳定性优于明胶包埋的制剂。

（四）维生素 C

维生素 C 又名 L-抗坏血酸、抗坏血酸。在食品、饲料工业中，维生素 C 被广泛用作维生素补充剂和抗氧化剂。然而，维生素 C 的性质非常不稳定，环境因素如温度、pH、氧、金属离子、紫外线和 X 线等都会影响维生素 C 的稳定性。由于维生素 C 的不稳定性，因此在颗粒饲料的加工、运输、贮存及使用过程中，维生素 C 易失去生理活性。另外，由于维生素 C 具有水溶性，在水产动物饲料的加工及投喂中也很容易损失。将维生素 C 进行微胶囊化，是提高饲料中维生素 C 稳定性的一种重要途径。李纲等（2013）以羧甲基纤维素钠和明胶作为复合壁材，应用喷雾干燥法对维生素 C 进行包埋。结果表明，在羧甲基纤维素钠浓度为 2.98％，明胶浓度为 1.0％，芯壁比为 2.38，进风温度为 140℃，压缩空气流量为 800L/h，进料量为 200mL/h 的条件下包埋维生素 C 时，可获得的最大包埋率为 65.4％。制得的维生素 C 微胶囊呈乳白色，大多成球形，黏度较大，粉末细小，粒径在 $2\sim17\mu m$；稳定性好，缓释效果良好，在模拟胃液中的释放遵从一级动力学方程。

三、酶制剂微胶囊技术

酶是具有催化活性的蛋白质，具有高效性、专一性、无毒副作用、不产生残留等特点。其广泛存在于动物、植物和微生物体内，是生物体维持正常的生理生化功能必不可少的成分。家禽、家畜和养殖水产动物对饲料中营养物质的吸收利用，就是在消化道中的各种酶的作用下将各种大分子物质降解为易被吸收利用的小分子物质的过程。动物对饲料中营养成分的消化吸收效率取决于消化道中酶的种类和活力，然而畜禽消化道内分泌的降解某些饲料成分的内源酶往往缺乏或不足，如降解植酸的植酸酶、降解纤维素的纤维素酶，以及其他一些非淀粉多糖酶类都比较缺乏，这就大大降低了营养物质的消化利用率。因此需要在饲料中添加外源性酶制剂，以改善饲料品质、提高饲料利用率。用作饲料添加剂的酶制剂主要有：淀粉酶、纤维素酶、β-葡聚糖酶、葡萄糖氧化酶、脂肪酶、麦芽糖酶、甘露聚糖酶、果胶酶、植酸酶、蛋白酶、支链淀粉酶和木聚糖酶等。但饲料生产中的热处理（调质、制粒和膨化加工）、水分、某些金属离子等对酶制剂的稳定性有很大的影响。在水分低的条件下酶制剂的热稳定性较好，一般可耐受90℃的温度达30min而不会钝化失活，而水蒸气、湿热产生的同样温度却导致酶制剂迅速失活。当制粒机调制温度达到75℃时，β-葡聚糖酶的活性大约只有初始活性的30%，若将酶制剂进行微胶囊化，则可以在恶劣环境条件下保持活性。

作为饲用酶制剂微胶囊常用的壁材分为两类：一类是疏水物质，如蜡、脂肪、牛油、脂质和众多的树脂等；另一类是水不溶物，如$CaCO_3$、$CaSO_4$、$MgSO_4$、$CaHPO_4$、含有硅酸铝的矿物质（如黏土、高岭土、膨润土和皂土）、惰性金属氧化物（如氧化镁、二氧化钴）、各种生物大分子物质（如糖、纤维素、β-环糊精和某些淀粉）、碎细的谷物（燕麦、大麦、小麦磨成的细粉、大豆粉）和活性炭等。微胶囊化酶的制备方法主要有喷雾干燥法及内源乳化法等。

植酸酶能够将饲料中植酸降解成肌醇或磷酸肌醇和磷酸，它可以提高植物性饲料中磷的利用率，减少无机磷的添加量；减少畜禽粪便中有机磷排放，从而降低磷对环境的污染；还可消除饲料中植酸引起的抗营养作用，是一种很好的饲料添加剂。为保护植酸酶的生物特性和方便植酸酶的运输和贮存，张琪等（2016）以植酸酶的酶活回收率为评价指标，采用喷雾干燥法制备植酸酶制剂，以淀粉作为助干剂，以Mg^{2+}和Zn^{2+}等金属离子以及海藻糖作为热保护剂，进风温度为160℃，出风温度为70~75℃。在此条件下，植酸酶的酶活回收率可达80%。经过干燥的固体酶制剂稳定性好，易于保存、运输及使用。胡云红等（2008）采用海藻酸钠和单硬脂酸甘油酯作为壁材，氯化钙作固化剂，对中性蛋白酶制剂进行了包埋研究，结果表明，在100g、0.7%的海藻酸钠溶液中加入0.5g单硬脂酸甘油酯，再加入10g中性蛋白酶制剂粉，滴入1%的氯化钙溶液后固化，经干燥和涂膜能明显提高抗胃蛋白酶分解能力和耐胃酸能力。陈青等（2015）利用海藻酸钠为载体包埋制备固定化α-淀粉酶，得到最佳包埋条件：海藻酸钠浓度为2.48%、氯化钙浓度为2.04%、游离酶浓度为0.23%，得到较高固定化酶的回收率为74%。

四、益生菌微胶囊技术

益生菌是一类具有生物活性，适当摄入对宿主可以产生有益作用的微生物。益生菌是可直接饲用的活菌制剂和微生物饲料添加剂，是微生态制剂的一种类型。目前国内已确认的适宜作益生菌的菌种有乳酸菌、双歧杆菌、酪酸菌、链球菌、芽孢杆菌以及酵母菌等12种。

益生菌在动物饲料添加剂中应用日益广泛，然而目前国内已有的益生菌制品普遍存在稳定性差等问题，益生菌在饲料加工、运输、贮存过程中容易失去生物活性。这些微生物对高温尤为敏感，当制粒温度超过85℃时活性几乎全部消失；而且进入动物消化道后，难以经受胃液中低 pH 的盐酸、胆汁酸等的作用，致使很难有足够的活菌数量到达肠道或定植肠道而发挥作用，从而限制了益生菌对动物生理作用的发挥。

微胶囊技术可以提高益生菌在胃肠道的活性及其对饲料加工过程中的压力和温度的耐受能力，使益生菌具有更强的抗酸、抗热能力。研究表明，采用微胶囊技术可以在很大程度上提高微生态制剂产品的耐贮性、耐加工性能，降低添加量，充分发挥益生菌的作用，使用方便且效果更好。

（一）乳酸菌微胶囊

乳酸菌是一类能利用碳源产生大量乳酸的革兰氏阳性细菌，也是公认的绿色安全的添加剂。乳酸菌在胃肠道内是一种优势菌，可以黏附并定植在肠道中，一方面对肠道黏膜有占位性保护作用，另一方面可刺激肠道局部的免疫反应。由于乳酸菌优秀的产酸能力和抑制病原微生物的能力，有效提高了动物的生长性能与免疫性能，因此在饲料工业中应用前景广阔。

乳酸菌微胶囊的制备一般采用安全且健康无害的原料，如海藻酸钠、壳聚糖、阿拉伯胶、果胶、卡拉胶多糖或乳清分离蛋白、大豆分离蛋白等蛋白类作为壁材。孙鹏等（2012）以海藻酸钠、β-环糊精为壁材，采用锐孔-凝固法制备了植物乳酸菌微胶囊，活菌数达到 2.27×10^{11} CFU/g，且具有较好的耐酸性和肠溶性。

挤压法是乳酸菌微胶囊技术中常用的方法之一，基本原理是将含有乳酸菌的胶体溶液滴入交联剂中进而形成凝胶微粒。液滴形成的方式有静电场、共挤压、转盘和射流切割等。挤压法的优点是操作简单、成本低，能获得较高的细胞存活率。许女等（2011）采用挤压法制备植物乳酸菌 MA2 微胶囊，结果表明，最优工艺条件为：4% 的大豆分离蛋白溶液，4% 的微孔淀粉溶液，2% 的海藻酸钠溶液，固化液为 2% 的 $CaCl_2$ 溶液，此条件下制备得到的乳酸菌 MA2 包埋率高达 91%；并且微胶囊化的乳酸菌具有较强的耐酸性，在人工胃液中基本不溶解；而在人工肠液中，立即释放，活菌数达到 1.9×10^9 CFU/g。使用挤压法制备的乳酸菌微胶囊可增强其耐胆盐、耐高温等抗逆性。

（二）双歧杆菌微胶囊

双歧杆菌是一类对肠道有益的厌氧革兰氏阳性杆菌。作为一种生理性有益菌，双歧杆菌通过分泌细菌素等次级代谢产物可抑制动物体内病原菌的生长，从而抵抗病原菌的感染。影响双歧杆菌制品品质最关键的问题是在产品销售和消费过程中活菌含量下降，这是由于双歧杆菌对氧极为敏感，对低 pH 的抵抗力差，活性保持困难；双歧杆菌制剂（液体）在几天内活菌数就会下降一个数量级；对于干粉末，在一般贮存温度（室温）下也会很快失活，活菌数会大幅下降。另外，双歧杆菌活菌对胃酸和胆盐耐受力也较差，因此，微胶囊技术应用于双歧杆菌的包埋有很大的应用空间。

李作美等（2020）以双歧杆菌和低聚果糖的混合溶液为芯材，海藻酸钠与乳清蛋白为壁材，采用内源乳化法制备双歧杆菌微胶囊，确定了双歧杆菌微胶囊制备的最优条件：海藻酸钠质量分数为 2%，乳清蛋白和海藻酸钠质量比为 2∶1，碳酸钙和海藻酸钠质量比为 1∶2，水相与油相体积比为 25，冰醋酸为 400μL 时，双歧杆菌湿润微胶囊包埋率可达 81.15%，体外模拟消化表明双歧杆菌微胶囊具有良好的肠道释放性。

赵建新（2021）采用静电喷雾微胶囊化、常规喷雾微胶囊化和乳化冷冻微胶囊化 3 种方法包埋不同双歧杆菌菌粉，并研究通过模拟消化道仿生系统后的存活率、疏水性、自沉淀率、黏附性和细胞脂磷壁酸中脂肪酸含量。结果发现，在模拟消化道仿生系统环境胁迫下，静电喷雾干燥是较佳的微胶囊化双歧杆菌的方法，静电喷雾微胶囊化双歧杆菌的存活率高于常规喷雾微胶囊化和乳化冷冻微胶囊化，且静电喷雾微胶囊化乳双歧杆菌 BL03 包埋率高达（93.31±3.16）%。

徐鹏飞等（2021）通过研究喷雾冷冻干燥法制备乳双歧杆菌 Probio-M8 微胶囊的工艺，在干燥温度为 40℃、蠕动速度为 15mL/min、喷嘴直径为 1.5mm 时，Probio-M8 存活率最高为 73.21%，微胶囊颗粒形态较为完整。干燥后不饱和脂肪酸含量提高 10.53%，可维持细胞膜的流动性。在模拟人体胃、肠液耐受试验中，胶囊中的乳双歧杆菌 Probio-M8 平均存活率达 81.99%，具有较好的胃、肠液耐受特性。

（三）酪酸菌微胶囊

酪酸菌又名丁酸梭菌，是一种厌氧的革兰氏阳性芽孢杆菌，其可在肠道内产生 B 族维生素、维生素 K 等物质，对机体具有保健作用，同时还可以增加人和动物体内血清中免疫球蛋白 A 和免疫球蛋白 M 的含量，提高机体免疫力。其较非芽孢益生菌制剂具有耐热、耐酸和耐多种抗生素等生物学特性，能对宿主产生各种促进健康作用，如调节肠道微生态平衡、稳定胃肠道功能、产生益生物质、提高免疫力及促进机体生长等，具有广阔的应用前景。

目前，酪酸菌的微胶囊化研究报道还很少。孙梅等（2011）对酪酸菌包埋剂的选择及包埋条件进行了试验研究，结果显示，酪酸菌在采用 4% 的海藻酸钠和 2% 的明胶混合物作为壁材包埋时效果最好，包埋后的活菌数达到 $2.4×10^8$ CFU/mL，包埋率为 99.5%。形成的微胶囊颗粒粒度均匀，分散性好，且热稳定性显著提高，耐胃酸及胆盐效果显著增强。

五、微胶囊技术在反刍动物饲料生产中的应用

由于牛、羊等反刍动物的胃有强大的消化能力，药物或者饲料添加剂，经常在胃的强酸性环境中被分解而失去功效，从而不能很好地被吸收利用。如果采用微胶囊技术加以保护，可使药物或饲料添加剂过胃后在肠道中消化利用。用于反刍动物饲料生产的饲料添加剂主要有多卤代烃类、非蛋白氮类、氨基酸类、不饱和脂肪酸类物质以及特殊营养物质等。

（一）微胶囊包埋多卤代烃类物质

研究表明，在反刍动物的饲料中添加二氯甲烷、氯仿（三氯甲烷）、四氯化碳等氯代甲烷添加剂，可显著降低反刍动物瘤胃消化过程中产生甲烷的量，以提高有益酸丙酸和丁酸的量。然而这些多卤代烃类物质都是易挥发液体，有难闻气味，很难均匀混合到干燥的饲料中，采用特殊的微胶囊工艺制成粉末可有效降低瘤胃的降解率。已有采用复凝聚法制

备单层或者双层多卤代烃微胶囊，其具有流动性好和安全性高的优点。将其添加到饲料中，可以提高反刍动物的饲养效率。

（二）微胶囊包埋非蛋白氮类物质

由于反刍动物对瘤胃氮素营养有一种特殊的利用方式，通过将碳铵以及尿素等一些非蛋白类化合物进行分解，以此转换成菌体蛋白被机体消化吸收利用。尿素作为一种非常规的氮源被广泛应用于反刍动物饲养中，为反刍动物瘤胃微生物提供氮源。一般用尿素可替代 30% 的蛋白质，但由于尿素在瘤胃中被很快分解并释放出氨，氨通过瘤胃进入血液会引起氨浓度升高，进而损伤动物大脑及神经组织，使动物出现氨中毒症状，严重时甚至造成死亡。而且尿素气味重，导致饲料的适口性变差。

程双刚（2021）研究发现，分别采用棕榈油和氢化油脂作为包被材料，尿素作为芯材，采用熔融分散冷却法制备尿素微胶囊，并研究其在水中和模拟瘤胃液中的溶出率，从而提高尿素在反刍动物中的利用率。以无毒高分子材料，如淀粉为壁材，对尿素添加剂进行包埋，制备尿素微胶囊制剂，其工艺简单，缓释性能良好，缓释时间可以根据要求调整，是开发蛋白质饲料资源的一条有效途径。据报道，采用淀粉包埋尿素，尿素被水解的时间可延长 3～4h，从而提高反刍动物的养殖效益。

（三）微胶囊包埋氨基酸类物质

蛋氨酸在反刍动物体内对蛋白质的合成起着至关重要的作用，在动物体内可以迅速转变为胱氨酸，满足胱氨酸的需要。然而，直接补充蛋氨酸容易在瘤胃中被瘤胃微生物降解，而蛋氨酸微胶囊化是提高反刍动物对蛋氨酸利用率的有效途径。刘昌杜（2007）就丙烯酸树脂Ⅳ（PRⅣ）、乙基纤维素（EC）和壳聚糖（CS）三种不同壁材的成膜形态和膜的过瘤胃性能进行了研究，然后采用流化床制备了不同复合壁材包被的过瘤胃蛋氨酸（RPMet），并通过人工模拟消化液法（不同 pH 缓冲液）、瘤胃尼龙袋法和小肠液冻干粉法测定 RPMet 的瘤胃稳定性和小肠消化率，再进行复配研究，最终确定采用 3%CS＋3%EC 包被的 RPMet 作为山羊氮代谢的试验材料，并进行了过瘤胃蛋氨酸对生长山羊氮代谢影响的研究。通过全收粪法测定过瘤胃蛋氨酸对生长山羊氮代谢的影响，结果得出过瘤胃蛋氨酸的最适添加量为 0.182%，该添加量下山羊饲养效果最佳。

（四）微胶囊包埋不饱和脂肪酸类物质

在反刍动物饲料中添加适量不饱和脂肪酸可以满足其生长所需的能量和必需脂肪酸。然而，由于反刍动物瘤胃微生物的作用，饲料中的不饱和脂肪酸被氢化为饱和脂肪酸，并且由于不饱和脂肪酸溶解性低和易氧化等特性，限制了油脂在反刍动物饲料中的添加量。为制备反刍动物的过瘤胃脂肪，祝爱侠（2007）首先以大豆油为原料，壳聚糖和麦芽糊精为壁材，采用喷雾干燥法进行了制备过瘤胃脂肪的试验研究。结果表明，喷雾干燥法制备过瘤胃脂肪的乳化工艺最佳参数为：乳化温度 60℃、乳化时间 10min、壁材含量 10%、壁材比 1∶10（壳聚糖∶麦芽糊精）；产品的 12h 过瘤胃有效释放率为 48.26%。同时以大豆油为原料，先用载体吸附、制微粒，再分别以丙烯酸树脂Ⅳ、乙基纤维素和壳聚糖为主要壁材，分别通过空气悬浮法制备过瘤胃脂肪，利用体外模拟消化液法对 3 种过瘤胃脂肪产品的过瘤胃有效释放率进行初步检测。结果表明，乙基纤维素为壁材制得的过瘤胃脂肪，其 12h 过瘤胃有效释放率为 77.70%，优于其他两种壁材。该试验又分别以丙烯酸树脂Ⅳ、乙基纤维素和壳聚糖为主要壁材制备过瘤胃脂肪，利用瘤胃尼龙袋法和小肠液冻干粉法进行检测，研究了不同壁材对过瘤胃脂肪释控性能影响的研究。结果表明，与其他两种壁材相比，以乙基纤维素为壁材制得的过瘤胃脂肪具有较高的过瘤胃率、小肠消化率，其12h过瘤胃有效释放率可达72.66%，对脂肪保护效果最佳。

（五）微胶囊包埋特殊营养物质

一些特殊营养物质可提高反刍动物的生长性能、免疫机能以及畜产品的品质。以姜黄素为例，其具有抗炎特性，可抑制肿瘤坏死因子-α、白细胞介素-1和白细胞介素-6，并能刺激巨噬细胞的产生和活化。目前姜黄素作为特殊营养物质已用于反刍动物饲料。然而天然形式的姜黄素水溶性差、消化率低、稳定性差，利用微胶囊技术对姜黄素进行包埋处理，可提高其消化吸收率并减缓其在胃中的释放。Jaguezeski等（2019）利用界面沉积法以聚甲基丙烯酸乙酯为壁材包埋姜黄素，制备得到的姜黄素微胶囊平均粒径为（136±0.96）nm，包埋率为96%～98%。Ourique等（2014）采用喷雾干燥方法，以乳糖为壁材包埋姜黄素，得到的姜黄素微胶囊平均粒径为（175±1.2）nm，包埋率为89%～91%。

六、微胶囊技术在水产动物饵料生产中的应用

由于天然的水产动物饵料在水中的稳定性较差，并且可能会对水体造成污染，对水产动物的诱食性不强，而将微胶囊技术应用到水产动物饵料生产中，可减轻因使用天然生物饵料对水体造成的不良影响；且通过添加营养性免疫增强物质可显著提高机体的免疫力和成活率。水产动物饵料微胶囊具有良好的物理性能，如水中稳定性、悬浮性、扩散能力和适合的粒径；且具有较强的诱食性和良好的适口性，可提高消化吸收利用率，降低饵料系数，并大幅提高苗种的摄食成功率和生长率。目前为止，微胶囊化技术在水产动物养殖中的利用主要有微胶囊化饵料、微胶囊化氨基酸及微胶囊化微生态制剂等。

（一）微胶囊化饵料

微胶囊化饵料是指使用成膜材料将溶液、胶体状、糊状或固体状（不含黏合剂）的饵料成分包裹起来，一般用于水产动物的幼体，作为幼体的开口饵料。我国传统的水产苗种培育饵料主要使用轮虫、卤虫无节幼体和微藻等生物饵料。随着水产养殖业的发展，育苗规模不断扩大，对饵料的需求量也逐渐增加。因此，将微胶囊化饵料作为水产育苗的人工饵料有着很好的发展前景。

苗玉涛等（2006）以明胶、海藻酸钠、卡拉胶为壁材，使用喷雾干燥方法对鱼虾饲料进行微胶囊化，微胶囊饲料的生产流程为：原料粉碎—调配溶液—均质—喷雾干燥—产品生成—冷却—过筛包装。其最佳工艺条件为：恒流泵流速70r/min，喷雾干燥机工作入口温度180℃左右、出口温度80℃左右，压缩空气压强1MPa左右，喷头雾化器转速20 000r/min左右。谢中国等（2011）采用喷雾干燥法和复合凝聚法制备仔鱼微胶囊饲料，喷雾干燥法选用的壁材分别为明胶、明胶和麦芽糊精的复合物（1∶1）；复合凝聚法选用的壁材是明胶和阿拉伯胶的复合物（1∶1）。结果显示，喷雾干燥法、复合凝聚法制备的微胶囊饲料粒径较小，大部分小于178μm。喷雾干燥法制备微胶囊饲料的最佳工艺条件为：进风温度180℃，出风温度80℃，进料速率40mL/min，压缩空气压强1MPa左右，喷头雾化器转速2 000r/min左右。采用喷雾干燥法制备以明胶为壁材的微胶囊饲料在脂类包埋率、氮保留率方面均优于以明胶和麦芽糊精复合物为壁材的微胶囊，以明胶和阿拉伯胶复合物为壁材

的复合凝聚法则不适合用于制备微胶囊饲料；微胶囊饲料在水体中的氮保留率优于微黏饲料。

微胶囊饲料的粒径一般为仔鱼口径的 20%。2 日龄大黄鱼仔鱼开口的口径约为 0.37mm；5 日龄仔鱼口径为 0.56mm；7 日龄仔鱼卵黄囊完全消失，摄食能力增强，口径为 0.57mm；12 日龄稚鱼的口径约为 0.78mm。朱庆国（2018）对大黄鱼仔鱼微胶囊饲料的粒度及其在水中的稳定性进行了评估，试制的大黄鱼微胶囊饲料的原料都经过超微粉碎，再进行充分的研磨，借机械外力使固-液物料粒径变得足够小，达到细化、均质、分散、乳化的效果。结果表明，试制的 4 批次大黄鱼仔鱼微胶囊饲料的粒径分布基本符合大黄鱼仔鱼的摄食要求，与 12 日龄之前的大黄鱼仔鱼口径范围比较适配，4 批次样品的中位粒径分别为 87.98μm、71.63μm、45.00μm 和 45.02μm。

（二）微胶囊化氨基酸

氨基酸是水产动物生长和代谢最重要的营养素之一，水产动物饵料中关于添加氨基酸的方式及效果一直是人们关注和研究的重点。有研究表明，在虾类饲料中添加晶体氨基酸并没有对虾类的生长和饲料的利用率产生理想的效果，主要原因是虾类对饲料中的晶体氨基酸吸收速率较快，导致其与蛋白质来源氨基酸的利用不同步，而对晶体氨基酸进行微胶囊化处理，以降低吸收速度，是改善其利用率的有效途径。

过世东等（2011）以明胶和海藻酸钠为复合壁材，采用喷雾干燥法制备蛋氨酸微胶囊，可在虾类胃液和肠液中分别具有保护和缓释作用。微胶囊包埋的最佳工艺条件为：壁材为质量分数 1% 的海藻酸钠和质量分数 1% 的明胶、芯材为质量分数 15% 的蛋氨酸，进料温度为 65℃，进风温度为 195℃，出风温度为 80℃，进料速率为 45mL/min。结果表明，在此喷雾干燥工艺条件下，制备所得的蛋氨酸微胶囊包埋率为 89.6%；且蛋氨酸微胶囊颗粒外形较圆整，大小分布较均匀，表面光滑。除此之外，该团队还研究了采用流化床空气悬浮法制备微胶囊赖氨酸盐酸盐，分别以质量分数 10% 的玉米醇溶蛋白和聚丙烯树脂混合液为壁材，微胶囊包埋的最佳工艺条件为：包衣室温度 45℃、包衣液速度 100mL/min、喷雾压力 1.2MPa。在此条件下，用玉米醇溶蛋白包埋赖氨酸微胶囊的包埋率为 82.3%，用聚丙烯树脂混合液包埋赖氨酸微胶囊的包埋率为 80.3%，这两种微胶囊赖氨酸盐酸盐在 60min 内的累积溶解释放率分别为 16.6% 和 32.8%，显著低于在相同时间内未包埋晶体赖氨酸盐酸盐的累计溶解释放率。

（三）微胶囊化微生态制剂

微生态制剂在水产养殖中主要作为体内微生态改良剂和水质微生态改良剂。微生态制剂中的许多细菌本身含有丰富的蛋白质、氨基酸和维生素等营养物质，是优质饲料添加剂或水产幼体的优良饵料，并且还能改善养殖环境的水质和底质，调节水色和浮游生物组成，保护动物健康和促进动物生长。然而，活菌制剂进入动物消化道后多无法经受低 pH 的胃酸作用，难以有足够的活菌数量到达肠道，并且在产品贮存过程中，易受外界环境因素影响，如氧气、温度、光照等，要求低温保存，因而限制了活菌产品的生产和应用。

应月等（2010）为提高枯草芽孢杆菌使用效果，以海藻酸钠、明胶为壁材，采用静电喷雾法制备了枯草芽孢杆菌微胶囊。研究得到微胶囊化枯草芽孢杆菌的最优制备工艺条件为：芯壁比 1：5，明胶浓度 0.5%，海藻酸钠浓度 2%。此工艺条件下的微胶囊包埋率高达 90.7%，制备的枯草芽孢杆菌微胶囊具有一定的耐酸性和较好的肠溶性，经恒温贮存 3

个月后，微胶囊化枯草芽孢杆菌活菌数约为菌液活菌数的 130 倍，且存活率远高于菌液的存活率。

车振明等（2015）以多孔淀粉、葡萄糖、甘油、甘露醇为壁材，包埋嗜酸乳杆菌，得到最优制备工艺条件为：在 50mL 菌悬液中，辅助壁材用量为葡萄糖 5.0g、甘油 4.0g、甘露醇 3.0g，多孔淀粉用量为 5.0g，振荡时间 40min，包埋 pH6.0，包埋温度 20℃。此工艺条件下的包埋率为 59.5%，所制备的微生态制剂微胶囊大小均匀，在模拟胃液条件消化 60min 后，活菌数仅下降了 3 个对数值；在模拟肠液条件消化 30min 后，可完全溶解。结果表明，包埋的嗜酸乳杆菌具有良好的贮存性能。

展望

微胶囊技术已成为 21 世纪国际上重点研究的新技术之一，在饲料工业中得到广泛应用。目前微胶囊技术在饲料加工中需要解决的主要问题有：性能优良、价格合适的微胶囊壁材的开发；微胶囊物化性能的表征（包括减小微胶囊粒径、提高包埋率、延长贮存期等）；微胶囊的囊芯缓释机制模型、方式等基础理论研究；高效率高水平微胶囊制备设备及工艺研究。同时还需加强微胶囊技术的基础研究，如胶体化学、高分子、物理化学等方面的研究。但随着人们对微胶囊化技术认识的不断加深，以及对新设备、新工艺和新材料的不断研究与开发，微胶囊化技术将在饲料工业中具有更加广阔的应用前景。

参考文献

包清彬，王春丽，孔凌，等，2015. 正交试验优化复凝聚法制备液体香精微胶囊工艺 [J]. 食品科学，36（10）：34-37.

仇凡，2019. 姜黄素对绵羊生产性能、奶品质和健康的影响 [J]. 中国饲料（14）：71-75.

但济修，岳鹏飞，谢元彪，等，2016. 喷雾冷冻干燥技术及其在难溶性药物微粒化中的应用 [J]. 中国医药工业杂志，47（1）：106-110.

李良，张小影，朱建宇，等，2019. 大豆-乳清混合蛋白对 O/W 乳液稳定性及流变性的影响 [J]. 农业机械学报，50（12）：372-379.

付石军，郭时金，霍芳，等，2014. 微胶囊技术在水产养殖中的应用 [J]. 饲料与畜牧（2）：19-23.

姜甜，陆文伟，崔树茂，等，2021. 不同微胶囊化方法包埋双歧杆菌菌粉特性分析 [J]. 食品工业科技，42（11）：128-134.

李国良，刘香萍，2021. 肉桂叶精油/β-环糊精微胶囊的制备及缓释特性 [J]. 林产化学与工业，41（4）：35-41.

李作美，许晓云，刘琦，等，2020. 双歧杆菌微胶囊的制备及其理化性能 [J]. 食品与发酵工业，46（6）：155-162.

梁博，邵俊鹏，杨帅，等，2020. 茶油微胶囊的制备及其缓释性能 [J]. 精细化工，12：2541-2553.

梁治齐，1999. 微胶囊技术及其应用 [M]. 北京：中国轻工业出版社.

刘冉，曾庆华，梁明，等，2022. 黄原胶对大豆分离蛋白凝胶流变特性和微观结构的影响 [J]. 食品工业科技，43（4）：65-72.

刘耀东，贾荣玲，王国强，等，2021. 益生菌微胶囊化对仔猪生长性能及免疫功能的影响 [J]. 中国饲料（3）：55-59.

刘元法，陈坚，2021. 未来食品科学与技术 [M]. 北京：科学出版社.

卢艳慧，李迎秋，2021. 微胶囊技术的研究进展及在食品行业中的应用 [J]. 中国调味品，46（3），

171-174.

马霞，吴艳丽，俞鸿千，2013. β-聚苹果酸/壳聚糖在香精微胶囊制备中的应用 [J]. 科技导报，31（4）：54-59.

牛化欣，2011. 微胶囊氨基酸制备及其在饲料加工和虾养殖中的效果研究 [D]. 无锡：江南大学.

强军锋，2017. 壁材比例对复合凝聚法天然维生素 E 微胶囊包埋效果的影响 [J]. 食品与机械，33（2）：157-159.

石佳，于明晓，徐昊，等，2020. 沙棘果油微胶囊化制备工艺的优化及其表征 [J]. 食品工业科技，41（7）：173，177-184.

宋健，陈磊，李效军，2001. 微胶囊技术及应用 [M]. 北京：化学工业出版社.

王文静，纵伟，铁珊珊，等，2020. 双包埋原花青素微胶囊制备及特性研究 [J]. 粮食与油脂，33（9）：111-116.

吴克刚，查向华，2006. 食品微胶囊技术 [M]. 北京：中国轻工业出版社.

谢中国，王芙蓉，祝爱霞，等，2011. 喷雾干燥法和复合凝聚法制备仔稚鱼微胶囊配合饲料的研究 [J]. 中国粮油学报，26（6）：78-81.

许建营，王二彬，马胜涛，等，2020. 西瓜香精 α-环糊精微胶囊的制备及其缓释性能 [J]. 食品工业，14（21）：122-124.

张炳，李建东，石立芳，等，2018. 用 4 种不同包埋材料制备维生素 A 微胶囊制剂稳定性研究 [J]. 食品与药品，20（6）：456-461.

张俊，齐崴，韩志慧，等，2005. 食品微胶囊、超微粉碎加工技术 [M]. 北京：化学工业出版社.

张琪，朱庆锋，崔百元，等，2016. 喷雾干燥法制备饲用植酸酶制剂 [J]. 吉林农业大学学报，38（6）：750-753.

赵文昌，宋丽军，邓虹珠，等，2010. 苦豆子总碱瓜尔胶水凝胶骨架片体外释放行为的研究 [J]. 中国实验方剂学杂志，16（6）：1-5.

朱庆国，2018. 大黄鱼仔鱼微胶囊饲料粒度及水中稳定性评估 [J]. 福建农业学报，33（2）：114-119.

祝爱侠，2007. 过瘤胃脂肪的制备及对山羊生长性能的影响 [D]. 武汉：武汉工业学院.

Agdsa A，Tac A，Lek A，et al，2021. Application of nano/microencapsulated ingredients in meat products [J]. Application of Nano/Microencapsulated Ingredients in Food Products：305-343.

Bertrand M，Wang X，2022. Microencapsulation of essential oils by complex coacervation method：preparation，thermal stability，release properties and applications [J]. Critical Reviews in Food Science and Nutrition，62（5）：1363-1382.

De Oliveira C M B，Sakata R K，Issy A M，et al，2011. Cytokines and pain [J]. Brazilian Journal of Anesthesiology，61（2）：255-265.

Janja M，Tomaz R，Spela Z，et al，2018. Development of probiotic-loaded microcapsules for local delivery：Physical properties，cell release and growth [J]. European Journal of Pharmaceutical Sciences，S0928098718302410.

Li T，Teng D，Mao，R，et al，2019. Recent progress in preparation and agricultural application of microcapsules [J]. Journal of Biomedical Materials Research. Part A，107（10）：2371-2385.

Liu L，Shang Y，Li M，et al，2015. Curcumin ameliorates asthmatic airway inflammation by activating nuclear factor-E2-related factor 2/haem oxygenase（HO）-1 signalling pathway [J]. Clinical & Experimental Pharmacology & Physiology，42（5）：520-529.

Lopez E C，Champion D，Ordaz J J，et al，2006. An in situ method to study the reaction catalyzed by alkaline phosphatase on DNPP [J]. Journal of Food Biochemistry，30（3）：313-328.

LukeQuinn，2018. Food microbiology：processing technology and feed additives [M]. Tritech Digital

Media.

Ourique A F，Chaves P，Souto G D，et al，2014. Redispersible liposomal-N-acetylcysteine powder for pulmonary administration：development，in vitro characterization and antioxidant activity［J］. European Journal of Pharmaceutical Sciences，65：174-182.

Perez-Alonso C，Beristain C I，Lobato-Calleros C，et al，2006. Thermodynamic analysis of the sorption isotherms of pure and blended carbohydrate polymers［J］. Journal of Food Engineering，77（4）：753-760.

Sharma R，Kamboj S，Khurana R，et al，2015. Physicochemical and functional performance of pectin extracted by QbD approach from *Tamarindus indica* L. pulp［J］. Carbohydrate Polymers，134：364-374.

Silva M P，Tulini F L，Ribas M M，et al，2016. Microcapsules loaded with the probiotic lactobacillus paracasei BGP-1 produced by co-extrusion technology using algina telshellac as wall material：Characterization and evaluation of drying processes［J］. Food Research International，89：582-590.

Yang M，Liang Z，Wang L，et al，2020. Microencapsulation delivery system in food industry-challenge and the way forward［J］. Advances in Polymer Technology：1-14.

第五章
超/亚临界流体萃取技术及其在饲料工业中的应用 ▶▶▶

超/亚临界流体萃取技术是一种新型的萃取分离技术。流体超临界萃取技术是利用流体（溶剂）在临界点附近某一区域（超临界区或亚临界区）内，流体与待分离混合物中的溶质具有异常相平衡行为和传递性能，且利用流体对溶质溶解能力随压力和温度改变而在相当宽的范围内变动这一特性而使溶质分离的一项技术。因此，利用超临界流体作为溶剂，可从多种液态或固态混合物中萃取出待分离的组分。按照流体状态所处的临界点的具体状况，该萃取技术又分为超临界流体萃取技术（supercritical fluid extraction，SFE）和亚临界流体萃取技术（sub-critical fluid extraction technology，SCFE）。

我国自20世纪70年代末开始引进、研究超临界流体萃取技术；近20年，超临界流体萃取技术得到迅速发展，被广泛应用于化工、石油、食品、医药、化妆品、饲料等工业领域的高热敏性、高沸点物料的提取分离。目前我国具备自行研制并生产大型超临界萃取装置的能力，装置的自动化程度和可操作性得到不断提高。

第一节　超临界流体萃取技术基本原理

一、超临界流体的基本概念

常规条件下物质有三种形态，即气态、液态和固态。当物质所处的温度、压力发生变化时，这三种状态就会发生相互转化。因此，物质除上述三种常见的状态外，还存在另外一些状态，如等离子状态、亚临界状态和超临界状态等。

以水为例，有液态水、水蒸气和固态冰三种状态。当在一个坚固密闭的容器里装入一定量的水，并对其加热，其间水分子获得能量后就会形成水蒸气，在容器内形成一定的压力，随着温度的升高，水的汽化过程持续进行，使容器内的压力不断上升；当温度升高到某个数值时，容器内的水全部被汽化，此时密闭容器内的压力很高。经测定此时的温度为374.2℃，而对应温度的压力是22.0MPa。此时，如果通过压缩机继续向该容器注入水蒸气（水蒸气的温度为374.2℃、压力≥22.0MPa），使容器内的密度增加、压力升高，此时容器中的水会因受到压缩，水分子间的距离缩小，然而气体也不会因此变成液体。当水的温度超过374.2℃，水分子有足够的能量来抵抗压力升高的压迫，使分子间保持一定的距离，而不会变成液体状态时分子间紧挨着的状态，无论压力有多高，水分子之间的距离有多小，水蒸气的密度有多大，水分子之间都会存在一定的距离，即使此时水蒸气的压力增大致使其密度与液态的水接近，也不会被液化。因此，该温度（374.2℃）被称为水的临界温度，而与临界温度相对应的压力（22.0MPa）称为水的临界压力，水的临界温度和临界压力就构成了水的临界点。当水处于温度 374.2℃、压力 22.0MPa 以上的状态时，称为水处于超临界状态，也可以称之为超临界水。在超临界状态下水是一种特殊的气体，其密度与液态水相近而又保留了气体的性质，故又称为"稠密的气体"。为了与水的一般形态相区别，这种水被称为"流体"，即水的超临界流体。

二、超临界流体的种类

超临界流体（supercritical fluid，SCF）就是指物质在临界温度（T_c）与临界压力（P_c）状态下的流体状态。一种纯物质的临界温度（T_c）是指该物质处于无论多高压力下均不能被液化时的最低温度，而与该温度相对应的压力称为临界压力（P_c）。在此状态下的流体兼有气体和液体的性质。超临界流体加压时会被压缩，从而密度增大，因此可以通过调节临界压力改变超临界流体的溶解能力。超临界流体的黏度接近于气体，比液体要小 2 个数量级，其扩散性在气体和液体之间，所以超临界流体显示出较高的溶解能力和传递特性。图 5-1 所示为一种纯物质的压力-温度图，图中高于临界温度和临界压力的区域称为超临界区。

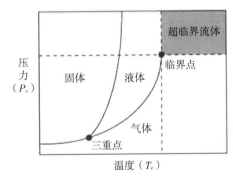

图 5-1　纯物质的压力-温度图

如果流体被加热或被压缩至高于其临界点时，该流体即成为超临界流体。超临界点时的流体的密度称为超临界密度（ρ_c），其倒数称为超临界比容（V_c）。不同物质具有不同的临界点，这种性质决定了萃取过程操作条件的选定。表 5-1 所示为部分超临界流体的临界特性。

表 5-1　部分超临界流体的临界特性

物质	T_c（℃）	P_c（MPa）	ρ_c（kg/m³）
甲烷	−82.6	4.6	162
乙烯	9.3	5.03	218
氟氯烷	28.9	3.92	579
二氧化碳	31.1	7.38	468
乙烷	32.3	4.88	203
丙烯	91.9	4.62	233
丙烷	96.7	4.42	217
氨	132.5	11.30	235

（续）

物质	T_c（℃）	P_c（MPa）	ρ_c（kg/m³）
乙醚	194.6	3.64	265
正戊烷	196.5	3.37	237
丙酮	235	4.70	278
甲醇	239.5	8.09	272
苯	289.5	4.89	302
甲苯	324.6	4.11	292
吡啶	346.9	5.63	312
水	374.2	22.00	322
丁烷	135.1	3.75	228
氧化氮	36.6	7.17	450
戊烷	—3.4	3.75	232

三、超临界流体的理化特性

（一）超临界流体的物理特性

1. 密度　是对特定体积内物质的质量度量，其等于物体的质量除以体积，可以用符号 ρ 表示（单位为 kg/m³ 或 g/cm³）。在一般状态下，液体的密度为 0.6～1.6g/cm³，而在超临界流体状态下流体的密度为 0.2～0.5g/cm³，可见超临界流体的密度与液体密度相近。但二者的密度对温度及压力的依赖性不同。这是由于超临界流体具有可压缩性，因此与常态液体相比，其密度与温度、压力的相关性较大。

2. 黏度　是指流体（气体或液体）对流动所表现的阻力。当一部分流体在另一部分流体上面流动时，受到阻力的作用，这就是流体的内摩擦力。要使流体流动就需要在流体流动方向上加一切线力以抵抗阻力作用。用 η 表示流体的黏度，单位为 Pa·s。在标准状态下，液体黏度为 0.2～0.3Pa·s，气体黏度一般为 0.01～0.03Pa·s，SCF 的黏度也在 0.01～0.03Pa·s，由此可见超临界流体的黏度与气体接近。温度和密度是影响黏度的主要因素，但 SCF 与液体黏度受温度、密度影响的变化规律不同。通常液体的黏度随温度升高而降低；SCF 在高密度条件小，黏度随温度升高而降低，但在低黏度条件下结果则相反。

3. 扩散系数　是表示流体扩散程度的物理量，指当浓度梯度为一个单位时，单位时间内通过单位面积的流体的量。在气体中，如果相距 1cm（或者 1m）的两部分，其密度相差为 1g/cm³，则在 1s 内通过 1cm² 面积上的气体质量，规定为气体的扩散系数。单位为 cm²/s。组分在气体中分子扩散系数为 10^{-5}～10^{-4} m²/s，在液体中为 10^{-10}～10^{-9} m²/s，分子扩散系数的准确数值是通过试验测定的。SCF 扩散系数介于气体与液体之间，是常温下液体的 10～100 倍。扩散系数与压力和温度相关，但常态流体与 SCF 的扩散系数变化规律及表达方式有所不同。一般常态流体的扩散系数随压力下降而增大，与黏度成反比；而 SCF 的扩散系数随压力增大而增大。

4. 表面张力　水等液体会产生使表面尽可能缩小的力，这个力称为表面张力。一般液体都具有表面张力，但超临界状态下各流体表面张力近似为零。这是由于在非超临界状态下，随着体系接近临界点，流体两相界面逐渐加厚，并相互扩散；当达到临界点时，两流体会失去各自特征而变为均相；至超临界状态时，随着界面扩散程度增大，界面张力逐渐减小至完全消失。

5. 介电常数 又称介质常数、介电系数或电容率，它是表示绝缘能力特性的一个系数，以字母 ε 表示，单位为法/米（F/m）。介电常数为介质在外加电场时会产生感应电荷而削弱电场，原外加电场（真空中）与最终介质中电场的比值即为相对介电常数，又称诱电率，介电常数与频率相关。如果有较高相对介电常数的材料置于电场中，电场强度会在电介质内有明显的下降。超临界流体的介电常数与常规流体的介电常数不同。甲醛在标准状态下的介电常数为 32.6；而在超临界状态下（250℃、压力 20MPa），其介电常数为 7.2。介电常数的变化与密度和温度相关，随密度的增大而增大，随温度的升高而降低。通常，相对介电常数大于 3.6 的物质为极性物质；相对介电常数在 2.8～3.6 的物质为弱极性物质；相对介电常数小于 2.8 为非极性物质。

6. 溶解能力（溶解力） 溶剂的溶解能力是指溶剂被溶解物质（溶质）溶解的能力，即溶质被分散和被溶解的能力。在水溶液中一般用溶解度来衡量，仅适用于溶解低分子结晶化合物。对于有机溶剂的溶液，尤其是高分子物质，溶解能力往往表现在一定浓度溶液形成的速度和一定浓度溶液的黏度，无法明确地用溶解度解释。超临界流体相对于不同的溶质，在不同的温度和压力条件下，其溶解能力不同。超临界流体的溶解能力与其极性、介电常数相关。因此超临界流体与常态流体相比，溶解性存在明显差异。一般在接近液态密度状态下的超临界温度和压力条件下，其溶解性最高，是常温常压条件下溶解性的 100 倍左右。

水在超临界状态下和常态下的溶解性能差异很大。其中，超临界水能与非极性物质（如烃类）和其他有机物以及气体完全互溶，而与无机物（特别是盐类）微溶或不溶。表 5-2 对比了超临界水和普通水的溶解度。

表 5-2 超临界水和普通水的溶解度

溶解度	溶解度	
	普通水	超临界水
气体	大部分微溶或不溶	易溶
无机物	大部分易溶	不溶或微溶
有机物	大部分微溶或不溶	易溶

超临界流体是唯一能替代有机溶剂的新型溶剂。作为输送溶剂不仅可将有用成分抽取出来，即萃取剂，而且能将不需要成分除去，即洗净剂，还能将目的组分固定化于固体之中（如超临界染色），即固定化溶剂。

7. 选择性 在萃取分离过程中的选择性是指提取某一成分时，能够避免样品中其他成分干扰的能力。在同一物品中往往存在有两种以上的成分，一般单独提取某一成分，需要选择性提取。超临界流体具有选择提取不同物质的特性，超临界流体可在不同的温度、压力和夹带剂的条件下，完成不同成分的单独提取。不同种类的溶剂，对不同性质的溶质也具有选择性：酯类、醚类、酮类溶质适合用非极性溶剂提取；苷、碱、糖等溶质则适合用极性溶剂提取。

8. 导热性　两个相互接触且温度不同的物体，或同物体的各不同温度部分间在不发生相对宏观位移的情况下所进行的热量传递过程称为导热，物质传导热量的性能称为物体的导热性。在临界点附近，物质的导热率对温度和压力的变化十分敏感，在超临界条件下，若压力恒定，随着温度升高，导热率先降低至最小值，然后增大；若温度恒定，导热率随压力升高而增大。对于对流传导，包括强制传导和自然对流，温度和压力较高时，容易产生自然对流。如超临界 CO_2 流体在38℃时，只需3℃的温差就可以引起自然对流。

（二）超临界流体的化学特性

1. 离子积　离子积常数是化学平衡常数的一种形式，多用于纯液体和难溶电解质的电离。由于物质的离子积受温度与压力的影响，导致流体在超临界状态的离子积与常态时相比存在差异。在超临界区，随温度和压力升高，离子积增大并比常态时高出许多。如水在标准状态下（25℃）的离子积为 $K=10^{-14}$，在超临界状态，随温度和压力升高密度变大，导致离子积增大，要比常态高出几个数量级。

2. 酯化反应　是一类有机化学反应，主要是醇与羧酸或无机含氧酸生成酯和水的反应。分为羧酸与醇反应、无机含氧酸与醇反应和无机强酸与醇的反应三类。酯化反应也称为醇解，是指用另一种醇置换甘油中的醇。与醇溶解相比，超临界醇发生酯化反应速度极快。

3. 还原性　是指在化学反应中原子、分子或离子失去电子的能力。物质含有的粒子失去电子的能力越强，物质本身的还原性就越强，反之则弱。醇在标准状态下与超临界状态相比，还原性较弱。在无催化剂条件下，醇溶液不发生脱氢反应，而超临界醇可发生脱氢反应，对不饱和键的还原性更强。超临界的高温高压条件可能是醇还原性增强的原因。

4. 极性　物质的极性是指一个共价键或一个共价分子中电荷分布的不均匀性。如果电荷分布不均匀，则称该键或分子为极性；如果均匀，则称为非极性。一个共价分子是极性的，表示该分子内电荷分布不均匀，或者说，正负电荷中心没有重合。物质的一些物理性质（如溶解性、熔沸点等）与分子的极性相关。分子的极性取决于分子内各个键的极性以及它们的排列方式。在大多数情况下，极性分子中含有极性键，非极性分子中含有非极性键或极性键。目前在超临界萃取工艺中普遍选用 CO_2 作为溶剂。由于 CO_2 属非极性溶剂，所以在采用 CO_2 萃取极性物质时其溶解度非常低。如果采用较大的容积或压力来溶解这些极性萃取物，需耗用大量的能源。为提高 CO_2 对极性化合物的溶解性，需要在 CO_2 中添加极性改性剂（夹带剂）以增加溶剂的极性，但改性剂又存在有害物残留等新的问题。

四、超临界流体的传递性质

溶质在超临界流体中的溶解度具有平衡特性，至于达到平衡所需的时间则属萃取动力学范畴，这与超临界流体的传递性质有关。超临界流体的密度接近液态的密度，而黏度却接近普通气体的黏度，其自扩散能力比液体强约100倍。

超临界流体的黏度是影响传递性能的重要因素之一。试验表明：一般物料的黏度随压力的增加而显著升高，而当超临界流体溶解于溶质中时，其黏度随压力升高显著降低。因为扩散系数与黏度成反比，因此可以预测在被萃取相中也有较高的扩散系数。由于超临界流体的自扩散系数大、黏度低、渗透性好，与普通液体溶剂萃取相比，可以更快地完成物质传递，达到平衡状态，促进高效分离过程的实现。

五、超临界流体的溶解能力

超临界流体的传递性质导致物质的溶解度远远大于常态下的数值，一般可达几个数量级，而在某些条件下甚至可达到按蒸气压计算的 10^{10} 倍。超临界流体的溶解能力与密度有很大关系，物质在超临界流体中的溶解度 C 与超临界流体密度 ρ 之间的关系为：

$$\ln C = m \ln \rho + K \qquad (5-1)$$

式中：C——物质在超临界流体中的溶解度，mol/mol；

ρ——超临界流体密度，g/cm^3；

m——系数，为正值；

K——常数，与萃取剂、溶质的化学性质有关。

应特别关注在临界区附近，操作压力和温度的微小变化都会引起流体密度的大幅度变化，其将影响溶解能力。物质在超临界流体中的溶解度随着操作压力的增加而增加，随着温度的升高而降低。因此，可利用压力、温度的变化来实现萃取和分离不同的物质。

在超临界状态下，气体和液体的两相界面消失，表面张力为零，反应速度最快，热容量和热传导率等物性出现峰值。超临界流体的这些特殊性质，使其成为良好的分离介质和反应介质，根据这些特性发展起来的超临界流体技术，在提取、分离、反应、纯化等领域得到了广泛的开发和应用。

六、超临界流体的萃取选择性

被作为萃取剂的超临界流体应具有良好的选择性。按照相似相溶的原则，选用的超临界流体与被萃取物质的化学性质越相似，溶解能力越强。从操作角度，使用超临界流体为萃取剂时的操作温度越接近临界温度，溶解能力也越强。因此，提高萃取剂选择性的基本原则是：首先，超临界流体的化学性质应与待分离物质的化学性质相近；其次，操作温度应与超临界流体的临界温度相近。

然而，从选择萃取剂的角度分析，由于大多数食品和饲料都具有复杂的化学成分，并具有热敏性以及易氧化等特性，所以选择萃取剂的主要考虑因素是：①其本身为惰性，且对人体无害；②具有相对较低的临界压力，以减少压缩成本；③具有低的沸点，有利于从溶质中分离溶剂。CO_2 是食品和饲料工业中最具优势的萃取剂。虽然 CO_2 萃取剂在萃取某些低挥发性物质时的表现不如有机溶剂，但因其具有的优越的超临界流体特性，在食品和饲料等活性成分提取领域得到广泛应用。表 5-3 中列出了部分有机化合物在液态 CO_2 中的选择溶解性，这也可为超临界 CO_2 流体萃取提供参考。

表 5-3　**液态 CO_2 中有机化合物的选择溶解性**（22~24℃）

化合物	溶解度（以质量分数计，%）	化合物	溶解度（以质量分数计，%）
n-庚烷	易溶	苯甲酸甲酯	易溶
n-十二烷	易溶	邻苯二甲酸二乙酯	10

(续)

化合物	溶解度（以质量分数计，%）	化合物	溶解度（以质量分数计，%）
n-十六烷	8	N，n-二甲基苯胺	易溶
n-二十四烷	1～2	苯胺	3
β-胡萝卜素	0.01～0.05	二苯胺	1
磷-二甲苯	4～25（-46～-16℃）	酚	3
五甲基苯	17	磷-异丙基丙酚	6
联苯	2	羟基醌	<0.01
蒽	<0.02	α-生育酚	1
三氯甲苯	2	乙酸	易溶
甲醇	易溶	苯乙酸	<0.1
叔丁基醇	易溶	月桂酸	1
7-13 醇	11	2，4-二硝基苯	24
磷-苯醌	7	2，4-二硝基氯苯	11
二苯酮	4	二环己基并-18-冠-6	1
胆甾烷酮	1.5	葡萄糖	0

第二节　超临界流体萃取

一、超临界流体萃取的一般技术

超临界流体萃取原理是借助超临界流体对脂肪酸、植物碱、醚类、酮类、甘油酯等物质具有的特殊溶解作用，利用超临界流体的溶解能力与其密度的关系，即利用压力和温度对超临界流体溶解能力的影响而进行的一种分离过程。在超临界状态下，将超临界流体与待分离的物质接触，使其有选择性地将极性大小、沸点高低和分子质量大小的成分依次萃取出来。对应各压力范围所得到的萃取物不一定是单一物质，但可以通过控制条件得到最佳比例的混合成分，然后再借助减压、升温的方法使超临界流体变成普通气体，被萃取物质则完全或基本析出，从而达到分离提纯的目的，所以超临界流体萃取过程是由萃取与分离组合而成。

超临界流体的溶剂强度主要取决于萃取的温度和压力。利用这种特性，只需改变萃取剂流体的压力和温度，就可以将样品中的不同组分依据其在流体中的溶解度的大小，先后萃取出来。在低压下弱极性的物质先萃取，随着压力的增加，极性和分子质量较大的成分依次被萃取出来，所以在程序升压下进行超临界萃取，可得到不同的萃取组分，兼顾分离作用。

温度的变化体现在影响萃取剂的密度与溶质蒸气压两个因素，在低温区（临界温度以上），温度升高可降低流体密度，而溶质蒸气压增加不多，因此，萃取剂的溶解能力的升高可以使溶质从流体萃取剂中析出，温度进一步升高达到高温区时，虽然萃取剂的密度进一步降低，但溶质蒸气压增加，挥发度提高，萃取率不但不会降低反而有增加的趋势。

二、超临界流体萃取的典型流程

超临界流体萃取过程主要由萃取阶段和分离阶段两部分组成。在萃取阶段，超临界流体将目标组分从原料中萃取出来。在分离阶段，通过改变某个参数，使萃取组分（目标组分）与超临界流体组分分离，并使萃取剂循环使用。根据分离方法的不同，可将超临界萃取工艺流程分为三类，即等压变温工艺流程、等温变压工艺流程和等温等压吸附工艺流程，不同超临界流体萃取技术工艺特点见表5-4。

表5-4　不同超临界流体萃取技术工艺特点

工艺流程	工作原理	优点	缺点	应用实例
等压变温工艺	萃取和分离在同一压力下进行，萃取完毕后，通过热交换升高温度，CO_2流体在稳定压力下，溶解能力随温度的升高而减小，溶质析出	压缩能耗相对较小	对热敏性物质有影响	丙烷脱沥青
等温变压工艺	萃取和分离在同一温度下进行，萃取完毕，通过节流降压静电分离器。由于压力降低，CO_2流体对萃取物的溶解能力逐步减小，萃取物被析出，得以分离	由于没有温度的变化，因此操作简单，可实现对高沸点、热敏性、易氧化物质接近常温的萃取	压力大、投资大、能耗高	超临界啤酒花的萃取
等温等压吸附工艺	在恒温恒压下进行操作，该设备操作需要特殊分离萃取物所需吸附剂，如离子交换树脂、活性炭等，进行交换吸附，一般用于去除有害物质	操作过程中始终恒定在超临界状态，所以十分节能	需特殊的吸附剂	超临界萃取咖啡因的水吸收

（一）等压变温工艺流程

等压变温萃取工艺是利用不同温度下物质在超临界流体中的溶解度的差异，通过改变温度使溶质与超临界流体相分离。所谓等压是指在萃取器和分离器中流体的压力基本一致。如图5-2所示，萃取了溶质的超临界流体经加热升温使溶质与溶剂分离，溶质由分离器下方泄出，萃取剂经压缩和调温后循环使用。

（二）等温变压工艺流程

等温变压萃取工艺是利用在不同压力下超临界流体萃取能力的不同，通过改变超临界流体的压力使溶质与超临界流体相分离。所谓等温是指在萃取器和分离器中流体的温度基本不变。这是最简便的一种萃取分离工艺流程，首先使萃取剂通过压缩机达到超临界状态，然后超临界流体进入萃取器与原料混合进行超临界萃取，萃取了溶质的超临界流体经减压阀后压力下降，密度降低，溶解能力下降，从而使溶质与溶剂在分离器中得到分离（图5-3）。然后再通过压缩机使萃取剂达到超临界状态并重复上述萃取-分离步骤，

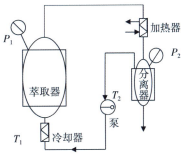

图5-2　等压变温萃取工艺流程
注：T为温度计，P为压力表，
　　下同；$T_1 < T_2$，$P_1 = P_2$

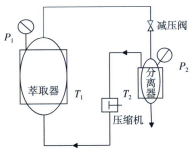

图5-3　等温变压萃取工艺流程
注：$T_1 = T_2$，$P_1 > P_2$

直至达到预定萃取率为止。

（三）等温等压吸附工艺流程

等温等压吸附萃取工艺是在分离器内设置仅吸附溶质而不吸附萃取剂的吸附剂，溶质在分离器内被吸附而与萃取剂分离，萃取剂经压缩后循环使用（图 5-4）。

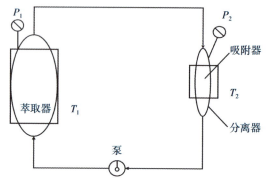

图 5-4　等温等压吸附萃取工艺流程

注：$T_1 = T_2$，$P_1 = P_2$

第三节　超临界 CO_2 流体萃取技术

超临界流体萃取技术是一种将超临界流体作为萃取剂，把一种成分（萃取物）从混合物（基质）中分离出来的技术。由于二氧化碳（CO_2）所具有的独特超临界流体的特性，是目前使用最广的超临界流体，所以也常将超临界萃取称为超临界 CO_2（supercritical dioxide，SC-CO_2）萃取技术。

一、超临界 CO_2 流体的性质

超临界 CO_2 流体作为萃取剂除具有无毒、无害、不易燃易爆、易得、成本低廉等优势外，还具有超临界流体的独特性能。

（一）超临界 CO_2 流体的基本性质

CO_2 是目前研究发现超临界流体中临界温度（$T_c = 31.06℃$）最接近室温的溶剂，临界压力（$P_c = 7.38MPa$）属于比较容易得到的中等压力。特别是其临界密度（$\rho = 0.448g/cm^3$）是常用超临界溶剂中最高的。研究结果表明，超临界流体的溶解能力一般随流体密度的增加而增加，可见 CO_2 具有最佳的超临界流体的萃取性能。

（二）超临界 CO_2 流体的 P-T 关系

在食品工业与饲料工业中，常用的超临界萃取剂为 CO_2。图 5-5 所示为 CO_2 的 P-T 相平衡图，图中液-气曲线 IG 始于 T_r、终于 CP，液-固曲线 IS 始于 T_r，压力随温度迅速上升。图中的曲线划分了气态、液态、固态以及超临界流体状态的区域以及各种分离方法适用的相应领域。

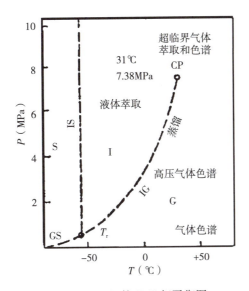

图 5 - 5　CO_2 的 P-T 相平衡图
注：G，气相；I，液相；S，固相；CP，临界点；T_r，三相点

（三）超临界 CO_2 流体的 P-T-ρ 关系

图 5 - 6 所示为 CO_2 流体的 P-T-ρ 相平衡图。由图可见，在略高于临界点温度的区域内，压力稍有变化，即引起密度的很大变化。此时超临界流体的密度已接近于该物质的流体密度。由此可知，超临界流体对液体或固体的溶解性也应与常规液体相当，但此时的状态仍为气态，因此，超临界流体具有较高的扩散性，与液体溶剂萃取相比，其过程阻力大幅降低。

图 5 - 7 所示为 CO_2 在亚临界及超临界条件下的 P-ρ 等温图，图中以对比参数 $P_r =$

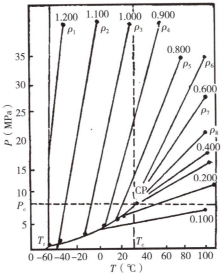

图 5 - 6　CO_2 流体的 P-T-ρ 相平衡图
注：CP，临界点；T_r，三相点；P_c，临界压力（7.39MPa）；T_c，临界温度（31.06℃）

P/P_c，$T_s=T/T_c$ 及 $\rho_r=\rho/\rho_c$ 表示压力、温度和密度之间的关系。其中阴影部分是超临界流体萃取最容易选择的操作区域。在该区域内流体的密度随压力上升而迅速增加，在临界点 CP，密度随压力的变化率趋于无穷大。

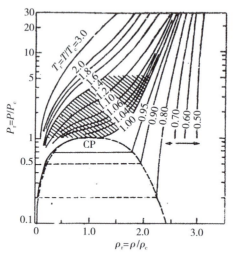

图 5-7　CO_2 的压力和密度、温度之间的关系（40℃）

注：$T_c=304K$；$P_c=7.39MPa$；$\rho_c=0.448g/cm^3$

（四）超临界 CO_2 流体的传递性质

在物质的分离和精制过程中，既需要掌握分离过程的可能性和进行程度，还要了解过程进行的速率，即过程实际能进行的程度。纯 CO_2 在 40℃下的密度 ρ、黏度 η、自扩散系数×密度值（$D_{11}\times\rho$）与压力 P 的关系见图 5-8。该图表明，当压力小于 8MPa 时，黏度 η 与 $D_{11}\times\rho$ 值基本保持恒定；随着压力增大，η 和 ρ 明显增加，而 $D_{11}\times\rho$ 值直线下降；当压力超过 16MPa 以后各参数的变化又渐趋平缓。因此超临界流体萃取将得益于气相时相对较低的黏度，以及扩散系数较液体（$D_{11}<10^{-5}cm^2/s$）高的性能。

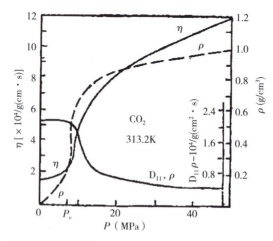

图 5-8　CO_2 的压力与密度 ρ、黏度 η、自扩散系数 D_{11} 的关系（40℃）

（五）超临界 CO_2 流体的溶解性能

在超临界状态下，流体具有溶剂的性质，称为溶剂化效应。用以作为分离依据的超临

界 CO_2 流体的重要特性在于它对溶质的溶解度，而溶质在超临界 CO_2 流体中的溶解度又与超临界 CO_2 流体的密度有关，正是由于超临界 CO_2 流体的压力降低或温度升高所引起的明显的密度降低，而使溶质能较容易地从超临界 CO_2 流体中重新析出，以实现超临界 CO_2 流体的萃取。超临界 CO_2 流体的溶解能力受溶质性质、溶剂性质、流体压力和温度等因素的影响。

通过改变超临界 CO_2 流体的压力和温度，可使其密度相应作出大幅度改变。由于超临界 CO_2 流体的溶解度与密度密切相关，所以可以轻易改变超临界 CO_2 流体的溶解度。这一性质在实际应用中具有重要意义，即其可作为使用方便、溶解性能良好的溶剂。利用这一性质可很方便地通过改变萃取器中 CO_2 的温度、压力达到对溶质有很大溶解度的超临界状态，将溶质迅速转移到超临界 CO_2 流体中，然后将萃取器中这种溶解有溶质的高压、常温、"稠密"的 CO_2 放入低压、常温的分离器中，此时 CO_2 就处于普通的气体状态，密度较低，对溶质的溶解能力也较低，原先被溶解的溶质处于过饱和状态，从 CO_2 气体中分离出来，沉降在分离器底部。这个过程与普通溶剂提取时蒸发溶剂而留下溶质相似，只不过普通溶剂的蒸发是靠加热来完成（加热对热敏性成分不利），而 CO_2 的蒸发是靠降低压力来完成。超临界 CO_2 流体也可作为能调节溶解能力的多用途溶剂。由于能很方便地改变溶解度，可以仅用超临界 CO_2 流体来提取不同的物质或对化合物中某些成分进行选择性的提取，而避免使用多种具有不同溶解性能的有机溶剂。

纯物质在超临界 CO_2 流体中的溶解度是超临界 CO_2 流体萃取过程的依据，试验测定的方法有静态法和流动法，其中以流动态测量法应用最为广泛。流动态测量法测定溶解度是基于在某一 CO_2 流体与被测溶质达到动态平衡条件下，测定每单位质量的超临界 CO_2 流体中所溶解的溶质质量，以此来表示溶解度；其结果能直接反映在设定压力、温度条件下，CO_2 流体对溶质的平衡溶解度，并以溶解度等温线或等压线的形式表示，具有很高的实用价值。但该方法需要使用纯物质，且高压状况下测定溶解度的试验技术具有一定难度，加之溶质与溶质之间的相互作用对溶解度存在某些影响等因素，使得可参考的溶解度数据较为缺乏。为了定性地测定超临界 CO_2 流体溶解性能，研究者制定了测定"物质可被萃取的初始压力"的试验方法，在温度40℃以下、压力0～40MPa范围内测定了一系列化合物被萃取的初始压力，结果见表5-5。

表5-5　40℃下超临界 CO_2 流体萃取主要纯化合物的参数

物质	相对分子质量	碳原子数	官能团	熔点（℃）	沸点（℃）	被萃取初压（MPa）
稠环化合物						
萘	128	10		80	218	7.0（强）
菲	178	14		101	340	8.0
芘	202	16		156	393	9.0
并四苯	228	18		357	升华	30（弱）
酚类						
苯酚	94	6	1-OH	43	181	7.0（强）
邻苯二酚	110	6	2-OH (6, 7)	105	245	8.0

（续）

物质	相对分子质量	碳原子数	官能团	熔点（℃）	沸点（℃）	被萃取初压（MPa）
苯三酚	126	6	3-OH（1，2，3）	133	309	8.5
对苯二酚	110	6	4-OH（1，4）	173	285	10.0
间苯三酚	126	6	3-OH（1，3，5）	218	升华	12（弱）
芳香族羧酸						
苯甲酸	122	7	1-羧	122	249	8.0
水杨酸	138	7	1-羧，1-羟	159	升华	8.5
对羟基苯酸	138	7	1-羧，1-羟	215		12.0
龙胆酸	154	7	1-羧，2-羟	205		12.0
五倍子酸	170	7	1-羧，3-羟	255		不能萃取
吡喃酮						
香豆素	146	9	1-酮	71	301	7.0（强）
7-羟基香豆素	162	9	1-羟，1-酮	230	升华	10.0
6，7-二羟基香豆素	178	9	2-羟，1-酮	276	升华	不能萃取
类脂化合物						
十四烷醇	214	14	1-羟	39	263	7.0
胆固醇	386	27	1-羟	148	360	8.5
甘油三油酸酯	885	57	3-COOR		235	9.0

通过试验得出超临界 CO_2 流体溶解度的经验规律如下：

（1）极性较低的碳氢氧化合物和类脂化合物，如酯、醚、内酯类、环氧化合物等可在 7～10MPa 较低压力范围内被萃取出来。

（2）引入极性基团（如－OH、－COOH）将使萃取过程变得困难。对苯的衍生物，具有 3 个酚羟基或 1 个羟基和 2 个羟基的化合物仍然可以被萃取，但具有 1 个羧基和 3 个以上羧基的化合物则不能被萃取。

（3）更强的极性物质，如糖类、氨基酸类，在 40MPa 压力以下不能被萃取。

（4）化合物的相对分子质量越高，越难萃取。相对分子质量在 200～400 的组分容易萃取，有些分子质量相对较小、易挥发物质甚至可直接用 CO_2 液体萃取；分子质量相对大的物质（如蛋白质、树脂和蜡等）则很难萃取。

（5）当混合物中组分间的相对挥发度较大或极性（介电常数）有较大差别时，可以在不同压力下使混合物得到分离。在 CO_2 的密度和介电常数有剧变的条件下，这种组分间的分馏作用变得更为显著。

综上所述，应用有机化合物被萃取初压可以定性判别超临界 CO_2 流体应用于某一物质的可能性，以及化合物极性大小对 CO_2 流体溶解能力的影响。在实际应用中，化合物可被萃取初压只能作为粗略判断某一物质能否应用于超临界 CO_2 流体萃取的参考。因此在实际研究中，试验分析超临界 CO_2 流体中溶解度的影响因素和不同溶质在超临界 CO_2 流体中溶解性能的变化规律，是十分重要的。

二、超临界 CO_2 流体萃取基本过程

超临界 CO_2 流体萃取技术是利用 CO_2 在超临界状态下对溶质有很强的溶解能力，而在非超临界状态下对溶质的溶解能力又很弱的这一性质，来实现对目标成分的提取和分离。超临界 CO_2 流体萃取的基本过程如图 5-9 所示，将被萃取原料装入萃取釜，采用超临界 CO_2 流体作为溶剂。CO_2 气体经热交换器冷凝成液体，由高压泵将压力提升到工艺过程需要的压力（应高于 CO_2 的临界压力），同时调节温度，使其成为超临界 CO_2 流体。CO_2 流体作为溶剂从萃取釜底部进入，与被萃取物充分接触，选择性溶解出所需的化学成分。含溶解萃取物的高压 CO_2 流体经节流阀降解至低于 CO_2 临界压力，进入分离釜（又称解析釜）。由于 CO_2 的溶解度急剧下降而析出溶质，自动分离成溶质和 CO_2 气体两部分。前者为过程产品，后者为 CO_2 气体经换热器冷凝成 CO_2 流体循环使用。整个分离过程是利用 CO_2 流体在超临界状态下对有机物有特殊增加的溶解度，而低于临界状态下对有机物不溶解的特性，将 CO_2 流体不断在萃取釜和分离釜间循环，从而有效地将需要分离提取的组分从原料中分离出来。

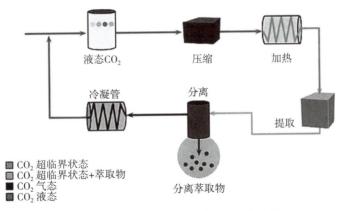

图 5-9　超临界 CO_2 流体萃取的基本过程

根据物料的形态不同，物料的超临界 CO_2 流体萃取工艺流程可分为固相物料和液相物料两种萃取工艺流程。

（一）固相物料的超临界 CO_2 流体萃取工艺流程

固相物料的超临界 CO_2 流体萃取的工艺流程是根据不同的萃取对象和为完成不同的萃取目的而设计的。从理论上讲，某物质能否被萃取、分离取决于该目标组分（即溶质）在萃取段和分离段（解析段）两个不同的状态下是否存在一定的溶解度差，即在萃取段要求有较高的溶解度以使溶质被溶解于流体中，而在解析段则要求溶质在流体中的溶解度较低以使溶质从流体中解析出来。

超临界 CO_2 流体萃取工艺流程主要由萃取和分离两部分组成（图 5-10）。

在萃取过程中，超临界 CO_2 流体萃率是由溶剂的萃取能力、被萃取物的特性、溶质-基体结合状况决定的。因而在选择萃取条件时，一方面要考虑溶质在流体中的溶解度，另一方面要考虑溶质从样品基体活性点脱附并扩散到流体中的能力与速度。因此，超临界 CO_2 流体萃取过程可描述为以下几个阶段：①CO_2 流体在围绕固相物料颗粒的流体膜中扩

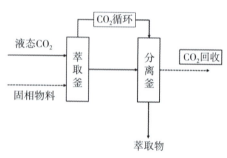

图 5-10 固相物质的超临界 CO_2
流体萃取工艺（釜）

散；②CO_2 流体穿透并在固体物料颗粒中扩散；
③溶质在 CO_2 流体中溶解；④溶质扩散通过固体
物料颗粒；⑤溶质扩散进入 CO_2 流体中。

在分离过程中，该载荷溶剂从萃取器一端通
过减压阀进入分离器。因分离器中温度和压力的
变化，从而使能在萃取器中溶解于流体的可溶性
物质与超临界流体分开，分离过程可以描述为以
下几种类型：①单一的压力变化使溶质溶解度下
降而析出；②单一的温度变化使溶质溶解度下降
而析出；③压力与温度改变使溶质溶解度下降而
析出。

目前最常见的固相物料的超临界 CO_2 流体萃取工艺流程可分为以下两种。

1. 单级超临界 CO_2 流体萃取工艺流程

（1）一萃一分离型 单级超临界 CO_2 流体萃取工艺流程主要采用一个萃取器和一个
分离器为主要萃取、分离装置而达到萃取目的，是早期应用最为普遍的工艺流程。它
通过超临界流体与分离体系的一次性充分接触，利用流体对组分的溶解选择性，将溶
解在流体中的组分带离萃取器，然后通过操作参数的变化，使流体中的组分在分离器
中析出。该流程属于等温法或等压法萃取工艺，适合于植物精油、油脂以及小分子物
质的提取，萃取后不需要分离，直接解析得到混合成分产物。其基本工艺流程如图 5-
11 所示。

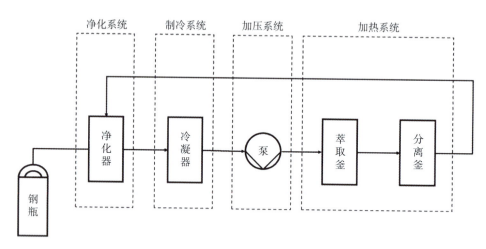

图 5-11 单级一萃一分离型工艺流程

单级超临界 CO_2 流体萃取流程仅有一台萃取器，不能连续生产，主要用于实验室的
研究工作。

（2）二萃一分离型（多萃一分离型） 早期的超临界 CO_2 流体萃取过程多采用单级
式工艺流程，后续为提高萃取能力和降低生产成本，开发了二萃一分离型或多萃一分离型
等萃取工艺与设备。其基本工艺流程如图 5-12 所示。

单级二萃一分离型（多萃一分离型）工艺流程实质上仍是间歇式萃取过程，其连续过

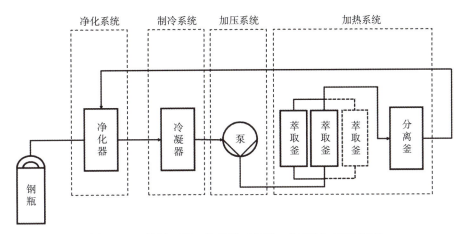

图 5-12 单级二萃一分离型（多萃一分离型）工艺流程

程是通过两个或多个萃取器的轮流操作来实现的。在实际生产中单级二萃一分离型工艺存在 CO_2 流体的损耗较高、高压设备开启频繁、物料频繁加载和卸载等问题。

2. 多级超临界 CO_2 流体萃取工艺流程 早期的超临界 CO_2 流体萃取工艺通常采用较高的压力，以获得较高的溶解能力。进一步的研究结果表明，提高超临界 CO_2 流体溶解能力的同时，其分离选择性降低。由于超临界 CO_2 流体溶解能力取决于其密度，而影响密度的主要因素是压力和温度，因此通过改变压力和温度参数，采用多级分离系统可获得不同的目标产物，提高萃取效率。根据压力和温度的不同，多级萃取流程可分为以下几种形式。

（1）多级分离器萃取流程 超临界 CO_2 流体萃取流程中设置多个分离器，各分离器采用不同的压力和温度组合。通过改变参数，使超临界 CO_2 流体的溶解能力逐渐下降，在不同的分离器中获得不同的萃取产物（图 5-13）。

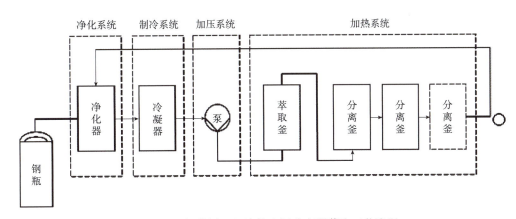

图 5-13 超临界 CO_2 流体多级分离器萃取工艺流程

（2）多级萃取器萃取流程 除了通过多级分离流程实现萃取产物分离外，还可以通过萃取器内操作参数的改变得到萃取物。例如，萃取器在恒温条件下逐渐升压，超临界流体密度随着压力增大，从而实现萃取物根据溶解度大小不同依次分离。多级萃取器萃取流程见图5-14。

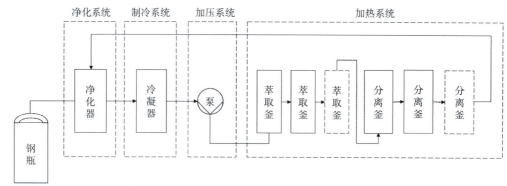

图 5 - 14　超临界 CO_2 流体多级萃取器萃取工艺流程

（二）液相物料的超临界 CO_2 流体萃取工艺流程

不同于固体物料超临界 CO_2 流体萃取工艺中萃取器中需要不断重复填装物料-充气、加压-运转-降压、放气-卸料-装料等操作过程。液相物料的超临界 CO_2 流体萃取可采用连续萃取，工艺流程有明显优势。液相物料的超临界 CO_2 流体萃取工艺流程具有以下特点。

1. 萃取过程连续　由于萃取物料和目标产物均为液态，不存在固体物料加料和排渣等问题，其萃取过程可连续操作，大幅度提高了装置的萃取效率，相应降低过程中的能耗和气耗，降低产生成本。

2. 萃取-精馏过程一体化　液相混合物萃取分离基本上都可以采用连续逆流式超临界萃取装置进行加工，其主要特点是 CO_2 萃取分离和精馏相耦合，有效发挥二者的分离作用，实现萃取-精馏过程一体化，可以连续获取高纯度的产品。

液相物料的超临界 CO_2 流体萃取工艺流程主要有单级和多级逆流萃取两种形式，单级和多级逆流萃取工艺流程主要是根据分离器内提供的回流方式予以区分。

（1）单级萃取分离　在连续超临界流体逆流萃取过程中，待分离的液相物料被泵入分离器，超临界 CO_2 流体从分离器底部进入分离器，被分离的物料与流体接触，分离器内的填料为两液相物流提供了良好的接触条件，以改善分离效果。该工艺流程与传统的精馏过程类似，就是将分离器顶部萃取物部分由分离器顶部回流至分馏器内形成回流，进行反复萃取完成后，将萃取相和萃余相分别从分馏器内移出，所得的萃取相进行进一步的分离，以析出萃取物质并回收萃取剂。单级萃取分离工艺流程如图 5 - 15 所示。

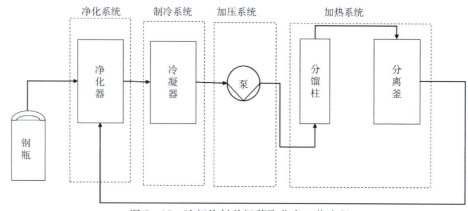

图 5 - 15　液相物料单级萃取分离工艺流程

（2）多级萃取分离　液体物质多级萃取分离流程是利用超临界流体溶解能力的可调性，在分馏器内建立温度梯度来实现多级萃取分离。萃取过程中流体向上流动时，沿着塔高方向逐渐升高，流体密度降低，溶解能力下降，被流体溶解的组分沿分馏器高度方向析出，在塔内形成分级回流，萃取工艺完成后，分馏器流出的液相物料萃取产物，经降压或加热后，由于流体的溶解能力降低而析出萃取物，再经分离器连续分离，得到目标萃取物。多级萃取分离工艺流程如图 5-16 所示。

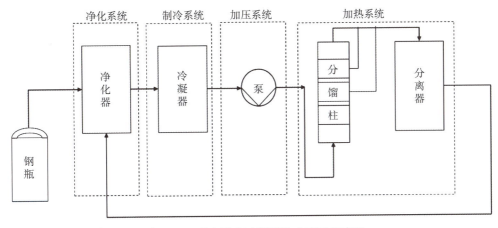

图 5-16　液相物料多级萃取分离工艺流程

三、超临界 CO_2 流体萃取装置

超临界萃取装置可以分为两种类型，一种是研究分析型，主要应用于少量物质的分析，或为规模化生产提供数据（图 5-17）；另一类是制备生产型，主要是应用于批量或大规模生产。超临界萃取装置从功能上一般分为 8 个部分：萃取剂供应系统、低温系统、高压系统、萃取系统、分离系统、改性剂供应系统、循环系统和计算机控制系统，具体包括二氧化碳注入泵、萃取器、分离器、压缩机、二氧化碳储罐、冷水机等设备。由于萃取过程在高压下进行，所以对设备以及整个管路系统的耐压性能要求较高，生产过程实现计算机自动监控，可以提高系统的安全可靠性，降低运行成本。

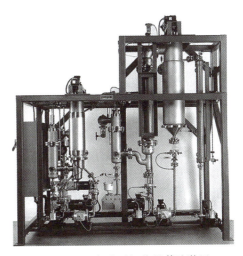

图 5-17　实验型超临界萃取装置

四、超临界 CO_2 流体萃取技术特点

超临界 CO_2 流体萃取与化学法萃取相比有以下显著优势：

（1）可以在接近室温（35～40℃）及 CO_2 气体笼罩下进行提取，有效地防止热敏性物质的氧化和逸散。因此，在萃取物中保持着药用植物的全部成分，而且能将高沸点、低挥发度、易热解的物质在其沸点温度以下萃取出来。

（2）使用 SFE 是最洁净的提取方法，由于全过程不使用有机溶剂，因此萃取物无残留有机溶剂，避免提取过程对人体的毒害和对环境的污染。

（3）萃取和分离合二为一，当饱含溶解物的 CO_2 流体流经分离器时，由于压力下降使得 CO_2 与萃取物迅速成为两相（气液分离）而立即分开，萃取效率高、能耗低，节约成本。

（4）CO_2 是一种不活泼的气体，萃取过程不发生化学反应，且属于不燃性气体，无味、无臭、无毒，安全性好。

（5）CO_2 价格便宜，纯度高，容易获取，且可在生产过程中循环使用，从而降低生产成本。

（6）压力和温度都可以成为调节萃取过程的参数，可通过改变温度或压力达到萃取目的。压力固定，改变温度可将物质分离；反之温度固定，降低压力使萃取物分离，因此工艺简单易控，且萃取速度快。

第四节　超临界 CO_2 流体萃取技术在饲料工业中的应用研究

动物、植物提取物或昆虫、海洋生物和微生物体内的组成成分或其代谢产物，以及人和动物体内许多内源性的化学成分统称天然产物，其中主要包括蛋白质、氨基酸、糖蛋白、生物碱、挥发油、黄酮、醌类、甾体化合物、抗生素类等天然存在的化学成分，有着抗菌、抗炎、抗氧化、抗病毒等多种作用。目前，大多数的天然产物主要依靠传统溶剂法来提取，其存在提取纯度较低、有效成分损失大等问题。而超临界流体具有较高的扩散性，从而减小了传质阻力；可在低温下进行，对分离热敏性物质极为有利；一般超临界流体具有较低的化学活泼性和毒性。由此，超临界流体萃取技术最适合用于分离价值高、难以用常规方法分离的生物化合物。

一、超临界 CO_2 流体萃取天然色素的应用研究

天然色素是食品工业、饲料工业、化妆品和药品中广泛使用的着色剂。由于超临界 CO_2 流体萃取技术生产的产品基本无溶剂残留、无污染，可避免萃取物在高温下的变性和失活，保护天然物质的活性，所以超临界 CO_2 流体萃取技术已被应用到叶黄素、辣椒红色素、β-胡萝卜素等天然食用色素的提取和精制中。

（一）超临界 CO_2 流体萃取万寿菊中叶黄素的应用研究

万寿菊为菊科万寿菊属一年生草本植物。万寿菊的经济价值在于其花朵中富含叶黄素（以叶黄素酯存在），含量在 1.6%～2.0%。叶黄素是一种天然的类胡萝卜素。宋大巍等（2010）以万寿菊干花颗粒为原料，采用 HA121-50-1 型超临界萃取装置，以 CO_2（纯度＞99.0%）气体为溶剂，对影响超临界 CO_2 流体萃取万寿菊黄色素的萃取温度、萃取压力和萃取时间等因素分别进行了单因素试验研究。在单因素试验的基础上，通过响应面分析最终确定超临界 CO_2 流体萃取万寿菊中叶黄素的最佳萃取工艺条件为：萃取温度 60℃，萃取压力 48.6MPa，萃取时间 180min。在此条件下，万寿菊叶黄素的最高得率为 8.44mg/g。

（二）夹带剂对超临界 CO_2 流体萃取万寿菊中叶黄素的应用研究

夹带剂可以从两方面影响溶质在超临界 CO_2 流体中的溶解度和选择性，一个是 CO_2 的密度，另一个是溶质与夹带剂分子间的相互作用。夹带剂的分子极性是影响超临界 CO_2 萃取的主要因素之一。单纯的 CO_2 流体只能萃取极性较弱的亲脂性物质，对于极性较强的物质萃取效果不理想。使用极性较强的夹带剂可改善极性组分在超临界 CO_2 中的溶解度。原因是极性夹带剂的引入增大了溶剂的极性，从而增加了极性物质的溶解度，就其实质来说溶剂的溶解能力取决于夹带剂与极性溶质间的分子作用力的大小。极性夹带剂与极性溶质分子间既有瞬时偶极产生的色散力和固有偶极产生的取向力，又有诱导偶极产生的诱导力，这三个力与分子极性的强弱及分子的变形性有密切关系。因此夹带剂的极性越强，分子的变形性越大，夹带剂与溶质分子间的作用力就越强，溶质在含有夹带剂的超临界 CO_2 中的溶解度就越高，萃取效果就越佳。常见的具有较强极性的夹带剂有水、甲醇、乙醇、丙酮、乙酸和乙酸乙酯等（Aubert，1991）。

夹带剂可以是一种纯物质，也可以是两种或多种物质的混合物。按极性的不同，可分为极性夹带剂和非极性夹带剂。夹带剂的作用如下：

（1）大幅度增加被分离组分在超临界流体中的溶解度，如向气相中增加百分之几的夹带剂，可使溶质溶解度的增加效果与增加数百个气体压力的效果相当。

（2）加入对溶质起特定作用的夹带剂，可极大地提高溶质的选择性。

（3）增加溶质溶解度对温度、压力的敏感程度，使被萃取组分在操作压力不变的情况下，通过适当提高温度，就可使溶解度大幅降低并从循环气体中分离出来，以避免气体再次压缩的能耗。

（4）能改变溶剂的临界常数。当萃取温度受到限制时（如对热敏性物质），溶质的临界温度越接近最高允许操作温度，则溶解度越高。当用单一组分不能满足这种要求时，可以使用混合剂。

王振（2006）采用超临界 CO_2 工艺对万寿菊叶黄素萃取工艺进行了研究，探究了添加夹带剂乙醇的不同质量分数、萃取时间、萃取压力和温度对萃取物得率和萃取物中叶黄素含量的影响。单因素试验结果表明，质量分数为5％为最佳的乙醇夹带剂添加量，2.5h为最佳萃取时间。在此试验基础上，采用析因试验考察了萃取压力和温度对萃取物得率和萃取物中叶黄素含量的影响，并对试验进行了优化。试验结果表明，质量分数5％为最佳的乙醇夹带剂添加量，2.5h为最佳萃取时间、40MPa为最佳萃取压力、40℃为最佳萃取温度。在该工艺条件下叶黄素的提取率为56％。

王琦等（2008）以干燥粉碎后的万寿菊花颗粒为原料研究了不同萃取压力、温度、夹带剂浓度和夹带剂种类对超临界 CO_2 流体萃取叶黄素的影响。该研究选用大豆油、葵花籽油、菜籽油、正己烷和中链甘油三酯（MCT）作为夹带剂，在温度、压力和夹带剂浓度的不同条件下动态萃取万寿菊中的叶黄素，旨在筛选出合适的夹带剂，从而为工业化生产叶黄素提供技术及理论参考。其萃取工艺流程如图5-18所示。

该试验采用动态萃取方式，将200g干燥万寿菊粉末放入料筒并置于1L的萃取釜中，通过调节控温系统设定所需的萃取温度和分离温度，待温度达到预设温度后，打开阀门放入 CO_2 启动高压泵，调节萃取釜压力到预定条件后，再调节分离釜Ⅰ压力到预定值，开始记录萃取时间，CO_2 从分离釜Ⅱ出口排出，分离釜Ⅰ压力为6MPa、温度为40℃。该试

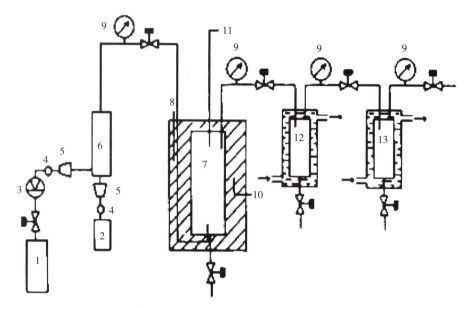

图 5-18 超临界 CO_2 流体萃取工艺流程

1. CO_2 钢瓶 2. 夹带剂泵 3. 制冷机 4. 质量流量计 5. 泵 6. 混合器 7. 萃取釜 8. 温度控制器
9. 压力表 10. 加热套 11. 温度探头 12. 分离釜Ⅰ 13. 分离釜Ⅱ

验比较了以大豆油、葵花籽油、菜籽油、中链甘油三酯（MCT）和正己烷为夹带剂，在压力（27.5～50MPa）、温度（35～75℃）、夹带剂浓度（0.5%～2%）变化的不同条件下，对动态萃取万寿菊中叶黄素得率的影响。在所选的四个条件中，以 MCT 为夹带剂，叶黄素的萃取效率最高，且在压力为 42.5MPa、温度为 65℃、MCT 夹带剂浓度为 1.5%、CO_2 流速为 10kg/h、萃取时间为 6h 的条件下，叶黄素的萃取率可达到 10.61mg/g。

（三）超临界 CO_2 流体萃取辣椒红色素的应用研究

辣椒红色素，又名辣椒红、辣椒油树脂，是从辣椒中提取的天然着色剂，主要着色成分为辣椒红素和辣椒玉红素，属类胡萝卜素。辣椒红素和辣椒玉红素占类胡萝卜素总量的 50%～60%；此外，还含有一定量的非着色成分辣椒碱。辣椒红色素不仅色泽鲜艳、色价高、着色力强、保色效果好，还可以有效地延长食品的货架期。

成熟的辣椒是辣椒红色素的良好来源。周雯雯（2006）以原产于湖南的干红辣椒为原料，采用小型超临界流体萃取仪，就辣椒原料的粉碎度、萃取压力、萃取温度、分离压力、分离温度、流体流量与辣椒红色素色价、得率和辣椒碱含量及得率的影响因素进行了研究。通过对超临界 CO_2 流体萃取辣椒红色素和辣椒碱正交试验结果的综合分析，确定最佳工艺条件为：原料辣椒粉碎度为 40～80 目，萃取压力为 20MPa，萃取温度为 40℃，分离压力为 10MPa，分离温度为 50℃，流体流量为 20L/h，萃取时间为 3h。在此工艺条件下，试验所得辣椒红色素色价为 227.15，辣椒红色素得率为 9.54%，辣椒碱含量为 14.75%，辣椒碱得率为 3.19%。并且得出各因素对辣椒红色素色价、得率和辣椒碱含量及得率的影响大小顺序为：萃取压力 > 萃取温度 > 分离压力 > CO_2 流体流量。

超临界 CO_2 流体萃取红辣椒，可以采用夹带剂技术来提高萃取的选择性，以利于萃取和分离。臧志清等（1999）选用水、乙醇、丙酮为夹带剂进行了提高超临界 CO_2 流体萃取红辣椒的选择性筛选试验。选用干燥碾成粉末的红辣椒，采用一次加料、一级萃取、一级减压分离，CO_2流体连续流动的萃取工艺。提出了定量评价夹带剂效应的两个参数：增大系数和选择性。研究表明，三种夹带剂对辣素和红色素都有不同程度的夹带增大效应。其中水为夹带剂能提高辣素的选择性，有利于分离；而乙醇和丙酮的添加，不利于分离。以水为夹带剂，采用一级萃取二级分离流程，在 19～20MPa 的压力下萃取，把辣素和红色素一起萃取出来；然后减压到 13～14MPa 的中间压力，实施第一级分离，色素单独沉淀析出，获得纯净红色素产品；最后把流体降至低压，第二级分离，使溶解的辣素沉淀。第二级分离的萃取物中，以辣素为主而带有少量红色素，红色素得率为 80%～83%。

二、超临界 CO_2 流体萃取挥发油的应用研究

挥发油是通过对含有香脂腺的植物利用水蒸气蒸馏法、溶剂提取法等方法提炼萃取的挥发性芳香物质。其具有亲脂的性质，很容易溶在油脂中。挥发油的化学分子组成为萜烯类、酯类、醇类等。此类物质具有对抗细菌、病毒、霉菌，防发炎、防痉挛，促进细胞新陈代谢及细胞再生的作用。

（一）超临界 CO_2 流体萃取大蒜素的应用研究

大蒜素是大蒜中主要的功能物质，化学名称为二烯丙基硫代亚磺酸酯，是大蒜破碎后蒜氨酸在蒜氨酸酶的催化作用下的产物。大蒜素具有抗细菌、抗真菌和抗病毒的作用，对大肠杆菌、志贺氏菌抑制效果明显。

宋大巍等（2010）选用山东的白皮蒜，采用超临界萃取装置，利用 CO_2 气体作溶剂，进行了超临界 CO_2 流体萃取大蒜素的试验研究。每次试验取 500g 新鲜去皮大蒜瓣，在一定的工艺参数下用超临界 CO_2 设备进行萃取，分离出大蒜精油。试验选取超临界萃取压力、温度和时间作为随机因子，采用三因素三水平的响应面分析法进行试验研究。结果表明，大蒜精油的超临界 CO_2 流体萃取的最佳工艺条件为：萃取压力 15MPa，萃取温度 37℃，萃取时间 2.5h。在该工艺条件下，大蒜精油的萃取率可达 0.384%。

由于大蒜素是蒜氨酸在蒜氨酸酶的催化作用下的产物，为此郭亮（2011）进行了在超临界 CO_2 流体萃取大蒜素之前加入蒜氨酸酶以提高大蒜素得率的研究。该研究选用白蒜，采用小型超临界 CO_2 流体萃取设备，通过正交试验和建立数学模型分析，确定最佳超临界 CO_2 流体萃取工艺条件为：萃取压力 33.7MPa，萃取温度 41.2℃，萃取时间 3.4h，CO_2 流速 120L/h，破碎粒径 4mm。在该工艺条件下，大蒜素的最终萃取率为 0.418%。以上两个试验结果比较表明，在超临界 CO_2 流体萃取大蒜素之前添加蒜氨酸酶可提高大蒜素得率 8.8%。

（二）超临界 CO_2 流体萃取迷迭香抗氧化活性成分的应用研究

迷迭香含有丰富的鼠尾草酸油、鼠尾草酚、迷迭香酚、迷迭香酸等二萜酚类成分，其中尤以鼠尾草酸油的生理活性最强，因此已被当作天然的食品和饲料抗氧化剂得到广泛使用。

刘杰等（2012）为提高超临界 CO_2 流体萃取迷迭香抗氧化活性成分的得率，降低生产过程成本和产品成本，就载体助溶剂（夹带剂）协同超临界 CO_2 流体萃取迷迭香抗氧化剂的工艺进行了较深入研究。超临界 CO_2 流体萃取迷迭香的抗氧化活性成分的流程见图 5-19。研究选用产于湖南的迷迭香干叶，经粉碎过 40 目筛，并混合均匀；称取处理

好的迷迭香原料 300g，投入 2L 超临界 CO_2 流体萃取器中，在前期预试验基础上设定萃取压力为 30MPa，萃取温度为 55℃；设定分离器 I 的压力与温度分别为 9MPa、45℃，分离器 II 的压力与温度分别为 5MPa、5℃，萃取时间为 1.5h，CO_2 流速为 40L/h。待萃取分离条件到达后，用副泵将载体助溶剂送入萃取器前的混合器中，与 CO_2 一并泵入萃取器中对迷迭香进行协同强化选择性萃取。载体助溶剂的用量为原料用量的 15%，泵入时间为 30min。

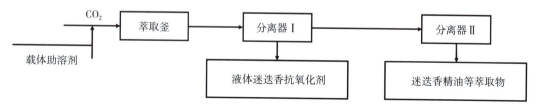

图 5-19　超临界 CO_2 流体萃取迷迭香工艺流程

单纯添加大豆油、葵花籽油、棕榈油、花生油、茶籽油、椰子油以及 E6K（一种中链脂肪酸酯）等夹带剂对鼠尾草酸油的溶解性能的影响较小，且相互间无显著性差异。而在 E6K 中添加无水乙醇（ethanol absolute，ET），对鼠尾草酸油的溶解性能有显著改善。鉴于此，该研究选择了 E6K、棕榈油、大豆油、葵花籽油和分别配制含 5%、10%、15%、20%ET 的 E6K 混合夹带剂（依次记为 E6K-5ET、E6K-10ET、E6K-15ET、E6K-20ET），考察该四种单一夹带剂和四种复合夹带剂对超临界萃取效果的影响。结果显示，单纯的棕榈油、大豆油、葵花籽油和 E6K 夹带剂表现出一定的助溶效果，且能明显改善产物的理化性状，鼠尾草酸油的萃取得率从纯超临界 CO_2 流体萃取时的 25.83% 提高到 44.25% 左右；而添加复合载体助溶剂 E6K-10ET，不但能够明显改善萃取物的理化性状，而且助溶效果非常显著，鼠尾草酸油的得率从纯超临界 CO_2 流体萃取的 25.83% 提高到 62.14%。

（三）超临界 CO_2 流体萃取中药牛至油的应用研究

牛至又称止痢草、牛膝草等，牛至油是从牛至中提取的具有特殊芳香气味的挥发油，约占全草的 1%～10%。牛至油是一种混合物，主要化学成分是酚类、萜烯类及其衍生物、脂肪酸类、黄酮、甾醇等，如抗微生物活性最强的百里香酚和香芹酚。

牛至油的提取方法包括水蒸气蒸馏提取法、溶剂回流提取法、超声波提取法、超临界 CO_2 流体萃取法等，其中水蒸气蒸馏提取法是目前最常用的方法之一。刘军海等（2016）分别选用水蒸气蒸馏、超声波和超临界 CO_2 流体萃取等工艺进行了不同方法提取牛至油得率的比较研究。研究选用产于云南的牛至，干燥后粉碎过 60 目筛，三种提取方法提取的牛至油，其得率均随提取时间的延长而增加，提取 2.0h 后，水蒸气蒸馏提取法和超声波提取法的得率增幅较小，而超临界 CO_2 流体萃取法有较大的增幅，2.5h 时各提取方法的得率分别为 3.0%、4.1%、5.4%。该研究在单因素试验基础上，就超临界 CO_2 流体萃取工艺进行了更进一步研究，结果显示，各因素对超临界 CO_2 流体萃取牛至油得率的影响大小顺序为萃取压力>CO_2 流速>萃取时间；超临界 CO_2 流体萃取牛至油的最佳工艺条件为：萃取压力 35MPa，萃取温度 50℃，CO_2 流速 3.6L/min，萃取时间 3h。在此条件下牛至油的得率为 5.82%。

车国勇等（2006）进行了在超临界 CO_2 流体中加入夹带剂萃取牛至中挥发性成分的

研究，将所得精油与水蒸气法所得精油进行 GC-MS 分析，并对不同方案萃取的精油主要成分进行了对比。该研究选用牛至全草经农用粉碎机粉碎至 0.83mm，用 0.2L 超临界装置进行萃取。选择了 3 种不同极性的溶剂（乙醇、乙酸乙酯、二氯甲烷）作为夹带剂，每种夹带剂加入量为 60mL。设定萃取压力为 15MPa，萃取温度为 50℃，萃取时间为 2h，并与传统的旋转蒸发提取作对比。结果发现，在超临界萃取中添加夹带剂制备牛至油精油的得率明显高于水蒸气蒸馏工艺；并且夹带剂极性越强，萃取物得率越高，抗氧化剂的量也越多。超临界 CO_2 流体萃取牛至油精油的得率约是水蒸气蒸馏的 2～3 倍，而且所得牛至油精油含有更多的抗氧化成分，具有更强的抗氧化效果。牛至中酚类物质香芹酚和百里酚是主要的抗氧化成分，占总精油含量的 70% 左右。

三、超临界 CO_2 流体萃取生物碱的应用研究

生物碱是一类重要的天然有机化合物，广泛分布于植物界，具有多种生物活性。许多重要的植物药都含有生物碱成分。生物碱是存在于自然界中的一类含氮的碱性有机化合物，大多数有复杂的环状结构，氮素多包含在环内，有显著的生物活性，是中草药中重要的有效成分。因为生物碱的极性偏大，所以在用超临界 CO_2 流体萃取时，需要通过增加压力或者使用夹带剂来增强流体的溶解度。

黄连性味苦，具有清热燥湿、泻火解毒等功效。黄连中简单生物碱在总生物碱中所占比例非常大，而简单生物碱为小分子物质，故其提取多采用醇提和酸提等方法。但这些方法存在提取率低、有机溶剂残留等缺点。醇提过程中的浓缩会造成大量生物碱的损失，酸提法不仅时间长，而且在提取过程中易造成易氧化成分的破坏与损失，对部分成分有破坏作用。佟若菲等（2010）以三角叶黄连或云连的干燥根茎为原料，进行了超临界 CO_2 流体萃取黄连中生物碱的工艺研究。采用单因素和正交试验的方法，考查了萃取压力、萃取温度、萃取时间和物料粒度等因素对黄连中生物碱超临界 CO_2 流体萃取物得率的影响。结果显示，各因素对超临界 CO_2 流体萃取黄连中生物碱的影响大小依次为萃取压力、萃取温度、萃取时间。最佳萃取工艺条件为：萃取压力 30MPa，物料粒度 40～60 目，萃取温度 60℃，萃取时间 1.5h。此条件下黄连中生物碱萃取得率为 14.24%。

多酚具有多个酚羟基结构，能够潜在促进健康。茶多酚是多酚化合物中的一个分支，主要存在于茶叶中。茶多酚因其具有较强的抗菌、抗病毒、抗氧化及增强免疫力等生物活性，已在保健品、饮料、食品添加剂等领域得到应用。王桃云等（2008）利用正交试验，研究了超临界 CO_2 流体萃取茶生物碱的工艺，并与传统的酸提法进行了比较。试验结果表明，超临界 CO_2 流体萃取法在萃取压力 40MPa、萃取时间 0.5h、萃取温度 45℃时，茶生物碱的萃取得率为 1.14%；而传统的酸提法即使在优化试验条件下，生物碱萃取得率最高也仅为 0.56%，表明超临界 CO_2 流体萃取法提取茶生物碱较传统的酸提法得率显著提高。

四、超临界 CO_2 流体萃取黄酮类活性物质的应用研究

黄酮类化合物泛指两个具有酚羟基的苯环通过中央三碳原子相互连接而成的一系列化合物，其基本母核为 2-苯基色原酮。黄酮苷一般易溶于水、乙醇等强极性的溶剂中，但

难溶于或不溶于苯、氯仿等有机溶剂中。黄酮类化合物具有多方面的功效，它是一种很强的抗氧剂，可有效清除体内的氧自由基、改善血液循环、降低胆固醇、抑制炎性生物酶的渗出等。使用超临界 CO_2 流体萃取法可以克服传统提取方法提取效率低、成本高、分离过程复杂等缺点，且超临界 CO_2 流体萃取法提高了黄酮的提取率，萃取分离一步完成，产物纯度高。

杜仲是一种名贵的中药材，蕴含丰富的天然活性物质。研究发现，杜仲根、茎、叶等不同部位均含有总黄酮，相较于杜仲根、茎，杜仲叶资源更加丰富。王华芳（2016）利用超临界 CO_2 流体萃取技术，以总黄酮提取含量为响应值，通过响应面法得到回归方程，优化并验证杜仲叶中总黄酮提取最佳工艺，利用响应面分析法（RSA）对杜仲叶总黄酮提取工艺进行优化，通过三因素三水平的 17 组试验，考察了萃取温度、压力和时间对黄酮提取含量的影响。通过二次项回归方程分析，预测出最佳萃取工艺条件为：萃取温度 51℃，萃取压力 31.15MPa，萃取时间 90min，最高总黄酮含量为 45.86mg/g。在该最佳工艺条件下进行验证试验，所得总黄酮的含量为 45.82mg/g，与预测结果吻合。该研究为杜仲叶药用资源的开发和利用提供了理论参考。

景天三七为景天科植物，是一种药用价值较高的保健植物。有研究表明，景天三七的主要有效成分是黄酮、景天庚糖、果糖和有机酸等。张兴桃等（2017）以景天三七为材料，采用超临界 CO_2 流体萃取技术提取景天三七总黄酮，设计单因素试验研究萃取温度、压力、夹带剂对总黄酮提取效果的影响，正交试验研究结果表明，超临界 CO_2 流体萃取景天三七总黄酮的最佳工艺条件为：萃取压力 30MPa，萃取温度 45℃，夹带剂为 80% 乙醇，总黄酮化合物的含量为 19.54mg/g。方差分析表明，夹带剂和温度对景天三七总黄酮的提取效果影响显著。

异黄酮属于黄酮类化合物，主要存在于豆科植物中，其中大豆中异黄酮含量为 0.1%～0.5%。大豆异黄酮具有许多生理活性，如抗氧化、抗溶血。左玉帮（2008）分别进行了溶剂提取和超临界 CO_2 流体萃取大豆异黄酮的试验研究。在溶剂提取所确定的最佳提取条件下，可以将脱脂豆粕中 5.9% 的异黄酮提取出来，但是粗提物中大豆蛋白、大豆多肽、多糖、磷脂、纤维素、甾醇等杂质的含量很高，粗提物中总异黄酮含量仅为 2.45%。由于 CO_2 是一种非极性溶剂，大豆异黄酮是极性较强的物质，单独采用超临界 CO_2 流体萃取不能有效地从豆粕中提取大豆异黄酮，需要在超临界 CO_2 流体中加入夹带剂来提高异黄酮在超临界流体中的溶解度，进而提高得率。试验采用甲醇作为夹带剂，全面考察了甲醇浓度、夹带剂含量、原料粒径以及萃取的温度、压力和时间对异黄酮提取过程的影响。通过正交试验，确定了最佳提取条件为：萃取温度 40℃，萃取压力 60MPa，CO_2 流量 10L/h，萃取时间 270min。此工艺条件下总异黄酮提取量为 2 458.8μg/g。

第五节　亚临界流体低温萃取技术

亚临界流体低温萃取技术具有萃取温度低、萃取压力小、分离温度低、萃取效率高、环境友好等优势。近 30 年来，亚临界流体低温萃取技术作为生物有效成分提取分离方法得到了迅速发展，被广泛应用于动植物油脂、植物精油、植物色素、中草药、蛋白质等加工领域。

一、亚临界流体低温萃取原理

亚临界流体（sub-critical fluid，SCF）又称亚临界低温萃取溶剂，是指某些化合物在温度高于其沸点温度但低于临界温度，且压力低于其临界压力的条件下，以流体形式存在的物质形态。当温度不超过某一数值，对气体进行加压，可以使气体液化，而在该温度以上，无论加多大压力都不能使气体液化，这个温度称为该气体的临界温度。在临界温度下，使气体液化所必需的压力称临界压力。当丙烷、丁烷、高纯度异丁烷（R600a）、四氟乙烷（R134a）、二甲醚（DME）、液化石油气（LPG）和六氟化硫等以亚临界流体状态存在时，分子的扩散性能增强，传质速度加快，对天然产物中弱极性以及非极性物质的渗透性和溶解能力显著提高。

亚临界低温萃取是在密闭、无氧、低压的压力容器内，依据有机物相似相溶的原理，通过被萃取物料与萃取剂在浸泡过程中的分子扩散过程，使固体物料中的目标产物转移到液态的萃取剂中，再通过减压蒸发的过程将萃取剂与目标产物分离，最终得到目标产物的一种新型萃取与分离技术。亚临界低温萃取属于一种物理提取技术。

亚临界流体萃取技术（sub-critical fluid extraction，SCFE）就是利用亚临界流体的特殊性质，使被萃取物在萃取器内被注入的亚临界流体浸泡，在一定的料溶比、萃取温度、萃取时间、萃取压力、萃取剂，或夹带剂、搅拌、超声波等的辅助作用下进行的萃取过程。萃取混合液经过固液分离后进入蒸发系统，在压缩机和真空泵的作用下，根据减压蒸发的原理将萃取剂由液态转为气态从而得到目标提取物。汽化的溶剂经压缩换热后被液化，循环使用。亚临界低温萃取的整个过程可以在室温或更低的温度下进行，所以不会破坏物料中的热敏性成分，这是该工艺的最大优势（图 5 - 20）。

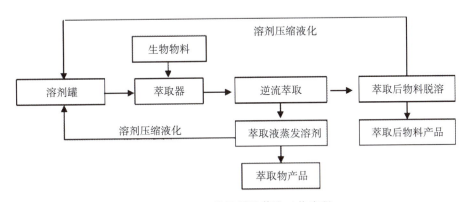

图 5 - 20　亚临界低温萃取工艺流程

图 5 - 21 所示为溶剂亚临界状态与溶剂其他状态的温度-压力关系，即溶剂在不同的温度下，对应的压力和溶剂状态区域。图中亚临界状态的区域处于溶剂的沸点 B 以上，临界点 C 以下，是溶剂的液相区域，相对于同区域的液态被称为液化状态，亚临界状态区域下方的气相区域对应的是饱和蒸汽状态，因此，当在纯溶剂萃取的理想状态时（系统里没有其他物质的蒸汽），亚临界低温萃取过程的系统压力就是萃取温度下溶剂的饱和蒸气压。

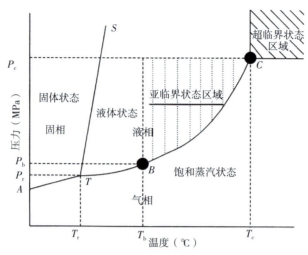

图5-21 不同压力-温度下溶剂状态

注：T_c 和 P_c 是溶剂的临界温度和压力，T 是溶点，T-S 线是固液分界线。常规萃取所用溶剂处于图中的液体状态区域，而超临界萃取溶剂则处于图中右上角的超临界状态区域。以水为例，由0℃（对应 T 点）到100℃（对应 B 点）的水为常规溶剂；100～374℃（对应 C 点，水的临界温度）的水为亚临界水溶剂；374℃以上的水为超临界水，也是不可液化的水，称为超临界水溶剂

二、适用于亚临界流体低温萃取的溶剂

CO_2 的临界温度为31℃，临界温度对应的压力为7.15MPa，临界密度为469kg/m³，所以超临界 CO_2 流体萃取必须在31℃以上。但为了提高萃取能力，一般要对超过临界温度的 CO_2 流体继续加压到20MPa甚至到50MPa，以提高流体的密度，从而提高其萃取大分子成分的能力。适合于亚临界流体低温萃取的溶剂沸点都低于环境温度，一般沸点在0℃以下。目前主要有丙烷、丁烷、四氟乙烷、二甲醚等。表5-6为几种常用亚临界流体低温萃取溶剂的物理参数。

表5-6 几种常用亚临界流体低温萃取溶剂的物理参数

项目	丙烷	丁烷	二甲醚	四氟乙烷
分子式	C_3H_8	C_4H_{10}	$C_4H_{10}O$	$C_2H_2F_4$
相对分子质量	44	58	46	102
沸点（℃）	−42.0	−0.5	−24.9	−26.2
蒸气压（20℃，MPa）	0.83	0.23	0.533	0.6
临界温度（℃）	95.7	152.8	129.0	101.1
临界压力（MPa）	4.4	3.6	5.32	4.07
液体密度（25℃，kg/m³）	0.49	0.57	0.66	1.20
气体密度（25℃，kg/m³）	20.15	6.18	12.0	32.2
介电常数	1.67	1.78	5.17	9.51
蒸汽潜热（30℃，kJ/kg）	329	358	410	216
性状	无色无味	无色有味	无色有味	无色无味

162

1. 丙烷和丁烷　两者都是非极性溶剂，用于萃取脂类物质，是应用最早、最广泛的亚临界流体低温萃取溶剂。2008年卫生部13号令允许丙烷、丁烷作为食品加工助剂。2011年在《食品安全国家标准　食品添加剂使用标准》（GB 2760—2011）中进一步明确了丙烷、丁烷作为食品加工助剂在油脂生产中应用的合规性。

2. 二甲醚　能与许多极性或非极性溶剂互溶，单独使用既可萃取极性成分也可萃取非极性成分。二甲醚的价格低、来源广，而且毒性极低。但尚未列入我国的食品助剂名录，限制了其在食品上的应用。

3. 四氟乙烷　即R134a，是一种氟利昂R12、R22等制冷剂的替代物，用作亚临界流体低温萃取溶剂时主要用于萃取脂溶性成分。其不但无毒，而且不燃，克服了常规制冷剂易燃易爆的缺点，这也是它的最大优势。目前，四氟乙烷尚未列入我国的食品助剂名录。

三、亚临界流体低温萃取技术的优势

亚临界流体低温萃取设备工作压力在0.5MPa左右，工作温度为35～50℃，既有六号溶剂浸出法的低成本、规模化优势，又有超临界CO_2流体萃取的高活性特点，技术优势主要体现在以下几点：

（1）萃取和脱溶过程不需要过度加热，降低了热敏性物料活性成分的损失，并能有效保存萃取产品中的易挥发成分，保留油中的微量活性物质及粕中水溶性蛋白等。

（2）萃取溶剂蒸发耗能少，脱溶过程不必使物料升温，同时在生产型装置中，利用系统内部热交换，将压缩机压缩后的高温气体与低温混合油进行热交换，减少了蒸发时外来热量的补充，降低了能耗。

（3）有一定的萃取选择性。祁鲲等（2019）在萃取大豆原油中磷脂的对比试验中发现，丁烷萃取原油中磷脂含量为六号溶剂的15%。张明（2015）研究发现，采用亚临界流体萃取菜籽油中维生素E、甾醇等，指标均显著高于六号溶剂浸出含量，菜籽油品质及脱脂菜粕氮溶解指数均高于六号溶剂浸出物。张朋展等（2018）比较了超临界萃取和亚临界萃取金银花挥发油的品质，发现亚临界萃取更适合高品质金银花挥发油的萃取。

（4）相对于超临界萃取技术，亚临界萃取投资少、生产成本低，容易实现大规模生产。

四、亚临界流体低温萃取的理论与机制

亚临界溶剂对天然产物的萃取具有高选择性和高效性，其主要提升了两个过程：①目标产物在亚临界溶剂中的溶解过程；②目标产物在亚临界溶剂中的迁移过程。从本质上讲，此两点对应化学反应的热力学和动力学过程。

（一）亚临界溶剂中溶质的溶解特性

溶质在亚临界溶剂中的溶解度是指在热力学平衡状态下，物质溶解于溶剂中的质量。对于亚临界溶剂萃取技术，组分的溶解度是其基本核心参数之一。因此，在萃取之前应测定组分的溶解度。然而，作为亚临界流体低温萃取目标产物的溶质中的化合物，通常是以多种混合物形式存在，很少以单一组分物质存在，而科学研究一般只针对纯物质进行，所以农产品和食品一般被认为是"假组分"，需要对其进行进一步分离、纯化和分析。亚临界溶剂中物质的溶解度测定方法一般分为动态法和静态法。

（二）影响亚临界溶剂中目标产物溶解度的因素

亚临界溶剂作为萃取介质主要是基于其对溶质的溶解特性。相对于常压溶剂，亚临界溶剂具有扩散能力强、传质速度快，对溶质的溶解能力高于常压溶剂的优点。同时，可通过调节压力和改变亚临界溶剂的选择性，以提高其对多种物质的溶解度和选择性。因此，影响亚临界溶剂溶解溶质能力的主要因素有溶质和溶剂本身的结构和性质、外界的温度、外界的压力。

1. 溶质-溶剂的极性及其选择性改善　在亚临界溶剂中，影响目标产物的溶解性和选择性的重要因素是固体物质的挥发性和溶质-溶剂间的相互作用强度及物料分子间的极性。

分子的极性对物质溶解性有很大影响。极性溶质易溶于极性溶剂，非极性溶质易溶于非极性溶剂，也即"相似相溶"。例如，氨等极性分子和氯化钠等离子化合物易溶于水；具有长碳链的有机物，如油脂、石油（不一定是非极性分子）等成分多不溶于水，而易溶于非极性的有机溶剂。一般情况下，在亚临界条件下，溶剂的溶解能力取决于目标组分的极性、官能团和分子质量，总之符合相似相溶的特性。在非极性亚临界溶剂中，极性较弱的碳氢化合物和类脂化合物，如类脂、醚、酯具有较高的溶解度；而含有—OH、—COOH等的化合物的溶解度较低。强极性的成分，如糖类、氨基酸等的溶解度更低；相反，在极性溶剂中或添加有极性夹带剂的亚临界溶剂中，则极性组分的溶解度较高。

对于多元组分的萃取，添加夹带剂可扩大亚临界溶剂对溶质的选择性和溶解度。夹带剂是在亚临界溶剂中添加的少量、可混溶，挥发性介于被分离物质与临界溶剂组分之间的一种或多种物质。根据极性不同，可分为极性夹带剂和非极性夹带剂。

夹带剂对萃取效果的影响包括以下几方面：①增加溶质在临界溶剂中的溶解度；②改善溶剂的选择性（或分离因子）；③可增加溶质、溶剂对温度和压力的敏感性，降低能耗；④改善溶剂的临界参数。

一般夹带剂可从两个方面影响溶质在亚临界溶剂中的溶解度和选择性：①溶剂的密度；②溶质与夹带剂分子间的相互作用。

夹带剂的添加量一般较少，因此对溶剂的密度影响较小，主要在于对溶质分子间的范德华力的影响或与溶剂-溶质间特定作用力的影响，如形成氢键、疏水作用、静电荷作用等缔合作用。另外，在溶剂的临界点附近，溶质溶解度对温度、压力的变化最为敏感。添加夹带剂后，混合溶剂的临界点相应改变，如更接近萃取温度，则可增加溶解度对温度、压力的敏感程度。

2. 温度的影响　温度是影响亚临界溶剂溶解能力的关键因素之一。温度对萃取效果的影响较为复杂。一般随温度的增加，溶剂的极性、介电常数、溶剂密度、表面张力、黏度、导热率和扩散系数等均会变化，其对萃取过程的影响可导致：①不同温度的萃取物中不同极性物质比例的变化；随温度升高，传质速度提高，萃取效率提升；当萃取温度高于目标物质的溶点，有利于物质溶于溶剂。②随萃取温度的升高，溶剂的选择性降低，萃取物成分变得复杂。

3. 压力的影响　亚临界低温萃取一般是在高压下完成，所以压力大小会影响亚临界溶剂对溶质的溶解能力。但由于溶剂为液体，所以可压缩性较小，压力变化对溶剂的影响也较小。因此，改变压力对溶质在亚临界溶剂中的溶解度作用较小。亚临界流体低温萃取的压力一般是溶剂在对应温度下的饱和蒸气压，所以用升高温度的方法升高压力，得出的溶解能力效果应归于温度的影响。

（三）在亚临界溶剂中目标产物的传质特性和机制

亚临界溶剂萃取过程属于物质传质分离过程。在萃取过程中，首先要研究萃取可进行的最大程度，即平衡热力学。其次，要确定萃取过程的速度及影响传质速度的因素，即动力学问题，其表现为溶质在物料中的传质问题。亚临界溶剂的重要特点之一就是其具有良好的传递性能。

天然产物一般都以物理吸附、截留、化学结合等方式存在于固体介质中。例如，禾本科油料作物中的油脂、茶叶中的茶多酚等。要通过亚临界溶剂获得固体介质中的目标产物需要经历两个过程：①首先，须将目标产物从固体基质中洗脱分离下来，再通过扩散到达固体介质的表面，即内扩散；②然后，目标产物扩散通过固体介质表面达到亚临界溶剂中，最终达到亚临界溶剂相中，即外扩散。

1. 传质的基本原理模型及影响因素　萃取过程包括有机萃取剂萃取无机化合物和萃取有机化合物的过程，也可能伴有化学反应。若包含两个过程，则萃取速度决定于最慢过程的速度，其既可能是反应过程速度，也可能是传质过程速度，当两者速度相近时，由两个过程的速度共同决定。

亚临界溶剂是气体的液化状态，处于溶剂的沸点温度之上，但低于其临界温度。表 5-7 中列出了常见气体、液体和超临界溶剂的黏度、导热率和扩散系数等方面的性能参数。由表 5-7 可见，超临界溶剂的黏度远小于液体，导热系数介于两者之间，而扩散性能远优于液体，所以临界溶剂萃取的效果优于普通溶剂萃取。

表 5-7　不同溶剂的传递性能参数

溶剂类别	黏度系数（Pa·s）	热导率［W/(m·K)］	扩散系数（m²/s）
气体	$(1\sim3)\times10^{-5}$	$(5\sim30)\times10^{-3}$	$(5\sim200)\times10^{-6}$
超临界溶剂	$(2\sim10)\times10^{-5}$	$(30\sim70)\times10^{-3}$	$(0.01\sim1)\times10^{-6}$
液体	$(10\sim1\,000)\times10^{-5}$	$(70\sim250)\times10^{-3}$	$(0.000\,4\sim0.003)\times10^{-6}$

亚临界溶剂萃取的主要目的是从固体介质中提取功能性成分。在其萃取分离体系中，传递阻力主要包括：目标产物在固体介质内部的扩散过程和固体介质表面外的传质过程，即内传质和外传质。由于亚临界溶剂的扩散系数比较小，因而有利于溶剂分子在固体介质内部的扩散。因此，目标产物在亚临界溶剂中扩散速率高于普通溶剂。在亚临界低温萃取过程中，由于目标产物在亚临界溶剂中的扩散系数大，同时传质阻力小，导致溶质从固体内部扩散的相界面的溶质可以更快扩散到亚临界溶剂中，由于传质阻力降低，降低了界面的溶质浓度，从而加大了固体一侧的传质推动力，促进了溶质在整个体系中的传质效果。

2. 固体介质在亚临界溶剂中的传递机制　在固体介质的萃取过程中，均涉及溶质和溶剂的传递过程。在固体介质中，溶质（固体或液体的目标产物）以物料包埋、截留、吸附或者化学键结合等方式附着在多孔介质中。在萃取过程中，溶剂是由外向内的传质过程，而溶质是由内向外的扩散过程。前一过程是后一过程的基础，溶质经历内扩散和外扩散达到溶剂相中，形成一个由内到外逐渐减少的浓度梯度，最终达到扩散平衡。亚临界溶剂的优势在于其扩散系数大、黏度小，相对于普通溶剂对固体介质中组分的传递效率十分有利。

在内扩散过程中，亚临界溶剂的高扩散性有利于溶剂扩散到固体介质内部的微观结构中，溶解在溶质中，促进溶剂与溶质的互溶，改善溶质在介质内部的扩散，从而促进整个过程的传质。除内扩散和相际传质外，在外扩散过程中，还涉及固体表面的对流传质，包括强制对流、自然对流和湍流对流。由于在亚临界溶剂萃取过程中溶剂是运动的，因此外扩散传质与溶剂运动状态有很大关系。

3. 液体体系在亚临界溶剂中的传质　液体体系的亚临界溶剂或超临界溶剂萃取过程是基于溶剂对液体混合物中不同组分具有选择性溶解能力而进行的。基于不同组分对温度和压力的敏感程度不同，可以通过控制温度和压力实现不同组分的溶解度最大化。

在油脂萃取过程的动力学研究中，温度是另外一个重要因素，提高温度不仅降低了溶剂和油脂的黏度，也使得混合油黏度降低，增加了萃取剂的溶解能力，而低黏度和高溶解性能使萃取速度提高。另外，如果把溶剂萃取过程看作是一个化学反应，从热力学角度考察温度对其的影响包括两个方面：分别是对平衡移动的影响和对反应方向的影响。

五、亚临界流体低温萃取的工艺与设备

亚临界流体低温萃取工艺原理：在一定压力下，以亚临界流体溶剂对固体介质进行逆流萃取，萃取液（液相）中溶剂经蒸发，使溶剂汽化与被萃取出的目标产物分离，得到产品；被萃取过的物料蒸发出其吸附的溶剂，得到高纯度产品；被汽化的溶剂经压缩换热后被液化，重复循环使用。其工艺流程如图 5-22 所示。

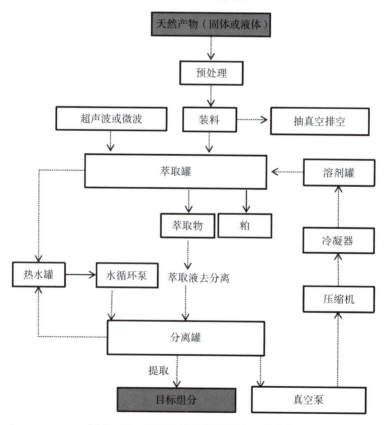

图 5-22　亚临界流体低温萃取工艺流程

　　亚临界流体低温萃取工艺流程中主要包括：物料前处理系统、进排料系统、萃取系统、分离系统、溶剂回收及贮存系统、尾气处理系统、能量补充系统、电气控制系统及萃取物的精制系统等。工作时，将预处理好的物料装入萃取罐中；启动真空泵对萃取罐抽真空；利用压力差将溶剂罐中的亚临界溶剂打入萃取罐，物料经萃取液萃取一定时间后，将萃取料液从萃取罐底部管道打入分离罐中（也可多次打入溶剂，进行多次萃取）；在萃取过程中，采用循环热水对萃取罐加热，也可借助微波等辅助设备加热，以提高萃取率；进入分离罐的萃取液，经减压蒸发，脱除其中的溶剂；分离罐气化的溶剂气体经压缩机压缩后在冷凝器中冷凝液化，回流到溶剂罐中循环使用；萃取结束后，对萃取罐内物料中吸附的溶剂进行减压蒸发，待萃取罐压力降至零后，再启动真空泵联动进行负压蒸发，直至将压力降至-0.09MPa以下，打开萃取罐口，将萃取余物取出。

　　图5-23所示为亚临界流体低温萃取的工艺原理。工作时在萃取罐中装入萃取罐容积50%～60%的物料，开启真空泵，当萃取罐真空度达到-0.085MPa时，停止真空泵工作，按料溶比1∶1.1进溶剂。萃取30min后，将混合油泵到蒸发罐，开启压缩机，打开蒸发罐夹套及盘管热源阀门，溶剂汽化，将溶剂和油分离，溶剂蒸气经压缩液化冷凝后回到溶剂周转罐，原油排出蒸发系统。重复萃取2～8次（萃取次数与物料有关），物料中96%以上的油脂可被萃取出来。萃取完成后，萃余物含有约30%溶剂，开启萃取罐夹套加热及压缩机等，溶剂汽化后与萃余物分离。萃取罐压力达到-0.085MPa时，溶剂脱除完毕，即完成萃余物脱溶操作。

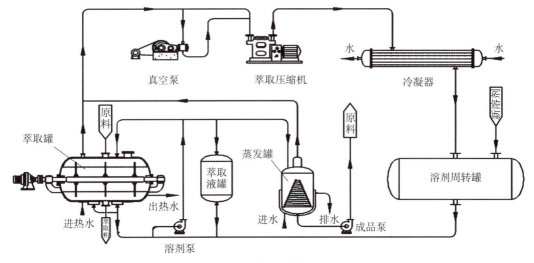

图5-23　亚临界流体低温萃取工艺原理示意

六、亚临界流体低温萃取技术在饲料工业中的应用

（一）亚临界流体低温萃取酸枣仁油的应用研究

　　酸枣仁也称山枣仁，是鼠李科植物酸枣干燥成熟的种子。酸枣仁中的油脂具有抗炎、抗肿瘤、降血脂和抗氧化的作用。目前酸枣仁油的提取方法有压榨法、超临界CO_2流体萃取法、微波辅助提取法和亚临界丁烷萃取法等。

　　彭凯迪等（2017）以陈年阴干的酸枣仁为原料，选用CBE-5L型亚临界流体萃取设备，以丁烷为萃取剂（纯度大于 95%），进行了酸枣仁油亚临界流体低温萃取的试验研究。酸枣仁经干燥、粉碎、筛分，分别制成过 20 目、40 目、60 目、80 目、100 目筛的酸枣仁粉。试验中，先将系统抽成真空状态，真空度为 0.1MPa 左右。在试验设定的萃取条件下进行亚临界流体低温萃取，萃取过程中通过循环热水，对萃取器进行加热；萃取达到设定时间后，将含有脂溶性成分的亚临界流体从萃取器中放出，进入脱溶器进行减压蒸发；待溶剂脱除完毕，便可放出酸枣仁油，经离心除杂，即得所需纯酸枣仁油。该研究在单因素试验的基础上，得出萃取时间、萃取温度及萃取次数对酸枣仁的萃取率都具有极显著的影响，影响大小依次为：萃取次数＞萃取时间＞萃取温度。通过响应面法进行试验设计优化得到的最佳工艺条件为：物料粉碎过 80 目筛，萃取温度 45℃，萃取时间 40min，萃取次数 3 次，测得酸枣仁油的含量为 26.77%。采用索氏抽提的酸枣仁油的含量为 28.02%，而亚临界流体低温萃取酸枣仁油的得率为 95.39%，达到了良好的萃取效果。

（二）亚临界丁烷萃取小麦麸皮油的工艺研究

小麦麸皮是面粉加工过程中提取小麦粉和胚芽后的副产物，占小麦质量的 14%～19%，麸皮中含有较丰富的淀粉酶系、蛋白质、植酸等多种活性成分，具有营养学特性。小麦麸皮油中的油酸、亚油酸等不饱和脂肪酸含量很高，在降低血液胆固醇含量、防治动脉硬化等方面具有十分重要的功效。

张志国等（2018）采用亚临界丁烷对小麦麸皮进行循环萃取，采用 Box-Behnken 试验设计对影响小麦麸皮油萃取率的因素进行工艺优化，从而获得最佳工艺参数。该试验选用 CBR-30+5 型成套试验设备进行；采用丁烷对小麦麸皮（大片）进行萃取，萃取流程如图 5-24 所示。

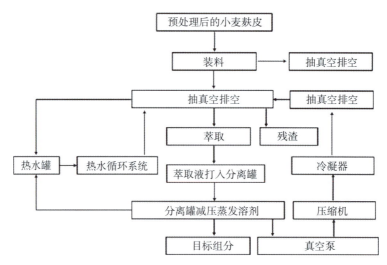

图 5-24　亚临界丁烷萃取小麦麸皮油工艺流程

该研究分别就亚临界丁烷萃取温度、萃取时间、萃取次数以及料液比对小麦麸皮油萃取率的影响进行了单因素试验研究。在单因素试验基础上，通过 Box-Behnken 设计，进行四因素三水平响应面分析试验，试验结果得出亚临界丁烷萃取小麦麸皮油的最佳工艺参数为：萃取温度 40℃，萃取时间 30min，料液比 1∶3（g/mL），萃取 3 次萃取率的平均值为 86.92%，与理论预测值 87.35% 相比，相对误差为 0.49%。

（三）亚临界四氟乙烷（R134a）流体萃取万寿菊花中叶黄素酯的工艺研究

目前万寿菊中叶黄素酯的提取主要有常压法和亚临界萃取法两种方式。常压法得到的叶黄素油树脂的叶黄素含量较低，通常只有 130～170g/kg，杂质含量高。为此，陶国正等（2017）选用安全无毒且具有不易燃特性的 1，1，1，2-四氟乙烷（R134a）作为一种新型的亚临界萃取剂，进行了亚临界萃取万寿菊花中叶黄素酯的工艺研究。亚临界的 R134a 具有较低的操作压力（临界温度 101.1℃，临界压力 4.06MPa）和较大的偶极距（2.058），扩散系数大、黏度小，对叶黄素类物质的溶解能力更强，不需要引入极性溶剂即可快速萃取。R134a 沸点低（－26.1℃），也有利于溶剂与溶质的分离。该试验采用间歇亚临界 R134a 浸提方式，在 10L 亚临界萃取小试装置中，考察料液比、浸提压力、萃取温度、单次萃取时间和萃取次数对叶黄素酯回收率的影响。结果表明，料液比 1：1.5，萃取压力 1MPa，萃取温度 48℃，单次萃取时间 20min，萃取 4 次的条件下，叶黄素酯回收率最高，达 98％以上。当料液比和萃取次数固定时，影响叶黄素酯回收率的最主要因素为萃取温度，温度过低传质速度慢，温度过高则叶黄素酯容易氧化分解。萃取压力的影响也相对明显，在研究测试范围内，1.0～1.2MPa、45～50℃是较适宜的萃取压力和温度范围。

（四）亚临界萃取棉籽中棉酚工艺研究

不同棉花品种中棉籽仁含量为 50％～55％，棉籽仁中含有棉酚 1.6％～2.8％，由于棉酚对人和动物有害，使得棉籽粕不能被充分利用。如能从棉籽中萃取出棉酚，不仅能对棉粕进行脱毒处理，还能充分开发利用我国棉籽蛋白资源，弥补我国蛋白资源的不足。为此，荣梦杰等（2021）利用亚临界萃取技术探究棉籽仁中游离棉酚的最佳提取工艺。以高酚棉籽为原料，选用二甲醚为萃取剂，采取正交试验优化了萃取工艺条件。结果表明，预处理试验中，粉碎过 40 目筛轧胚萃取率最高，为 57.6％。单因素试验中，棉酚萃取率随着温度的升高而先升高后降低，20℃时达到最高（58.2％）；随着时间的增加而逐渐升高，30min 后增长趋于平缓；随着萃取次数的增加而逐渐升高，萃取 4 次后增长趋于平缓；随着料液比的增加而逐渐升高，在料液比为 1：12 后增长趋于平缓。根据极差得出影响棉籽仁中棉酚萃取效率的因素依次为：萃取温度＞萃取次数＞料液比＞萃取时间，萃取温度对棉酚的萃取效率影响最大。通过正交试验得到亚临界萃取棉酚的最佳工艺为：温度 20℃，时间 40min，萃取次数 4 次，料液比 1：14，此时萃取率为 68.9％。

展望

由超/亚临界流体的特性可知，其适用于热敏性生物活性物质的提取和分离。超/亚临界流体与气体和液体相比，兼具气体和液体的优点而又克服了它们的不足，而且超/亚临界流体萃取操作条件温和，萃取技术相比其他分离方法优势明显。但现在的超/亚临界萃取多以固体植物为主，得到的几乎都是粗提混合物。由于提取的目标产物有效成分复杂，化合物近似成分较多，单独使用超/亚临界萃取技术分离目标产物的纯度有待提高，需要借助现代的分离技术手段进一步分离纯化产品，如超/亚临界萃取-分子蒸馏联用，超/亚临界萃取-膜分离联用等。这些分离技术的联合使用对于拓宽超/亚临界萃取技术的应用领域具有重要意义。另外，目前超/亚临界萃取技术的研究还处于发展阶段，大多数研究者侧重于开发一种新的提取方法，对亚临界流体低温萃取技术的萃取机制等基础理论的研究涉及很少，同时对于现有的装备有必要结合计算机、人工智能和互联网技术等，构建智能化生产控制系统，满足人们对生产设备连续化、自动化、更大规模化的需求。

参考文献

车国勇，庞浩，廖兵，等，2006. 超临界二氧化碳萃取牛至挥发性组分的研究［J］. 林产化学与工业，26（4）：121-122.

高福成，王海鸥，郑建仙，等，1997. 现代食品工程高新技术［M］. 北京. 中国轻工出版社.

郭亮，2011. 超临界 CO_2-分子蒸馏分离纯化大蒜素的研究［D］. 泰安：山东农业大学.

郭庆宇，付宝慧，陈冬，2020. 混合夹带剂在超临界 CO_2 萃取银杏内酯 B 的应用研究［J］. 中国石油和化工标准与质量，24：132-135.

刘杰，曾健青，李卫民，等，2012. 载体助溶剂协同超临界二氧化碳萃取迷迭香抗氧化活性成分的研究［J］. 北方药学，9（5）：47-49.

彭凯迪，程思，李奥，等，2017. 亚临界低温萃取酸枣仁油的工艺研究及改善睡眠的功效评价［J］. 中国粮油学报，32（6）：113-120.

齐悦如，卞志家，2021. 中药超临界流体萃取技术专利分析［J］. 山东化工，50（3）：89-92.

祁鲲，2019. 亚临界生物萃取技术及应用［M］. 郑州：郑州大学出版社.

荣梦杰，金云倩，王延琴，2021. 亚临界萃取棉酚工艺研究［J］. 中国农学通报，37（26）：9-14.

宋大巍，贾建，张丽萍，2010. 超临界萃取万寿菊黄色素工艺参数的优化［J］. 农产品加工学刊（8）：36-38，44.

陶正国，冼启志，朱熵，等，2017. 亚临界 R134a 流体提取万寿菊花中叶黄素酯的工艺研究［J］. 广东饲料（9）：35-38.

佟若菲，张秋爽，朱雪瑜，等，2010. 黄连中生物碱的超临界 CO_2 萃取工艺研究［J］. 天津药学，22（5）：71-73.

王华芳，2016. 响应面优化超临界 CO_2 萃取杜仲叶总黄酮的工艺研究［J］. 三门峡职业技术学院学报，15（1）：140-144.

王琦，高彦祥，刘璇，2017. 动态夹带剂强化超临界 CO_2 萃取万寿菊中叶黄素［J］. 中国调味品，6（32）：113-119.

王桃云，杭欢，郭海军，2008. 茶生物碱提取工艺优化研究［J］. 食品工业，2：14-16.

王振，2006. 万寿菊叶黄素提取皂化和超临界 CO_2 萃取参数优化试验［D］. 北京：中国农业大学.

王志魁，1998. 化工原理［M］. 北京：化学工业出版社.

夏伦祝，汪永忠，高家荣，2011. 超临界萃取与药学研究［M］. 北京：化学工业出版社.

臧志清，周端美，林述英，1999. 超临界二氧化碳萃取红辣椒的夹带剂筛选［J］. 农业工程学报，15（2）：208-212.

张德权，胡晓丹，2005. 食品超临界 CO_2 流体加工技术［M］. 北京：化学工业出版社.

张明，2015. 低温压榨菜籽饼油脂亚临界萃取工艺技术研究［D］. 武汉：中国农业科学院油料作物研究所.

张朋展，王丽，2018. 金银花挥发油亚临界萃取与超临界方法比较［C］. 第二届亚临界生物萃取技术发展论坛论文集. 郑州：河南工业大学.

张志国，田鑫亚，2018. 临界丁烷萃取小麦麸皮油工艺优化及其成分分析［J］. 食品科学，39（4）：268-274.

郑深，2016. 姜黄的提取和姜黄素的纯化研究［D］. 广州：广东工业大学.

周雯雯，2006. 超临界流体萃取辣椒红色素和辣椒碱的工艺研究［D］. 株洲：中南林业大学.

左玉帮，2008. 从豆粕中提取大豆异黄酮的研究［D］. 天津：天津大学.

Alessandra P，Cristina P，Silvia P，et al，2021. Comparative evaluation of the composition of vegetable essential and fixed oils obtained by supercritical extraction and conventional techniques：a chemometric approach ［J］. International Journal of Food Science & Technology，56（9）：4496-4505.

Aubert M C，Lee C R，Krstulovic A M，1991. Separation of trans/cis-alpha-and beta carotenes by supercritical fluid chromatography. I. Effects of temperature，pressure and organic modifiers 011 the retention of carotenes ［J］. Journal of Chramotography，557（2）：47-58.

Wicker A P，Tanaka K，Nishimura M，et al，2020. Multivariate approach to on-line supercritical fluid extraction-supercritical fluid chromatography-mass spectrometry method development ［J］. Analytica Chimica Acta，1127：282-294.

第六章
分子蒸馏技术及其在饲料工业中的应用 ▶▶▶

高沸点、热敏性、易氧化液体物料的分离和提纯在生产实际中经常遇到，即使采用真空蒸馏，由于塔内压差使温度升高也容易导致物料发生氧化、分解以及发生聚合反应。分子蒸馏技术实现了在远低于常压沸点下的蒸馏操作，具有操作压强低、加热时间短、分离程度高等特点，成为提纯与浓缩高沸点、热敏性、易氧化物质的一种有效手段。

第一节 概 述

分子蒸馏（molecular distillation，MD）又称为短程蒸馏或无阻尼蒸馏，是在高真空环境下进行的非平衡连续蒸馏过程，也是一种无沸腾的高效新型液-液分离技术。分子蒸馏是一种在高真空条件下操作的蒸馏方法，过程中蒸汽分子的平均自由程大于蒸发表面与冷凝表面之间的距离，从而可利用料液中各组分蒸发速率的差异，对液体混合物进行分离。在蒸馏过程中，通过先进的技术手段，增加离开液相的分子流而减少返回液相的分子流，实现从液相到气相的单一分子流的流向，尤其适用于分离、浓缩、纯化高分子质量、低挥发性的有机混合物与植物天然产物。

分子蒸馏是伴随真空技术和真空蒸馏技术而发展起来的一门新兴分离技术。20 世纪 30 年代以来，分子蒸馏技术引起了世界各国的重视。20 世纪 60 年代，分子蒸馏实现规模化的工业应用。我国对分子蒸馏技术的研究起源于 20 世纪 60 年代，直至 80 年代才有分子蒸馏器的专利出现，随后引进了分子蒸馏装置用于生产硬脂酸单甘酯，90 年代才开始对分子蒸馏设备进行研制开发。

分子蒸馏在石油化工、食品、医药、香精香料、精细化工、农业等领域均有应用，尤其在天然产物及热敏性物料的分离、纯化方面得到广泛应用。例如，精制鱼油的制备，鱼油中的 EPA、DHA 主要从海产鱼油中提取。此外还应用于天然色素、天然维生素、天然挥发精油的提取及药物或者中间体的提纯等领域。

第二节 分子蒸馏技术原理

常规蒸馏是利用各物料的沸点不同进行分离，而分子蒸馏技术是在高真空（0.1～1.0Pa）的条件下，通过将液体分子加热，利用混合物组分中不同分子平均自由程的差异进行分离。在一定温度条件下，压力越低，气体分子的平均自由程越大。分子蒸馏的原理即是在大于重分子自由程而小于轻分子自由程处设置一冷凝面，使轻分子不断地在冷凝面上得到冷凝，重分子由于不能到达冷凝面而沿蒸发面馏出，从而实现轻重组分的分离。

当液体混合物沿加热板流动并被加热，轻、重分子会逸出液面而进入气相，由于轻、重分子的自由程不同，因此不同物质的分子从液面逸出后移动距离不同，若能恰当地设置一块冷凝板，则轻分子达到冷凝板被冷凝排出，重分子达不到冷凝板而沿混合液排出，以此达到物质分离的目的。

一、分子平均自由程

分子之间存在着范德华力及电荷作用力等，在常温和低温下液体物质由于分子间引力作用较大，使该分子的活动范围相对气态分子而言要小。当两分子离得较远时，分子之间的作用力以吸引力为主，使得两分子逐渐被拉进，但当两分子接近到一定程度后，分子之间的作用力会转变为以排斥力为主，其作用力大小随距离的接近而迅速增大，该作用力的结果又会使两分子分开。这种由接近而导致排斥分离的过程就是分子的碰撞过程。而在每次的碰撞中，两分子的最短距离称为分子有效直径（d），一个分子在相邻两次分子碰撞内所走的距离为分子运动自由程（λ）。不同的分子，有着不同的分子有效直径，在同一外界条件下也有着不同的分子运动自由程。就某一种分子来说，Langmuir 根据理想气体的动力学理论提出了分子平均自由程的数学模型。

分子平均自由程，即一个分子连续两次与其他分子碰撞之间飞越过路程的统计平均值。对个别分子而言，自由程时长时短，但大量分子的自由程具有确定的统计规律。任一分子在运动过程中都在变化自由程，而在一定的外界条件下，不同物质的分子其自由程各不相同。就某一种分子来说，在某时间间隔内自由程的平均值称为平均自由程，用符号 λ_m 表示，单位为米（m）。

由热力学原理可知，分子运动平均自由程为：

$$\lambda_m = \frac{k}{\sqrt{2}\pi} \times \frac{T}{d^2 p} \tag{6-1}$$

式中：λ_m——分子运动平均自由程；

$\qquad d$——分子有效直径，nm；

$\qquad p$——分子所处环境压强，Pa；

$\qquad T$——分子所处环境温度，℃；

$\qquad k$——玻尔兹曼常数。

由式（6-1）可知，气体分子运动平均自由程与温度成正比，与压强和碰撞有效直径的平方成反比。

当体系中存在两种分子时，其平均自由程为：

$$\lambda_1 = \frac{kT}{\pi}\left[\sqrt{2}\ p_1 d_1^2 + \sqrt{1 + \frac{M_A}{M_B}}\ p_2 \left(\frac{d_1 + d_2}{2}\right)^2\right] \tag{6-2}$$

$$\lambda_2 = \frac{kT}{\pi}\left[\sqrt{2}\ p_2 d_2^2 + \sqrt{1 + \frac{M_B}{M_A}}\ p_1 \left(\frac{d_1 + d_2}{2}\right)^2\right] \tag{6-3}$$

式中：M_A、M_B——分别为物质 A、物质 B 的相对分子质量。

分子运动平均自由程的分布规律为：

$$F = 1 - \exp(-\frac{\lambda}{\lambda_{\mathrm{m}}}) \qquad (6-4)$$

式中：F——自由程小于或等于平均自由程的概率。

根据分子运动平均自由程公式可知，不同种类的分子由于分子有效直径不同，其平均自由程也不同，即不同种类的分子，从统计学观点看，其逸出液面后不与其他分子碰撞的飞行距离是不同的。分子蒸馏的分离原理就是利用液体分子受热会从液面逸出，而不同种类分子逸出后其平均自由程不同的性质来实现物料分离纯化。

由式（6-1）可以看出，温度、压力及分子有效直径是影响分子运动平均自由程的主要因素。当压力一定时，一定物料的分子运动平均自由程随温度增加而增加。当温度一定时，平均自由程 λ_{m} 与真空度 p 成正比，压力越小（真空度越高），λ_{m} 越大，即分子间碰撞机会越少。不同物质因其分子有效直径不同，因而分子运动平均自由程不同。以空气为例，有效直径 $d_{空气}$ 取 3.11×10^{-10} m，则可得出如表 6-1 中的数据。

表 6-1　空气在不同真空度下的分子运动平均自由程

p (Pa)	133.0	133.3×10^{-1}	133.3×10^{-2}	133.3×10^{-3}	133.3×10^{-4}
λ_{m} (cm)	0.005 6	0.56	0.56	5.3	56

使理想气体分子做无规则运动的原因是气体分子间在进行十分频繁的碰撞，碰撞使分子不断随机改变运动方向和速率大小。按照理想气体基本假定，分子在两次碰撞之间可视为做匀速直线运动，也就是说，分子在运动中没有受到分子力作用，因而是自由的。在气体分子的碰撞理论的钢球模型中，认为分子只有在碰撞的一刹那发生相互作用，而在其他时间内，分子做直线运动。相继两次碰撞间所走的路程是其分子的自由程。由于气体分子的数目很大，碰撞频繁，运动的变化剧烈，其自由程只有统计意义。图 6-1 为分子运动示意。

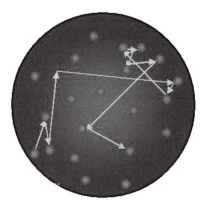

图 6-1　分子运动示意

二、分子蒸馏基本原理

分子蒸馏技术正是利用了不同种类物质的分子逸出液面后直线飞行的距离不同这一性质来实现物质分离。图 6-2 所示为分子蒸馏技术原理。

由图 6-2 可看出，为了使液体混合物达到分离的目的，首先进行加热，能量足够的分子逸出液面。轻、重分子逸出液面而进入气相，由于轻、重分子的自由程不同，所以不同物质的分子从液面逸出后移动距离不同，轻分子的平均自由程大，重分子的平均自由程小，若在离液面小于轻分子的平均自由程而大于重分子的平均自由程处设置一冷凝面，使得轻分子落在冷凝面上被冷凝，重分子则因达不到冷凝面而返回原来液面，这样就将液体混合物进行了分离。在沸腾的薄膜和冷凝面之间的压差是蒸汽流向的驱动力，对于微小的压力降就会引起蒸汽的流动。在 100Pa 下运行要求在沸腾面和冷凝面之间非常短的距离，基于这个原理制备的蒸馏器称为短程蒸馏器。短程蒸馏器（分子蒸馏）有一个内置冷凝器在加热面的对面，并使操作压力降到0.1Pa。

分子蒸馏是一种特殊的液-液分离技术，它不同于传统蒸馏依靠沸点差分离物质的原理，而是靠不同物质分子运动的平均自由程的差别，实现液-液分离的目的。

短程蒸馏器是一个工作在0.1～100Pa压力下的热分离技术，它具有较低的沸腾温度，适合热敏性、高沸点的物料分离。短程蒸馏器是由外加热的垂直圆筒体、位于其中心的冷凝器及在蒸馏器和冷凝器之间旋转的刮膜器组成。在刮膜器固定架上精确装有刮板和防飞溅装置。内置冷凝器位于蒸发器的中心，转子在圆柱形筒体和冷凝器之间旋转。蒸馏过程中物料从蒸发器的顶部加入，经转子上的料液分布器将其连续均匀地分布在加热面上，随即刮膜器将料液刮成一层极薄、呈湍流状的液膜，并以螺旋状向下推进。在此过程中，从加热面上逸出的轻分子，经过短的路线和几乎未经碰撞就到内置冷凝器上冷凝成液态，并沿冷凝器管流下，通过位于蒸发器底部的出料管排出；残液即重分子在加热区下的圆形通道中收集，再通过侧面的出料管中流出。短程蒸馏器的工作原理如图6-3所示。

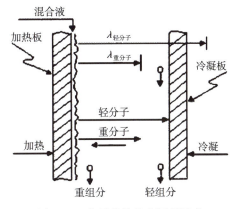

图6-2　分子蒸馏技术原理示意

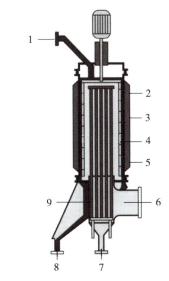

图6-3　短程蒸馏器工作原理示意
1. 进料口　2. 热源介质出口　3. 加热夹套　4. 刮板
5. 热源介质进口　6. 真空泵　7. 馏出物出口
8. 残余物　9. 内冷凝器

（一）分子蒸发速率

蒸发速率是离开蒸发液面的气体分子的净值，因为汽化分子有一部分会返回蒸发液面；蒸发速率则是达到冷凝液面后被冷凝下来的分子速率。蒸发速率是分子蒸馏过程中十分重要的物理量之一，是衡量分子蒸馏器生产能力的重要指标。理论上，分子蒸发速率完全取决于分子从蒸发液面的挥发速度。Langmuir研究了纯物质的蒸发现象，得出在绝对真空条件下，表面自由蒸发速率（G）等于单位时间与单位器壁面积发生碰撞的分子数：

$$G = \frac{p\gamma}{\sqrt{2\pi R_g M T}} \qquad (6-5)$$

式中：γ——活度系数；

$\quad\quad R_g$——普适气体常数；

$\quad\quad p$——蒸气压，Pa；

$\quad\quad M$——相对分子质量；

$\quad\quad T$——蒸馏温度，K。

由此得出分子蒸馏的蒸发量（Q）与压力（p）、温度（T）及蒸发器加热面积（S）之间的关系为：

$$Q = \frac{kp\gamma S}{\sqrt{MT}} \qquad (6-6)$$

式中：Q——蒸发处理了，kg/h；

   p——绝对压力，Pa；

   γ——溶液的活度系数，mol/L；

   S——蒸发器蒸发面积，m^2；

   k——常数，1.577；

   M——摩尔相对分子质量，g/mol；

   T——蒸馏温度，K。

（二）分离因素

分离因素（效率）表示组分分离的难易程度，是衡量液相分子蒸发进入气相和气液表面不捕捉气相分子能力的参数。分离因素用相对挥发度 α 表示，表示分子蒸馏的分离能力。温度和被分离物质的分子质量对分离因素的影响较大，有学者提出了短程蒸馏理想情况下的两组分分离因素模型为：

$$\alpha = \frac{G_1}{G_2} = \frac{p_1}{p_2} \frac{\gamma_1}{\gamma_2} \sqrt{\frac{M_2}{M_1}} \qquad (6-7)$$

式中：α——常规蒸馏的相对挥发度；

 γ_1、γ_2——轻、重组分的活度系数，mol/L；

 p_1、p_2——轻、重组分的蒸气分压，Pa；

 M_1、M_2——轻、重组分的质量，kg。

当 α 与 $P_1\gamma_1/P_2\gamma_2$ 一定时，$M_2/M_1 > 1$，分子蒸馏的分离程度要比常规蒸馏要高，而且 M_2/M_1 越大，分离效果越好。由式（6-7）可见，分子蒸馏分离效率取决于轻、重组分的蒸气压和轻、重组分的相对分子质量的比值，而常规蒸馏分离效率仅取决于轻、重组分的蒸气分压，因此两者的分离效果有一定的差别。当蒸气分压比相同时，分子蒸馏的相对挥发度高于常规蒸馏，因此相对挥发度越高，越有利于混合物的分离。

三、分子蒸馏的分离过程

短程蒸馏器适用于进行分子蒸馏。分子蒸馏过程是分子流从加热面直接运动到冷凝器表面的过程。分子蒸馏过程可分为如下四个步骤：

（1）分子从液相主体向蒸发表面扩散 通常液相中的扩散速度是控制分子蒸馏速度的主要因素，所以应尽量减薄液层厚度及强化液层的流动。

（2）分子在液层表面上的自由蒸发 蒸发速度随着温度的升高而上升，但分离因素有时却随着温度的升高而降低，所以应以被加工物质的热稳定性为前提，选择经济合理的蒸馏温度。

（3）分子从蒸发表面向冷凝面飞射 蒸气分子从蒸发面向冷凝面飞射的过程中，可能彼此相互碰撞，也可能和残存于两面之间的空气分子发生碰撞。由于蒸发的分子远重于空气分子，且大都具有相同的运动方向，所以它们自身碰撞对飞射方向和蒸发速度影响较小。而残气分子在两面间呈无序的热运动状态，故残气分子数目的多少是影响飞射方向和蒸发速度的主要因素。

（4）分子在冷凝面上冷凝　只要保证冷热两面间有足够的温度差（一般为70～100℃），冷凝表面的形式合理且光滑则认为冷凝步骤可以在瞬间完成，所以选择合理冷凝器的形式相当重要。

四、分子蒸馏条件

（1）残余气体的分压必须很低，使残余气体的平均自由程长度是蒸馏器和冷凝器表面之间距离的倍数。

（2）在饱和压力下，蒸汽分子的平均自由程长度必须与蒸发器和冷凝器表面之间距离具有相同的数量级。在此理想的条件下，蒸发在没有任何障碍的情况下从残余气体分子中发生。所有蒸汽分子在没有遇到其他分子和返回到液体过程中到达冷凝器表面。蒸发速度在所处的温度下达到可能的最大值。蒸发速度与真空度成正比，因此分子蒸馏的馏出液量相对较小。

在大中型短程蒸馏器中，冷凝器和加热表面之间的距离为20～50mm，残余气体的压力为300～1 000Pa时，残余气体分子的平均自由程长度约为轻相分子平均自由程长度的2倍。短程蒸馏器完全能满足分子蒸馏的所有必要条件。

五、分子蒸馏技术特点

与普通蒸馏相比，分子蒸馏具有以下特点：

（1）分子蒸馏的操作真空度高　由于分子蒸馏的冷、热面间的间距小于轻分子的平均自由程，轻分子几乎没有压力降就达到冷凝面，使蒸发面的实际操作真空度比传统真空蒸馏的操作真空度高出几个数量级。分子蒸馏的操作残压一般约为0.13Pa。而普通蒸馏在沸点温度下进行分离，而分子蒸馏可以在任何温度下进行，只要冷热两面间存在着温度差，就能达到分离目的。

（2）分子蒸馏的操作温度低　分子蒸馏依靠分子运动平均自由程的差别实现分离，并不需要达到物料的沸点（远低于其沸点），加之分子蒸馏的操作真空度更高，又进一步降低了操作温度。例如，某液体混合物在真空蒸馏时的操作温度为260℃，而分子蒸馏仅为150℃左右。普通蒸馏是蒸发与冷凝的可逆过程，液相和气相间可以形成相平衡状态；而分子蒸馏过程中，从蒸发表面逸出的分子直接飞射到冷凝面上，中间不与其他分子发生碰撞，理论上没有返回蒸发面的可能性。因此，分子蒸馏过程是不可逆的。

（3）分子蒸馏的物料受热时间短　分子蒸馏在蒸发过程中，物料被强制形成很薄的液膜，并被定向推动，使得液体在分离器中停留时间很短（以秒计）。特别是轻分子，一经逸出就马上冷凝，受热时间更短，一般为几秒或十几秒。这样，使物料的热损伤很小，特别对热敏性物质的净化过程提供了传统蒸馏无法达到的优越条件。普通蒸馏有鼓泡、沸腾现象；分子蒸馏过程是液层表面上的自由蒸发，没有鼓泡现象。

（4）分子蒸馏的分离程度更高　分子蒸馏通常是用来分离常规蒸馏难以分离的物质，就两种方法均能分离的物质而言，分子蒸馏的分离程度更高。这从两种方法相同条件下挥发度不同可以看出。

常规蒸馏的相对挥发度为：

$$\alpha = \frac{p_1}{p_2} \tag{6-8}$$

分子蒸馏的相对挥发度为：

$$\alpha_\tau = \frac{p_1}{p_2} \sqrt{\frac{M_2}{M_1}} = \alpha \sqrt{\frac{M_2}{M_1}} \tag{6-9}$$

式中：α_τ——分子蒸馏的相对挥发度；

　　　α——常规蒸馏的相对挥发度；

　　　p_1——轻组分的蒸气压，Pa；

　　　p_2——重组分的蒸气压，Pa；

　　　M_1——轻分子相对分子质量；

　　　M_2——重分子相对分子质量。

从式（6-8）和式（6-9）可看出，由于 $M_2 > M_1$，所以 $\alpha_\tau > \alpha$。由于重组分的相对分子质量 M_2 比轻组分 M_1 大得多，所以分子蒸馏的挥发度 α_τ 也比常规蒸馏的相对挥发度 α 大得多。因此，对于蒸气压相近的混合物的分离，分子蒸馏的分离程度优势远大于常规方法。

分子蒸馏作为一种新型的分离技术，理论研究和实际应用过程中仍然存在一些问题，其主要表现在以下几个方面：

（1）理论研究较少　国内在分子蒸馏技术和装备方面的研究起步较晚，对其相关过程的基础理论研究非常少。因此，对分子蒸馏器内物料的运动规律，以及分子蒸馏设备的最佳设计理论研究尚不充分。

（2）生产能力较小　分子蒸馏物料在蒸发壁面上呈膜状流动，受热面积与蒸发壁面几乎相等，传热效率高，但由于蒸发面积受设备结构的限制，远小于常规精馏塔的受热面积，且分子蒸馏在远低于常压沸点条件下操作，汽化量相对于常规蒸馏沸腾状态要少得多。

（3）设备投资高　分子蒸馏器是分子蒸馏技术的核心，对设备密封性和真空系统要求比较高，设备投资成本高，适合于高附加值产物的分离。

第三节　分子蒸馏设备

一套完整的分子蒸馏设备主要包括：分子蒸发器、脱气系统、进料系统、加热系统、冷凝系统、真空系统和控制系统。分子蒸馏装置的核心部分是分子蒸馏器，主要有 3 种模式：降膜式、刮膜（刮板）式和离心式。其中降膜式是早期使用形式，结构简单，但由于液膜较厚，效率低，目前已很少采用；刮膜式形成的液膜薄，分离效率高，但比降膜式结构复杂；离心式依靠离心力成膜，膜薄，蒸发效率高，但结构复杂，真空密封要求较高，设备制造成本高。为提高分离效率和生产能力，在生产实践中往往需要采用多级串联使用以实现不同物质的多级分离。图 6-4 所示为小型分子蒸馏设备。

一、降膜式分子蒸馏器

降膜式分子蒸馏器是采取重力使蒸发面上的物料变为液膜下降的方式。

降膜式分子蒸馏器工作原理如图 6-5 所示。它包括一个外圆柱面的蒸发器和一个与蒸发

图6-4 小型分子蒸馏器

器同轴的内圆柱面的冷凝器；进料液体由蒸发器顶部的液体分布器均匀分布，流体在重力作用下在蒸发器表面呈膜状沿轴向流动并被加热，部分液体被蒸发，由于表面分子蒸发冷却效应和不同组分蒸发速率的差异，使液膜产生径向温度梯度和浓度梯度，轻组分由液态表面逸出并飞向冷凝面，在冷凝面冷凝成液体后由轻组分出口流出，残余的液体由重组分出口流出。建立柱坐标系如图6-5所示：r轴是指向冷凝面方向，z轴是沿蒸发面方向。降膜式分子蒸馏过程主要分为以下几个步骤：①分子在液膜表面上的蒸发；②分子从加热面向冷凝面的运动；③分子在冷凝面上被捕获。

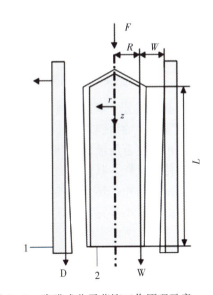

图6-5 降膜式分子蒸馏工作原理示意
1. 加热蒸发器 2. 冷凝器
注：W，得到的轻组分物料；D，蒸发后的蒸余液；R，冷凝器的半径；W，冷凝器表面与加热器表面之间的距离，一般为20～50mm；L，蒸发面高度

降膜式分子蒸馏器的缺点是蒸发面上的物料易受流量和黏度的影响而难以形成均匀的液膜，且液体在下降过程中易产生沟流，甚至会发生翻滚现象，所产生的雾沫夹带有时会溅到冷凝面上导致分离效果下降。此外，依靠重力向下流动的液膜一般处于层流状态，传质和传热效率均低，导致蒸馏效率下降。

为提高降膜式分子蒸馏器的工作效率，胡丹等（2006）对传统的降膜式分子蒸馏器进行改进，发明了一种内循环式薄膜分子蒸馏设备，其结构如图6-6所示。该分子蒸馏器的独特之处是使用了轴流泵，使料液能反复循环并被蒸馏（如图6-6中箭头所示）。工作时，轴流泵将料液自底部吸入，经循环管上升至真空室，在分散器件和液体分布器的作用下将料液形成液膜并沿蒸发面自然流下，轻组分物料由液膜表面逸出并飞向冷凝面，被冷凝成液体后由馏出液出口流出，而残液下降至底部后，又被轴流泵重新输送至真空室，重复循环使用。此种分子蒸馏器相当于多级分子蒸馏器，其特点是运行成本低，蒸馏效率高。

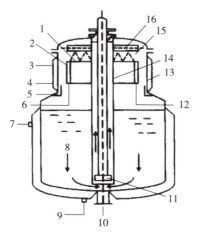

图 6-6　内循环降膜式分子蒸馏工作原理示意

1. 液体分布器　2. 蒸发面　3、4. 冷却水　5. 馏出液　6、7、9、12. 加热介质
8. 料液　10. 残液　11. 轴流泵　13. 冷凝面　14. 循环管　15. 真空室　16. 分散元

二、刮膜（刮板）式分子蒸馏器

刮膜式分子蒸馏装置仍采用依靠重力使蒸发面上的物料变为液膜降下的方式，但为了使蒸发面上的液膜厚度小且分布均匀，在蒸馏器中设置了转动刮膜（刮板）装置。该刮板不但可以使下流液层得到充分搅拌，还可以加快蒸发面液层的更新，从而强化了物料的传热和传质过程。其优点是：液膜厚度较薄，并且沿蒸发表面流动，被蒸馏物料在操作温度下停留时间短，热分解的危险性较小，蒸馏过程可以连续进行，生产能力高。缺点是：液体分配装置不够完善，难以保证所有的蒸发表面都被液膜均匀覆盖；液体流动时经常发生翻滚现象，所产生的雾沫也时常飞溅到冷凝面上。但由于该装置结构相对简单，价格低，目前在实验室及工业生产中被大量采用。

（一）刮膜式分子蒸馏原理

刮膜式分子蒸馏技术原理如图 6-7 所示。与降膜式分子蒸馏设备相比，刮膜式分子蒸馏设备在结构成上主要增加了机械刮膜（刮板，图 6-8）和布料装置。在高真空环境中，物料从布料器进入蒸发壁面，在设备的机械运动中，物料在蒸发面上被刮板迅速刮擦为薄而均匀的液膜，液膜中温度、浓度的法向梯度会随着液膜的刮擦依次减小，受热逸出的轻分子经过很短的距离到达内置冷凝器壁面，冷凝后沿着冷凝器壁面流至轻组分收集器中，同时重组分沿着加热板流至重组分收集器。

（二）刮膜式分子蒸馏装置的系统组成

刮膜式分子蒸馏设备在强化物料传热、传质，减小料液停留时间，避免物料变质、氧化等问题上有显著优势，是目前应用最广泛的分子蒸馏设备。刮膜式分子蒸馏设备主要由进料

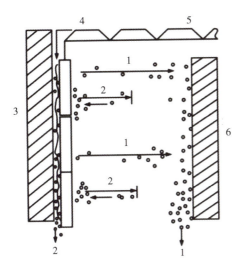

图6-7 刮膜式分子蒸馏器原理示意

1. 轻分子 2. 重组分 3. 加热板 4. 混合液
5. 刮膜装置 6. 冷凝板

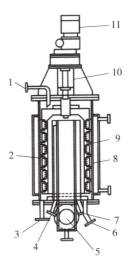

图6-8 刮膜式分子蒸馏设备结构示意

1. 原料入口 2. 传热面 3. 残留物出口
4. 冷却水出口 5. 排气口 6. 馏出物出口
7. 冷却水入口 8. 刮板
9. 蒸发面 10. 密封装置 11. 电机

系统、传动系统、蒸发分离系统、冷凝系统、真空系统及控制系统组成。各个系统可进行模块化设计，可针对不同物料进行应用选型。图6-9所示为典型的刮膜式分子蒸馏装置。

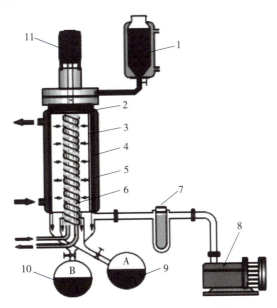

图6-9 刮膜式分子蒸馏装置示意

1. 进料罐 2. 分料盘 3. 刮膜器 4. 液膜 5. 加热夹套 6. 冷芯 7. 冷阱
8. 真空泵 9. 馏出罐 10. 残液罐 11. 电机
注：A，轻组分料液；B，蒸余液

刮膜式分子蒸馏装置操作程序及要点包括：在设备开启前，将导热油通入加热夹套内，待油温升至目标温度并稳定后，调节针型阀开度，控制贮存在进料罐中的物料缓慢流至分料盘中。分料盘连接电机的主轴，电机带动分料盘旋转将物料均匀甩到蒸发壁面上，并带动刮膜器将物料刮擦成均匀的薄膜。液膜在冷阱和真空泵形成的高真空度下达到沸点后迅速蒸发，轻组分物料在冷芯上冷凝后流至馏出罐中，重组分物料在刮膜器的刮擦下流至残液罐中，从而完成轻、重物料组分的分离。

刮膜式分子蒸馏装置的刮板主要有刮板式和滚筒式两种形式。

1. 刮板式　在旋转轴上安装有刮板，刮板外缘与蒸发器表面维持一定间隙，轴的旋转带动刮板沿蒸发器表面做圆周运动。刮板有不同的形式：①转子和滚筒为固定间隙，筒体需要精加工；②转子上的刮板是活动铰链式或擦壁的软刮板；③转子是一个十字架形式，架的四边有沟槽，沟槽内装有多组活动滑块，由于转子旋转的离心力作用，活动滑块被抛至筒壁而使物料流体形成一层薄的液膜。

2. 滚筒式　将圆柱形滚筒安装在与主轴平行的滚轴上，主轴转动时，滚筒在液膜表面同时做圆周运动和滚动，不断对流体进行分布和更新。

（三）刮膜式分子蒸馏器的蒸馏过程研究

分子蒸馏的蒸发速率和分离因素都是在理想分子蒸馏条件下得到的，而在实际分子蒸馏过程中，由于液相存在着质量和热量传递阻力、蒸发空间气体分子之间存在相互碰撞、冷凝表面存在分子的再蒸发等影响因素，使得实际分子蒸馏速率要小于以液膜主体温度和浓度为基准计算的理论分子蒸发速率，而实际分离因素也与理论分离因素有差异。对其研究主要表现在以下几个方面。

1. 流体力学研究　该研究主要是关于膜的厚度、液体的流速以及液体的滞留量、停留时间、发布和流动结构等。在刮膜器的刮擦作用下，液膜流动是由刮板切向力引起的水平运动和由重力引起向下流动的合成流动（运动）。刮板与蒸馏器加热壁面之间的间隙不能大于流体在蒸馏器做自由降膜流动时的液膜厚度，否则刮板将不起作用。在刮板作用下，刮板的前缘形成了呈螺旋状向下流动的头波，而在刮板后面和下一个头波之间，为自由降膜流动。

2. 刮膜式分子蒸馏过程中的传热和传质　刮膜蒸发器内液体流动及传热和传质过程非常复杂，如何准确地描述刮膜器的机械操作对传热和传质以及混合过程的影响，对研究刮膜蒸发过程至关重要。研究发现，增加刮板的数量和提高刮膜器的转速，能有效提高蒸发器的传质效率。蒸发表面液体的停留时间是研究液膜传质、传热和热分解的基础，其与转子转速、进料速率和物料黏度等因素有关。许松林等（2012）采用脉冲示踪法与紫外分光光度法对刮膜式分子蒸馏器上液体的停留时间分布（RTD）进行研究，分别研究了进料速率、转子转速及物料黏度对停留时间分布的影响。结果表明，在试验范围内，停留时间随着进料速率的增大而减小；进料速率增大时，分子蒸馏器上的液膜混合程度也随之增强；随着转子转速增大，停留时间先增大，当达到一定转速后，停留时间反而减小；停留时间随物料黏度的增大而增加，液膜轴向返混程度也随之增强。

物料沿蒸发面形成完全覆盖、厚度均匀的液膜的主要影响因素是进料速率、物料黏度及刮膜器的形状与转速。对于有一定黏度的物料，进料速率不得小于整体成膜的临界进料速率，因此刮膜器刮板结构的创新和液体分料盘的改进能有效控制膜的厚度及均匀性。

3. 液膜在加热表面的蒸发过程　蒸发面上液膜的传热和传质直接影响分子蒸馏的蒸发速率、分离因数和产品得率。但是受高真空密封条件限制，液膜的温度和浓度无法直接测量，目前主要是通过简化分子蒸馏过程并进行相关假设，通过建立液膜的流动、传质和传热模型，然后采用理论或数值解法对液膜表面温度和浓度变化方程进行求解，进而得到工艺参数、蒸发速率和分离因数之间的关系式。

对于刮膜式分子蒸馏，蒸发面上物料持续的刮擦与混合将强化液膜的传热和传质，但也使液相的流动、传质和传热过程变得复杂。过高的蒸发速率势必引起分离因数的下降。液相扩散速度是控制物料蒸发速率的重要因素，保持尽量薄的液膜厚度、适时更新液膜表面是提高液膜内传递过程速率的有效措施。在满足一定的约束条件下，需要考虑适宜的进料温度、进料速率、刮膜器转速和蒸发面温度等对液相扩散速度的影响。

4. 气相中蒸发分子的运动过程　分子蒸馏主要基于不同分子传递能力的差异，理论上其蒸发间距不得大于轻分子的平均自由程，但 Kawala 等（1989）的试验结果表明，当温度和压力不变时，适当增大蒸馏间距对分子的蒸发速率影响较小，却能大幅度提高处理量。实际工业生产中采用的短程蒸馏技术，由于处理量大，结构尺寸也相应较大，蒸发间距也远超出理论上轻分子能够传递的距离。为了探讨和揭示短程蒸馏分离过程的机制，需要对高真空条件下液膜表面的分子蒸发及气相中的分子运动过程进行研究。

5. 惰性气体对分子蒸馏的影响　一般认为分子蒸馏操作压力很低，气体分子之间相互碰撞的概率较小，对蒸馏过程的影响可以忽略。Bhandarker 等（1991）的研究结果表明，在操作压力小于 0.3Pa 时可以忽略气体分子间的碰撞；但当操作压力在 0.7～1.0Pa 时，不能及时抽走的蒸汽分子和惰性气体分子会占据气相空间，引发大量碰撞，从而降低蒸发速率。Batistella 等（2000）的研究表明，真空度下降、蒸发间距增大与冷凝面温度的升高均会增强分子的碰撞，进而降低设备的分离效率。气相中蒸发分子的运动行为比较复杂，目前的研究成果尚不能完全解释工业生产中短程蒸馏的分离机制和给出某一分离物料适宜的蒸发间距。试验数据证明，当惰性气体初始浓度较高时，惰性气体对传质效率的影响很大。因此，为保证良好的真空环境，应根据惰性气体初始浓度和真空度考虑是否在短程蒸馏前设置脱气装置。

6. 冷凝面上气体分子的冷凝过程　气体分子在蒸发壁面的加热下加速传递，到达冷凝面后迅速冷凝。由于冷凝是放热过程，冷凝液膜温度会逐渐升高，使冷凝区域分子密集，部分甚至再蒸发折返，导致分子间的大量碰撞，从而降低分离效果，因此保持稳定的冷凝器温度对于轻组分的收集非常重要。

Badin 和 Cvengro（1992）通过建立数学模型研究了分子蒸馏冷凝过程，结果表明，由于物料黏度和轻组分的富集等因素，冷凝面持液量沿轴向逐渐增大，传热阻力增加使液膜温度升高，轻分子得不到有效的冷凝会导致分离效率下降。在甘油冷凝过程的模拟计算中发现：冷凝面流量大、冷凝器温度过高及较高的冷凝液体黏度会导致液膜变厚、蒸汽冷凝困难等问题。

工程应用中应根据工艺要求和物性参数选择合适的冷凝器配置。李鑫钢（2009）认为当冷凝表面和加热面间温差达到 60～80℃ 时，易挥发组分的再蒸发效应影响很小，轻分子可得到有效冷凝。增大冷凝面积或减小蒸发面积有利于提高分子蒸发速率，工程上一般冷凝面积为加热面积的 3～4 倍。

三、离心式分子蒸馏器

离心式分子蒸馏装置是将物料送至高速旋转的转盘中央，在离心力的作用下在旋转面扩展形成薄膜，同时被加热蒸发，使之与对面的冷凝面凝缩，属于比较理想的分子蒸馏装置。但与其他装置相比，该装置要求有高速旋转的转盘，又需要较高的真空密封技术。离心式分子蒸馏器与刮膜式分子蒸馏器相比具有以下优点：由于转盘高速旋转，可得到极薄的液膜且液膜分布更均匀，蒸发速率和分离效率更高；物料在蒸发面上的受热时间更短，降低了热敏性物质热分解风险；物料的处理量更大，适合工业化的连续生产。

离心式分子蒸馏器的结构如图 6 - 10 所示。待分离料液经预热后，由进料口送至高速旋转的离心转鼓上，在离心力的作用下逐渐扩散成均匀的薄膜并被加热蒸发，轻组分物料受热蒸发后遇到三层冷凝器并在冷凝面上冷凝，冷凝液汇集至馏出物出口流出，重组分物料由残留物出口排出。

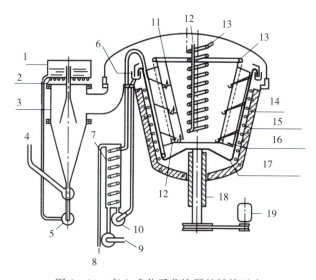

图 6 - 10 离心式分子蒸馏器的结构示意

1. 蒸发器 2. 加热器 3. 喷射泵 4. 初馏泵（原料）接口 5. 蒸发器进料泵
6. 蒸余物贮液槽 7. 热交换 8. 残留物（蒸余物）出口 9. 进料泵 10. 蒸余物泵
11. 馏出物出口 12. 冷却水入口 13. 冷却水出口 14. 绝热层 15. 辐射加热器
16. 导流式冷凝器 17. 铝制离心转鼓 18. 轴承器 19. 电机

离心式分子蒸馏器是目前较为理想的一种分子蒸馏设备，与其他类型的分子蒸馏设备相比，此类分子蒸馏器具有以下优点：①由于转盘的高速旋转，可形成非常薄（0.04～0.08mm）且均匀的液膜，蒸发速率和分离效率均较高；②料液在转盘上的停留时间短，可有效避免物料的热分解；③转盘与冷凝面之间的距离可以调节，可适用于不同物系的分离。但由于其特殊的转盘结构，对密封技术提出了更高的要求，且结构复杂，设备成本较高，适宜大规模的工业生产或高附加值产品的分离。

M 型离心式分子蒸馏设备如图 6 - 11 所示，其结构形式为蒸馏真空室与水平面成

45°～60°（α）倾斜放置，蒸发面与冷凝面都呈倒置的漏斗状（圆锥角 β），两平面基本平行。该装置的最大特点是蒸发面与冷凝面间距可调，即可以随被分离物料的不同（分子运动自由程不同）进行板间距调节，增加了该装置工业化应用的实用性。

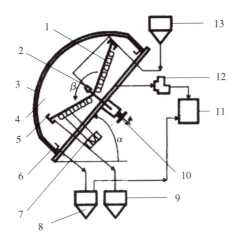

图 6-11　M 型离心式分子蒸馏设备

1. 旋转蒸发盘　2. 喷嘴　3. 冷凝夹套　4. 蒸发室　5. 残液　6. 馏出液　7. 加热装置
8. 馏分罐　9. 残液罐　10. 驱动装置　11. 真空系统　12. 冷阱　13. 料液贮槽

第四节　分子蒸馏技术在饲料工业中的应用

分子蒸馏技术作为一种新型高效无污染的组分分离技术，因具有物料加热温度相对较低、加热时间短等特点，成功地避免了传统分离、提纯方法的不足；其不仅可分离常规蒸馏无法分离的组分，还能提高产品的品质。尤其是在天然产物的分离、提纯和浓缩方面具有较强的优势，其中包括分离成分复杂、热敏性的物质，如分离纯化维生素和多元不饱和脂肪酸等。

一、分子蒸馏技术在维生素 E 提取纯化中的应用研究

天然维生素 E 能调节动物机体细胞信号和基因表达，高纯度的天然维生素 E 已成为医药和保健品的首选。天然维生素 E 在自然界中广泛存在于植物油料种子中，特别是在大豆、玉米胚芽、棉籽、菜籽、葵花籽、米胚芽中都含有大量的维生素 E。由于维生素 E 是脂溶性维生素，因此在植物油料制取过程中其随毛油一起被提取出来。脱臭是油脂精练过程中的一道重要工序，脱臭馏出物（VODD）是脱臭工序的副产品，是目前提取天然维生素 E 的主要来源。油脂脱臭馏出物中维生素 E 总含量在 3% 左右，其中游离脂肪酸占 50% 左右，脂肪酸甘油酯占 20% 左右，另有 3%～15% 的植物甾醇及少量不皂化物。

植物油生产工艺中有压榨（浸出）、脱蜡、脱酸和脱臭等工序。脱臭工序的蒸馏馏出物中含有维生素 E、植物甾醇（StOH）及脂肪酸硬脂酸酯（FAStE）等，含量在 7%～10%。维生素 E 和 StOH 是食品和饲料生产中非常重要的原料。日本大阪市立工业研究所的研究人员研制出了提取维生素 E 和甾醇的新方法。从 VODD 中精制维生素 E、StOH、FAStE 的流程见图 6-12。

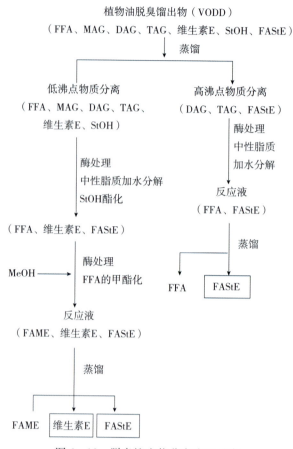

图 6 - 12　脱臭馏出物分离流程示意

注：FFA，游离脂肪酸；MAG，单甘油酯；DAG，甘油二酯；TAG，甘油三酯；StOH，
植物甾醇；FAStE，脂肪酸硬脂酸酯；FAME，脂肪酸甲酯；MeOH，甲醇

　　天然维生素 E 具有沸点高、热敏性等特点，用普通的蒸馏方法容易使其发生受热分解，产率降低。分子蒸馏可在低温下进行分离纯化，使维生素 E 的产率和纯度都得以提高。Martins 等（2006）确定了使用分子蒸馏器从大豆油脱臭馏出物中浓缩维生素 E 的适宜工艺条件为：蒸馏温度 160℃，进料速率 10.4g/min，脱臭馏出物中游离脂肪酸由 57.8％降至 6.4％，维生素 E 由 8.97％增至 18.3％。该工艺条件下，游离脂肪酸去除率达 96.16％，维生素 E 回收率达 81.23％。

　　据报道，我国虽然是天然维生素 E 的出口国，但大都是纯度为 75％～80％的低档产品，主要作为饲料添加剂，仅有 20％～25％的高档产品用于药品和食品行业。因此，充分利用有限的资源，合理地从油脂加工的副产物中提取天然维生素 E，以满足对高纯度天然维生素 E 的需要具有重要意义。

（一）植物油脱臭馏出物提取维生素 E 的工艺优化

　　张榴萍等（2019）以大豆油脱臭馏出物为原料，采用 VKL70-4 分子蒸馏器，进行了分子蒸馏技术提取天然维生素 E 的工艺优化。该研究在综合分析单因素试验结果的基础上，设定压力为固定值 10Pa，温度、转速、流量三个因素为自变量，维生素 E 的质量分数为因变量，采用正交设计。试验结果表明，对蒸馏后轻相中维生素 E 质量分数的影响顺序依次为刮膜转速＞蒸馏温度＞流量。为使分子蒸馏提取轻相中维生素 E 质量分数达到最高，综合分析获得分子蒸馏提取天然维生素 E 的最佳工艺条件为：蒸馏温度 210℃，刮膜转速 450r/min，流量 3.7g/min 左右，压力 10Pa。在此条件下维生素 E 质量分数为 30.05%。

　　周秋香等（2003）利用甲酯化-分子蒸馏法设计了日处理 200t 大豆油加工厂提取天然维生素 E 工艺，其工艺流程见图 6-13。该工艺通过化学处理将大豆脱臭馏出物置于酯化罐中，加入甲醇的量为大豆脱臭馏出物的 8%～9%，加入浓硫酸的量为大豆脱臭馏出物的 6%～7%，甲酯化温度控制在 60℃左右，与甲醇发生甲酯化反应，生成一元醇甲酯；再用氢氧化钠进行中和，氢氧化钠（纯度为 42%）的用量为大豆馏出物的 12%～14%，静置分离的时间为 15～20min，所得的甲醇溶液经蒸馏后回收。分离后的油相进行冷析分离，分离温度为 1～2℃。水蒸气蒸馏需在减压下真空蒸馏，真空度为 266.56～466.48Pa；粗制维生素 E 进一步减压真空蒸馏得到精制天然维生素 E。该工艺天然维生素 E 的得率为 80%～82%，含量为 55%～60%。

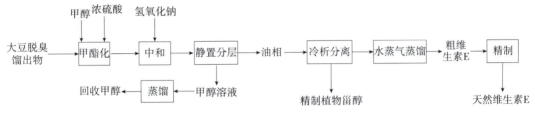

图 6-13　甲酯化-分子蒸馏法制备天然维生素 E 工艺流程

　　脱臭馏出物的量和组成与原料油种类、植物油精炼工艺、脱臭时操作条件、脱臭装置构造及回收方法等有关，随脱臭条件及回收方法的不同，其组成有较大的变化。一般化学精炼得到的脱臭馏出物占脱臭油的 0.2%～0.3%（V/V），其中维生素 E 含量较高；物理精炼得到的脱臭馏出物占脱臭油的 1%～3%（V/V），维生素 E 含量较低。部分植物油及其脱臭馏出物中天然维生素 E 的含量见表 6-2。

表 6-2　常见植物油脱臭馏出物中天然维生素 E 的含量（mg，以 100g 样品计）

常见植物油	毛油	精炼油	脱臭馏出物
大豆油	87～113	72～117	8～20
玉米胚芽油	84～148	68～77	7～11
棉籽油	84～96	24～69	6～15
菜籽油	52～57	34～52	7～10
葵花油	51～74	32～52	7～15
米糠油	41～54	23～35	2～5
棕榈油	13～19	8～15	0.3～0.5
椰子油	0.3～0.5	0.2～0.9	

　　脱臭馏出物主要由甘油三酯、维生素 E、甾醇等组成。脂肪酸由于存在分子间氢键，因此它的沸点要高于其低级一元醇酯的沸点。甘油酯的蒸气压总是大大低于脂肪酸的蒸气压。表 6-3 是脱臭馏出物中几种主要挥发性组分的相对分子质量与相对挥发度。

表6-3　几种主要挥发组分的相对分子质量与相对挥发度

挥发组分	相对分子质量	相对挥发度
游离脂肪酸	280	2.5
维生素 E	415	1.0
甾醇	410	0.6
甾醇酯	675	0.038
大豆油	885	很少

曹国锋等（2001）采用甲酯化-分子蒸馏法提取天然维生素 E（图6-14）。该工艺首先将脱臭馏出物和过量甲醇在浓硫酸的催化下于60℃左右进行甲酯化反应，酯化后的甲醇溶液冷却至1～2℃，过滤后滤液在温度为220℃、压力为266.56～399.48Pa 的条件下真空蒸馏，回收过量甲醇，蒸出大部分脂肪酸甲酯等低沸点组分；然后在温度为220～240℃、压力为0.133～0.001Pa 的高真空条件下，再进行分子蒸馏，将沸点与维生素 E 沸点接近的组分分离，可得到含量为50%～70%的天然维生素 E。该研究还提出如果需要得到含量更高的维生素 E，可采用色谱法、离子交换、溶剂萃取等再进一步精制。

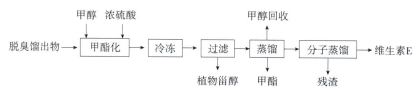

图6-14　甲酯化-分子蒸馏法从脱臭馏出物中提取天然维生素工艺流程

目前天然维生素 E 产品因纯度低导致去生物活性低，不能满足医药品和保健品市场的需求。高纯度天然维生素 E 的获取及其同系物分离的工业化应用是未来发展方向。

（二）分子蒸馏浓缩合成维生素 E

合成维生素 E 占全球维生素 E 总商品量的80%以上，是全球维生素 E 市场最主要的产品。对合成维生素 E 的分离浓缩是其生产过程中的一道关键环节，其直接影响着最终产品的质量。为提高合成维生素 E 的纯度，林涛等（2009）采用分子蒸馏装置对纯度为91%维生素 E 的原料进行了高纯化研究，装置见图6-15。由于合成维生素 E 的物系中存在颜色较深的高相对分子质量、高黏度物质。虽然这些物质是少量的，但是它们的流动性能较差，即使在进料预热温度下，其流动性能仍不能显著提高。为了减小物料在蒸发壁面的黏附，降低对蒸馏速度及效率的影响，该研究采用先脱气、脱色处理，再通过分子蒸馏提高纯度的工艺方法。

试验首先确定了刮膜器转速为200r/min、进料速率为110mL/h、操作压力为0.1Pa，在此条件下研究蒸馏温度对轻组分产品中维生素 E 纯度的影响。试验结果表明，分子蒸馏提纯最佳温度应在158℃左右，此时维生素 E 的纯度达到最高。在158℃以下，由于温度较低不足以使维生素 E 充分蒸发，产品不能达到最高纯度；而温度高于158℃时，过高的温度使部分重组分杂质也随轻组分蒸出，导致维生素 E 纯度略有下降。在蒸馏时，进料速率是决定物料在蒸发壁面上的停留时间的重要因素之一，其直接影响蒸馏的效果和产品的纯度。在蒸馏温度为158℃、刮膜转子转速为200r/min、操作压力为0.1Pa 时，不同进料速率对产品纯度有影响。试验结果表明，当进料速率在110mL/h 时，蒸发效果最好。本研究得出利用刮膜式分子蒸馏设备提纯合成维生素 E 的最佳工艺条件为：蒸馏温度

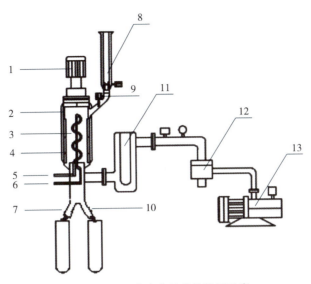

图 6-15　刮膜式分子蒸馏装置示意

1.转子驱动马达　2.加热夹套　3.冷凝管　4.刮膜转子　5.冷凝水进口　6.冷凝水出口　7.重组分收集器
8.进料器　9.进料速率调解器　10.轻组分收集器　11.冷阱　12.油扩散泵　13.旋片真空泵

158℃，进料速率 110mL/h，操作压力 0.1Pa。在此条件下可将 91% 的合成维生素 E 提纯达到 98% 以上。

二、分子蒸馏技术在乳酸精制中的应用研究

乳酸具有芳香的气味和显著的抑菌作用。研究表明，断奶仔猪日粮中添加乳酸和磷酸两种复合酸化剂都可显著增加小肠绒毛的高度，降低隐窝深度，降低盲肠中大肠杆菌、沙门氏菌的数量，增加乳酸菌和双歧杆菌的数量，提高血清中 IgA、IgC 的含量，即添加复合酸化剂可以改善仔猪小肠黏膜形态，改善肠道微生物区系，提高仔猪的免疫水平，并认为乳酸的效果优于磷酸。综合得出，添加 0.3% 的乳酸型酸化剂效果最佳。

（一）离心式分子蒸馏在发酵 L-乳酸精制工艺中的应用

乳酸是一种重要的有机酸，L-乳酸及其盐类和衍生物广泛应用于食品、医药、化工和饲料等工业领域。工业化生产 L-乳酸主要采用米根霉发酵法进行，该菌株产生的 L-乳酸纯度较低，仅为 40%～60%。低纯度乳酸严重影响其功效。因此，孙波等（2009）采用离心式分子蒸馏设备对发酵液中的乳酸进行了纯化研究，确定了离心式分子蒸馏设备的操作参数，利用该设备制得了高纯度的 L-乳酸。该试验选用 FZ-M1 型离心式分子蒸馏设备，精制工艺技术路线见图 6-16。

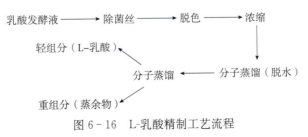

图 6-16　L-乳酸精制工艺流程

发酵后的乳酸发酵液，经板框过滤机去除发酵液中的菌丝和杂质，利用活性炭进行脱色，再脱水浓缩后得到纯度为 40%～60% 的粗乳酸。由于高真空度下的分子蒸馏要求物料具有较低的含水量，因此本试验首先在温度为 30～50℃、压力低于 1 000Pa 条件下对粗乳酸进行第一步蒸馏脱水，得到纯度为 80% 左右的乳酸；然后在进料温度为 50～70℃、压力为 0.1Pa 的条件下，通过输送料泵将脱水后的粗乳酸液送入分子蒸馏装置的蒸馏室，粗乳酸在高速旋转的蒸发面上被分配成非常薄的液膜，在高真空度条件下，溢出液面的 L-乳酸分子被冷凝面俘获，最终流入轻组分收集装置。

蒸发面温度对 L-乳酸的纯度和得率的影响如图 6-17 所示。在温度小于 65℃ 时，随着温度的升高，L-酸逐渐被蒸馏到轻组分中，因此纯度和得率都增大；当蒸发面温度大于 65℃ 时，温度的升高会导致蒸发速率的增加，馏出物中重组分含量也随之增加，因此 L-乳酸的纯度变小，同时馏出液的黏度由于重组分的增加而增大。本试验选择蒸发面的温度在 60～75℃ 较适宜。

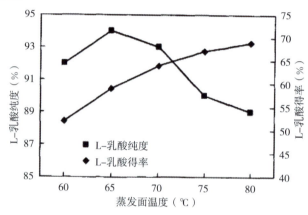

图 6-17　蒸发面温度对 L-乳酸分离纯度和得率的影响

从图 6-18 中可以看出，当蒸发面的转速低于 700r/min 时，乳酸在蒸发面上不易形成均匀的液膜，也不利于蒸发面的传热。随着蒸发面转速的增加，L-乳酸的得率和纯度都不断增加；但是当蒸发面转速过高时，乳酸落在蒸发面后未来得及蒸发就直接被转至冷凝面上，L-乳酸的纯度和得率也随之降低。因此，蒸发面的最适转速选择在 700～900r/min。

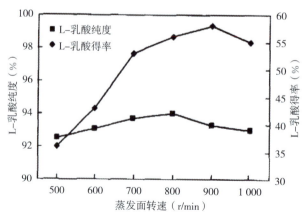

图 6-18　蒸发面转速对 L-乳酸分离纯度和得率的影响

冷热面间距对 L-乳酸精制效果的影响如图 6-19 所示，随着冷凝面距离的增加，L-乳酸纯度先增加后降低，L-乳酸的得率则逐渐降低。由于物料中 L-乳酸、D-乳酸、DL-乳酸等不同种类分子溢出蒸发液面后的平均自由程不同，当冷凝面距离过小，重组分也会被冷凝面俘获，导致纯度降低；当冷凝面距离过大，轻组分因达不到冷凝面也会回到蒸发面，得率将低。因此，本试验选择冷凝面的适宜距离为 20～30mm。

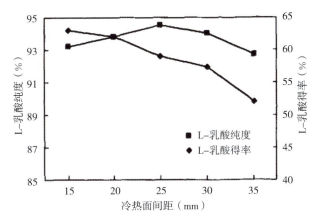

图 6-19 冷热面间距对 L-乳酸精制效果的影响

冷热面温差对 L-乳酸精制效果的影响如图 6-20 所示，随着冷热面温差的升高，L-乳酸的得率呈上升趋势，当冷热面温差大于 45℃时，得率迅速变缓；在温差大于 40℃时，L-乳酸的纯度明显下降，这是因为冷热面温差较低时，轻组分在冷凝面不能充分冷凝，返回到蒸发面的概率增加，导致得率降低。本试验表明，可选择冷热面温差的操作范围在 45～50℃。

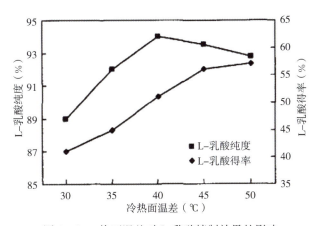

图 6-20 热面温差对 L-乳酸精制效果的影响

本试验结果表明，利用离心式分子蒸馏设备对发酵液中的粗乳酸进行蒸馏脱水和精制，可以得到高品质、高纯度的 L-乳酸。离心式分子蒸馏精制 L-乳酸的工艺条件为：压力 0.1Pa，进料温度 50～70℃，蒸发面温度 60～75℃，蒸发面转速 700～900r/min，冷热面间距 20～30mm，冷热面温差 45～50℃。在此条件下精制得到纯度为 95% 以上的 L-乳酸，得率为 70% 左右。因此，采用离心式分子蒸馏设备可以对 L-乳酸进行有效精制。

（二）萃取剂对离心式分子蒸馏精制 L-乳酸效果的研究

乳酸纯度可以分为工业级，食品、饲料级，以及药典级。工业级的乳酸含量为50%，食品、饲料级的乳酸含量在80%以上，而药典级的乳酸含量达到85%～90%。

董海波等（2010）采用添加萃取剂和多级离心式分子蒸馏技术，较系统地研究了进料速率和蒸发温度对乳酸纯度和得率的影响。试验以乳杆菌发酵后的粗 L-乳酸为原料，在温度为50℃、压力为1 333.22Pa 的条件下，物料从进料口加入分子蒸馏系统，进行两次蒸馏脱氢过程，脱氢时原料的进料速率为40mL/h。经过两次脱氢得到的乳酸重新加入分子蒸馏进料器，进行乳酸的蒸馏，即 L-乳酸的精制。

该试验首先将系统压力控制在13.33～66.65Pa，研究蒸馏过程中蒸发面温度对 L-乳酸纯度和得率的影响。结果显示，蒸发面温度在90℃以下，随着温度的升高，L-乳酸的纯度和得率都明显增大；当蒸发面温度升至100℃以及更高温度时，L-乳酸的纯度开始降低，而 L-乳酸的得率继续升高。当系统压力从13.33Pa 增加到66.65Pa 时，L-乳酸的纯度逐渐降低，特别是压力超过66.65Pa 时，乳酸纯度明显低于其他压力下的纯度，并且得率变化也较小，因此试验选择蒸馏过程压力为40Pa。

在一定操作压力下，进料速率决定了分子蒸馏的生产效率，进料速率越大，说明分子蒸馏设备的处理量越大。当系统压力为40Pa，蒸馏温度为90℃时，随着进料速率的增大，乳酸纯度先升高后下降，并且馏出量占总进料量的比例减少，因而造成乳酸得率降低。本试验条件下选择进料速率为20mL/h 比较适宜。

以制备的粗 L-乳酸为原料，将粗乳酸液按照体积比1∶2.5加入正丁醇萃取剂，取上萃取液，然后利用旋转蒸发器脱除正丁醇得到分离所需的粗乳酸液作为蒸馏原料。图6-21和图6-22为压力在40Pa、蒸发温度为90℃条件下，蒸发温度和进料速率对加入正丁醇萃取剂后上层萃取液的乳酸纯度和得率的影响。

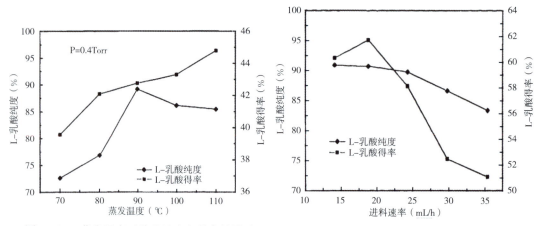

图6-21 蒸发温度对乳酸纯度和得率的影响　　图6-22 进料速率对乳酸纯度和得率的影响

通过对比研究发现，粗乳酸液经正丁醇萃取后再进行分子蒸馏具有如下优势：

（1）粗乳酸液经添加正丁醇萃取剂后再分子蒸馏，在相同条件下乳酸纯度由88%提高到90%，得率由39.5%提高到61%，其中得率显著提高。

（2）乳酸的纯度提高，这是由于添加正丁醇萃取剂后，乳酸溶液的浓度较低，在分子蒸馏过程中物料分布更为均匀，可有效避免蒸馏物料在蒸馏器内的飞溅，产品的纯度和色泽得以改善。

（3）乳酸的得率明显提高，这是由于添加正丁醇萃取剂后使得乳酸溶液的黏度降低，料液的流动性增强，有效避免了蒸余物在蒸发面上固化，蒸发面的传热效率提高，最终导致乳酸得率的明显提高。

（4）萃取后的物料中盐类成分减少，黏度降低，分子蒸馏过程可以在更低的系统压力下顺利进行，若在系统压力为 13.33Pa 以下，乳酸的纯度可以达到最大值 91.23%。

（5）对比添加萃取剂和不添加萃取剂两种物料不同进料速率下的分子蒸馏过程可以发现，粗乳酸不经萃取直接分离，乳酸的纯度随进料速率的变化较为明显，这是因为未经萃取的乳酸液在蒸馏过程中，黏度较大，进料速率增大时，蒸发面上析出固体的速率也加快，容易造成进料口堵塞，导致进料不能进入蒸发面的中心位置而直接飞向冷凝面，使得馏出物中重组分含量增加，乳酸产品的纯度降低。

为进一步提高 L-乳酸的纯度，本试验又进行了多级分离对乳酸纯度和得率影响的研究。多级分子蒸馏 L-乳酸的纯度和总得率见表 6-4。

表 6-4　多级分子蒸馏 L-乳酸的纯度和总得率

项目	温度（℃）	压力（Pa）	L-乳酸的纯度（%）	L-乳酸的总得率（%）
原料组成	—	—	73.24	100
两次脱氢	45	1 333.2	87.90	93.16
一级分子蒸馏	90	40.0	90.76	61.73
二级分子蒸馏	90	40.0	91.53	9.56
三级分子蒸馏	90	26.66	91.65	3.34

离心分子蒸馏器是单级分离设备，由于一次蒸馏的不均匀性，物料停留时间很短，以及蒸气需要重新冷凝导致产品的得率较低，要达到一定纯度时，需要采用多级蒸馏分离。试验中采用将每次蒸馏的蒸余物重新加入进料器，进行下一级分子蒸馏操作。由试验结果可以看出，随着分离级数的增加，L-乳酸的纯度逐步提高，并且经过 3 次分子蒸馏，乳酸的得率可达 74.63%。

董海波等（2010）的研究结果表明，离心式分子蒸馏是制备高纯度 L-乳酸的一种高效可行的方法；当压力为 40Pa、蒸发温度为 90℃、进料速率为 20mL/h 时，并经 3 次分离提纯，其产品纯度可达 91% 以上。采用离心式分子蒸馏技术从浓缩发酵液中提取 L-乳酸，发酵液经过滤后不需脱水而直接酸解，可省去脱色与离子交换等步骤，得到的粗乳酸经离心脱水，并利用正丁醇萃取浓缩液中的乳酸，最后经分子蒸馏提纯，在合适的条件下可以得到高纯度的 L-乳酸。

三、分子蒸馏技术在精制月桂酸单甘油酯中的应用研究

中链脂肪酸（medium chain fatty acid，MCFA）对动物的生长发育有积极的影响，具有作为抗生素替代品的潜力。月桂酸单甘油酯（glycerol monolaurate，GML）属于中链脂肪酸酯中的一种，也是一种亲脂性非离子型表面活性剂，常被用作乳化剂和防腐剂使用，其同时具有抗菌、抗病毒等生物学功能。近期有研究表明，GML 对动物生长发育有一定的促进作用。李涛等（2013）就椰子油和单月桂酸甘油酯对断奶仔猪生产性能及粪便

微生物的影响进行了研究，结果表明，饲料中添加椰子油和单月桂酸甘油酯对断奶仔猪生产性能影响差异不显著，豆油组较椰子油组中添加单月桂酸甘油酯平均日增重效果更好。单月桂酸甘油酯天然存在于母乳、椰子油和美洲蒲葵中，也可由月桂酸（又称十二烷酸）和甘油酯合成。a-GML 是工业合成及天然存在的 GML 中最为常见的一种。研究表明，GML 具有抑菌、抗病毒及乳化等多种作用，被美国食品与药物管理局（FDA）认定为一般公认安全（GRAS）类食品添加剂，我国卫健委也批准其可用于各类食品，也是农业农村部批准使用的饲料原料。

（一）分子蒸馏法富集椰子油中月桂酸工艺条件的优化

椰子油的脂肪酸组成以月桂酸为主，含量占 45% 左右，是植物酸和中、短链脂肪酸最主要的来源。椰子油中碳链长度在 C14 以下的脂肪酸具有可快速消化吸收、抑菌、抗病毒、提高动物免疫力等重要的保健功能。当月桂酸被消化时，形成的月桂酸单甘酯可以破坏数种细菌和病毒。中链脂肪酸单甘酯可以加强婴儿对脂肪和 Ca^{2+} 的吸收，从而促进婴儿骨骼的生长发育，同时也增强婴儿抵抗各种细菌和病毒的能力。

为了提升椰子油中月桂酸的含量，使椰子油更具营养价值，可采用分子蒸馏技术富集椰子油中的月桂酸。刘辉等（2019）以椰子油为原料，采用分子蒸馏技术进行了富集月桂酸的工艺研究，并通过单因素试验与正交试验确定了分子蒸馏的最佳工艺条件。

该研究首先在压力为 0.1Pa、刮膜转速为 250r/min、进料速率为 0.2L/h 条件下，通过改变分子蒸馏的温度，研究蒸馏温度对富集效果的影响，结果如图 6－23 所示。由图可知，轻相中月桂酸含量随蒸馏温度的升高呈先升高后降低，而重相中月桂酸含量基本随着蒸馏温度的升高持续降低，并且轻相中月桂酸含量明显高于重相中月桂酸含量，这是因为月桂酸相对分子质量较小，在轻相中存在较多。在蒸馏温度为 220℃时，轻相中月桂酸纯度最高达 63.62%。

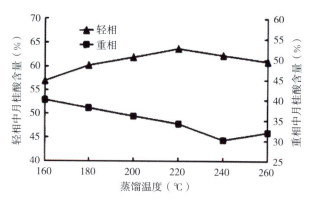

图 6－23　蒸馏温度对月桂酸富集结果的影响

在压力为 0.1Pa、进料速率为 0.2L/h、蒸馏温度为 220℃ 的条件下，通过改变分子蒸馏的刮膜转速，研究刮膜转速对富集结果的影响，结果如图 6－24 所示。由图可知，椰子油中月桂酸含量随着刮膜转速的增大而先升高后降低。在轻相和重相中都符合此规律，轻相中月桂酸含量比重相中高，其中在刮膜转速为 270r/min 时，轻相中月桂酸的纯度最高达 65.51%。

在固定蒸馏压力为 0.1Pa、蒸馏温度为 220℃、刮膜转速为 250r/min 的条件下，改变分子蒸馏的进料速率，研究进料速率对富集结果的影响，结果如图 6－25 所示。由图可

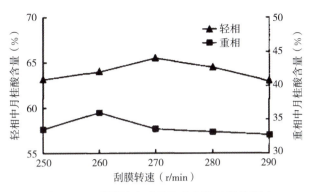

图 6-24 刮膜转速对月桂酸富集结果的影响

知,随着进料速率的增加,轻相中月桂酸含量先升高后降低,重相中月桂酸含量先降低后升高,轻相中月桂酸的含量明显高于重相。在进料速率为 0.2L/h 时,轻相中月桂酸纯度最高达 65.32%。

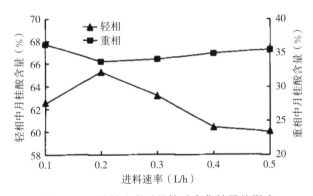

图 6-25 进料速率对月桂酸富集结果的影响

在单因素试验结果的基础上,选取蒸馏温度、进料速率、刮膜转速为因素,以富集后月桂酸含量为指标进行正交试验,正交试验结果表明各因素对分子蒸馏富集月桂酸含量的影响大小依次为:蒸馏温度>进料速率>刮膜转速。最优工艺参数为:蒸馏温度 220℃,进料速率 0.2L/h,刮膜转速 270r/min。在该条件下制备的月桂酸平均纯度为 65.58%。

(二)分子蒸馏提纯合成单月桂酸甘油酯的工艺研究

单月桂酸甘油酯又称十二酸单甘油酯,月桂酸单甘油酯可通过源于天然油脂的月桂酸和甘油直接酯化反应得到,且结构和功能与天然存在的完全相同,是一种优良的食品乳化剂,同时作为中链脂肪酸单甘油酯代表的月桂酸单甘油酯,因其良好的抑菌、抗病毒特性,又是一种安全、高效、广谱的抑菌剂,其具有乳化和抗菌双重功能。

通过酯化反应得到的 GML 含量一般在 40%~60%,同时含有大量的甘油和二酯,甚至还有少量的三酯。据报道,GML 含量在 90% 以上其乳化和抑菌效果更好。陈强等(2015)以月桂酸和甘油为原料,在无溶剂条件下添加对甲苯磺酸催化剂合成制备单月桂酸甘油酯,通过单因素试验及响应面分析得到合成单月桂酸甘油酯的最佳工艺:反应温度为 189℃,反应时间为 2.6h,甘油与月桂酸的摩尔比为 2:1。催化剂对甲苯磺酸添加量为 0.37% 时,其单月桂酸甘油酯产率为 46.78%。为使催化合成的单月桂酸甘油酯的纯度由 46.78％提高到 90％以上，该试验利用分子蒸馏技术对合成单月桂酸甘油酯进行了提纯工艺试验研究。本试验首先进行了操作压力、蒸发温度、进料流速、冷凝温度 4 个单因素对提取纯化单月桂酸甘油酯的影响研究。然后在单因素试验的基础上用正交试验设计，确定了分子蒸馏纯化 GML 操作的最佳工艺参数。随后采用多重分子蒸馏工艺将单月桂酸甘油酯进一步纯化，最后得到含量大于 90％的单月桂酸甘油酯。

试验首先在固定操作压力为 10Pa、蒸馏温度为 100℃、冷凝温度为 60℃的条件下，研究料液流速对分子蒸馏 GML 纯度的影响。结果表明，料液流速在 150～250mL/h 范围内，随料液流速的升高 GML 纯度增加的速率较快；而在 250～300mL/h 范围内，单月桂酸甘油酯的纯度随料液流速的升高而降低。因此，料液的最佳流速为 250mL/h。

试验选取蒸馏温度为 80～130℃、固定操作压力为 1Pa、料液流速为 250mL/h、冷凝温度为 60℃，研究蒸馏温度对分离效果的影响。结果显示，当蒸馏温度在 80～100℃范围内，分子蒸馏分离出的 GML 纯度持续提升；而蒸馏温度在 100～130℃范围内，GML 的纯度逐渐降低。这是因为，一方面，当温度升高时，粗单甘酯混合物中的某些成分的分子自由程增大，原料中沸点低于单甘酯的组分蒸发进入轻组分，使得 GML 得率增加；另一方面，随着温度增加，单月桂酸甘油酯被蒸发的量也在增加，使其在重组分中含量逐渐下降，GML 纯度不断降低。因此，蒸馏温度在 100℃效果最佳。

分子蒸馏单月桂酸甘油酯的操作压力一般控制在 30Pa 以下。本试验选取操作压力范围 0.1～30Pa，在蒸馏温度为 100℃、料液流速为 250mL/h、冷凝温度为 60℃的条件下，研究压力对分离效果的影响。结果显示，分子蒸馏分离单月桂酸甘油酯的纯度随压力的下降而降低。因此，在分子蒸馏分离单月桂酸甘油酯过程中，操作压力越低越好。

一般分子蒸馏单月桂酸甘油酯的冷凝温度在 50～70℃。本试验选取冷凝温度在 30～80℃范围内，在蒸馏温度为 100℃、料液流速为 250mL/h 的条件下，研究冷凝温度对单甘酯纯度的影响。结果显示，当冷凝温度在 30～70℃范围内，随冷凝温度的升高单甘酯纯度升高而速率增加更快，趋势更明显；当冷凝温度在 70～80℃范围内，单月桂酸甘油酯的纯度随冷凝温度的升高而降低。因此，冷凝温度在 70℃的时候，分子蒸馏提取 GML 的纯度最高。

根据单因素及正交试验设计分析得出各因素对分子蒸馏提纯单甘酯的影响的主次顺序为：冷凝温度＞蒸馏温度＞料液流速＞操作压力。采用分子蒸馏技术在料液流速为 200mL/h、蒸馏温度为 120℃、冷凝温度为 80℃、操作压力为 0.1Pa 的工艺条件下时，可将合成 DML 的纯度由 46.78％提纯达到 83.2％。为进一步提高其纯度，使其他条件不变，重新设定蒸馏压力为 0.5Pa，经二级分子蒸馏提纯可得到纯度为 91.3％的 GML。

四、分子蒸馏技术在肉桂油精制中的应用研究

肉桂醛主要是从肉桂等植物原料中提取的一种有效活性成分。其在自然界中主要存在于肉桂油中，是中草药肉桂等的主要功能成分，在香料、制药、日用化工品、饲料及食品加工等方面均有广泛的应用。有研究表明，肉桂醛具有防腐杀菌、抗病毒、增强胃肠蠕动、提高饲料利用率与改善动物生长性能等功效。

（一）分子蒸馏纯化肉桂醛工艺研究

黄敏等（2005）用分子蒸馏技术进行了从肉桂油中分离纯化肉桂醛的研究。该研究选

用产于广西德庆的肉桂油为原料,采用 MD-S80 刮膜式分子蒸馏设备从肉桂油中分离纯化肉桂醛。该研究首先设定蒸馏温度分别为 55℃、60℃、64℃,物料流量为每秒 1 滴、刮膜蒸馏转速为 370~390r/min、冷却水温度为 4~5℃,研究分子蒸馏压力对肉桂油馏出物得率、肉桂醛质量分数和肉桂醛得率的影响,结果见表 6-5。在相同的蒸馏温度下,随着压力的增加,馏出物得率降低。在温度为 64℃时,压力从 100Pa 升高到 200Pa,馏出物的得率从 90.00% 降低到 42.25%;肉桂醛的质量分数则从 92.67% 升到 98.10%;而肉桂醛的得率从 93.94% 降低到了 46.41%。因此,高温有利于馏出物得率的提高。

表 6-5 蒸馏温度分别为 55℃、60℃、64℃ 条件下改变压力对肉桂油分子蒸馏结果的影响

温度(℃)	压力(Pa)	馏出物得率(%)	肉桂醛质量分数(%)	肉桂醛得率(%)
55	100	68.00	96.82	74.60
55	150	45.00	97.70	49.52
55	200	29.00	100.00	32.67
60	100	77.51	95.17	83.08
60	150	46.00	97.30	50.41
60	200	36.00	99.00	40.14
64	100	90.00	92.67	93.94
64	150	54.00	96.86	58.91
64	200	42.25	98.10	46.41

本试验通过设定蒸馏压力为 100Pa、物料流量为每秒 1 滴、刮膜蒸馏转速为 370~390r/min、冷却水温度为 4~5℃,研究蒸馏温度的变化对蒸馏肉桂油的馏出物得率、肉桂醛质量分数、肉桂醛得率的影响,结果见表 6-6。当压力为 100Pa,温度由 50℃升高到 65℃的时,馏出物的得率从 48.00% 升高到 94.60%,增加了近 50%;肉桂醛的质量分数从 97.35% 下降到 91.00%,降低幅度较小;而肉桂醛的得率却升高了超过 40%。因此,温度改变对肉桂醛质量分数的影响比压力改变对肉桂醛质量分数的影响大。

表 6-6 不同蒸馏温度对肉桂油分子蒸馏结果的影响

温度(℃)	馏出物得率(%)	肉桂醛质量分数(%)	肉桂醛得率(%)
50	48.00	97.35	52.63
55	68.00	96.82	74.60
60	77.50	95.17	83.08
63	85.00	93.50	89.52
64	90.00	92.67	93.94
65	94.60	91.00	96.97

本试验通过设定蒸馏压力分别为 150Pa 和 200Pa、物料流量为每秒 1 滴、刮膜蒸馏转速为 370~390r/min、冷却水温度为 4~5℃,研究分子蒸馏温度对肉桂油馏出物得率、肉桂醛质量分数和肉桂醛得率的影响。由表 6-7 可见,改变温度时馏出物的得率变化较小,而馏出物中肉桂醛的质量分数缓慢增加,肉桂醛的得率有所变化。当压力为 150Pa 时,温度由 55℃升到 64℃,肉桂醛的得率从 49.52% 升到 58.91%;当压力为 200Pa 时,温度

由 55℃ 升到 64℃，肉桂醛的得率从 32.67％ 升到 46.41％。分析其原因可能是原料纯度较高，分子质量比肉桂醛小的物质含量较少。

表 6 - 7　蒸馏压力分别为 150Pa、200Pa 条件下改变温度对肉桂油分子蒸馏结果的影响

压力（Pa）	温度（℃）	馏出物得率（％）	肉桂醛质量分数（％）	肉桂醛得率（％）
150	55	45	97.7	49.52
150	60	46	97.3	50.41
150	64	54	96.9	58.91
200	55	29	100.0	32.67
200	60	36	99.0	40.14
200	64	42	98.1	46.41

通过以上试验得到肉桂精油分子蒸馏获得肉桂醛的适宜工艺条件为：蒸馏压力 100Pa，蒸馏温度 60℃，物料流量每秒 1 滴，刮膜蒸馏转速 370～390r/min，冷却水温度 4～5℃。在此工艺条件下，肉桂醛的质量分数从原料的 88.78％ 提高到 95.17％，肉桂醛的得率为 83.08％。

（二）分子蒸馏精制肉桂油的工艺研究

我国是世界上最大的肉桂油生产国和出口国，产品多以纯度较低的毛油为主，直接影响其价值的体现。国内肉桂毛油的精加工多采用传统的减压分馏法，而肉桂油的主要特征物肉桂醛热稳定性较差，减压分馏工艺对其有效成分会造成一定损失。

为此，刘晓艳等（2009）以肉桂毛油为原料，采用 MD-S80 刮膜式分子蒸馏技术进行了肉桂油精制提纯工艺研究。该研究首先在真空度 100Pa、物料流量 1mL/min、刮膜转速 370～390r/min 条件下，确定了刮膜式分子蒸馏设备提纯肉桂醛的蒸馏温度应控制在 55～63℃。在一定的蒸馏温度和进料速率下，随压力升高，肉桂醛的纯度随压力的变化逐渐升高并趋于稳定，在 250Pa 时纯度达到最大值 64.76％。从得率和纯度两方面综合考虑，分子蒸馏真空度应控制在 50～150Pa。随着进料速率的上升，肉桂精油得率下降，当进料速率在 1.0mL/min 时，肉桂醛纯度达到 63.52％。从得率和纯度两方面综合考虑，进料速率应在 1.0～2.0mL/min。当刮膜转速较低时，随着转速的增加，得率有所增加；当刮膜转速在 230～250r/min 时得率最高，达到 87.00％，而当转速达到 370～390r/min 时，得率也有明显提高。另外，肉桂醛纯度随着刮膜转速的提高而提高，在 230～250r/min 时，纯度达 61.86％，在 320～340r/min 时，纯度达 63.10％。因此，从得率和纯度两方面综合考虑，转速控制在 230～340r/min 为宜。

该研究在单因素试验基础上，通过肉桂油分子蒸馏精制正交试验得出各因素的影响顺序为：真空度＞温度＞进料速率＞刮膜转速。通过验证试验确定分子蒸馏的最佳工艺条件为：蒸馏温度 63℃，真空度 50Pa，进料速率 2.0mL/min，刮膜转速 270～290r/min。在该条件下，肉桂精油的得率为 62.14％，肉桂醛的纯度为 63.39％。经分子蒸馏后得到的精制肉桂油，其颜色由黄中带黑转为淡黄色，色泽清亮，无可见悬浮物，香味纯净。

五、分子蒸馏技术在饲料生产中的其他应用研究

分子蒸馏比常规蒸馏具有真空度高、操作温度低、受热时间短、分离程度高等优点，

可以在很大程度上降低高沸点、热敏及沸点相近的物料分离成本，并保护热敏性物质的品质，是一种温和且高效的分离技术，已在许多领域得到了广泛应用。

（一）分子蒸馏技术提取植物甾醇的应用研究

植物甾醇是一类与胆固醇结构相似的活性物质，具有降低胆固醇、预防心血管疾病、促进畜禽生长等作用。其已被广泛应用于食品、医药和动物养殖中。目前已开发出多种含有植物甾醇的功能性食品，美国食品药品监督管理局（FDA）也已批准添加植物甾醇或甾烷醇酯的食品可使用"有益健康"的标签。2007 年，植物甾醇获我国农业部颁发的饲料添加剂新产品证书。

动物机体不能内源合成植物甾醇，只能通过食物摄入并经肠道吸收合成。有研究表明，动物对植物甾醇的吸收率极低，与胆固醇超过 40% 的吸收率相比，人和其他哺乳动物对植物甾醇的吸收率很低（0.4%～3.5%），植物甾烷醇的吸收率更低（0.02%～0.3%）。植物甾醇在各种油料种子中含量较高。制取油脂时，植物甾醇从油料种子进入毛油中，精炼植物油时，植物甾醇在物理、化学或两者共同作用下存留于脱臭馏出物和物理精炼馏出物等副产品和废液中。在以皂角或油脂制取脂肪酸时，甾醇又绝大部分进入蒸馏黑脚，因而油脂下脚富集有大量甾醇。皂角、脱臭馏出物、谷维素生产下脚及脂肪酸蒸馏黑脚等各种油脂下脚均是制取甾醇较好的原料，特别是大豆油、菜籽油、花生油。表 6-8 给出了三种植物油脱臭馏出物的组成；表 6-9 则显示了各种甾醇原料中总甾醇的含量；从表 6-10 可看出各甾醇组分的百分含量。

表 6-8　豆油、菜籽油、米糠油脱臭馏出物组成（%）

组成成分	脱臭流出物来源		
	大豆油	菜籽油	米糠油
游离脂肪酸	23～25	—	20～30
甾类化合物	20～32	37.2	10～15
三萜类化合物	17～46	—	—
烃类	5～10	25.8	—
生育酚	5～13	11.8	25
甘油酯等	3～16	18.1	15～25

表 6-9　几种植物油脱臭馏出物中甾醇含量（%）

脱臭流出物来源	甾醇含量
大豆油	9～12
菜籽油	24.9
米糠油	4.9～19.2
花生油	5.9
棕榈油	2.0
葵花籽油	0.8～1.2
橄榄油	0.6

表 6 - 10　脱臭馏出物中甾醇组成（%）

脱臭流出物来源	菜油甾醇含量	豆甾醇含量	β-甾醇含量	总甾醇含量
大豆油	26.7	25.5	46.0	98.2
菜籽油	23.4	—	58.9	82.3
米糠油	37.6	12.1	44.9	94.6

丁辉等（2007）以大豆油脱臭馏出物为原料，以高效液相色谱为定性和定量分析手段，进行了分子蒸馏浓缩植物甾醇的研究，并确定了最佳的工艺条件为：系统压力 0.1Pa，预热温度 60℃，蒸馏温度 170℃，进料速率 0.4L/h，刮膜转速 300r/min。在此工艺条件下，分子蒸馏后重相中植物甾醇的含量达到 26.12%，得率达到 60.09%。试验结果表明，分子蒸馏技术可以起到浓缩植物甾醇的作用，是从大豆油脱臭馏出物中提取精制植物甾醇的较好的预处理方法。

黄妙玲等（2010）采用分子蒸馏技术，通过二次蒸馏对米糠油中植物甾醇的纯化工艺进行研究。通过考察蒸馏温度、进料速率和刮膜转速三个工艺参数，对重相中植物甾醇含量的影响确定了最佳工艺条件：在预热温度为 60℃、冷凝面温度为 10℃、进料速率为 2mL/min 及刮膜转速为 250r/min 的条件下，一、二级蒸馏的最佳蒸馏温度和压力分别为 80℃、50Pa 和 160℃、1Pa。在此工艺条件下，采用分光光度法对植物甾醇含量进行测定，结果显示，甾醇含量由原料油中的 3.15% 提高到了 61.37%。

大豆脱臭馏出物中大部分的物质是脂肪酸。脂肪酸沸点高，与植物甾醇沸点相差较小，然而脂肪酸酯化后的脂肪酸酯沸点要低得多，因此从大豆脱臭馏出物中分离植物甾醇之前先将大部分的脂肪酸转化为脂肪酸酯，为下一步植物甾醇分子蒸馏提供条件。大豆油脱臭馏出物在经过甲酯化工艺后，产物中含有脂肪酸甲酯、甾醇酯、维生素 E、甾醇和其他杂质；经液相色谱分析，植物甾醇含量为 3.92%。高晶（2004）选用经过酯化后的大豆脱臭馏出物为原料，通过多次分子蒸馏，对产物进行浓缩，达到提高甾醇纯度的目的。其工艺流程见图 6 - 26。

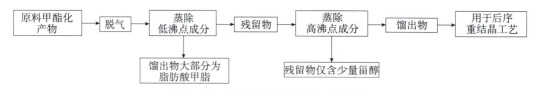

图 6 - 26　分子蒸馏浓缩甾醇工艺流程

该研究在最高真空度 3Pa 压力下，对第一步蒸馏的残留物进行蒸馏。蒸馏温度从 160℃ 开始，最高温度设置为 230℃。试验结果发现，随着蒸馏温度的升高，馏出物流动性变差，颜色由透亮的红色变为棕色，但温度进一步提高后反而又变成较为透亮的深红色。这可能是随着温度的升高，色素等深色物质被蒸馏出来，但温度进一步提高后，生育酚蒸出量加大，颜色反而变为深红色。通过液相色谱分析结果可得，随着温度升高，馏出物中甾醇含量逐渐升高。本试验选用 220℃、3Pa 压力的条件下，对第一步蒸馏的残留物进行馏出为甾醇的主蒸馏。

在分子蒸馏中，物料的蒸馏时间较短，因此一次蒸馏不能达到理想效果。本试验在

220℃、3Pa 条件下对残留物进行多级蒸馏，以期回收更多的甾醇。多级蒸馏结果见表6-11。

表 6-11　多级蒸馏浓缩甾醇结果（%）

项目	一级蒸馏	二级蒸馏	三级蒸馏
甾醇总含量	32.87	32.68	32.82
甾醇总得率	88.01	88.87	89.32

从试验数据可以看出，多级反复蒸馏有助于提高甾醇的回收率，但对甾醇纯度基本无影响。工业生产中，考虑到设备成本和生产效率，应根据回收率和成本之间的关系选取最合适的蒸馏级数。经分子蒸馏浓缩提取后的物质中由于存在色素等其他杂质，产品的纯度仍较低，无法实现其价值，因此本试验又探讨了对浓缩物进行脱水、脱色和结晶提取工艺研究。

植物甾醇可作为饲料添加剂，能促进动物生长，增进健康，提高产量，对于降低养殖成本、提高养殖经济效益有积极作用。作为一种新型功能性添加剂，植物甾醇在饲料工业中具有广阔的应用前景，但还需要做大量而深入的研究。

（二）分子蒸馏法富集鱼油 ω-3 脂肪酸

在各种动物饲料中，鱼油具有补充能量、提高产品二十碳五烯酸（EPA）和二十二碳六烯酸（DHA）含量等功能。鱼油主要成分是甘油三酸酯、维生素 A、维生素 D、甘油醚、类固醇、类脂及蛋白质降解物等。鱼油中富含 ω-3 脂肪酸，尤其是二十碳五烯酸和二十二碳六烯酸。特别是海产鱼油与一般动植物脂肪的差异在于其脂肪酸组成，具有较长的碳链及不饱和度。但是，毛鱼油的直接应用尚存在一系列问题，通过精炼的鱼油应用效果更好。

付红等（2006）采用分子蒸馏技术进行了富集深海鱼油中 ω-3 脂肪酸的试验研究。试验结果表明，采用 MD-S80 分子蒸馏设备，在 110℃、10Pa、进料流量为 0.5g/min 时，对鱼油 ω-3 脂肪酸的富集效果最好。通过二级分子蒸馏可以得到总 ω-3 脂肪酸含量为 63%、得率为 13.46% 的鱼油乙酯。王亚男等（2014）研究了金枪鱼鱼油分子蒸馏前，乙酯化反应体系中各脂肪酸的氧化规律，并对分子蒸馏富集鱼油中多不饱和脂肪酸的工艺进行研究。该研究首先利用 GC-MS 分析仪测定酯化时间 6h 内脂肪酸的变化，并用分子蒸馏对乙酯化产物中 ω-3 脂肪酸进行富集。试验结果表明，采用美国 POPE2 型刮膜式分子蒸馏设备，在温度 110℃、压力 5Pa、进料流量为 4mL/min 条件下，对鱼油 ω-3 脂肪酸的富集效果最好。在此基础上，经过三级分子蒸馏，可以得到总 ω-3 脂肪酸含量为 70.78%、得率为 10.1% 的鱼油乙酯。

棕榈油酸（C16：1n7，palmitoleic acid）是一种 16 碳的 ω-7 单不饱和脂肪酸。近年来，随着对鱼油研究的深入，相对于脂肪酸中的 ω-3 脂肪酸而言，鲜为人知的 ω-7 脂肪酸也逐渐受到关注，其同样具有众多健康益处，并具备部分 ω-3 脂肪酸不具备的功能。棕榈油酸是自然界中最常见的 ω-7 脂肪酸，它具有独特的功效，与 ω-3 脂肪酸相比，ω-7脂肪酸有着不同的作用机制。ω-7 脂肪酸能起到与激素同样的作用，刺激肌肉胰岛素，促进葡萄糖代谢并抑制脂肪的形成，从而改善人体健康状况。由此可见，棕榈油酸在医疗保健领域有着广阔的应用前景。为此，曹亚伦等（2021）采用尿素包合-分子蒸馏复合法对乙酯化鱼油的棕榈油酸进行富集。尿素包合的条件为反应温度 75℃，鱼油质量分数：尿素质量分数：乙醇质量分数＝1：2：4。通过单因素试验研究刮膜转速、进料速率和蒸馏温度对棕榈油酸含量的影响，在单因素试验基础上，应用响应面分析优化得到分子蒸馏富集棕榈油酸的最优工艺条件为：真空度3.0Pa，刮膜转速160r/min，进料速率0.5mL/min，蒸馏温度65℃。在此条件下，最终产品中棕榈油酸含量从原料油中的8.41%提升到32.29%，回收率为60.5%。

（三）分子蒸馏在中草药及天然产物分离中的应用研究

由于中草药及天然产物中的有效成分具有热敏性、高沸点及易被氧化等特点，所以采用分子蒸馏技术进行提取分离是中草药及天然产物发挥药效的重要物质基础之一。

大蒜素是大蒜提取物（大蒜精油）中的主要组分。研究表明，大蒜精油是在蒜氨酸酶的作用下形成的，其反应底物是葱蒜类作物中的一种非蛋白氨基酸——蒜氨酸（alliin）类物质，化学成分为烷基硫代半胱氨酸及其亚砜类化合物。崔刚（2010）采用现代分子蒸馏技术，研究了不同因素对分离、提取大蒜中大蒜精油的影响，旨在研发新的大蒜精油提取分离工艺。该研究依据Box-Behnken设计原理和响应面分析法，探讨分子蒸馏的不同因素对分离、提取大蒜中大蒜精油的影响。结果表明，在压力105Pa、进料速率1.2g/min、进料温度40～55℃的条件下，蒸馏温度为45.1℃时具有最佳的二次分子蒸馏效果，大蒜精油的外观质量明显提高，平均总提取率可达0.476%，大蒜精油中水分为0.15%，纯度达99.85%。

甜橙为芸香科柑橘亚科柑橘属果树的果实，是具有很高利用价值的植物资源。甜橙的果皮富含挥发油，含有柠檬烯、芳樟醇和香叶醇等活性成分，作为饲料添加剂具有很强的诱食和促消化功能。谢豪等（2019）先用亚临界萃取技术制备甜橙油，再利用分子蒸馏降低柠檬烯含量、富集特征香气成分。通过正交试验优化甜橙油亚临界萃取和分子蒸馏工艺条件，并采用气相色谱-质谱联用（GC-MS）对所制备的甜橙油进行香气成分检测。结果表明，最佳的亚临界萃取工艺条件为：萃取压力1.0MPa，萃取温度45℃，萃取90min，萃取2次。在此条件下精油得率为9.21%。最优的分子蒸馏工艺条件为：蒸馏温度50℃，蒸馏压力150Pa，进料速率1.5mL/min，刮板转速200r/nlin。在此条件下萜烯去除率为60.36%。经亚临界萃取和分子蒸馏提纯后，最终甜橙油的得率为3.25%，其主要成分为柠檬烯、桧烯、香叶烯、癸醛、芳樟醇、莰烯、松油烯、香叶醇、石竹烯等。

生姜是姜科多年生草本植物姜的新鲜根茎，是世界上重要的调味品之一。生姜风味主要由2种物质赋予：姜精油和姜油树脂。姜精油是从生姜中提取的挥发性油分，具有抗氧化和抗菌活性，并具有浓郁的芳香气味；而富含姜辣素的姜油树脂则具有辛辣风味。这些风味物质对姜制品的风味和品质具有很大影响。姜精油一般是从姜的根茎中借助一定的技术手段所提取的金黄色或浅黄色、透明的挥发性油状液体，沸点比较低，并具有生姜的芳香气味，而 a-姜烯是其中比较重要的功效物质。彭晓敏（2017）借助分子蒸馏技术对经超临界 CO_2 流体萃取获取的姜油树脂进行了纯化处理并得到了姜精油。该研究以单因素试验过程中所涉及的分子蒸馏压力和温度作为中心复合设计变量，以 a-姜烯含量和姜精油得率作为指标来实现对响应面法的优化。结果表明，分子蒸馏纯化姜精油最为优化的压力为147Pa，温度为76℃。根据回归方程，可以发现 a-姜烯含量为448mg/g，姜精油得率为42.25%。

王发松等（2003）采用分子蒸馏技术对经超临界 CO_2 流体萃取所得干姜油进行了分

离纯化。试验采用原产于云南的干姜，经中药粉碎机粉碎、SFE-CO_2 萃取技术提取干姜挥发油，出油率 3.0% (V/W)，干姜油为深棕红色。选用 MD-80 型分子蒸馏设备进行姜油的分子蒸馏提纯，其分子蒸馏工艺流程如图 6-27 所示。对试验所得产品进行 GC-MS 分析，得到的主要成分及其含量见表 6-12。经 GC-MS 技术对姜油及分离纯化组分进行了化学成分分析，结果表明，姜油中的萜类和姜辣素类组分被成功分离，分离出的姜辣素类组分中姜烯酚类化合物的含量达到了 85% 以上，6-姜烯酚的含量达到了 60% 左右，分离出萜类成分中的（一）-姜烯和丁香烯的含量分别达到了 55% 和 20% 以上。

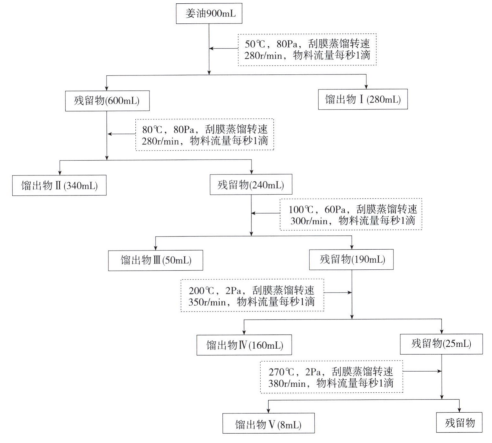

图 6-27　姜油的分子蒸馏工艺流程

表 6-12　姜油分子蒸馏 5 种馏出物的主要成分及其相对含量（%）

序号	化学成分	馏出物 I	馏出物 II	馏出物 III	馏出物 IV	馏出物 V
1	α-姜黄烯-1	6.38	5.26	4.57	—	—
2	（一）-姜烯	47.45	56.69	43.19	—	—
3	α-金合欢烯	8.73	7.54	4.51	—	—
4	（S）-1-甲基-4-（5-甲基-亚甲基-4-己烯基）环己烯	5.84	4.31	3.94	—	—
5	丁香烯	14.64	20.03	20.96	—	—

（续）

序号	化学成分	馏出物Ⅰ	馏出物Ⅱ	馏出物Ⅲ	馏出物Ⅳ	馏出物Ⅴ
6	4（14）-桉叶油烯醇-11	—	—	5.01	—	—
7	2-甲基-5-姜烯酚	—	—	—	3.61	3.02
8	6-姜烯酚	—	—	—	58.93	60.59
9	8-姜烯酚	—	—	—	5.22	5.55
10	2-甲基-9-姜烯酚	—	—	—	2.91	1.91
11	10-姜烯酚	—	—	—	10.72	18.01
12	总姜烯酚类化合物	—	—	—	86.00	94.92

由表 6-12 可以看出，馏出物Ⅰ、馏出物Ⅱ、馏出物Ⅲ、馏出物Ⅳ和馏出物Ⅴ的化学组成几乎完全不同，前三者的组成几乎全为萜类化合物，而后两者的组成主要为姜烯酚类化合物。由此可见，利用分子蒸馏技术能够较好地将姜油中的萜类和姜烯酚类化合物分离，且能将姜烯酚类化合物的相对含量提高到85％以上。

展望

分子蒸馏相比常规蒸馏具有真空度高、操作温度低、受热时间短、分离程度高等优点，能很大程度上降低高沸点、热敏及沸点相近物料的分离成本，并保护热敏性物质的品质。它是一种温和且高效的分离技术。随着科学技术的进步，物质中的各种营养活性成分的功能逐渐被人们挖掘和熟知，药品、食品、化妆品、饲料等品质和安全得到了越来越多的重视。分子蒸馏技术因其特有的优点非常适于特色活性成分的精深加工，且在分离、纯化过程中不添加任何化学试剂，降低了有效成分的损耗，避免了大量废水的产生。虽然分子蒸馏技术还存在设备投资高等缺点，但随着技术的不断完善和成套设备成本的降低，其在中草药、天然产物及饲料添加剂生产等诸方面有广泛的应用前景。

参考文献

曹国锋，龚任，刘洪天，2001. 脱臭馏出物中天然维生素 E 提取［J］. 粮食与油脂，5：42-43.

曹亚伦，戴志远，沈清，等，2021. 鱼油中棕榈油酸的分离纯化［J］. 中国食品学报，1（4）：239-246.

曹玉平，宋佳，武文华，等，2019. 响应面法优化维生素 E 提取工艺［J］. 粮食与饲料工业，6：34-37.

陈强，2015. 单月桂酸甘油酯的合成与提纯工艺研究［D］. 郑州：河南工业大学.

崔刚，2010. 分子蒸馏法分离提取大蒜精油［J］. 食品科学，31（24）：236-240.

丁辉，吴英艳，徐世民，2007. 分子蒸馏浓缩植物甾醇的研究［J］. 油脂工程，6：92-95.

董海波，2010. 离心式分子蒸馏精制 L-乳酸及蒸发液膜流场的 CFD 模拟［D］. 天津：天津大学.

冯尚连，尚建钢，孙玥滢，等，2011. 乳酸对仔猪肠道大肠杆菌和乳酸杆菌的影响［J］. 浙江农业学报，23（3）：506-510.

付红，裘爱泳，2006. 分子蒸馏法富集鱼油 ω-3 脂肪酸［J］. 中国粮油学报，21（3）：156-158.

高晶，2004. 脱臭馏出物中植物甾醇的提取与精制工艺研究［D］. 广州：华南理工大学.

胡丹，钱德康，2006. 内循环降膜式分子蒸馏设备［J］. 化工设计通信，32（2）：57-61.

黄妙玲，卢生奇，王小会，等，2010. 分子蒸馏技术制备米糠油植物甾醇的工艺研究［J］. 中国食品添加剂，5：216-220.

黄敏，钟振声，2005. 肉桂醛分子蒸馏纯化工艺研究 [J]. 林产化工通信，39（2）：13-15.

蒋增良，杨明，杜鹃，等，2015. 月桂酸单甘油酯抑菌抗病毒特性及其在食品中的应用 [J]. 中国粮油学报，30（2）：142-146.

蓝俊虹，郭锡钦，汤佳宁，等，2020. α-单月桂酸甘油酯对断奶仔猪生长性能、粪样微生物和血清免疫因子的影响 [J]. 动物营养学报，32（3）：1136-1142.

李琼，文震，吕杨效，2012. 多级分子蒸馏精制姜黄挥发油 [J]. 食品工业科技，2：338-341.

李涛，王春维，万志友，等，2013. 椰子油和单月桂酸甘油酯对断奶仔猪生产性能及粪便微生物的影响 [J]. 粮食与饲料工业，6：54-57.

李鑫钢，2009. 现代蒸馏技术 [M]. 北京：化学工业出版社.

林涛，王宇，梁晓光，等，2009. 分子蒸馏技术浓缩合成维生素 E [J]. 化工进展，28（3）：496-498，503.

刘辉，董家和，张莹，等，2019. 分子蒸馏法富集椰子油中月桂酸工艺条件的优化研究 [J]. 中国油脂，44（4）：50-53.

刘晓艳，白卫东，蔡培钿，等，2009. 分子蒸馏精制肉桂油的研究 [J]. 安徽农业科学，37（10）：4640-4642，4721.

刘玉兰，彭团儿，汪学德，等，2010. 米糠油脱臭馏出物中维生素 E 浓缩精制工艺研究 [J]. 粮油加工（1）：9-15.

栾礼侠，许松林，任艳奎，2006. 分子蒸馏技术提纯天然维生素 E 的工艺研究 [J]. 中国粮油学报，8（1）：100-103.

彭晓敏，2017. 分子蒸馏纯化姜精油工艺的响应面法优化研究 [J]. 化工设计通信，43（2）：78-80.

孙波，徐宁，姚婉莹，等，2009. 离心式分子蒸馏设备在发酵 L-乳酸精制工艺中的应用 [J]. 化工进展，28（10）：1872-1879.

王发松，胡海燕，黄世亮，等，2003. 姜油的分子蒸馏纯化与化学成分分析 [J]. 中国医药工业杂志，43（3）：125-127.

王亚男，徐茂琴，季晓敏，2014. 分子蒸馏富集金枪鱼鱼油 ω-3 脂肪酸的研究 [J]. 中国食品学报，14（7）：52-58.

武文华，曹玉平，刘凯，等，2016. 天然维生素 E 提取工艺研究现状 [J]. 中国油脂，41（8）：88-91.

谢豪，黄龙，王萍，等，2019. 亚临界萃取结合分子蒸馏提取甜橙油的研究 [J]. 食品工业，40（3）：71-82.

徐婷，韩伟，2015. 分子蒸馏的原理及其应用进展 [J]. 机电信息，34（3）：57-60.

许松林，王玲，郭凯，等，2012. 刮膜式分子蒸发器上液体的停留时间分布 [J]. 天津大学学报，45（1）：70-74.

仇瑜，张洪兵，郭虹，等，2021. 姜黄的研究进展及质量标志物（Q-Marker）的预测分析 [J]. 中草药，52（15）：4700-4711.

张榴萍，崔素芬，2019. 分子蒸馏法提取大豆油脱臭馏出物中天然维生素 E 工艺研究 [J]. 粮食与饲料工业（8）：18-22.

张旭斌，许春建，周明，2004. 降膜分子蒸馏过程模型研究 [J]. 高校化学工程学报（10）：558-563.

周秋香，陈乐培，2003. 从大豆脱臭馏出物中提取天然维生素 E 工艺研究 [J]. 粮油加工（2）：22-23.

左旗，柳斌，张俊梅，2020. 刮膜式分子蒸馏设备研究现状 [J]. 石油化工设备，49（1）：45-51.

Badin V，Cvengro J，1992. Model of temperature profiles during condensation in a film in a molecular evaporator [J]. Chemical Engineering Journal，49（3）：177-180.

Bhandarkar M，Ferron J R，1991. Simulation of rarefied vapor flows [J]. Industrial & Engineering Chemistry Research，30（5）：998-1007.

Cole D J A，Beal R M，Luscombe J R，1968. The effect on performance and bacterial flora of lactic acid，propionic acid，calcium propionate and calcium acrylate in the drinking water of weaned pigs [J]. Veterinary Record，83 (18)：459.

Kawala D I Z，Stephan I K，2010. Evaporation rate and separation factor of molecular distillation in a falling film apparatus [J]. Chemical Engineering &. Technology，12 (1)：406-413.

Martins P F，Ito V M，Batistella C B，et al，2006. Free fatty acid separation from vegetable oil deodorizer distillate using molecular distillation process [J]. Separation and Purification Technology，48 (1)：78-84.

Satoru，Komori，Kazutaka，et al，1989. Flow and mixing characteristics in an agitated thin-film evaporator with vertically aligned blades [J]. Journal of Chemical Engineering of Japan，22 (4)：346-351.

第七章
微波技术及其在饲料工业中的应用 ▶▶▶

　　微波技术是利用微波的能量特征，对物体进行加热、解冻、消解、灭菌保鲜和辅助萃取等加工过程。

　　微波一般是指波长在 1.0mm 至 1.0m 范围内的电磁波（相对应的频率为 300MHz 至 300GHz）。由于微波的频率很高，所以在某些场合也称作超高频，具有量子的明显特征。微波的传统应用是将微波作为一种传递信息的媒介，应用于雷达、导航、通信、测量、遥感及电视等领域。从 20 世纪 60 年代开始，微波除了传统的应用技术继续发展外，其被作为一种能量技术应用于化工、木材、食品、饲料等物理加工工程领域。

　　微波是一种能量（而不是热量）形式，但在介质中可以转化为热量。不同的材料对微波的反应可以分为四种情况：穿透微波、反射微波、吸收微波和部分吸收微波。

第一节　概　　述

　　一般在能加工领域中，所处理的材料大多是介质材料，而介质材料通常都不同程度地具有吸收微波能的能力，介质材料与微波电磁场相互耦合，形成各种功率耗散从而达到能量转化的目的。能量转化的方式有许多种，如离子传导、偶极子转动、界面极化、磁滞、压电现象、电致伸缩、核磁共振、铁磁共振等，其中离子传导和偶极子转动是微波加热的主要原理。微波加热是一种依靠物体吸收微波能将其转换成热能，使自身整体同时升温的加热方式，其完全区别于其他常规加热方式。

　　1. 离子传导　离子传导（ionic conduction）是指以正、负离子在电场中的定向运动构成的导电过程。电解质的溶液及电解质在熔融状态下都有离解的正、负离子，从而具有离子导电性。离子是电子脱离电子轨道，在分子的间隙中运动产生传导；离子是在液体中传导，其是由化学能的动力产生传导。

　　2. 偶极子转动　偶极子（dipole）一般是指相距很近的符号相反的一对电荷或"磁荷"。例如，由正负电荷组成的电偶极子。在电磁学里，有电偶极子和磁偶极子两种偶极子。电偶极子是两个分隔一段距离、电量相等、正负相反的电荷。磁偶极子是一圈封闭循环的电流，如一个有常定电流运行的线圈，称为载流回路。偶极子的性质可以用它的偶极矩描述。电偶极矩由负电荷指向正电荷，大小等于正电荷量乘以正负电荷之间的距离。

　　传统加热方式是根据热传导、对流和辐射原理使热量从外部传至物料热量，热量总是由表及里传递进行加热物料，物料中不可避免地存在温度梯度，当加热的物料不均匀，会导致物料出现局部过热。微波加热技术与传统加热方式不同，它是通过被加热体内部偶极分子高频往复运动，产生"内摩擦热"而使被加热物料温度升高，无须任何热传导过程，就能使物料内外部同时加热、同时升温，加热速度快而均匀，仅需传统加热方式的能耗的几分之一或几十分之一就可达到加热目的。从理论上讲，物质在微波场中所产生的热量大小与物质种类及其介电特性有很大关系，即微波对物质具有选择性加热的特性。

一、微波的概念及特点

(一) 微波的波长

微波技术是指平均波长为 1～1 000mm 的电磁波，能够产生高频电磁场，而介质材料中的分子在电磁场中随着其频率的不断变化而出现去向不同的情况。传统的微波技术主要应用于雷达、通信等领域。而如今，微波技术已作为一项新能源技术在许多领域被广泛应用。

由于微波的应用极为广泛，为了防止民用微波能技术对军用微波雷达和通信设备造成干扰，国际上规定用于工农业生产、科研及医学等民用的微波有 4 个波段（表 7-1）。

表 7-1　国际规定的民用微波波段

频率（MHz）	波段	中心频率（MHz）	中心波长（m）
890～940	L	915	0.335
2 400～2 500	S	2 450	0.122
5 725～5 875	C	5 850	0.052
22 000～22 250	K	22 125	0.008

目前 915MHz 和 2 450MHz 这两个频率已被广泛地应用于微波加热技术领域，另外两个较高的频率，由于还没有大功率的发生设备，所以仅在小功率情况下，如测湿仪和其他科研试验中有所应用。在食品、饲料工业中所使用的微波频率多为 2 450MHz。

(二) 微波的产生

微波通常由直流电或 50Hz 交流电通过特殊的器件来获得。可以产生微波的器件有许多种，但主要分为两大类：半导体器件和电真空器件。电真空器件是利用电子在真空中运动来完成能量变换的器件，或称之为电子管。在电真空器件中能产生大功率微波能量的有磁控管、多腔速调管、微波三极管、微波四极管和行波管等。在微波加热领域特别是工业应用中使用的主要是磁控管和速调管。

1. 磁控管　是一种用来产生微波能的电真空器件。其实质上是一个置于恒定磁场中的二极管。管内电子在相互垂直的恒定磁场和恒定电场的控制下，与高频电磁场发生相互作用，把从恒定电场中获得能量转变成微波能量，从而达到产生微波能的目的。

2. 速调管　是利用周期性调制电子注速度来实现振荡或放大的一种微波电子管。它首先在输入腔中对电子注进行速度调制，经漂移后转变为密度调制，然后群聚的电子块与输出腔隙缝的微波场交换能量，电子将动能交给微波场，完成振荡或放大。

二、微波加热的原理

(一) 微波加热基本原理

微波加热技术的形成是由一部分极性分子和非极性分子组成的，受电磁场的作用，当有极分子电介质和无极分子电介质置于微波电磁场中时，介质材料中会形成偶极子或已有的偶极子重新排列，并随着高频交变电磁场以每秒高达数亿次的速度摆动，分子要随着不断变化的高频电场的方向重新排列，就必须克服分子原有的热运动和分子相互间作用的干扰和阻碍，产生类似于摩擦的作用，这个过程就会使得电磁场能量逐渐转化成新的热能，使介质温度出现大幅度的提升，这就是对微波加热最简单的解释。也就是说，微波加热是利用介质材料自身电磁场耗损的能量而产生的热量从而发热。微波加热是一种"冷热源"，它在产生和接触到物体时，不是一般的热能，而是电磁能。它具有一系列传统加热所不具备的优点。

微波加热的优点是其独特加热原理。目前，常用的加热方式都是先加热物体的表面，然后热量由表面传到内部；而用微波加热，则可直接加热物料的内部。

被加热的介质是由许多一端带正电、另一端带负电的分子（偶极子）所组成。在没有电场的作用下，这些偶极子在介质中做杂乱无规则运动（图7-1）。

当介质处于直流电场作用之下时，这些偶极分子就重新排列。带正电的一端朝向负极，带负电的一端朝向正极，这样杂乱无规则排列的偶极子，变成了有一定取向的有规则的偶极子，即外加电场给予介质中偶极子以一定的"位能"。介质分子的极化越剧烈，介电常数越大，介质中贮存的能量也就越多。

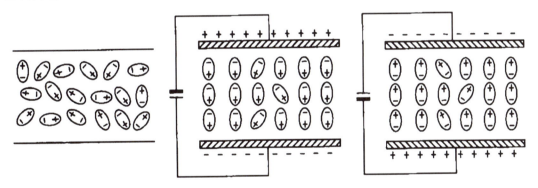

图7-1　电磁场中介质被极化的排列示意

若改变电场方向，则偶极子的取向也随之改变。若电场迅速交替也改变方向，则偶极子也亦随之做迅速摆动。由于分子的热运动和相邻分子间的相互作用，偶极子随外加电场方向改变而进行的规则摆动便受到干扰和阻碍，即产生了类似摩擦的作用，使分子获得能量，并以热的形式表现出来，表现为介质温度的升高。

外加电场的变化频率越高，分子摆动就越快，产生的热量就越多，温度越高。外加电场越强，分子的振幅就越大，由此产生的热量也就越大。用50Hz的工业用电作为外加电场，其加热作用有限。为了提高介质吸收功率的能力，工业上通常采用超高频交替变换的电场，工业生产中上常用的微波频率为915MHz和2 450MHz，即1s内有9.15×10^8次或24.5×10^8次的电场变化。分子进行如此频繁的摆动，其摩擦所产生大量热量，可以瞬间集中产热，从而能迅速提高介质的温度，这也是微波加热的独到之处。除了交变电场的频率和电场强度外，介质在微波场中所产生的热量的大小还与物质的种类及其特性有关。

（二）微波加热的计算公式及有关因素分析

1. 衰减常数　微波在传输过程中遇到不同材料的物质，将会如同光波一样产生反射、吸收和穿透现象。在介质内部传输的微波，其部分能量将被吸收而转化为热。波的振幅将按指数关系随深入距离而衰减，即 $A = A_{\max} e^{-\alpha x}$，若介质厚度一定，则从介质出来的衰减后的微波称为穿透微波。通常用 α 表示衰减常数。α 可用下式表示：

$$\alpha = (2\pi \frac{f}{c}) \left[\frac{\varepsilon_r \mu_r}{2} (\sqrt{1 + \text{tg}^2 \delta} - 1) \right]^{1/2} \quad (7-1)$$

式中：f——微波频率，Hz；

c——光速，约为 3×10^8 m/s；

ε_r——介质相对介电常数，即介质的介电常数与真空的介电常数之比；

μ_r——介质相对磁导率；

δ——介质损耗角，°（度）；

$\text{tg}\delta$——介质损耗角正切值。

衰减常数 α 是说明微波加热的热效应大小的重要参数。热效应的大小也可以用它的倒数 即 $D = \frac{1}{\alpha}$ 来说明，称为穿透深度。显然由微波振幅公式可知 $\ln \frac{A_{\max}}{A} = \alpha \cdot x$，当 $A_{\max}/A = e$ 时，$x = \frac{1}{\alpha} = D$。由此可见，穿透深度实为微波在穿透过程中其振幅衰减到原来的 $1/e$ 之处离表面的距离。

对于食品工业上常温的加热介质、介质损耗正切 $\text{tg}\delta \ll 1$，若设相对磁导率 $\mu_r \approx 1$，则对于式（7-1），将 $(1 + \text{tg}^2 \delta)^{1/2}$ 展开并近似取其为首两项，则有：

$$\alpha = \pi \frac{f}{c} \sqrt{\varepsilon_r} \text{tg}\delta \text{ 或 } \alpha = \pi \cdot \frac{1}{\lambda} \sqrt{\varepsilon_r} \text{tg}\delta \quad (7-2)$$

式中：λ——微波波长，m。

2. 影响因素分析　由式（7-1）和式（7-2）得出，影响微波加热的主要因素有微波频率、电场强度、物料的介电性质、物料的密度、物料的比热容和物料损耗角的正切值。而其中物料的介电性质（ε，$\text{tg}\delta$）又是频率的函数。

（1）微波频率　从加热的角度出发，微波频率越高，加热速度越快，因此可以通过在一定条件下提高微波频率来提高加热速度。但不是微波频率越高，对加热操作越有利，在进行微波加热时还应考虑微波的穿透深度。微波频率越高，波长 λ 就越短，其穿透深度就越小。

2 450MHz 的微波加热速度比 915MHz 的微波快，但 915MHz 的穿透深度比 2 450MHz 大，因此对较厚的物料，要达到均匀加热，应选用较小的频率，对较薄的物料，可选用较高频率以提高加热温度。另外，微波频率还影响介质损耗系数，室温下纯水在 2 450MHz 时的介质损耗系数约为 915MHz 的 3 倍。在 0.1mol 的氯化钠溶液中，2 450MHz 时的介质损耗系数约为 915MHz 的 2 倍。

（2）电场强度　是与微波加热器功率相关联的指标。加热功率大、场强大、加热速度快。但加热速度不一定越快越好。因此，在微波加热器的设计中，应设计功率调节机构，以适应不同的加工要求。

（3）物料的介电性质　是指在电场作用下，物料表现出对静电能的储蓄和损耗的性质，通常用介电常数或介质损耗系数来表示。材料应用高频技术时，介电性能是非常重要的性质之一。介质在外加电场时会产生感应电荷而削弱电场，原外加电场（真空中）与最终介质中电场比值即为介电常数（permittivity），又称透电率、诱电率介电常数、介质常数等。介电常数或电容率是表示绝缘能力特性的一个系数，以字母 ε 表示，单位为 F/m；如果有高介电常数的材料放在电场中，电场的强度会在电介质内有显著的下降。

　　对不同的介质，一般有着不同的 (ε) 和 $(tg\delta)$。水的 ε 和 $tg\delta$ 值比一般物质的介质大，因此，在一般情况下，加工物料的含水量愈高，其介质损耗也愈大，某些物料在温度上升时，其介质损耗系数降低，这时，就出现自动平衡。微波加热的这种作用使得物料的加热厚度更均匀，同时也避免了出现过热。但是，有些物料在加热时，温度上升，其介质损耗系数也随之升高，此时就出现不良循环。

　　冰的介电常数为 3.2，介质损耗系数为 0.001；而水的介电常数为 80，介质损耗系数为 0.2 左右（在 2 450MHz 条件下）。所以在加热冰冻食品时，如果不将融化的水及时排走，则由于水的介电常数和介质损耗系数都比冰大得多，最后有可能能量主要被水所吸收，而冰得不到加热。图 7-2 为水和冰的介质损耗系数与温度的关系曲线。

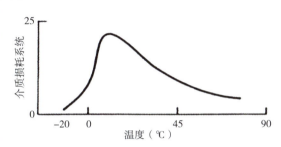

图 7-2　水和冰的介质损耗系数随温度变化曲线

　　物料的介电性质还与微波的频率相关。食品等物料在 915MHz 和 2 450MHz 频率下加热，其介电常数与频率相关性不是很大，但在 2 450MHz 时的介质损耗系数要比 915MHz 时的介质损耗系数小得多。

　　（4）物料的密度　从式（7-3）可见，物料的密度大，升温速度慢。物料的密度不仅影响单位体积热容量，也直接影响微波对物体的加热，而且还影响物料的介电性质，从而间接影响微波的热效应。

$$\Delta T = 5.56 \times 10^{-11} f E^2 \varepsilon_r tg\delta / \rho c \qquad (7-3)$$

　　式中：ΔT ——单位时间物料升温，K/s；

　　　　　ρ ——物料密度，kg/m^3；

　　　　　c ——比热容，$J/(kg \cdot K)$。

　　空气是理想的微波透过体，即 $tg\delta$ 很小。空气的相对介电常数也较小，约为 0.1。因此，物料中含有的空气越多，物料的介电常数便越小，而且越难被加热。实际上，物料密度增加，介电常数以近似线性关系趋于增加。对于疏松物料，如面包等制品的介电常数较小，吸收微波功率的速度较慢。但由于微波加热的穿透作用，微波烘烤面包的时间仍只需常规烘烤工艺的 1/3。另外，密度大的物料如骨头对微波的吸收较差，且对微波有反射作用，因此带骨头的食物在微波加热时，在骨头附近出现低温情况是正常现象。

　　（5）物料的比热容　比热容是指没有相变化和化学变化时，单位质量的某种物质升高（或下降）单位温度所吸收（或放出）的热量，即 1kg 的均相物质温度升高（降低）1K 所需的热量。比热容表示的物质提高（降低）温度所需热量的能力，而不是吸收或者散热能力。物质的比热容越大，相同质量和温升时，需要更多热能。以水和油为例，水和油的比热容分别约为 4 200J/（kg·K）和 2 000J/（kg·K），即将相同质量的水加热的热能比油高约 1 倍。若以相同的热能分别将相同质量的水和油加热的话，油的温升将比水的温升高。

食品、饲料等往往是由多种原料配制而成的多组分混合体系。不同成分具有不同的比热容、不同的升温速度，不同的组分又呈现不同的介电特性（ε 和 tgδ），导致吸收微波功率的能力也不同。因此，在多组分食品、饲料的微波加热研究中，应该对不同物料的比热容加以控制，使各组分的加热速度达到基本同步。

（三）微波加热的计算

1. 加热物体耗用的微波功率计算 见式（7-4）。

$$P = \frac{\Delta Tcm}{t} \tag{7-4}$$

式中：P——耗用的微波功率，kW；

ΔT——物料升温，K；

c——物料的比热容，J/（kg·K）；

m——物料的质量，kg；

t——微波作用的时间，s。

2. 物料干燥需耗用的微波功率计算 见式（7-5）。

$$P = \frac{\Delta Tcm + Qm'}{1\,000t} \tag{7-5}$$

式中：P——耗用的微波功率，kW；

Q——液态蒸发的潜热或汽化热，J/kg；

m'——蒸发的液态量，kg；

ΔT、c、m、t——同式（7-4）。

3. 电源总功率计算 式（7-4）和式（7-5）所示为理想状态下所需功率。实际上在微波加热器内微波功率不可能全部被物料所吸收，其中一部分要为微波加热器本身所消耗，另一部分则因反射而损耗在馈送微波的波导内。当使用行波型加热器时，未被物料吸收完的功率为终端水负载所吸收。因此，选择微波加热器的功率容量时，要适当加以放大。

$$P' = P/\eta \tag{7-6}$$

式中：P'——需选用的微波加热器的功率容量，kW；

P——计算得到的微波总功率，kW；

η——微波加热效率，一般为 0.5～0.8。

三、微波加热的优势与特性

微波的基本性质通常呈现为穿透、反射、吸收三个特性。例如，对于玻璃、塑料和瓷器，微波几乎是穿越而不被吸收。对于水和食物等就会因吸收微波而使自身发热。而对金属类物质则会反射微波。根据电子学和物理学理论观点，微波这段电磁频谱具有不同于其他波段的特点。

1. 穿透性 微波比其他用于辐射加热的电磁波，如红外线、远红外线等波长更长，因此具有更好的穿透性。微波透入介质时，由于微波能与介质发生一定的相互作用，以微波频率 2 450MHz，使介质的分子每秒产生 24.5×10^8 次的振动，介质的分子间互相产生摩擦，引起介质温度的升高，使介质材料内部、外部几乎同时加热升温，形成体热源状态，大大缩短了常规加热中的热传导时间，且在条件为介质损耗因数与介质温度呈负相关关系时，物料内外加热均匀一致。

2. 即时性　利用微波加热可以令加热物本身成为发热体，内外同时加热，因此能在短时间内达到加热效果。根据德拜理论（德拜提出，晶体点阵中原子在相互间力的作用下振动，它们的频率不等，而且是连续变化的，其变化的范围可以是 0 至最高的频率），极性分子在极化弛豫过程中的弛豫时间 T 与外加交变电磁场极性改变的角频率 ω 有关，在微波段时 $\omega T = 1$。我国工业微波炉加热设备常用微波工作频率为 915MHz 和 2 450MHz，根据计算，其 T 为 $10^{-11} \sim 10^{-10}$ s 数量级。因此，微波能在物料内转化为热能的过程具有即时特征。

3. 整体性　通常情况下要想加快加热速度就要对温度进行升高，但这很容易造成外部焦化，内部未热的现象。微波能穿透物体的内部，其加热过程在整个物体内同时进行，升温迅速，温度均匀，温度梯度小，是一种"体热源"，大大缩短了常规加热中热传导的时间。除了特别大的物体外，一般可以做到表里一起均匀加热。

4. 选择性加热　并非所有材料都能用微波加热。物质吸收微波的能力，主要由其介质损耗系数来决定。介质损耗系数大的物质对微波的吸收能力就强；相反，介质损耗系数小的物质吸收微波的能力也弱。由于各物质的损耗系数存在差异，所以微波加热就表现出选择性加热的特点。根据材料对微波的不同反应，可将材料分为：微波反射型、微波透明型、微波吸收型和部分微波吸收型。因此，可以利用微波加热的选择性对混合物料中的各组分或零件的不同部位进行选择性加热。水分子属极性分子，介电常数较大，介质损耗系数也很大，对微波具有强吸收能力。而蛋白质、碳水化合物等介电常数相对较小，对微波的吸收能力比水小得多。因此，食品、饲料含水量的多少对微波加热效果影响很大。

5. 高效性　在常规加热中，设备预热、辐射热损失和高温介质热损失在总的能耗中占有较大的比例，而微波进行加热时，介质材料能吸收微波，并转化为热能，而设备壳体所选用金属材料为微波反射型材料，只能反射而不能吸收微波（或极少吸收微波）。因此，组成微波加热设备的热损失仅占总能耗的极少部分。再加上微波加热是内部"体热源"，它并不需要高温介质来传热，因此绝大部分微波能量被介质物料吸收并转化为升温所需要的热量，形成了微波能量利用高效率的特性。与常规电加热方式相比，可节电 30%～50%。

6. 低温杀菌　通常的杀菌操作都是采用高温进行，而微波技术利用双重的杀菌作用可以在温度极低的封闭环境下将细菌杀死，并保证营养成分不受影响，所以在食品、饲料工业中倍受推崇。

第二节　微波加热设备

一、微波加热设备的类型

微波加热设备主要由电源、微波源、微波谐振腔（包括加热器及冷却系统）、传感器和处理器等组成（图 7-3）。

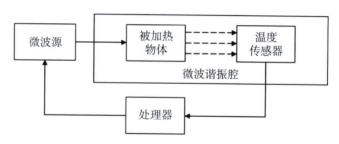

图 7-3　微波加热设备组成示意

微波管由电源直接提供直流高压电流并使输入能量转换成微波能量。微波能量通过连接波导管传输到加热器，对被加热物料进行加热。冷却系统用于对微波管的腔体积阴极部分进行冷却，冷却方式主要有风冷和水冷两种方式。

微波加热器按被加热物料和微波场的作用形式，可分为驻波场谐振腔加热器、行波场波导加热器、辐射型加热器和慢波型加热器等。也可以根据设备结构形式，分为箱式、隧道式、平板式、波导式等。其中箱式、隧道式和波导式最为常见。

1. 箱式微波加热器　是在微波加热应用中较为普及的一种加热器，属于驻波场谐振腔微波加热器。用于食品烹调的微波炉就是典型的箱式微波加热器。

谐振腔微波加热器的工作原理和结构如图 7-4 和图 7-5 所示。其结构主要由谐振腔、波导、反射板和电场搅拌器等组成。谐振腔为矩形空腔。若矩形空腔的每个边长都大于 $1/2\lambda$ 时，从不同方向都有波的反射。因此，被加热物体在谐振腔内各个方向都受热。微波在箱壁上的损失极小，未被物料吸收的能量在谐振腔内穿透介质达到后壁，由于反射而又重新回到介质中形成多次反复的加热过程。

谐振腔是一种用于产生和放大微波的装置，通常由一个空腔和电磁场加强元件构成。由波导导入的微波在谐振腔中，并在电场搅拌器的辅助作用下沿着空腔内壁来回反射，这种反复反射产生谐振，使微波能量在谐振腔中来回传递，从而增加了能量和振幅，提高了微波加热效能。

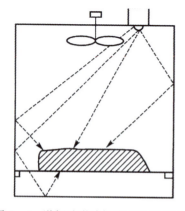

图 7-4　谐振腔微波加热工作原理示意

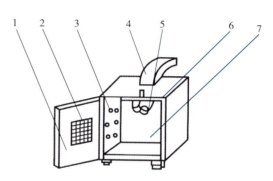

图 7-5　谐振腔微波加热器结构示意
1. 门　2. 观察窗　3. 排湿孔　4. 波导
5. 电场搅拌器　6. 发射板　7. 谐振腔

箱式微波灭菌设备主要包括加热箱体、能量输送装置、微波管、能量抑制装置等：①加热箱体是用来包裹微波能和材料的载体，微波在里面反射，直至被物料吸收；②能量输送装置是输送微波能的装置，微波能由波导管输送；③微波管是产生微波能的装置，通过对电能的转换得到微波能；④能量抑制装置是抑制微波能的装置，如果微波能泄露，会对工作人员造成人身伤害，只有装上能量抑制装置，并在合适部位安装其他防护措施，才能确保工作人员的人身安全。箱式微波设备尤为适合各种颗粒状物料的灭菌、加热或干燥。

2. 隧道式微波加热器 也称连续式谐振腔微波加热器，可以连续加热物料。被加热的物料通过输送带连续输入，经微波加热后连续输出。由于腔体的两侧设有入口和出口，有一定的微波泄露。因此，在输送带上安装有金属挡板，或在腔体两侧开口处的波导里安装一定量的金属链条，形成局部短路，防止微波能的辐射。由于加热会引起水分的蒸发，需配置排湿装置。大型隧道式微波加热器中多管并联谐振腔是连续加热器，该加热器的功率容量较大，在工业生产中应用比较普遍（图 7-6、图 7-7）。

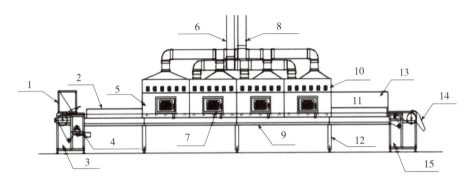

图 7-6 连续式多管并联谐振腔微波加热器结构示意

1. 进料斗　2. 抑制器　3. 换向端　4. 自动调偏装置　5. 加热箱　6. 排湿管道　7. 可视窗
8. 排热管道　9. 桥身　10. 电器箱　11. 控制面板　12. 支撑架　13. 控制台　14. 出料斗　15. 动力端架

图 7-7 隧道式微波加热器

隧道式微波干燥灭菌设备主要由加热箱、抑制器、排热和排湿监控系统、物料传送装置、控制台等组成。该设备采用由桥身连接 4 台微波箱型加热器的隧道式结构，每台加热箱体正面均设有开门报警的联锁微波泄露安全防护炉门，便于操作者对箱体内部清扫。箱体中央设有视窗，可在炉门关闭后观察箱内的运行情况，箱体顶部设有排湿和排热装置。整机采用模块化设计，清洗、装拆、检修方便。

物料输送机构由进料斗、出料斗、支撑架、调速电机及传送速度显示与调节装置组成。传送带采用低能损耗且耐高温的玻璃纤维织物或聚四氟乙烯质地的输送带。由于隧道式微波灭菌设备是由箱式微波灭菌设备发展而来，其设计思路、结构与单箱型微波灭菌设备相比既有相同之处，也有自身的特点。其主要差异在于需解决因被加热物料出入口的设置而引起的出入口高度选择与微波能量泄露之间的矛盾。所以需要在物料出入口处装置高效的微波漏能抑制器和吸收微波能材料，或者采取特殊的防护设计。

漏能抑制器是工业化连续生产的隧道式微波灭菌设备中的重要装置。它的主要功能是在微波能量通过抑制器时能得到强烈的衰减，实现可供加热物料出入口的箱体缺口能有效地抑制微波能量的传输。常用的抑制器有截止波导式漏能抑制器、1/4 波长波导槽抑制器、群岛式漏能抑制器及电阻性抑制微波材料等。

操作人员每月至少 1 次使用高精度微波检测仪，对设备上容易产生微波泄漏的地方用简易微波泄漏检测仪进行检测。在清洗微波设备和传送带时要注意设备两端的漏能抑制器，因抑制器一般采用石墨吸波材料制作，故不耐水，应防止水对其造成损坏。

3. 波导式微波加热器 即在波导的一端输入微波，在另一端有吸收剩余能量的水负载，使微波能在波导内无反射地传输，构成行波场。所以这类加热器又称为行波场波导加热器。这类加热器又分为以下 2 种形式。

（1）开槽波导加热器 也称蛇形波导加热器或曲折波导加热器。这种加热器是一种弯曲成蛇形的波导，在波导宽边中间沿传输方向开槽缝。由于槽缝处的场强最大，被加热物料从这里通过时吸收微波功率最多。一般在波导的槽缝中设置可穿透的输送带，将物料放置在输送带上，物料按箭头方向随输送带通过波导的槽缝时被加热（图 7 - 8）。输送带应采用低介质损耗的材料制成。开槽波导加热器适用于片状和颗粒状物料的干燥和加热。

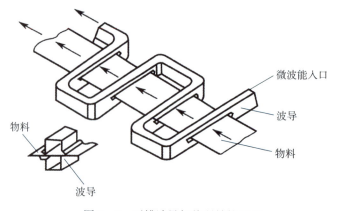

图 7 - 8　开槽波导加热器结构示意

（2）V形波导加热器　其由V形波导、过渡弯头、弯波导和抑制器等组成（图7-9）。V形波导为加热区，其截面见图7-9中的B—B剖视图，输送带及物料在里面通过时被均匀加热。V形波导到矩形波导之间有过渡接头。抑制器的作用为防止能量泄漏。V形波导加热器是矩形波导加热器的一种形式，主要目的是改善电场分布，使物料加热均匀。

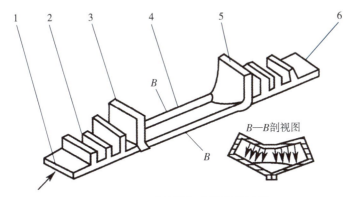

图7-9　V形波导加热器结构示意

1. 物料输入口　2. 抑制器　3. 弯波导　4. V形波导　5. 过渡弯头　6. 物料输出口

二、微波加热器的选择

（一）选择微波加热器需要考虑的因素

食品、饲料等物料的种类和形状各异，加工的规模和加工的要求也不相同，因此在选择加热器时应充分考虑下述因素。

1. 加工物料的体积和厚度　选用915MHz的微波可以获得较大的穿透厚度，可以加工厚度和体积较大的物料。

2. 加工物料的含水量及介质损耗　一般物料的含水量越高，介质损耗就越大；而微波的频率越高，介质损耗也越大。因此，综合权衡，一般对于含水量较高的物料，宜选用915MHz的微波。对于含水量较低的物料，宜选用2 450MHz的微波。对于含盐量、含油量较高的物料，最好经试验确定。

3. 产量与成本　915MHz的磁控单管可获得30kW或60kW的功率，而2 450MHz的磁控单管只能获得5kW左右的功率，而且915MHz的工作效率比2 450MHz高10%～20%。因此，加工大批量物料时，选用915MHz。也可选用前段采用915MHz的微波烘干大部分水分，当含水量降至5%左右后再用2 450MHz进行烘干。

4. 设备体积　2 450MHz的磁控管和波导均比915MHz的小。因此，2 450MHz的加热器体积比915MHz的小。

（二）加热器型式的选择

主要根据加热物料的形状、数量及加工要求来选定加热器。要求连续生产时，选用有输送带的加热器；小批量生产和实验室可选用箱式加热器；对薄片材料，选用开槽波导或慢波导结构的加热器；较大或形状复杂的物料，为了获得均匀加热，则选用隧道式加热器。

第三节 微波加热的主要功能

在 20 世纪 60 年代之前，微波加热只限于食品的烹调和解冻；60 年代中后期，美国和欧洲将微波加热用于干燥土豆片，并获得了色泽有很大改善的产品，这是微波加热技术在食品工业中应用的成功范例。此后，微波加热技术逐渐应用到食品及其他领域，如物料的解冻与干燥，微波杀菌、消毒、萃取和消解等。

一、微波加热干燥

微波加热干燥技术是以物料吸收微波能使物料中极性分子与微波电磁场相互作用，在外加交变电磁场作用下，物料内极性分子极化，并随外加交变电磁场极性变更而交变取向，大量的极性分子因频繁相互摩擦损耗，使电磁能转化为热能而加热物料的相关技术。

1. 微波加热干燥的过程 一般物料干燥的工作过程是首先物料外部受热，表面干燥，然后是次外层受热，次外层干燥。由于热量传递与水分扩散的方向相反，在次外层干燥时，其水分必须通过最外层，这样就对已干燥的最外层起了再复水的作用。内外各层进行着干燥-复水-再干燥依次反复向内层推进的过程。此过程主要特点是热量向内层传递越来越慢，水分向外层传递也越来越慢，物料内部特别是中心部位的加热和干燥成为干燥全过程的关键。

而微波加热是内部加热，因此用微波加热进行干燥物料时，物品的最内层首先干燥，最内层水分蒸发迁移至次内层或次内层的外层，这样就使得外层的水分越来越高，因此随着干燥过程的进行，其外层的传热系数不仅没有下降，反而有所提高。因此，在微波干燥过程中，水分由内层向外层的迁移速度很快，即干燥速度比一般的干燥速度快得多，特别是在物料的后续干燥阶段具有明显优势。微波干燥有以下优点：

（1）干燥速度快，时间短，厂房利用率高。同样的厂房面积，微波干燥的生产能力是传统干燥设备的 3～4 倍。

（2）产品质量好，由于干燥时物料表面温度较低，对物料表面没有损害。且不对大量的空气加热，物料表面氧化少，有利于产品色泽的改善。同时微波具有杀菌作用，微波干燥产品的含菌率低。此外，产品的表面容易形成多孔性机构，产品的复水性较好。

（3）卫生，节能。在相同条件下，采用微波干燥可节能 20％～25％。

微波干燥具有众多优势，但也存在投资大、耗电量高等缺点。对于含水量较高的物料，单纯采用微波干燥运行成本高。实际生产中，采用微波加热干燥与其他干燥方法，如热空气干燥、近红外线干燥等技术联合作用，微波干燥一般用于后段干燥更为经济高效。

2. 微波加热干燥的特点 采用微波加热具有加热速度快、热量损失小、操作方便等特点，既可以缩短工艺时间、提高生产率、降低成本，又能提高产品质量。与传统加热方式相比，微波加热有以下特点：

（1）介电体发热效应 介电体中的正离子和附近的负电子是成对存在的，这些电子紧密结合，相互不起作用，介质的整体对外界来说电场强度为零。如果给介电体加上很强电场，则正负电子对立即会重新排列。如果电场是交变的且为高频的，则分子间的电子对频繁的转动和振动将因摩擦而产生热量。

（2）微波强度随渗透深度衰减　微波进入介电体后，由于介电体损耗吸收了微波能量，微波强度将逐渐减弱，微波能量将按一定的规律衰减。

（3）微波加热效能具有选择性　微波的吸收和加热均与损耗系数有关。若将损耗系数大的物料和损耗系数小的物料混在一起加热，其加热效果有待进一步研究。

（4）强场高温　介质中单位体积内吸收的微波功率与电场强度的平方成正比，可以在很高的场强下使加工物料在极短的时间内上升至需要的加工温度。强场高温还能在不影响产品质量的前提下，产生杀菌作用。

（5）微波加热穿透能力强　远红外加热的频率比微波加热的频率更高，但就物体的穿透能力而言，远红外加热低于微波加热。

穿透能力是电磁波穿透到介质内部的能力。电磁波从进入介质并在其内部传播时，由于能量不断被吸收并转化为热能，它所携带的热量就随着深入介质表面的距离以指数形式衰减。电磁波的穿透深度和波长是同一数量级，除了较大的物体外，一般可以做到表里一起加热。而远红外加热的波长很长，加热时穿透能力差，在远红外线照射下，只有物体一薄层发热，而热量主要依靠传导加热内部，这样不仅加热时间长，而且容易造成加热不均匀。根据对比，微波加热的穿透能力比远红外加热的穿透能力强。

二、微波灭菌保鲜

食品、饲料等物品在生产、贮存、运输和销售过程中极易被污染变质。通常采用高温、干燥、烫漂、巴氏灭菌、冷冻及添加防腐剂等常规技术来实现对食品、饲料的杀菌与保鲜，但会影响物品的原有风味和营养成分。而微波杀菌是使食品、饲料中的微生物，同时受到微波热效应与非热生物效应的共同作用，使其体内蛋白质和生理活性物质发生变异，导致微生物生长发育延缓直至死亡，达到物品灭菌和保鲜的目的。

（一）微波灭菌的作用机制

1. 微波的热效应灭菌　微波热效应是微波与物料直接相互作用，将超高频电磁波转化为热能的过程。微波作用于物料，物料表里同时吸收微波能，温度升高。物料中的微生物细胞在微波场的作用下，其分子也被极化并做高频振荡，产生热效应，温度升高，而温度的快速升高使微生物蛋白质结构、核酸等极性分子发生变化，从而失去生物活性。微波对细菌膜断面的电位分布有影响，进而影响细胞膜周围电子和离子浓度，从而改变细胞膜的通透性能，细菌因此营养不良，不能正常新陈代谢，最终因生长发育受阻而死亡。这主要是基于介质在高频率电磁场中被加热的原理。一定强度的微波可让微生物中的水分子形成电偶极性并随电场改变而高速转动，导致细胞膜结构破裂，细胞分子间氢键松弛破坏，同时吸收微波能升温。由于它们是凝聚态物质，分子间的作用力加剧了微波能向热能的转化，从而使微生物体内蛋白质同时受到无极性热运动和极性转动两方面的作用，使其空间结构变化或破坏，细胞中的蛋白质凝固而造成微生物的死亡，进而达到灭菌的目的。

2. 非热生物效应灭菌　细菌、酵母菌等微生物都是由水、蛋白质、碳水化合物、脂肪和无机物等复杂化合物构成的一种凝聚态物质。其中水是生物细胞的主要成分，含量为75%～85%，细菌的各种生理活动都有水参与，如细胞的生长过程，对各种营养物质的吸收，细胞质的扩散、渗透及吸附等。在一定微波场的作用下，物料中的菌体也会因自身水分的极化而同时吸收微波能升温。由于微生物是凝聚态介质，分子间的强作用力加强了微波能的能量转化，从而使其体内蛋白质、核酸等物质同时受到无极性热运动和极性转变两方而的作用，使其空间结构变化或破坏而导致变性。蛋白质变性后，其溶解度、黏度、膨胀性、渗透性及稳定性都会发生明显变化，从而使细胞失去生物活性。微波的作用会使微生物在其生命化学过程中产生的大量电子、离子和其他带电粒子的生物性排列组合状态和运动规律发生改变，亦即使微生物的生理活性物质发生变化。同时，电场也会使细胞附近的电荷分布改变，导致细胞膜功能障碍，使细胞的正常代谢功能受到干扰破坏，使微生物细胞生长受到抑制，甚至停止生长或死亡。微波能还能使微生物细胞赖以生存的水分活度降低，破坏微生物的生长环境。

从生化角度来看，细菌正常生长和繁殖的核酸（RNA）和脱氧核糖核酸（DNA）是由若干氢键紧密连接而成的卷曲大分子，微波可导致氢键松弛、断裂和重组，从而诱发遗传基因或染色体畸变，从而中断细胞的正常繁殖能力。

从生物物理学角度来看，组成微生物的蛋白质、核酸等生物大分子和作为极性分子的水在高频率、强电场强度的微波场中将被极化，并随着微波场极性的迅速改变而引起蛋白质等极性分子集团电性质变化。它们同样能将微波能转换成热能而使自身温度升高，电性、能量的变化将引起蛋白质等生物大分子变性。从能量角度考虑，尽管微波量子能量不能破坏微生物体内的共价键，但对氢键、范德华力、疏水相互作用、盐键等赖以维持核酸、蛋白质等生物大分子高级结构的次级键具有一定的破坏作用，这些次级键是维持核酸、蛋白质空间构象，以及生物膜结构的作用力。这些次级键一旦遭到破坏，将危及生物大分子的空间结构，影响其正常的生理功能。

从细胞生物学角度分析，微波对微生物（以细菌为例）也具有生物学效应。一是细菌的细胞壁的主要成分不是纤维素，而是肽聚糖（N-乙酰葡萄糖胺与 N-乙酰胞壁酸通过 β-1，4葡萄糖苷键连接而成）。特别是革兰氏阴性菌细胞壁内蛋白质含量较高，在微波场中，细胞壁发生机械性损伤，使细胞质外漏，影响其正常生理活动。二是细菌的细胞膜是由磷脂和蛋白质组成的具有选择性的半透性膜，它是细菌细胞与外界环境进行物质、能量、信息交换的场所。细菌细胞内外存在着离子浓度梯度差，如细胞内是高 K^+、低 Na^+，而外界环境则是高 Na^+ 低 K^+，这种离子梯度是由分布在细胞膜上的 Na^+、K^+ 泵逆浓度梯度主动运输来维持的，其他的离子如 Ca^{2+} 在细胞内外也存在着明显的离子浓度梯度差，也由 Ca^{2+} 泵来维持。这些生物离子泵在高频率的微波场中，将不能正常发挥其生理功能。按照细胞离子通道学说，细胞与外界联系进行一系列复杂的生理过程是由细胞膜内外电位差控制，即膜电位的改变能激活（开放）或关闭与外界联系的通道，若细胞正常膜电位状态遭到破坏，必然会影响其正常生理活动，以致危及细菌的存活。三是细菌细胞内的酶，在高频率、强电场强度的微波场中，其功能可能紊乱或失活，特别是那些以金属离子为辅助因子的金属酶在微波场的作用下，金属离子所处的环境可能发生变化，影响这些酶的活性。

微波灭菌、保鲜是微波热效应和非热效应共同作用的结果。因此，微波灭菌温度低于常规方法。一般情况下，常规方法灭菌温度要 120～130℃，时间约 1h；而微波灭菌温度仅要 70～105℃，时间为 90～80s。采用微波装置在灭菌温度、灭菌时间、产品品质保持、产品保质期及节能方面都有明显的优势。

（二）微波灭菌的优势与存在的问题

1. 微波灭菌的优势

（1）时间短、速度快　常规热力灭菌是通过热传导、对流或辐射等方式将热量从物料表面传至内部。要达到灭菌温度，往往需要较长时间。微波灭菌是微波能与物料及其细菌等微生物直接相互作用，热效应与非热效应共同作用，达到快速升温灭菌，使处理时间大大缩短，各种物料的灭菌时间一般在 3～5min。

（2）低温灭菌保持食品营养成分和传统风味　微波灭菌是通过特殊热和非热效应灭菌，与常规热力灭菌比较，能在比较低的温度和较短的时间就能获得所需的消毒灭菌效果。实践表明，一般微波灭菌温度在 75～80℃ 就能达到灭菌效果，此外，微波处理食品能保留更多的营养成分和色、香、味、形等品质。例如，常规热力处理的蔬菜中维生素 C 的保留率是 46%～50%，而微波处理是 60%～90%；常规加热猪饲料中维生素 A 保留率为 58%，而微波加热为 84%。

（3）节约能源　常规热力灭菌往往在环境及设备上存在热损失，而微波是直接对物料进行作用，因而没有额外的热能损耗。此外，微波加热时电能到微波能的转换效率在 70%～80%，相比常规热力灭菌可节能 30%～50%。

（4）物料表面和内部同时灭菌　常规热力灭菌是从物料表面开始，然后通过热传导传至物料内部，存在内外温差。为了保持物品风味，缩短处理时间，常规热力灭菌时往往物品内部没有达到足够温度而影响灭菌效果。由于微波具有穿透作用，对物品进行整体处理时，表面和内部同时受到作用，所以消毒灭菌均匀、彻底。

（5）便于控制　使用微波对物品进行灭菌处理，设备能即开即用，没有常规热力灭菌的热惯性，操作灵活方便，微波功率能从零到额定功率连续可调，传输速度可调，便于控制。

（6）设备简单　与常规消毒灭菌相比，微波灭菌设备不需要锅炉及复杂的管道系统。

2. 微波灭菌存在的问题

（1）微波加热不均匀　微波加热具有选择性，即使在相同的微波场中，不同的物料存在温升的差异。微波具有良好的穿透性，在实际加热中受反射、穿透、折射、吸收等影响，即使对同一物料，各部分产生的热能也可能存在一定的差异。

电场的尖角集中性，有的也称菱角效应（edge effect）。微波作为电磁波的一种，其电场有尖角集中性，这是造成物料微波加热不均匀的主要原因。电场会向有角的地方集中，该区域就产热多、升温快。为了克服菱角效应和热点的不良影响，应尽量使用大小合适的圆角容器，即环状容器。为克服微波加热的局限性，将微波与远红外等加热方法组合在一起的设备，已成为微波设备开发的新方向。

（2）微波对人体的影响　人体对微波有一定的吸收能力，因此微波的辐射也会对人体产生一定的危害。通常人体受到辐射时，总是皮肤先感到灼热，因而可以及时避让。

（3）微波灭菌破袋　微波灭菌操作过程中，不能采用金属容器和镀铝或铝复合袋。采用微波灭菌可以在包装前、后进行。包装好的食品在进行微波加热灭菌时，由于袋内压力过高会胀破包装袋，因此整个微波加热灭菌过程应在压力下进行，或将包装置于加压的玻璃容器中进行处理。

（4）变色问题　在对榨菜等产品进行微波灭菌时，发现榨菜产品存在变色问题。

（三）微波灭菌的应用

微波灭菌比其他灭菌方法更能保留物质的活性成分，可用于粉状、颗粒、片状等食品和饲料产品，也可用于科研院所的研究工作。

微波设备可对已包装和未包装的不同物品进行灭菌加工处理。包装材料可以用合适的塑料薄膜或复合薄膜。包装好的物料在进行微波加热灭菌时，由于物料加热会产生蒸汽，压力过高时会胀破包装袋，因此整个微波加热灭菌过程应在压力下进行，或将包装好的产品置于玻璃容器内进行微波加热。

微波不仅可以用于固体物料的消毒，也可用于液态物料的消毒、灭菌。国外已出现了牛奶微波消毒器，采用的频率是 2 450MHz，其工艺可以使采用 82.2℃左右的温度处理一定时间，也可以采用微波高温瞬时杀菌工艺，即 200℃、0.13s。消毒奶的杂菌和大肠杆菌指标均达到要求，而且奶的稳定性也有所提高。

微波还经常用于产品的灭菌保鲜。传统果蔬加工中常常要用沸水烫煮以杀死部分微生物和钝化酶，会造成大量的水溶性营养物质（如维生素等）损失。而采用微波加热则可以避免此类问题的发生。茶叶生产过程中的杀青也可以用微波来完成，产品质量有所提升。

三、微波萃取

微波萃取又称微波辅助提取（microwave-assisted extraction，MAE），是指使用适当的溶剂在微波反应器中从植物、矿物、动物组织等物料中提取各种化学成分的技术和方法。利用电磁场的作用使固体或半固体物质中的某些有机物成分与基体有效地分离，并能保持分离产物的原有化合物状态。

在微波萃取过程中，高频电磁波穿透萃取介质，到达被萃取物料的内部，微波能迅速转化为热能而使细胞内部的温度快速上升。当细胞内部的压力超过细胞的承受能力时，细胞就会破裂，有效成分即从细胞内流出，并在较低的温度下溶解于萃取介质，再通过进一步过滤分离，即可获得被萃取组分。

（一）微波萃取原理

利用微波能来提高萃取率的原理是在微波场中，利用不同物料吸收微波能力的差异，使得基体物质的某些区域或萃取体系中的某些组分被选择性加热，从而使得被萃取物质从基体或体系中分离，进入介电常数较小、微波吸收能力相对差的萃取剂中。微波萃取具有设备简单、适用范围广、萃取效率高、重现性好、节省时间、节省试剂、污染低等特点。微波萃取的机制主要体现在以下 3 个方面：

（1）微波辐射过程是高频电磁波穿透萃取介质到达物料内部的微管束和细胞系统的过程。由于吸收了微波能，细胞内部的温度将迅速上升，从而使细胞内部的压力超过细胞壁膨胀所能承受的能力，结果细胞破裂，其内的有效成分自由流出，并在较低的温度下溶解于萃取介质中。通过进一步的过滤和分离，即可获得所需的萃取物。

（2）微波所产生的电磁场可加速被萃取组分的分子由固体内部向固液界面扩散的速率。例如，在以水作为溶剂时，在微波场的作用下，水分子由高速转动状态转变为激发状态，这是一种高能量的不稳定状态。此时水分子或者汽化以加强萃取组分的驱动力，或者释放出自身多余的能量回到基态，所释放出的能量将传递给其他物质的分子，以加速其热运动，从而缩短萃取组分的分子由固体内部扩散至固液界面的时间，结果使萃取速率提高数倍，并能降低萃取温度，最大限度地保证萃取物的质量。

（3）由于微波的频率与分子转动的频率相关联，因此微波能是一种由离子迁移和偶极子转动而引起分子运动的非离子化辐射能，当它作用于分子时，可促进分子的转动运动，若分子具有一定的极性，即可在微波场的作用下产生瞬时极化，并以每秒 24.5 亿次的速度做极性变换运动，从而产生键的振动、撕裂和粒子间的摩擦和碰撞，促进分子活性部分（极性部分）更好地接触和反应，并迅速生成大量的热能，促使细胞破裂，使细胞液溢出并扩散至溶剂中。在微波萃取中，吸收微波能力的差异可使基体物质的某些区域或萃取体系中的某些组分被选择性加热，从而使被萃取物质从基体或体系中分离，进入具有较小介电常数、微波吸收能力相对较差的萃取溶剂中。

（二）微波萃取优势

传统热萃取是以热传导、对流、热辐射等方式由外向里进行，而微波萃取是通过偶极子旋转和离子传导两种方式里外同时加热。

1. 加热迅速　传统热萃取是以热传导、对流、热辐射等方式自外向内传递热量，而微波萃取是一种"体加热"过程，即体内外同时加热，因而加热均匀、热效率较高。微波萃取时没有高温热源，因而可消除温度梯度，且加热速度快，物料的受热时间短，有利于热敏性物质的萃取。

2. 选择性加热　由于微波可对萃取物质中的不同组分进行选择性加热，因而可使目标组分与基体直接分离开来，从而提高萃取效率和产品纯度。

3. 高效节能　常规加热设备的能耗主要有物料升温的热损失、设备预热及向外界散热的损失，后两项的热损失占总能耗的比例较高，使常规加热能量利用率较低。微波加热时，主要是物料吸收微波能，金属材料只能反射而不能吸收微波。因此，微波加热设备的热损失仅占总能耗的极少部分。再加上微波加热不需要高温热介质，绝大部分微波能量被物料吸收转为升温的热量，形成能量利用率高的加热特征，与传统的溶剂提取法相比，可节省 50%～90% 的时间。

4. 伴随产生生物效应　微波加热过程中除产生热效应外，还可伴随产生生物效应（非热效应）。由于生物体内的水分是极性分子，在微波的交变电磁场作用下引起强烈的极性震荡，导致细胞分子间氢键松弛，细胞膜结构破裂，加速了溶剂分子对基体的渗透和待提取成分的溶剂化。

（三）微波萃取过程

目前，微波萃取的方式主要有常压萃取、高压萃取、静态萃取、流动注射萃取等。其中，常压萃取的得率相对较低；高压萃取存在安全问题；静态萃取后的样品，尚需进行后期处理，才能进入分析阶段，不易分离纯化；流动注射萃取是目前较好的微波萃取方式。为了进一步提高微波萃取的安全性及检测速度，可以通过添加特殊物质或与其他方法结合应用，进一步提高萃取效果，改善安全性能。例如，超声-微波协同萃取/反应系统，就是将微波与超声波结合起来，充分利用了超声波的空化作用和微波的高能作用。

（四）微波萃取设备概况

用于微波萃取的设备分两类：一类为微波萃取罐，另一类为连续微波萃取生产线。两者主要区别前者是分批处理物料，类似多功能提取罐，后者是以连续方式工作的萃取设备（图7-10），具体参数一般由生产厂家根据用户要求设计。使用的微波频率一般有两种：2 450MHz和915MHz。目前已经研制出用于微波萃取的系列产品。微波功率为$1\sim100kW$，容积为$0.1\sim3m^3$。萃取溶剂可以是水、甲醇、乙醇、丙醇、乙醚、丙酮等强极性溶剂。根据不同物料与工艺也可以使用弱极性溶剂。

图7-10　微波萃取设备
A. 分批微波萃取设备　B. 连续微波萃取设备

（五）影响微波萃取效果的因素

萃取溶剂、萃取温度和萃取时间等因素是影响微波萃取效率的主要工艺参数。

1. 萃取溶剂　萃取溶剂（萃取剂）的选择对萃取结果的影响至关重要。首先，微波萃取中要求溶剂必须有一定的极性，以吸收微波能进行内部加热；其次，所选溶剂对目标萃取物必须具有较强的溶解能力；此外，还需考虑溶剂的沸点及其对后续测定的干扰因素。

溶剂的极性对于萃取率影响很大。可用于微波萃取的溶剂主要有以下几类：①有机溶剂有甲醇、丙酮、二氯甲烷、正己烷、苯和甲苯等；②无机溶剂有硝酸、盐酸、氢氟酸等；③混合溶剂有己烷-丙酮、二氯甲烷-甲醇和水-甲苯等。例如，用正己烷作溶剂从薄荷和大蒜等生物物料中微波萃取精油；用己烷-丙酮（1：1）混合溶剂从土壤和沉积物中提取多环芳烃等有机污染物。

微波萃取一般比常规萃取溶剂用量少$50\%\sim90\%$。

2. 物料中的水分或湿度　物料的含水量对回收率影响也较大。水是极性分子，因此物料中含有水分才能有效吸收微波能产生温度差。若物料不含水分，就要采取物料再湿的方法，使其具有足够的水分。也可选用部分吸收微波能的半透明溶剂浸渍物料，置于微波场中进行辐射加热的同时发生萃取作用。有研究表明，以异辛烷为萃取剂分离沉积物中的杀虫剂时，样品水分为15%时微波萃取效率最高。

3. 萃取温度　在微波密闭容器中，由于内部压力达到十几个大气压，使得溶剂沸点比常压条件下高。因此，用微波萃取可以达到常压下使用相同溶剂所达不到的萃取温度，从而提高萃取效率，又不破坏待被萃取物。萃取率随温度升高而增大的趋势仅表现在不太高的温度范围内，且各物质的最佳萃取温度也不尽相同。

4. 萃取时间　微波萃取时间与被测物样品量、溶剂体积和加热功率有关。一般情况下，萃取时间在$10\sim15min$内。在萃取过程中，加热$1\sim2min$即可达到所需的萃取温度。

微波提取设备可在几十分钟内完成常规的多功能萃取罐 8.0h 的提取工作，节省时间达到 90%。萃取率随萃取时间延长而有所提高，但提高幅度较小，可忽略不计。

5. 溶液的 pH　溶液的 pH 也会对微波萃取率产生一定的影响。针对不同样品，溶液有一个最佳的用于萃取的酸碱度。从土壤中萃取除草剂三嗪时分别用 NaOH、NH_3-NH_4Cl、HAc、NaAc 和 HCl 调节溶剂 pH，当溶剂 pH 为 4.7～9.8 时，除草剂三嗪的回收率最高。

第四节　微波技术在饲料工业中的应用

微波是电磁波的一种，同样具有波粒二象性（波粒二象性是指所有的粒子或量子不仅可以部分地以粒子的术语来描述，也可以部分地用波的术语来描述）。由于微波在促进物理、化学反应进程方面独具优势，其在工业和农业生产中的应用研究日益广泛，常被应用于食品和饲料的干燥、消毒灭菌、天然活性物质萃取等生产领域。

一、微波技术在饲料生产中的应用研究

（一）微波辅助提取甜菜粕膳食纤维的工艺研究

甜菜粕是甜菜制糖过程中产生的副产物，富含纤维素、半纤维素和果胶等功能性膳食纤维，这类膳食纤维被认为是不易被人体和动物消化的物质，但被认定为具有特殊生理功能的营养素。唐强（2014）以甜菜粕为原料，采用微波加热方法依次提取果胶和碱溶性多糖，并对其结构及功能进行了试验研究。

该研究以甜菜粕提取果胶后剩余的甜菜残渣为原料，用自来水和蒸馏水洗涤至中性，45℃烘干 24h，制备甜菜碱溶性多糖（DSBP）原料。由 DSBP 制备甜菜粕碱溶性多糖（ASP）的流程如下：

DSBP→粉碎→过 30 目筛→微波辅助碱法提取→过滤、离心→取上清液→加入 0.1mL/g 的双氧水（质量浓度 30%）→调 pH 至 11.5（加入 50%NaOH 溶液）→静置 3h→加入盐酸调 pH 至 4.5～5.0→离心→取上清液→加入 3 倍体积 95%乙醇→醇沉→静置 6h→过滤→酒精洗涤→45℃恒温干燥 24h→称重（ASP）

通过对微波提取的甜菜粕碱溶性多糖的含量及其结构、功能研究分析，得出微波时间、微波温度和碱浓度对甜菜粕碱溶性多糖的得率、化学成分和分子质量具有显著的影响，在工艺参数范围内，提取率为 11.80%～19.16%，半乳糖醛酸含量为 38.05%～48.80%，阿拉伯糖含量为 14.55%～20.71%，阿魏酸含量为 0.10%～0.29%，蛋白质含量为 1.98%～6.24%，平均分子质量为 39.44～146ku。在 0.45%NaOH 碱性溶液、80℃的条件下微波辅助 14min 得到的 ASP 平均分子质量较大，且其表面张力、界面张力最小，分别为 $47.3×10^{-5}N/cm$ 和 $20.2×10^{-5}N/cm$，因此具有较好的界面活性；通过红外光谱（FT-IR）和原子力显微镜（atomic force microscopy，AFM）鉴定，在工艺参数范围内，微波加热不改变 ASP 的单糖组成类型和主链结构。与传统 10%NaOH、25℃条件下溶解提取 1h 的碱溶法相比，微波辅助碱法具有短时高效的特点，因其耗能少、碱的用量低，对环境更友好。

（二）微波固相合成谷氨酸锌的工艺研究

锌是动物体内许多酶的组分，参与了氨基酸、核酸等代谢，在改善机体消化机能和食

欲，保护动物皮毛发健康、维护正常的繁殖机能、骨骼生长、大脑神经系统生长发育等方面都发挥着重要功能。目前，微量元素添加剂的研究已进入以微量元素氨基酸螯合物为产品的阶段（第三代微量元素添加剂）。谷氨酸是动、植物体必需的营养成分之一，其进入体内可进一步合成其他营养物质。通常氨基酸螯合物的制备方法主要是液相合成工艺，其存在着水解周期长、成本高、废液污染、纯化工艺复杂等缺点。卢昊等（2010）以氧化锌与谷氨酸钠为原料，采用微波辅助的方法合成谷氨酸锌螯合物，探讨了最适合成工艺条件，并通过组分分析、红外光谱分析等，对其结构和性状进行了研究鉴定。主要合成流程如下：

原料粉碎→添加引发剂→混匀→微波辐射反应→加水调节 pH＝6.0→抽提→干燥→产品

以谷氨酸钠和氧化锌为原料，选用常压微波辅助合成/萃取反应仪，在固体状态下，通过微波辐射一步快速合成谷氨酸锌，并对其合成工艺条件进行了优化。结果表明，最佳工艺条件为：配体物质的量比 1.2：1，引发剂量 12mL，微波时间 150s，微波功率 500W。在此条件下合成的谷氨酸锌螯合物的螯合率为 83.02%。采用红外光谱对产品结构进行分析确认，检测结果表明，制得的产品为谷氨酸锌内络盐，其中谷氨酸质量分数为 63.28%，Zn 质量分数为 26.43%，在水溶液中谷氨酸锌非常稳定；在动物生理条件下，产品溶解性能优于 ZnO 和 $ZnSO_4 \cdot H_2O$。

（三）微波辅助植物甾醇油酸酯的酶促催化合成

植物甾醇因其独特的功能性，已被作为一种新型功能性食品和饲料添加剂受到关注。植物甾醇是一类存在于植物中的重要天然活性物质，植物油及其制品是植物甾醇的主要来源。植物甾醇的食用安全性好，但游离的植物甾醇在水和油脂中具有难溶性，限制了其实际应用价值；并且植物甾醇在人体的肠道内吸收率很低，仅有 0.4%～3.5%，而植物甾醇酯具有的良好脂溶性，能够较好地解决这一难题。

植物甾醇酯是通过植物甾醇与脂肪酸酯化制得的。由于植物甾醇酯进入动物肠道后能被吸收转化为植物甾醇和脂肪酸，所以其具有植物甾醇和脂肪酸两种物质的生理功能。相对于游离植物甾醇，植物甾醇酯具有更佳的降胆固醇的效果。目前，合成甾醇酯的方法主要有化学法和酶法。化学法反应温度高，会有副反应发生，产物成分复杂，分离纯化困难；酶法虽反应条件温和，但反应时间长。然而微波技术具有加快反应进度、缩短反应时间、操作简便和反应效率高等特点，将酶法与微波加热技术结合，可以提高酯化效果。

潘丽军等（2014）以植物甾醇和油酸为原料，以念珠菌（candida rugosa）脂肪酶为催化剂，选用试验专用微波炉进行了微波辅助酶法合成植物甾醇油酸酯的试验研究。通过单因素和正交试验考察反应时间、微波功率、催化剂用量、料液摩尔比 4 个因素对植物甾醇油酸酯酯化率的影响，优化得出植物甾醇油酸酯的最佳合成工艺条件为：反应时间 36min，微波功率 550W，催化剂用量 9%，料液摩尔比 4：1。在此工艺条件下合成产物的酯化率为 75.26%，经分离纯化后的产物纯度可达到 91.19%。气相色谱-质谱及红外光谱检测分析结果表明，微波辅助酶法合成产物为甾醇油酸酯。

（四）微波萃取小麦胚芽中维生素 E 的工艺研究

小麦胚芽中除含蛋白质、脂肪等营养物质外，还富含维生素 E（21.6mg，以 100g 样品计），维生素 E 是动物必需的维生素之一，其具有促进动物生理机能活动，活化细胞新陈代谢的功能。作为营养增补剂和抗氧化剂被广泛地应用于医药、化妆品、食品和饲料工业。

维生素 E 的萃取方法较多，其中产率较高的有乙醇常温浸取法、乙醇回流浸取法、超声波萃取法等。但这些方法都存在萃取时间长、效率低等缺点。为此，姜绍通等（2005）研究了利用微波萃取技术从小麦胚芽中提取维生素 E 的方法，并与其他常规萃取法进行了比较。该试验研究了溶剂浓度、微波萃取时间、液固比、预浸取时间等对从小麦胚芽中提取维生素 E 的萃取率的影响因素。与常规萃取方法相比，当小麦胚芽为 5g、液固比为 6∶1（V/W）、微波功率为 468W、萃取时间为 2min、乙醇浓度为 50％时，维生素 E 的萃取率可达 16.65mg（以 100g 样品计），其效率远大于常规萃取方法，且微波萃取时间短。

（五）微波干燥水产颗粒饲料的研究

水产饲料在制粒或膨化加工过程中需加入更高的水分，膨化后的颗粒水分最高可达 30％，所以必须进行烘干处理。常见的水产饲料是以热风干燥为主，其干燥速度慢、干燥时间长，且易造成营养成分损失和活性成分失活以及降低饲料的黏结性能，影响颗粒的饲料质量。为此，潘澜澜（2005）将微波干燥技术用于颗粒饲料生产中，较系统地研究了微波条件下饲料的干燥特性，并与传统的热风干燥进行了对比试验研究。

该试验通过研究微波功率、微波启（开）闭比和初始含水率的综合作用，分析了影响干燥速度、干燥时间、饲料耐水性、饲料体积质量、饲料粉化率的主要因素。确定微波功率对干燥时间和含水率变化率影响最大，初始含水率对耐水性、体积质量影响最大，微波启闭比和初始含水率对饲料粉化率影响最大。根据上述研究结果，最终选择最优组合微波功率、微波启闭比和初始含水率分别为 5W/g、2（20s/10s）和 35％。

通过热风干燥和微波干燥对比试验研究发现，饲料的微波干燥速度是热风干燥的 9～10 倍，所得的饲料耐水性提高 4～5 倍、体积质量增加、含粉率减小，微波干燥的水产颗粒饲料质量明显优于热风干燥。

二、微波技术在饲料防霉保鲜中的应用研究

微波杀菌主要是在微波热效应和非热效应的作用下，使微生物内部的蛋白质和生理活性物质发生变异或破坏，导致生物体生长发育异常，直至死亡。微波的非热效应是指除热效应以外的其他效应，如电效应、磁效应及化学效应等。当生物体受强功率微波照射时，热效应是主要的（一般认为，功率密度在 10mW/cm² 者多产生微热效，且频率越高产生热效应的阈强度越低）；而长期的低功率密度（1mW/cm² 以下）微波辐射主要引起非热效应。

（一）螺旋藻干粉微波灭菌工艺优化

螺旋藻是一种丝状螺旋低等原核生物，主要生长在偏碱性的淡水湖或海水中。螺旋藻及其提取物在维护动物体健康方面具有抗氧化、抗炎、提高免疫力、预防脂肪肝等一系列生理功能。目前我国螺旋藻干粉产量居世界第一，但由于螺旋藻营养丰富及其培养液需要回收再利用等原因，使螺旋藻培养液成为细菌、酵母菌及霉菌等微生物生长繁殖的场所，加之生产的基本过程不能避免微生物被污染，导致实际工厂喷雾干燥工艺中生产的螺旋藻干粉菌落总数高达（4～5）×10⁴ CFU/g，远远超过食用螺旋藻粉国家标准（≤1×

10^4CFU/g),严重影响了螺旋藻在食品、生物学中的开发应用及螺旋藻干粉的出口,限制了螺旋藻的产业发展。

黎紫含等(2020)利用微波辐射的热效应和非热效应进行了杀灭螺旋藻干粉中的微生物的试验研究。探索了微波功率、处理时间、样品量及作用面积等因素对螺旋藻干粉灭菌效果的影响,结合微波灭菌前后螺旋藻干粉色泽及营养成分的变化,确定螺旋藻干粉的最佳微波灭菌技术条件。结果表明,其最佳灭菌工艺条件为:微波功率750W,样品15g,处理3min,接触面积7cm×7cm。该条件处理下螺旋藻干粉菌落总数由$1.25×10^4$CFU/g降低至$2.5×10^3$CFU/g;灭菌前后粉末的颜色无显著性变化。该条件下灭菌前后藻蓝蛋白含量分别为10.37%和9.74%(750W)、9.56%(900W)。

(二)菜籽粕微波灭菌工艺研究

为提高菜籽粕的发酵效果,肖翼等(2011)进行了菜籽粕发酵前固体物料微波灭除杂菌的效果研究。该研究以微波功率、微波时间、菜籽粕料液比和浸泡时间为试验因素,以细菌致死率为评价指标,结合菜籽粕对高温的耐受程度优化微波灭菌工艺。结果表明,微波功率、微波时间和菜籽粕料液比对细菌致死率均有显著影响,而浸泡时间的影响差异性不显著。其中微波功率的影响最大,微波时间次之,菜籽粕料液比的影响最小。最佳灭菌工艺条件为:菜籽粕无须浸泡,直接以料液比1∶2在微波功率800W下辐射3min,即可达到良好的灭菌效果。

(三)微波处理对米糠稳定性及脂肪酸组成的影响

米糠是糙米(稻谷脱壳后的产物)碾白加工过程中的副产物,米糠中含有丰富的油脂、蛋白质、维生素、生育酚、角鲨烯、二十八碳烷醇等生理活性物质,是理想的保健食品和饲料工业的重要原料,而有效利用米糠的关键在于对新鲜米糠的稳定化处理。新鲜米糠在碾米后品质极易变质,主要是由于谷物经碾磨后,脂肪酶和脂肪一起进入米糠中,并相互接触,脂肪被脂肪酶迅速分解为游离脂肪酸,在氧化酶的作用下,米糠发生酸败变质。因此,通过抑制脂肪酶活性保持米糠稳定是防止米糠酸败和米糠加工中的关键技术。目前,国内外关于米糠的稳定化方法很多,如过热蒸汽处理、挤压膨化、化学处理、酶处理、辐射法和微波处理法等。由于微波对物料加热具有均匀性、可选择性、快速等特点。因此,近几年对微波加热稳定米糠研究较多。如Ramezanzadeh等(1999)用微波法稳定米糠,在不同微波功率下加热米糠3min,分别于4℃、25℃条件下贮存16周,结果表明,微波加热对于防止米糠中的脂肪水解和氧化变质非常有效。冯光炷等(2004)以新鲜米糠为原料研究了微波辐射对米糠中解脂酶活性的影响。试验结果表明,微波辐射具有很好地降低米糠中解脂酶活性的作用,并随着微波功率的增大、辐射时间的延长,解脂酶活性变得更低。试验条件下微波处理250g米糠的最佳工艺条件为:高火处理辐射8min,物料含水12%~14%。经过处理的米糠贮存1个月,米糠酸价增加值小于25mg KOH/g的安全值。

孙明等(2005)研究了米糠不加水及充分吸水米糠两种极端情况下微波加热对于米糠贮存性能和功能性质的影响,发现米糠水分含量对微波稳定化效果影响较大,且经微波稳定化处理的充分水化米糠于35℃条件下贮存4周,其游离脂肪酸值几乎未变,但对米糠功能性质破坏较大。微波加热原始水分米糠或充分水化米糠可避免加水造成的米糠水分不均匀性。原始水分米糠的含水率低,使微波加热时间受到限制,其结果是米糠脂肪水解酶未能得到充分钝化,只能用于米糠短期贮存,但微波加热对于米糠蛋白质溶解性和乳化活性等功能性质影响很小，能很好地保持米糠品质。但充分水化米糠含水量高，加热过程中吸收微波能量大，米糠脂肪水解酶得到充分钝化，米糠 4 周贮存期间游离脂肪酸含量几乎未变，但微波加热对其功能性质破坏也较大，可见米糠含水率是稳定化的关键。

吴雨等（2014）采用微波加热技术对米糠进行了稳定化处理研究。考察米糠水分含量、微波处理时间和微波功率对米糠中过氧化物酶残余相对活力的影响和贮存 30d 后酸价变化情况。该研究采用正交试验优化了微波工艺参数，得到最佳工艺参数。结果表明，当料层厚度为 1cm 时，米糠最佳微波处理工艺参数为：水分含量 28％，微波时间 90s，微波功率 600W。微波处理后米糠中的过氧化物酶残余相对活力为 1.9％，小于最大允许值 5％，并在 37℃ 的恒温培养箱中贮存 30d 后，脂肪酸值为 17.5mg KOH/g，远小于空白组中 212.0mg KOH/g 的脂肪酸值。

（四）微波杀灭玉米霉菌的工艺优化

玉米是重要的食品和饲料工业原料，是我国第一大粮食作物品种。玉米在收获、贮存和加工过程中容易发霉，主要原因是受霉菌的污染。霉菌对玉米的危害严重，不仅使其产量和品质下降，而且会产生多种霉菌毒素危害畜禽和人体健康。

微波辐射灭菌作为一种新兴的加工技术，具有快速、均匀、高效、环保、工艺先进、便于控制等特点，而且能够保留更多的营养成分，在玉米的灭菌处理上具有潜在的应用价值。彭凯等（2016）就微波辐射对玉米的灭菌工艺及品质的影响进行了研究。该研究采用单因素试验分析了不同的微波功率（170W、340W、510W、680W 和 850W）、辐射时间（30s、45s、60s、75s、90s、105s、120s 和 135s）、玉米装载量（50g、100g、150g、200g 和 250g）、水分含量（11％、14％、17％ 和 20％）对微波灭菌率的影响，应用响应面法对微波灭菌的工艺参数进行了优化，并建立了相应的回归模型。结果表明，微波辐射杀灭玉米霉菌的最佳工艺条件为：微波功率 680W，辐射时间 64s，玉米装载量 200g，水分含量 13％。在此条件下微波辐射的平均灭菌率为 99.68％；玉米的裂纹率为 0，玉米粗蛋白、淀粉及粗脂肪的变异系数分别为 0.86、2.26 和 0.21。微波辐射对玉米霉菌具有较好的杀灭效果，且对玉米的品质无不良影响。

杨玉红（2014）介绍微波具有热效应和非热效应双重杀菌作用，其机制主要是使食品中的微生物在微波热效应和非热效应（生物效应）的共同作用下，使其内部的蛋白质和生理活性物质发生变异或破坏，从而导致微生物生长发育异常，直至死亡。当微波在介质内部起作用时，极性分子如水、蛋白质、脂肪、碳水化合物等受到交变电场的作用而剧烈振荡，引起强烈摩擦而产生热，产生的热量使微生物蛋白质、核酸等大分子变性或失活；同时微波还有很强的介电感应生物效应，高频电场使微生物的膜断面的电位分布改变，影响细胞膜周围电子和离子浓度，从而改变细胞膜的通透性能，高频电场还能引起 RNA 和 DNA 的氢键松弛、断裂和重组，从而诱发遗传基因突变或染色体畸变，甚至断裂。这些都对微生物产生破坏作用，从而起到杀菌作用。由于脉冲微波杀菌主要是利用非热效应，因此加强对微波杀菌非热效应作用于微生物的机制研究和应用研究、研制价格适中的脉冲微波杀菌设备、探索脉冲微波杀菌低温杀菌工艺将是微波杀菌技术研究的一个重要研究方向。

三、微波技术在天然产物提取中的应用研究

中草药等天然产物的成分较为复杂，传统的提取方法有溶剂提取法、水蒸气蒸馏法

和升华法等；现代提取方法有超临界流体萃取法、亚临界流体萃取法、酶法提取技术、膜提取分离技术和微波萃取技术等。其中微波萃取技术以设备投资相对较低而具有优势。

微波所产生的电磁场可加速被萃取组分的分子由固体内部向固液界面扩散的速率。微波萃取技术主要有以下基本特点：①微波萃取物纯度高，可采用水、醇、酯等常用溶剂进行萃取，适用范围广；②溶剂量少（比常规法少50%~90%）；③由于微波采取穿透式加热，大大缩短了萃取时间，微波萃取设备可在几十分钟内完成常规萃取罐8.0h的萃取工作，节省时间达到90%；④微波能有超强的萃取能力，同样的原料在微波场下一次就可取净，而常规法则需多次才可取净，简化了工艺流程；⑤微波萃取更易于控制，能够实现即时加热和停止。

（一）微波-超声波协同辅助提取紫苏精油的应用研究

紫苏属一年生短日草本植物，是国家卫生部首批颁布的药食两用中药之一。紫苏叶精油是紫苏叶经提取后的挥发性油状液体，具有抗氧化、抑菌、抗炎、抗癌、降血压等多种活性，在食品、医药和化妆品等领域具有广泛的应用。郑哲浩等（2022）用微波-超声波协同辅助方式提取紫苏叶中挥发性精油，考察了料液比、超声波功率、微波功率、提取时间及提取温度等因素对紫苏精油提取率的影响。在单因素试验的基础上采用响应面分析法优化了紫苏精油提取工艺，并利用气相色谱-质谱联用（GC-MS）技术分析了紫苏精油组成。结果表明，在料液比为1:6、微波功率为933W、超声波功率为245W、提取温度为50℃、提取时间为4.5min的条件下，紫苏精油提取率为2.34%。GC-MS分析表明，紫苏精油主要成分为紫苏醛和柠檬烯。抑菌活性研究表明，紫苏精油对金黄色葡萄球菌、大肠杆菌和希瓦氏菌都有较强的抑菌活性，其最小杀菌浓度（MBC）均为$10\mu L/mL$，可作为天然抑菌保鲜剂使用。

（二）米糠多糖提取与纯化工艺研究

米糠多糖是一种结构复杂的杂聚多糖，主要由甘露糖、阿拉伯木聚糖、鼠李糖、葡聚糖等组成，具有降血压、降血糖、抗肿瘤、抗细菌感染和降低胆固醇等多种功能。

传统的米糠多糖提取和纯化工艺为水提醇沉法，而微波辅助结合膜分离技术提取纯化米糠多糖工艺的研究相对较少。王莉等（2005）以脱脂挤压米糠为原料，采用微波辅助法提取米糠多糖，并与传统热水浸提方法进行比较，通过考察料液比、微波辐射时间及微波功率3个因素，设计正交试验，得出微波辅助提取米糠多糖的优化工艺条件为：料液比1:10，微波辐射时间2min，微波功率400W。传统热水浸提米糠多糖提取率为2.02%，纯度为68.53%，微波辅助提取多糖的提取率为2.76%，纯度为72.47%。与传统热水浸提方法相比较，微波辅助法米糠多糖提取率和纯度分别提高了36.6%和5.7%。微波辅助法提取可以显著提高米糠多糖的提取效率，但对其理化性质并无影响。欧阳小艳等（2015）进行了微波辅助从米糠中提取米糠多糖的试验研究。该研究通过单因素和正交试验考察了料液比、微波功率、水提时间、水提温度对米糠多糖得率的影响，得出了米糠多糖的最佳提取工艺条件，并通过微滤膜技术进一步纯化了米糠多糖。结果表明，影响米糠多糖提取的因素主次顺序为料液比>微波功率>水提温度>水提时间；米糠多糖的最佳提取工艺条件为：料液比1:12，微波功率500W，水提时间90min，水提温度60℃。经过微滤膜纯化后，米糠多糖纯度为83.3%。

（三）微波辅助提取黄芪皂苷工艺研究

黄芪皂苷是中药黄芪的主要有效成分之一，药理证明黄芪皂苷具有消炎、降血压、抗心肌缺氧、中枢镇痛及影响血清和肝脏蛋白质合成等作用。黄芪皂苷的提取方法目前主要采用直接加热提取法，该方法的不足是加热时间长、能耗较高、产率较低。龚盛昭等（2005）采用微波辅助法提取黄芪皂苷，重点考察了液料质量比、提取时间、微波功率、物料粒度等因素对黄芪皂苷提取效果的影响，以先进的提取工艺，提高了黄芪皂苷的得率。黄芪皂苷提取工艺流程如下：

黄芪粉→加入95％乙醇微波提取→过滤→真空浓缩→加水溶解→采用正丁醇萃取→萃取液真空浓缩→黄芪皂苷

通过试验，得到了微波提取黄芪皂苷的最佳工艺条件为：取黄芪粉50g，加入350mL 95％乙醇，用微波辐射30s，间隔1min后再微波辐射30s，重复间隔辐射至总辐射时间为4min，过滤。按同样条件重复提取1次，将提取液用旋转蒸发仪真空浓缩至近干，加入40mL水溶解，用90mL正丁醇分3次萃取，得正丁醇萃取液。将萃取液用旋转蒸发仪真空浓缩至干，并进行真空干燥，即可得黄芪皂苷粗产品，得率2.42％。微波提取与直接加热提取法相比，大大缩短了提取时间，降低了提取剂用量，并能提高黄芪皂苷得率。

（四）玉米麸质水提取醇溶蛋白的工艺研究

采用湿磨法生产玉米淀粉时，会产生一种富含玉米皮的水溶液，这种水溶液被称为玉米麸质水溶液，其是生产玉米淀粉过程中的主要副产物之一。将玉米皮经深加工处理后，可得到性能优良玉米黄色素、玉米醇溶蛋白和玉米膳食纤维等。玉米麸质中的蛋白50％以上为醇溶蛋白。玉米醇溶蛋白具有抗氧化功能，在喷雾干燥与高湿高温条件下能抑制油脂氧化，特殊的分子形状和分子结构决定了它能形成透明、柔软、均匀的保鲜薄膜，是理想的天然营养保鲜剂。

由玉米麸质水中提取醇溶蛋白首先要从玉米麸质水中分离出复合蛋白粉，然后再从混合蛋白中获取醇溶蛋白。为了分离出醇溶蛋白，需逐步向蛋白粉中添加复合酶，用以水解杂质淀粉，并在每次添加酶进行水解后，过滤并保留滤渣，将最终获得的滤渣转入含有高浓度的乙醇溶液中，在微波反应器中提取出醇溶蛋白。为了使醇溶蛋白从乙醇溶液中析出，需要加水降低乙醇溶液的浓度，使其沉淀，再经过滤和干燥等工艺即可获得玉米醇溶蛋白。赵华等（2010）首先对玉米皮进行脱色处理得到玉米黄色素，然后再利用微波辅助法提取玉米醇溶蛋白，并在单因素试验基础上利用响应面法优化玉米醇溶蛋白提取工艺（图7-11）。结果表明，玉米醇溶蛋白最佳提取工艺条件为：乙醇浓度75％，液料比1:2，微波功率450W。在此条件下间歇式微波处理5次，共225s，提取率为73.6％。

（五）微波萃取法提取茶多酚工艺研究

研究表明，茶多酚的主体化合物儿茶素，既是理想的天然抗氧化剂，又是一类高附加值的天然药物原料。茶多酚是存在于茶叶中的多羟基酚类化合物，占茶叶干基重的20％～30％。茶多酚按主要化学成分分为儿茶素类、黄酮类、花青素类、酚酸类四大类物质。其中尤以儿茶素类含量最高，占茶多酚的60％～80％。从茶叶中提取茶多酚的传统方法有沉淀萃取法和有机溶剂直接萃取法。近年来，用微波萃取法提取茶叶中的茶多酚正在成为研究热点。宋建红等（2006）进行了微波辅助提取茶多酚的工艺研究，其工艺流程见图7-12。

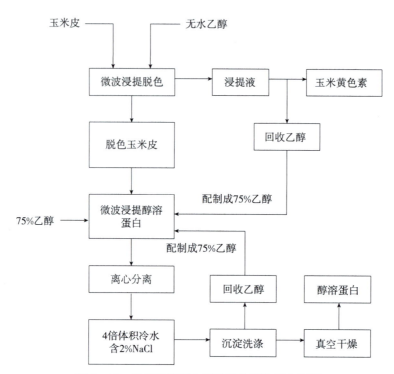

图 7-11 玉米醇溶蛋白微波辅助提取工艺流程

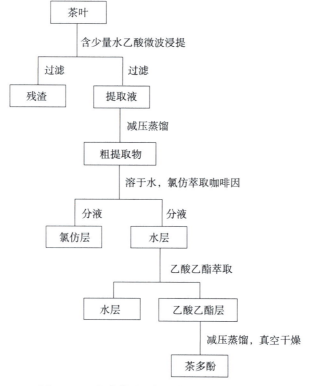

图 7-12 微波萃取法提取茶多酚的工艺流程

该研究选用市售商品茶叶，所用溶剂为蒸馏水、氯仿、乙醇、丙酮、乙酸乙酯等。试验中所用到的微波萃取装置为小型家用微波炉改装而成，微波炉的最大输出功率为700kW，工作频率按照最大输出功率的不同比例调节为 7 个档位，即 17%、27%、37%、45%、66%、85% 和 100%，工作时间在 0～30min 可调。

试验探讨了微波能对提取过程的促进作用，并考察了提取溶剂、溶剂用量、微波辐射时间、微波功率大小、润湿水用量等对茶多酚提取量的影响。结果表明，当选用极性较大的酯类溶剂作提取剂时，微波具有加速细胞破裂的作用，这不仅是由于热膨胀造成的，还可能存在着一种电击穿效应，二者的协同作用导致微波对提取过程的促进作用。

在微波提取过程中，对溶剂的选择至关重要，不仅要求溶剂对目标产物具有良好的溶解能力，而且还必须考虑它的微波吸收能力。该试验中，在相同的微波萃取条件下，以乙酸乙酯作为溶剂萃取茶多酚的提取量最大。

溶剂用量对提取结果的影响与溶剂的性质有关。对于吸收微波能量较差的溶剂，溶剂用量的增加对茶多酚的提取量影响较小；而对于吸收微波能量较好的溶剂，也并非用量越多越好。试验证明，溶剂用量只需能将物料完全覆盖即可，否则会造成溶剂的浪费。

茶叶用水浸润后茶多酚的提取率明显增加，但浸润水的添加量需适量。当加水量刚好被茶叶完全吸收后，水就成为茶叶与乙酸乙酯进行物质和能量交换的微观介质，在微波辐射条件下，茶多酚和热量就被迅速转移到乙酸乙酯中。随着润湿水量的增加，提取率会缓慢降低，水加入过多会增加加热时间，并造成提取过程的氧化增加。

茶多酚的提取率随着微波辐射时间的延长而增加，在一定时间内这种增加非常迅速，当超过一定的时间范围时，茶多酚的提取率随时间增加的趋势变缓。该试验在小试的基础上，通过放大性试验得到用微波萃取法提取茶叶中茶多酚的最佳萃取工艺条件为：微波辐射功率 189W，萃取时间 3min，溶剂用量 45mL/g，浸润水用量 6mL/g。在此条件下的茶多酚萃取效率为 16.56%。

为比较微波萃取的优势，该研究选用乙酸乙酯作为萃取剂，进行了传统自然萃取和微波萃取茶多酚得率的对比试验，结果见表 7-2。

表 7-2 自然萃取法和微波萃取法提取茶多酚得率的比较

指标	自然萃取	微波萃取
萃取时间（min）	720	3
得率（%）	3.86	16.56

由表 7-2 可见，以乙酸乙酯作为溶剂，自然浸泡茶叶 12h 后得到的茶多酚的得率为3.86%；而在其他条件相同的情况下，微波萃取 3min 后得率即可达到 16.56%。因此，微波萃取法得率较自然萃取法提高了 76.7%，并有效地节约了萃取时间、提高了生产效率。

在微波萃取工艺中，溶剂吸收微波的能力越强萃取效率就越高，即溶剂需具有较高的极性，溶剂的极性可以加快茶叶中的茶多酚向溶剂中溶解扩散的速度和效率。影响微波提取过程的主要因素包括：微波加热功率、提取溶剂的种类、萃取时间、溶剂用量及润湿水量等。

介电物理学的理论指出，液体在微波场中的升温过程与其自身的极性有着密切关系，也就是与物质的偶极子在电场中的极化过程密切相关，在给定的微波辐射频率下，液体在微波场中的升温过程与有效耗损因子有关。

极性有机物对微波的吸收能力很强，如乙醇、丙醇、乙酸、乙酸乙酯等，经微波辐射不到 1min 即可沸腾。极性较低的叔胺和较高分子质量的乙醇吸收微波的能力较差，而非极性的碳氢化合物等几乎不吸收微波能。因此，极性物质在非极性溶剂中升温较慢，要想获得高的热效应，微波加热必须使用极性溶剂。乙酸乙酯具有永久偶极矩，在交变电场中能发生偶极弛豫，在体系内部直接引起微波能的耗损，故微波能穿透介质直接对细胞中的分子加热。

一般从植物细胞中萃取目标产物的过程由以下几个相互关联的阶段组成：

（1）湿、渗透阶段，即当物料被粉碎后，一部分细胞可能破裂，其所含的目标产物就可被溶剂直接提取并转移到萃取液中；但大部分的细胞在粉碎后仍保持完整状态，当与溶剂接触时被溶剂润湿，溶剂就沿着物料组织内部的毛细管通道渗入基体内部，并将细胞周围充满。

（2）分布在细胞周围的溶剂分子穿过细胞壁和细胞膜进入细胞内部。

（3）解吸、溶解阶段，即由于细胞中的各种成分之间有一定的亲和力，在溶解前必须要克服这种亲和力，才能将目标产物转入溶剂中，这种作用称为解吸作用；然后，溶剂便与解吸后的目标产物发生进一步的接触，从而使得目标产物转移到溶剂中。

（4）溶解在溶剂中的目标产物通过细胞壁和细胞膜到达细胞外部。

（5）目标产物在植物内部的毛细管和细胞间隙中扩散，最终达到植物物料的表面。

（6）一般在物料基块的表面附有一层非常薄的溶液膜，可以称之为扩散边界层，上述过程中到达物料表面的目标产物就通过此边界层向溶液中扩散。

上述各阶段之间并无严格界限，它们是交错进行的。一般认为，在整个萃取过程中前 3 个步骤是关键。

目前，对于微波能够大幅度地提高植物目标产物，从原料到溶剂的提取速度及效率的促进作用机制的认识比较统一，即微波对萃取体系中某些组分的高效选择性地加热造成了它的促进作用，具体体现在以下几个方面：

（1）微波对植物细胞中的极性物质进行加热，使其温度迅速升高，从而增大了扩散系数，因此便可高效地加快萃取过程中的一些扩散过程。

（2）温度的升高加速了目标产物与它的亲和物质的分离，有效地实现了目标产物的解吸，从而促进了上述阶段（3）的发生。另外，如果目标产物具有极性，那么在微波交变电场的作用下，目标产物分子会随电场的偶极转向也可能促进它的解吸。

（3）在微波萃取过程中，植物细胞表面的强极性分子会快速摆动以跟上交变电场的变化，这就可能对液膜层产生一定的微观扰动影响，使得附着在固体周围的液膜变薄，而且使得溶剂和溶质之间的结合力，如氢键等受到一定程度的削弱或破坏等，从而使得提取过程中的扩散过程所受到的阻力变小，促进了扩散过程的进行。

（4）在微波能的作用下，植物细胞内部的微波吸收物质，如水分或极性溶剂，会迅速升温，使得细胞内部压力急剧增大，当压力超过细胞壁和细胞膜的膨胀能力后，细胞便会因此而破裂，目标产物便因此流出，使植物目标产物的提取速度大大增加。该研究认为这种微波促进作用的机制为热膨胀机制。

展望

微波加热应用介电损耗原理，采取整体加热的方式，通过分子极化和离子导电两个效应对物料进行直接加热，实现了加热迅速、热效率高、加工品质好等特点，在食品工业中的应用越来越广泛，尤其在微波加热、解冻、回温、干燥和杀菌等方面表现出明显的优势。微波技术作为一种特殊的能量转化方式，在微波干燥、微波萃取和微波杀菌等技术中发挥重要作用。

微波技术作为一种现代高新技术在食品杀菌与保鲜中已经有了一定研究，已证实微波对大部分微生物具有致死作用，对其杀菌机制也形成了一定的解说理论，但这些理论目前仍处于假说阶段，今后还要对微波杀菌机制继续进行深入地基础研究，尤其是非热效应的作用机制研究，特别是对物料的介电特性、透入性能、微波功率、杀菌时间及包装材料等方面的试验研究。此外，把微波技术与其他杀菌技术结合起来应用于食品、饲料杀菌与保鲜中，以期达到更好的效果。通过进一步完善微波技术在农产品加工中应用的基础理论，开发新型微波加工设备，将使微波技术在饲料加工、饲料添加剂生产和饲料新资源开发中具有广阔的发展前景。

参考文献

陈翠莲，袁东星，陈猛，1999. 预混合饲料中维生素 A、维生素 D、维生素 E 的微波萃取法［J］. 分析学学报（1）：36-38.

丁力，刘建高，刘建琪，等，2019. 辐射和高压蒸汽灭菌方法对兔繁殖饲料营养成分的影响［J］. 实用预防医学，26（7）：795-800.

过世东，1996. 微波技术在饲料加工中的应用［J］. 中国饲料（12）：37-38.

郭振库，金钦汉，范国强，等，2002. 微波帮助提取中药金银花中有效成分的研究［J］. 中国中药杂志（3）：32-35.

龚盛昭，杨卓如，曾海宇，等，2005. 微波提取黄芪皂苷的工艺研究［J］. 中成药，27（8）：889-891.

侯卓，张娜，王大为，2008. 蒙古口蘑多糖微波提取技术的研究［J］. 食品科学（3）：252-255.

姜绍通，邵平，赵妍嫣，2005. 小麦胚芽 V_E 的微波萃取工艺和神经网络模型的研究［J］. 食品科学，26（2）：25-28.

刘俊，黄少伟，张越非，等，2007. 微波辅助提取土茯苓总黄酮［J］. 中药材（12）：1591-1595.

卢彦芳，赵静，蒋晔，2009. 微波萃取-HPLC 法快速分析三黄片中的蒽醌类成分［J］. 北京中医药大学学报，32（8）：561-564.

卢昊，王春维，张怡，等，2010. 微波固相合成谷氨酸锌的工艺研究［J］. 中国粮油学报，25（2）：121-125.

黎紫含，曹雷鹏，刘童莹，等，2020. 螺旋藻干粉微波灭菌工艺优化［J］. 南昌大学学报（理科版），44（4）：363-369.

潘映霞，2014. 微量元素糖蜜络合物饲料添加剂的干燥工艺研究［D］. 南宁：广西大学.

潘丽军，廖珺，姜绍通，等，2014. 微波辅助植物甾醇油酸酯的酶促催化合成［J］. 中国粮油学报，29（8）：95-100.

潘澜澜，2005. 水产颗粒饲料微波干燥的试验研究［D］. 大连：大连水产学院.

彭凯，吴薇，李丽，等，2016. 微波杀灭玉米霉菌的工艺优化及品质分析［J］. 饲料工业，37（11）：59-64.

孙明，严梅荣，陈菁，等，2005. 微波加热不同水分米糠对其储藏和功能性质的影响［J］. 食品科学，26（9）：76-79.

宋建红，2006. 微波提取法提取茶叶中茶多酚的工艺研究［D］. 武汉：武汉工程大学.

唐强，2014. 甜菜粕膳食纤维的微波提取工艺及其性质研究［D］. 广州：华南理工大学.

王峰，乙小娟，张慧，2006. 微波灰化法测定进出口饲料中的灰分［J］. 分析测试技术与仪器（2）：125-127.

王莉，陈正行，张潇艳，2007. 微波辅助提取米糠多糖的工艺［J］. 江苏大学学报（自然科学版），28（3）：193-196.

吴雨，张淑蓉，钟宁，等，2014. 微波处理对米糠稳定性及脂肪酸组成的影响［J］. 食品科学，35（19）：77-81.

肖翼，王承明，2011. 菜籽粕物料的微波灭菌工艺研究［J］. 油脂工程（5）：74-76.

杨玉红，2014. 微波杀菌技术及其在肉品工业中的应用［J］. 肉类工艺（3）：44-50.

俞路，王雅倩，章世元，2008. 微波能对饲料营养品质及微生物总数的影响［A］. 中国畜牧兽医学会动物营养学分会.

颜志红，2010. 超声微波连续逆流提取、微波灭菌、真空带式干燥技术及设备的特点［J］. 机电信息（8）：18-23.

赵华，王虹，任晶，等，2010. 响应面法优化微波辅助提取玉米醇溶蛋白工艺研究［J］. 粮食与油脂，12：23-26.

张永钰，宣贵达，李林林，2011. 山核桃蒲壳总生物碱提取方法的研究［J］. 中药材，34（1）：134-136.

张梦军，金建锋，李伯玉，等，2002. 微波辅助提取甘草黄酮的研究［J］. 中成药（5）：12-14.

郑哲浩，禹宸，邱林燕，等，2022. 微波—超声波协同辅助提取紫苏精油工艺优化及抑菌活性的研究［J］. 中国粮油学报，37（1）：115-121.

Ambros S，Foerst P，Kulozik U，2017. Temperature-controlled microwave-vacuum drying of lactic acid bacteria：Impact of drying conditions on process and product characteristics［J］. Journal of Food Engineering，224：80-87.

Canumir JA，Celis J E，Bruijn J D，et al，2002. Pasteurisation of apple juice by using microwaves［J］. LWT - Food Science and Technology，35（5）：389-392.

Chandrasekaran S，Ramanathan S，Basak T，2013. Microwave food processing—a review［J］. food research international，52（1）：243-261.

Dong W，Cheng K，Hu R，et al，2018. Effect of microwave vacuum drying on the drying characteristics，color，microstructure，and antioxidant activity of green coffee beans［J］. Molecules，23（5）：1146-1152.

Graham B，Natalie B，Frank D，et al，2019. Microwave processing of animal feed：a brief review［J］. Transactions of the ASABE，62（3）：705-717.

Ramezanzadeh F，Rao R，Windhauser M，et al，1999. Prevention of hydrolytic rancidity in rice branduring storage［J］. Journal of Agricultural an Food Chemistry，47（8）：3050-3052.

Schlegel W，1992. Commercial pasteurization and sterilization of food products using microwave technology［J］. Food Technology，46（12）：62-63.

Shu-Wei，Zeng，Qi-Lin，et al，2014. Effects of microwave irradiation dose and time on yeast ZSM-001 growth and cell membrane permeability［J］. Food Control，46：360-367.

Tu Zong-Cai，Hu Yue-Ming，Wang Hui，et al，2015. Microwave heating enhances antioxidant and emulsifying activities of ovalbumin glycated with glucose in solid-state［J］. Journal of Food Science and Technology，52（3）：1453-1461.

Mitek，Marta，Skapska，et al，2015. Effect of continuous flow microwave and conventional heating on the bioactive compounds，colour，enzymes activity，microbial and sensory quality of strawberry puree [J]. Food & Bioprocess Technology，8（9）：1864-1876.

第八章
挤压膨化技术及其在饲料工业中的应用 ▶▶▶

挤压膨化技术是集物料输送、混合、挤压、剪切、熟化、灭菌及成型为一体的加工技术，广泛应用在食品、饲料及塑料工业。20 世纪 50 年代挤压膨化技术首次应用于宠物食品生产，随后用于饲料原料的预处理，以改善饲料的消化性能和适口性。饲料挤压膨化技术在我国已有 40 多年的历史，膨化饲料的优越性已被广大的养殖户所接受。我国挤压膨化机械的制造技术和加工工艺也日趋完善。挤压技术已经成为发展速度最快的饲料加工新技术之一，在水产饲料、特种动物饲料、宠物食品、早期断奶仔猪饲料、饲料预消化及饲料资源开发等方面都具有明显优势，获得了良好的饲养效果。

第一节　概　　述

一、挤压膨化加工的定义

挤压膨化是利用相变和气体的热压效应原理，通过外部能量的供应，使物料内部的液体迅速升温汽化，压力增加，并通过气体的膨胀力带动组分中高分子物质发生变性，从而使物料成为具有蜂窝状组织结构特征的多孔性物质的过程。挤压膨化是借助挤压机螺杆的推动力，将物料向前挤压，物料受到混合、搅拌和摩擦及高剪切力作用而获得积累能量达到高温高压，使物料膨大的过程。挤压膨化饲料是将粉状饲料原料送入膨化机内，经过一次连续的混合、调质、升温、增压、挤出模孔、骤然降压（闪蒸）、切段，再经干燥、稳定、冷却等工艺过程所制得的一种膨松多孔的颗粒饲料。

二、挤压膨化加工的原理

含有一定温度和水分的物料，在挤压膨化机的膨化腔内受到螺杆的挤压推动作用和出料端模板或膨化腔内节流装置的反向阻滞作用，以及来自外部加热、物料与螺杆、物料与膨化腔的内部摩擦力产热的作用，可达到 3～8MPa 的膨化腔压力和 120～150℃ 的高温状态。膨化腔内的压力超过了挤压温度下水的饱和蒸气压，物料在挤出模板前膨化腔内水分不会沸腾蒸发，物料在膨化腔内呈现熔融状的玻璃化状态。一旦物料由模孔挤出，压力骤降至常压，水分便发生急骤的蒸发，产生了类似于"爆炸"式的"闪蒸"现象，产品随之膨胀，水分从物料中汽化散失时带走了大量热量和水分，使物料在瞬间从挤压时的高温迅速降至 80～120℃，从而使物料固化定型，并保持膨化后的形状。挤压过程中温度-时间曲线和压力-时间曲线如图 8-1 所示。

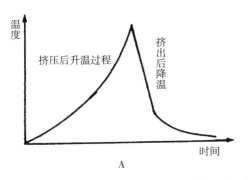
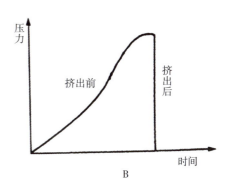

图 8-1 挤压过程的温度-时间和压力-时间曲线
A. 温度-时间曲线 B. 压力-时间曲线

三、挤压膨化饲料的评价指标

（一）膨胀度（膨化度）

膨胀度分为横向膨胀度（CE）和纵向膨胀度（LE）。膨胀度是指膨化后成品的体积增大倍数。产品的膨胀度在 5 以上就充分疏松，可控制在 1～20。测量方法为：从挤压后的样品中任意取 20 根 40mm 长度左右的样品，用游标卡尺测量各样品的长度、直径，称取质量，记录数据。

1. 横向膨胀度 一般用膨化成品的截面积与挤压膨化机的出料模具的模孔的截面积之比来表示，即横向膨胀度为样品直径和模孔直径之比的平方，反映样品的横向膨胀情况，计算公式为：

$$CE = (d/D)^2 \tag{8-1}$$

式中：d——测量样品的直径，mm；
D——模头的膜孔直径，mm。

2. 纵向膨胀度 纵向膨胀度为样品长度和质量之比，即单位质量样品的长度，计算公式为：

$$LE = L/m \tag{8-2}$$

式中：L——样品的长度，cm；
m——对应样品的质量，g。

（二）吸水率

吸水率是指样品吸水量与样品量的百分比。称取 100g 干饲料样品浸没于（25±2）℃水中，静置 10min，取出样品沥干 5min，重新称量，得吸水重，即可算得吸收率。

（三）漂浮率

取 100 粒风干样品（水分 13％以下），置于（25±2）℃、500mL 淡水中浸泡 30min，轻微搅拌数下，待静止后计算漂浮颗粒数，即漂浮率。

（四）沉水率

在规定试验条件下，将定量沉性颗粒饲料投入水中，1min 内沉入水中的饲料颗粒数所占的数量百分比，即沉水率。

（五）溶失率

水产饲料的主要物理指标是颗粒饲料的耐水性（水中稳定性），其测定方法国内外均没有统一的标准。《渔用配合饲料通用技术要求》（SC/T 1077—2004）中规定了粉状饲料和颗粒饲料的水中稳定性（溶失率）的测定方法。某些地方和企业标准常采用的方法如下：颗粒浸泡在静水中，经过一定时间后，溶失率应小于某值。试验方法为：从原始样中取样 3 份，每份 10g，先取 1 份（对照样）在烘箱内烘干（130℃，烘干 2h），称其质量（m_0）；将另外 2 份（试验样）做平行试验，分别放在规定筛网上（表 8-1），悬置于水深超过网口的清水容器内，水温（25±2）℃，器内净水有静止和缓速流动两种测定方法，以缓流法略为准确；浸泡时间的长短需随颗粒状况而定，故只是测定其相对值，经过规定时间后，提取筛网，斜放沥干；再经烘箱烘干（130℃，烘 2h），称其质量（m）。溶失率计（C）公式为：

$$C = \frac{m_0 - m}{m_0} \times 100\%$$

式中：m_0——对照样品烘干后的质量，g；

m——两次试验样烘干后的平均质量，g。

每次试验样取 2 次平行样进行测定，以其算术平均值为结果，数值表示至 1 位小数，允许相对误差<4%。

表 8-1　耐水性检测用筛网 （mm）

颗粒粒径	3.6	3.5	4.0	4.5	5.0	6.0
筛网直径	2.36	2.8	3.15	3.55	4.0	5.0

（六）吸水性指数

吸水性指数（WAI）表示挤压膨化后物料吸收水分的能力。是指将一定水分含量的物料悬浮于水中，在浸泡一定的时间后（具体时间依据不同的水产动物而定），将样品经过离心及除去上层清液之后，每克样品所形成的凝胶体的质量。其计算公式为：

$$WAI = \frac{m_2 - m_1}{W} \qquad (8-3)$$

式中：m_1——离心管质量，g；

m_2——盛有胶体的离心管质量，g；

W——样品质量，g。

（七）水溶性指数

水溶性指数（WSI）是指上述试验的上层清液中所含原始样品的百分率。淀粉糊化程度高、降解程度大的样品水溶性指数大。其计算公式为：

$$WSI = \frac{m_2 - m_1}{W} \qquad (8-4)$$

式中：m_1——蒸发皿质量，g；

m_2——上清液蒸发后蒸发皿质量，g；

W——样品质量，g。

杜江美等（2012）研究表明，挤压膨化物料的吸水指数与蛋白质质量分数呈极显著负相关，与淀粉质量分数呈极显著正相关；水溶性指数与蛋白质质量分数呈显著正相关，与淀粉和直链淀粉质量分数呈极显著负相关，主要是因为淀粉在挤压过程中发生降解，进而增加吸水指数。水溶性指数与淀粉质量分数呈负相关，与直链淀粉质量分数呈极显著负相关，原因为支链淀粉在挤压加工中遭到破坏，降解为可溶性多糖，水溶性提高，而直链淀粉无显著变化。

（八）淀粉的糊化

淀粉在常温下不溶于水，但当水温达到 53℃以上时，淀粉的物理性能发生明显变化。淀粉在高温下溶胀、分裂形成均匀糊状溶液的特性，称为淀粉的糊化（gelatinization）特性。未经糊化的淀粉分子，其结构呈微晶束定向排列，这种淀粉结构状态称为 β 型结构；通过熟化或挤压，达到糊化温度时，淀粉充分吸水膨胀，以致微晶束解体，排列混乱，这种淀粉结构状态称为 α 型结构。淀粉结构由 β 型转化为 α 型的过程称为淀粉 α 化，即糊化。通俗地说，淀粉的 α 化程度就是由生变熟的程度，即糊化程度（糊化度）。糊化度是指淀粉中糊化淀粉与全部淀粉量之比的百分数。淀粉的糊化度越高，越容易被淀粉酶水解，也就越有利于动物消化吸收。

淀粉糊化度是评价颗粒饲料和膨化饲料加工质量的重要指标，其直接影响畜禽吸收利用饲料中营养物质的效率，进而影响饲料的转化效率和畜禽生长性能。淀粉糊化作用是饲料加工过程中重要的理化特性变化过程，对提高饲料加工及产品质量，降低生产成本具有十分重要的意义。在饲料生产中一般采用快速黏度仪定性评定某一特定原料的糊化特性；定量评定饲料产品的糊化度一般推荐采用熊易强（2000）的简易酶法；而在食品加工中，当淀粉含量较高时一般采用酶水解法（王肇慈，2000）。

第二节　挤压膨化机

一、挤压膨化机分类

挤压膨化机按照螺杆数量分为单螺杆挤压膨化机和双螺杆挤压膨化机两种形式。单螺杆挤压膨化机的结构相对比较简单，双螺杆挤压膨化机的结构相对比较复杂。因单螺杆挤压膨化机的结构简单、投资少、操作方便，所以在饲料原料加工中广泛使用。双螺杆挤压膨化机的投资较大，但能膨化黏稠状物料，出料稳定，受供料波动的影响较小；主要用于生产水产动物饲料、特种动物饲料及宠物食品；其趋于大型化、规模化发展。

根据在挤压螺杆前是否设置添加蒸汽的调质器，挤压膨化机又分为干法膨化机和湿法膨化机。干法膨化机未设置调质器，但也可在挤压螺筒上或进口处添加少量水分，主要依靠机械摩擦和挤压力对物料进行加压、加热处理，适用于含水和含油脂较高的饲料原料的加工生产，如膨化玉米、膨化全脂大豆等。其他含水和油脂量较低的物料在挤压膨化过程中需加入蒸汽或水，常采用配有调质器的湿法膨化机；加水、加蒸汽调质后物料的含水量可达 25％～35％。

二、单螺杆挤压膨化机

（一）单螺杆挤压膨化机的结构

单螺杆挤压膨化机主要由动力传动装置、喂料装置、调质器、挤压部件及出料切割装置等组成。挤压部件由螺杆、膨化腔及出口模板组成。膨化腔一般是组装而成，便于根据不同需要配置零部件和方便保养维修。膨化腔内表面有直型槽和螺旋形槽。直型槽有剪切、搅拌作用，一般位于膨化腔的中段；螺旋形槽有助于推进物料，通常位于进料口部位，靠近模板的膨化腔也设计成螺旋形槽，使模板压力和出料保持均匀。螺杆从喂料端到出料端，齿根逐渐加大，固定螺距的叶片逐渐变浅，使机内物料容量逐渐减少。同时在螺杆中间安装一些直径不等的剪力环以减缓物料流量而加剧熟化。常见单螺杆挤压膨化机的结构如图 8-2 所示。

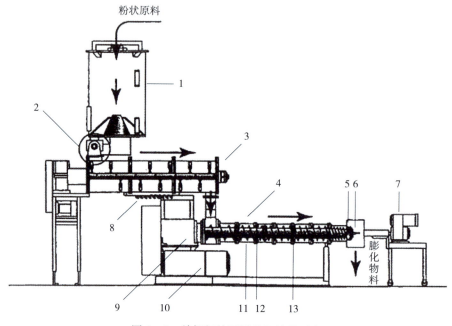

图 8-2　单螺杆挤压膨化机结构示意

1. 锥体料斗　2. 减重式喂料器　3. 调质器　4. 螺旋、螺杆挤压膨化总成　5. 成型模板　6 切割装置
7. 切割传动装置　8. 蒸汽与液体添加装置　9. 主机传动系统　10. 主电机　11. 机腔　12. 螺杆　13. 剪切销

1. 进料装置　在料斗出口处一般配制一台螺旋给料器或振动给料器，以保证给料稳定。根据需要，膨化机也可安装液态原料添加系统；为稳定料流，也可安装减重喂料系统。

2. 调质器　与制粒机调质器作用和结构基本相同，但调质后物料水分较高，可达 20%～30%。对于一些调质效果要求较高的饲料产品，也有采用双层或多层调质器。

3. 膨化机主体结构　膨化机主体结构由螺套（机腔）、螺杆、模板、切割机构、加热/冷却螺套等组成（图 8-3）。

（1）膨化腔　膨化腔也称机腔或螺套（图 8-4）。单螺杆膨化机的膨化腔结构有单层夹套和双层夹套两种形式，内部是螺纹沟槽。双层夹套主要用于使用蒸汽加热和保温，制造加工难度大，使用成本较低。单层夹套结构简单，制造加工容易，但使用成本较高。为了防止挤压物在膨化腔内壁旋转而不向前输送物料，膨化腔内壁开有纵向直槽或螺旋槽；内壁槽增加了物料做圆周运动的阻力，迫使物料向压模出口方向输送。应根据加工物料的物理特性、螺杆几何尺寸、转速、筒体内径与长度等具体参数选用相应的槽形。

膨化腔的空隙从进口至出口逐渐变小。进料口空隙容积与出口空隙容积之比称为压缩比，压缩比是挤压膨化机的主要结构技术参数。筒体的外部在进料段、挤出段、压缩段可

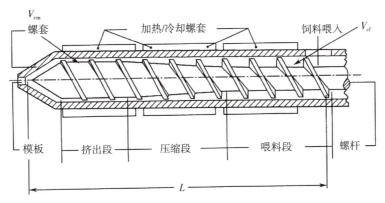

图 8-3 膨化机主体结构示意

注：V_{cf}，进料端空间容积，cm^3；V_{cm}，出料端空间容积，cm^3；L，螺杆长度，cm

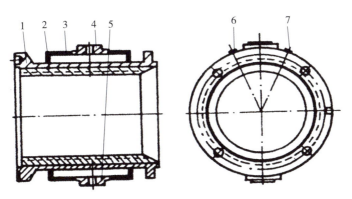

图 8-4 螺套结构示意

1. 膨化腔外壳 2. 膨化腔袋 3. 膨化腔夹套 4. 蒸汽进口 5. 蒸汽出口 6. 温度表接口 7. 冷却水进口

通过蒸汽、电热夹套或者水调节加热温度，并在不同区段安装温度、压力检测装置。

由于膨化腔直接与物料接触、磨损较大，一般选用耐磨材料，其表面硬度达到 70HRC（洛氏硬度）左右。为了防止挤出物在膨化腔内壁旋转，螺套内壁上开有沟槽，以推送物料，不致物料随螺杆原地旋转。

（2）螺杆 是挤压机的主要工作部件。螺杆一般由螺旋螺纹组成，它可以采用精密浇注成型或者由车床加工而成，热处理后表面硬度达 60～70HRC，也可以进行合金喷涂，增强其耐磨性。

根据螺杆各部分的功能不同，可将螺杆分为进料段、压缩段和挤出段三部分（图 8-5）。进料段占螺杆总长的 20%～25%，其功能是保证进料数量及料流稳定。压缩段螺杆一般为双头螺纹、等直径，螺槽沿着物料推移方向由深变浅，对物料形成压缩，这段螺杆较长，一般占总长度的 50%。挤出段一般为双头螺纹、等直径，螺槽更浅，此段挤压力可达 30～100kg/cm²，温度可达 120～170℃。此段压力最大，温度最高，因此螺杆、膨化腔磨损亦最严重，其长度占螺杆总长的 25%～30%。有些公司将此段制成锥形，使压缩比更大，挤压力更强。挤出段出口端是出料模板。模板有单孔和多孔，以圆形孔为主，也有矩形等其他形状的模孔。高温高压的物料从模板的模孔中挤出后进入大气，其压力和温度骤降、体积迅速膨胀、水分快速蒸发，并脱水凝固，形成结构膨松（蓬松）的膨化颗粒料或粗粉，经膨化后的物料体积比原体积增大。

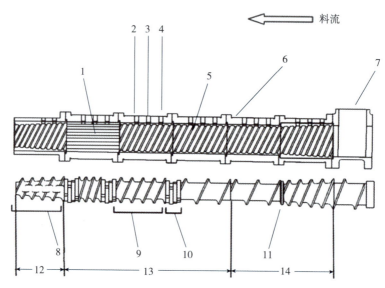

图 8-5　单螺杆膨化机的螺套和螺杆

1. 直槽螺套　2. 温度计接口　3. 压力计接口　4. 蒸汽或冷却水接口　5. 螺旋槽螺套
6. 螺套节段　7. 进料口　8. 不连续螺纹的锥形螺杆　9. 双螺纹螺杆
10. 混合叶片　11. 蒸汽阻隔环　12. 挤出段　13. 压缩段　14. 进料段

（3）成型模板　其用抱箍或螺栓与末端膨化腔固定在一起，用于控制产品的形状，并起到一定的压力调节作用。根据不同产品形状要求，可以设计制造成不同的模孔。一般鱼、虾等水产饲料做成圆形孔，宠物食品做成宠物熟悉的食物形状，如骨头形、环形等。图 8-6 所示是常见的模孔形状。模板的材料也要求耐磨，热处理后表面硬度达 40～50HRC。模孔加工要求光滑，加工好后还要求进行研磨，以降低出料阻力。现在能通过机械加工达到的最小模孔直径为 $\varphi=0.3mm$。

图 8-6　模孔形状

（4）切刀　切割装置上一般安装 1～12 把切刀，可根据需要增减（图 8-7）。刀片刃口必须紧贴模板面转动，刃口要锋利。切刀由调速电机驱动（切刀旋转速度为 500～600r/min），其传动装置安装在一个可移动的支架上。

在挤压膨化过程中的不同阶段，螺杆的参数不尽相同。当螺杆长度和直径确定以后，就只能通过改变螺杆的其他参数去适应不同工作段的要求。图 8-8 为膨化腔内压力沿长度方向的变化示意，在糊化段压力增幅较大，挤出段前压力达到最高。

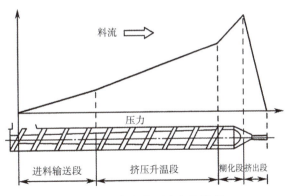

图 8-7　切割装置　　　　　　　　图 8-8　各段的压力变化示意

（二）挤压螺杆的主要技术参数

挤压螺杆是挤压膨化机的主要工作部件，其几何结构比较复杂。螺杆的结构参数（图 8-9）及工作参数直接影响膨化效果。

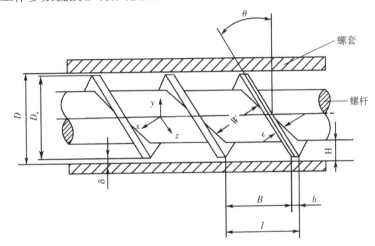

图 8-9　螺杆的结构参数

注：D，螺套内径，mm；D_s，螺杆外径，mm；δ，螺杆与螺套内径间隙，mm；
θ，螺旋升角，°（度）；W，螺道宽度，mm；e，螺纹厚度，mm；H，螺纹高度，mm；
B，螺道的轴后宽度，mm；I，螺距，mm；b，螺纹轴向厚度，mm

挤压螺杆主要工作参数有压缩比（CR）和长径比（L/D）。压缩比是衡量螺杆挤压能力的参数，膨化腔内壁与螺杆之间的容积从进料口至挤出口逐渐减少，其比值称为压缩比，它的范围为 1~3。CR 值小，则物料受挤压程度小，物料膨化程度低；CR 值大，物料受挤压程度较大，物料膨化程度高。长径比为膨化腔的有效工作长度（L）与其内径（D）之比，称为长径比（L/D），它的范围在（7.5~25）：1。L/D 值越大，则对物料产生的压力也越大，物料能被充分塑化，膨化腔内逆流和泄漏量较少，有利于提高产量；若 L/D 值小，则相反。

三、双螺杆挤压膨化机

双螺杆挤压膨化机（图 8-10）与单螺杆挤压膨化机的膨化机制基本相同，所不同的是双螺杆挤压膨化机膨化所需要的热量不仅依靠挤压物料产生的"应变热"（机械热），还需设置有专门的外部控温装置；螺杆的主要作用是推进物料，而双螺杆更有利于物料的输送、混合、剪切和自清作用（图8-11）。

图8-10 双螺杆挤压膨化机的主要结构

螺距=0.5   螺距=0.75   螺距=1.0

图8-11 双螺杆挤压膨化机的螺杆结构示意

双螺杆挤压膨化机与单螺杆挤压膨化机的主要区别是在双螺杆的啮合作用下物料的玻璃化程度更好，产品的淀粉糊化度更高。

双螺杆挤压膨化机的啮合方式有：异向旋转啮合式、同向旋转啮合式、异向旋转非啮合式、同向旋转非啮合式，其中以同向旋转啮合式最为常见（图8-12）。旋转啮合式膨化机在运转过程中，一个螺杆的螺纹与相邻螺杆的流槽存在着相互作用，因而膨化腔壁无须提供物料防返流机构，对物料有良好的混合效果，具有高的单机生产能力及螺杆表面的清洁能力（自清）。工作过程中物料被相互啮合的螺杆齿廓分隔成一些小腔室，各小室的物料在螺杆的推动作用下均匀地向前推动，也使得各小腔内物料的温度和所受的剪切力易于控制。双螺杆挤压膨化机在质量控制及加工灵活性上更具优势，可以加工黏稠、多油及单螺杆挤压膨化机无法加工生产的原料。

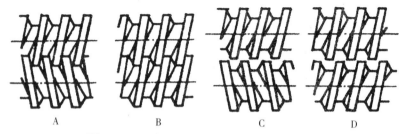

A   B   C   D

图8-12 双螺杆挤压膨化机的啮合类型示意
A. 异向旋转啮合式 B. 同向旋转啮合式 C. 异向旋转非啮合式 D. 同向旋转非啮合式

双螺杆挤压膨化机的螺杆和膨化腔多设计成分段式机构（图8-13），可以按工艺要求延长或缩短整个螺杆和螺筒的长度，便于维修保养。采用各种不同形状的螺杆断面，可以满足各种加工要求。

图 8-13　双螺杆挤压膨化机的膨化腔结构

与单螺杆挤压膨化机相比，双螺杆挤压膨化机有以下优点：①可加工高油脂的饲料，油脂添加量可大于 25％；②可加工添加有新鲜肉类或其他水分含量超过 30％的高液体物料；③可加工小颗粒的动物饲料，如生产粒径为 0.3～1.0mm 的饵料；④有自清能力，便于清理与维修。

四、膨胀器

膨胀加工的淀粉熟化度介于制粒与膨化加工之间。使用膨胀器后可再制粒以提高颗粒饲料的质量和制粒机生产能力（图 8-14），相应地降低能耗和加工成本。膨胀加工的优势在于饲料原料的预处理，其特点如下。

（1）对饲料原料选择范围广，可利用廉价的饲料原料，降低生产成本。

（2）由于受螺杆的挤压作用，物料温度可达 110℃左右（以降低热敏性成分的损失），提高了淀粉熟化度和饲料转化率，并在膨胀过程中杀死沙门氏菌等病原微生物。

（3）增大添加液体饲料的比例，添加糖蜜、油脂等。

（4）若后续用于生产颗粒饲料，可提高制粒机的生产效率，增加制粒机的产量，降低制粒机的磨损和吨料电耗，并能适应多种配方要求。

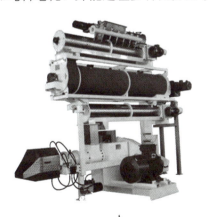

A

B

图 8-14　膨胀器及其加工产品

A. 饲料膨胀器　B. 膨胀产品

（一）膨胀器的工作原理

膨胀器由一副螺杆和膨化腔组成，具有混合和揉搓的功能，在膨化腔的某段外壳上装有蒸汽喷射阀和油脂喷射阀，用于添加蒸汽和油脂；其出料口的开启度由液压系统驱动的滑阀机构调节。经调质后的物料温度控制在 70～90℃、水分控制在 20％～30％。调质后的物料被喂入膨胀器后,物料在螺杆、螺套之间受挤压、摩擦、剪切等作用,其内部压力不断升高,最大可达 4MPa,温度也不断上升,最高可达 140℃。在 3～7s 的时间内温度和压力急剧升高,物料的组织结构发生变化,使淀粉进一步糊化、蛋白质变性、粗纤维被破坏、沙门氏菌等有害微生物被杀死。高温高压的物料从出料口被挤出,其压力在瞬间突然释放,水分发生部分闪蒸,冷却后物料呈疏松多孔的结构,膨胀后的物料呈团块状、絮状、粗屑状或棒状。典型膨胀器温度、压力与膨胀时间的关系见图 8-15。

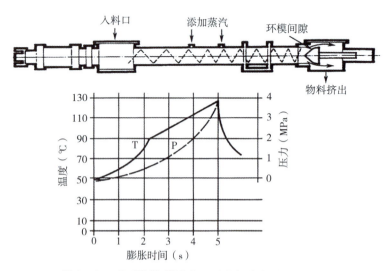

图 8-15　典型膨胀器温度、压力与膨胀时间的关系

(二)膨胀器的结构

膨胀器的主要结构与膨化机相似,其不同之处在于膨胀器是一环形出料口,其开启度可在一定范围内任意调节,调节物料在膨化腔内受到的挤压力。可根据需要生产不同膨化度的膨胀料,也可以直接生产膨胀粗屑料(如锅巴料)。大型膨胀器也用于油脂加工厂的油料原料的预处理,以达到提高出油率的目的。膨胀器属单螺杆挤压膨胀机,其主要由喂料器、调质器、主传动箱及螺杆、膨化腔总成和环形间隙出料机构等组成(图 8-16)。

1. 喂料器　喂料器主要由喂料绞龙、变频调速电机和变频控制器等组成。其采用变频调速控制技术尽可能使主机满负荷工作。

2. 调质器　调质器的桨叶在轴向断面上每段有 4 个叶片,在横向方向上按螺旋线排列。桨叶的形状设计成扇形,便于在添加高比例液体时能充分混合。在调质器上开有清理门,便于调整桨叶角度及维修清理等。在外壳上还设置了可以同时添加液体饲料和蒸汽的分配阀,其结构与制粒机调质器结构类似。

3. 螺杆、膨化腔总成　其技术参数及制造质量直接影响整机的工艺性能。其主要结构如图 8-17 所示。

4. 环形间隙出料机构　膨胀器的出料机构设置在机座末端的分料盘上,机座外圈上装有滑阀机构,滑阀机构后端连接出料口开启度显示装置,此显示装置与滑阀机构和液压系统连接。出料机构的开启度可根据需要通过液压系统和出料开启度显示装置驱动滑阀机

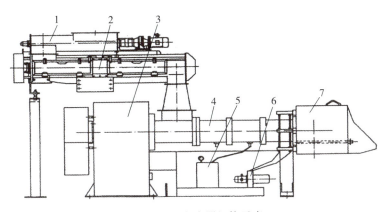

图 8-16   膨胀器机构示意

1. 喂料器 2. 调质器 3. 主传动箱 4. 螺杆、膨化腔总成
5. 停机植物油添加系统 6. 液压泵 7. 环形间隙出料机构

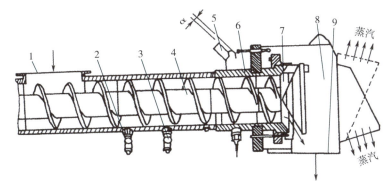

图 8-17   螺杆、膨化腔总成结构示意

1. 进料口 2. 蒸汽添加口 3. 油脂添加口 4. 螺杆 5. 环形间隙口开度调节系统
6. 膨化腔 7. 环形隙口 8. 卸料箱 9. 出料口
注：α，出料口开启度

构进行大小调节和定位。在生产前或生产过程中，根据需要通过给信号处理系统发出指令，该机构随即发出信号给液压系统，液压系统的电机随即启动，带动齿轮泵工作，驱动油缸活塞前进或后退，带动滑阀中的滑板运动，从而带动摩擦锥移动，调节出料口开启度，以便物料按箭头所示方向由摩擦锥的环形出料口挤出（图 8-18、图 8-19）。

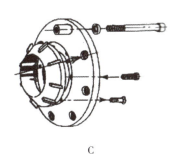

A   B   C

图 8-18   膨胀器环形隙出料口的开闭和摩擦锥的结构示意

A. 环形隙出料口开启状态 B. 环形隙出料口闭合状态 C. 摩擦锥结构

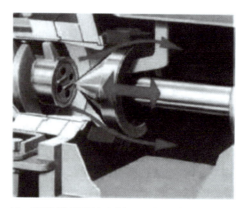

图 8-19　膨胀器环形隙出料口开度和摩擦锥的调节结构

（三）膨胀器与膨化机的主要差异

膨胀器的结构与单螺杆挤压膨化机结构基本相似，不同之处在于膨胀器的出料口开度在一定范围内可以任意调节，螺杆对物料的挤压作用能在一定范围内调整。膨胀器可单独作为制粒前的调质器，也可与常规调质器联合使用，在制粒前起到强化调质作用；还可以将膨胀器作为专用加工设备而生产膨胀成品饲料。膨化加工适合生产膨化颗粒饲料，而膨胀加工常用于原料的预处理，加工生产不同膨胀率的粉状料或不规则颗粒料。膨胀器具有设备损耗小、能耗低等特点，其生产能力相对较大，加工成本为挤压膨化机的 50%～70%，且由于膨胀过程短，维生素、氨基酸等营养物质损耗也相对少。挤压膨化机与膨胀器的性能比较如表 8-2 所示。

表 8-2　挤压膨化机与膨胀器的性能比较

项目	单螺杆挤压膨化机	双螺杆挤压膨化机	膨胀器
机器构造	一根螺杆；螺杆压缩比大，（2～4）：1，挤压腔最大压力为 17MPa	两根螺杆；物料被相互啮合的螺杆齿廓分隔成一些小腔室，在螺杆的推动作用下均匀地被向前推动，物料的温度和所受的剪切力比较容易控制	一根螺杆；外壳上备有蒸气喷射阀和油脂喷射阀；出料口开启度可在一定范围内任意调节；挤压腔最大压力为 4MPa；螺杆压缩比小，为（1.05～2.6）：1
物料输送原理	依靠物料与螺杆及机筒内侧壁的摩擦力来输送，要求满进料，但易漏流、易堵塞	依靠两螺杆之间的啮合、滑移的方式输送物料，输送具有强制性，不易中断或回流	依靠物料与螺杆及机筒内侧壁的摩擦力来输送
加热方式	依靠物料与螺杆及机筒间的摩擦生热，一般自热式较多；最高温度为 170℃；加热不均匀，一部分过熟，一部分蒸煮不够，影响产品均匀性	依靠挤压物料产生的机械热，以及外部加热，电加热式多于蒸汽加热式；物料温度容易控制；物料在机筒内停留时间分布较集中，热分布也均匀	依靠物料与螺杆及机筒间的摩擦生热；最高温度为 140℃；膨胀加工过度可产生许多不良影响
原料适应性	仅适用于含水量和含油量不高、具有一定颗粒状的物料，加工水分在 10%～30%	适用性广，物料颗粒适用范围宽，高含水、含油物料均可，允许水分的范围是 5%～95%	可利用廉价原料，添加 12%～15% 糖蜜或油脂，生产高能量的饲料
用途和产品	用于膨化饲料原料及颗粒饲料	用于膨化颗粒饲料，油脂含量可大于 17%	作为调质器用于饲料调质及生产膨胀饲料。膨胀饲料为面团、薄片和碎粒状

第三节　挤压膨化加工的其他设备与工艺

在挤压膨化饲料生产工艺中，刚脱模的产品水分在 22%～28%，温度在 80～135℃。此时颗粒一般较软，也可能还没有完全糊化。为提高物料的硬度、糊化度及便于贮存和运输，一般要对膨化产品进行后熟化及干燥处理。

一、挤压膨化加工干燥（后熟化）、冷却设备

挤压膨化产品的后熟化过程是：加热作业空气，被加热的空气由循环风机吸入干燥箱体，热空气施加于产品，热空气将热能传递给产品，热量蒸发掉产品表面及内部的水分，水蒸气由循环风机吸走，部分循环风被排出，新鲜的空气替补排出的空气，重复循环工作。后熟化过程也被称为干燥过程。常见的饲料干燥设备有卧式和立式两种类型。

（一）卧式干燥机

卧式干燥机为带式干燥机，其结构见图 8-20。卧式干燥机的烘干输送带有 1～3 层结构（图 8-21），每层均配有排除粉末的螺旋输送机。其采用高抗拉力输送带链条，输送带采用铰链连接或相互叠合的网板，可采用聚酯或不锈钢多孔板。输送带采用单级或多级可调速传动。顶部配有循环干燥风机（插入式结构），热风可采用直接和间接加热方式，即采用蒸汽加热或用天然气、液化气或其他燃料在燃烧炉上直接点火加热。烘干箱由若干个箱体组成，可根据需要增加或减少调节处理能力。干燥机底部一般最后两节为冷却段，与烘干段分隔，冷却后排出的空气作为烘干机空气的补充。干燥空气通风道的内门采用铰链连接，可逆向调节气流。

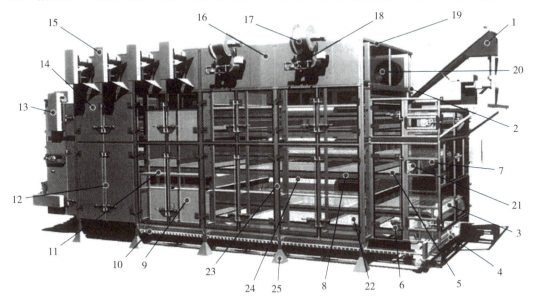

图 8-20　卧式干燥机主要结构

1. 进料装置　2. 干燥带层数　3. 输送带　4. 排除粉末螺旋输送机　5. 输送带链条　6. 清理刷　7. 轴承　8. 固定轨道　9. 通风道内门　10. 倒排粉末绞龙　11. 冷却箱（最底层 2 仓）　12. 铰接操作门　13. 调速电动机　14. 干燥箱体　15. 风机（转子插入箱体）　16. 保温　17. 燃烧炉（加热装置）　18. 电器和管路　19. 入孔（顶部）　20. 加热空气室箱体　21. 双向通风道　22. 支架　23. 内层防积料斜坡　24. 防震基座　25. 机座

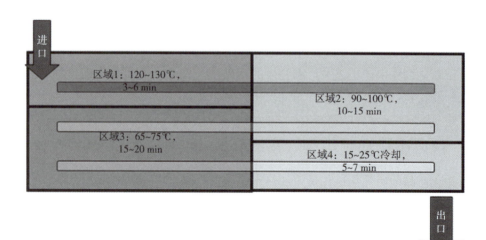

图 8 - 21　卧式干燥机不同区域干燥温度及时间

（二）立式干燥机

立式干燥机采用逆流式冷却器的工作原理，将预热空气吸入并通过料层，使颗粒得到干燥。烘干塔由 1～5 层组成，也可和冷却器组合使用，在同一塔体完成干燥和冷却。每层箱体间的料流成间隙工作状态，由可编程逻辑控制器（PLC）自动控制。分批卸料时，液压控制旋转定位卸料筛格的开启大小，以控制卸料的进度和干燥时间。5 层烘干塔的批量式卸料过程是：底层排空后卸料筛格复位、第 2 层卸料筛格打开，依次直至顶层打开放料进入新一批物料进行干燥。整个工作周期大约需要 10min。逆流干燥机及其与逆流冷却器的组合工艺如图 8 - 22 和图 8 - 23 所示。

图 8 - 22　逆流干燥机外形结构

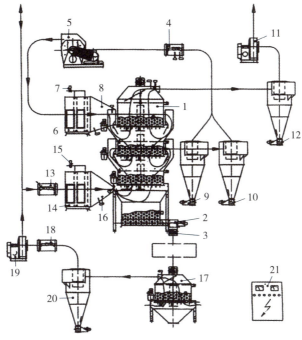

图 8-23　逆流干燥机和逆流冷却器组合工艺

1. 多层立式干燥机　2. 螺旋输送机　3、9、10、12. 关风器　4、13、18. 风量调节阀　5、11、19. 风机
6、14. 蒸汽热交换器　7、15. 蒸汽控制阀　8、16. 连接件　17. 冷却器　20. 旋风除尘器　21. 电气控制箱

（三）操作干燥机和冷却器的注意事项

操作干燥机和冷却器必须注意以下几点：①从膨化机出来的产品稍带塑性，特别是淀粉含量较高的物料，稍带黏性。因此不能将产品料层布得太厚，以减少变形和结块。②产品在干燥过程中应翻转和搅动，促进干燥，打碎团块。使用两级或多级干燥效果更佳。③气流应相对较快而均匀地通过产品。④为适应产品的特性，应调节产品在干燥机/冷却器内的停留时间和料层厚度。

二、挤压膨化加工油脂（液体）后喷涂设备

在饲料中添加的油脂可分为动物油脂和植物油脂。动物油脂有猪油、牛油、鸡油和鱼油等；植物油脂有大豆油、菜籽油、棉籽油、米糠油、棕榈油等。油脂除提供能量外还具有一定的香味，适口性好。仔猪、肉鸡饲料中添加油脂后增重效果显著。水产动物尤其是海水动物需要高能量饲料，需要添加大量的油脂，所以水产饲料一般在饲料成型后进行颗粒后喷涂油脂。

（一）油脂的物理性质

根据油脂在常温下的状态不同可分为油与脂，常温下液态为油，固态为脂。油脂具有很多的物理和化学特性，现仅介绍与饲料加工相关的一些主要物理性能指标，如密度、黏度、熔点及凝固点等。

1. 密度　在一定温度下，各种纯净油脂的密度都在某一范围内随温度而有所变化，油脂温度升高，其密度减小。油脂和脂肪酸的相对密度小于1，一般为 0.910~0.976（油

温为15℃）。在生产中，密度是成品油的重要特征之一，可根据油脂的密度和油脂的体积重量，计算出油脂的重量。密度的表示方法有很多，因油脂的相对密度与温度密切相关，所以均需注明测定时的温度，如常用的标准标记为 d（20/4），其中 4 为测定水密度时的温度（4℃），20 为测定油脂样品密度时的温度（20℃）。

2. 黏度　用于表示液体或混合液体的流动性。黏度是液体分子之间摩擦力大小的量度，在数量上可用力的大小表示，这种摩擦力为某一层流体相对于另一层流体发生相对位移时所需要克服的摩擦力。在油脂工业中测定油脂的黏度常用恩氏黏度计，它是在恒温（20℃）水浴中，油脂与水流满一定容积所需的时间的比值。

黏度是油脂重要的物理指标。油脂的黏度通常随其不饱和程度的增加而下降，所以经氢化加工可提高油脂的黏度。油脂的黏度随温度的升高而降低，在一定温度范围内，黏度的对数与温度的对数呈直线关系。在饲料加工中油脂的黏度直接影响着其输送、过滤、称重、混合效果，更重要的是，油脂的黏度直接影响颗粒饲料对油脂的吸收性能。为提高这些性能，在饲料加工中一般通过加热的方式，以降低油脂黏度，提高饲料的吸收性能，使其尽量渗透至颗粒饲料的内部，降低颗粒表面的油脂含量，提高颗粒饲料的感官指标和减少颗粒表面油脂的氧化。饲用油脂的温度与相对密度、黏度的关系见表8-3。

表8-3　饲用油脂的相对密度、黏度与温度的关系

温度（℃）	相对密度	黏度（mPa·s）	温度（℃）	相对密度	黏度（mPa·s）
38	0.899	35	70	0.880	13
48	0.893	24	82	0.872	9
60	0.866	17	93	0.866	8

3. 熔点及凝固点　物料的熔点即在一定压力下，纯物质的固态和液态呈平衡时的温度，也就是在该压力和熔点温度下，纯物质呈固态的化学势和呈液态的化学势相等。液态油经冷却（或冷冻），凝固成固态脂肪结晶时的温度为凝固点。物料的熔点和凝固点是一个可逆过程，它们之间可以进行无数次转化而不改变其性质。纯净的单质或化合物的熔点和凝固点相等，而黏稠性物料的凝固点一般比熔点低1～5℃。为保证油脂的混合效果和颗粒饲料的吸收效果，在饲料生产中尽量选用低凝固点的油脂。常用油脂相对密度及凝固点见表8-4。

表8-4　常用油脂相对密度及凝固点

油脂名称	相对密度	凝固点（℃）	油脂名称	相对密度	凝固点（℃）
玉米胚油	0.922～0.926	-18～-10	米糠油	0.918～0.928	-21
豆油	0.924～0.928	-12～-7	花生油	0.917～0.921	0～3
菜籽油	0.913～0.918	-12～-10	棉籽油	0.923～0.925	-5～5
葵花籽油	0.922～0.926	-16	牛脂	0.860～0.870	40～48（熔点）
马脂	0.916～0.922	36～43	羊脂	0.857～0.860	40～51
猪脂	0.858～0.864	33～46	鲱鱼脂	0.925～0.936	-4

注：油脂的其他性质为比热容4.5J/（kg·K），热导率0.147W/（m·K），熔点29～48℃，闪点160～260℃。

4. 沸点　是指纯净物在 1 个标准大气压下沸腾时的温度。不同液体的沸点是不同的。沸点随外界压力变化而改变，压力低，沸点也低。花生油、菜籽油的沸点大约在 335℃，豆油的沸点为 230℃。

5. 酸价　油脂酸价（AV）亦称"油脂酸值"，是油脂中游离脂肪酸含量的标志，是检验油脂质量的重要指标，以中和每克油中游离脂肪酸所需氢氧化钾的毫克（mg）数表示油脂酸价。油脂的酸价高，说明油脂的品质较差或贮存的时间较长。

6. 碘价（碘值）　油脂的碘值（IV）是表示油脂中不饱和程度的一种指标。碘值是指 100g 油脂中所能吸收（加成）碘的克数。油脂中的不饱和脂肪酸能与碘起加成反应，碘值的大小在一定范围内能反映油脂的不饱和程度。油脂不饱和程度愈大，吸收碘的数值愈大，反之愈小，由此可以判断油脂的干性程度。碘值偏高的油脂，更容易引起酸败或产生化学聚合。

7. 氧化与酸败　油脂除产生水解变质外，还会产生氧化变质，这是由于油脂中的不饱和脂肪酸被空气中的氧气所氧化分解，从而引起酸价升高所致。油脂的氧化和水解都会导致油脂的酸败变质。油脂酸败变质除与包装形式和长时间贮存有关外，也同油脂中含有某些微量杂质及油脂精炼程度等因素相关。

（二）油脂喷涂设备

1. 油脂喷涂设备的油路系统　油脂喷涂设备主要有储油罐、泵、过滤器、单向控制阀、截止阀、溢流阀、流量计、压力表、管道、加热装置、喷涂设备及电控柜等组成。工作过程中，油脂从油池或油桶经粗过滤器由泵打入储油罐内，经蒸汽盘管或电热管加热至 50～80℃（根据油脂的黏度调节），再经泵、溢流阀、单向控制阀、过滤器、流量计，通过阀门、管道输送到油脂喷涂设备。喷涂量的控制由流量计产生脉冲数据通过 PLC 来控制电磁阀的开关，以调节油脂的喷涂量。图 8-24 所示为油脂喷涂设备的油路系统。

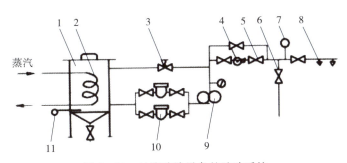

图 8-24　油脂喷涂设备的油路系统

1. 储油罐　2. 蛇形管加热器　3. 溢流阀　4. 流量计　5. 阀门
6. 回油阀　7. 压力表　8. 喷嘴　9. 齿轮泵　10. 过滤器　11. 温度计

储油罐容量一般为 1～2t，设置在距喷涂设备 10m 左右处。罐内装有蒸汽加热盘管和液位器，罐外装有液位显示管和温度计，罐底装有进出油泵及溢流阀、管道等。油脂喷涂的自动控制主要有以下三个自控过程：①油罐温度控制。油脂加热后的温度要求在 50～80℃范围内。②油罐液位自动控制。当仪表检测到下液位信号时，打开输油泵进油；当仪表检测到上液位信号时，关闭输油泵。③喷涂量控制。油脂喷涂采用 PLC 后能实现全自动控制。

2. 滚筒式颗粒饲料油脂（液体）喷涂设备　在饲料中添加适量的液体原料，可以保护饲料中的有效活性成分，提高饲料能量，改善饲料适口性，提高动物的采食量等。但在成粒前添加量一般不能超过4%，否则会影响后续的制粒效果。而成粒后在滚筒式液体喷涂机中添加液体饲料的比例可达到8%，适用于油脂添加量较高的饲料。常规的滚筒式液体喷涂机的液态喷涂比例一般在1%～8%。

滚筒式油脂喷涂机也称为常压油脂喷涂机，是一种连续式油脂喷涂机械。它由料斗、流量调节器、导流管、滚筒、喷嘴及出料口等组成（图8-25）。工作时颗粒由料斗进入流量调节器以保持稳定流量，通过导向管进入旋转着的滚筒。颗粒在滚筒内滚翻抛扬，同时供油系统按需要设计喷涂量并通过喷嘴向抛扬的颗粒喷涂油脂，已喷涂油脂的颗粒在滚筒内继续滚翻抛扬并混合均匀，之后颗粒从滚筒末端排出。滚筒式油脂喷涂机的主要结构见图8-26。

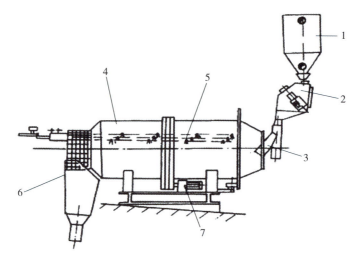

图8-25 滚筒式油脂喷涂机工作原理示意

1. 料斗 2. 流量添加器 3. 导流管 4. 滚筒 5. 喷嘴 6. 出料口 7. 减速电机

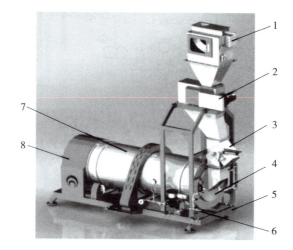

图8-26 滚筒式油脂喷涂机结构

1. 原料秤 2. 带式输送机 3. 气动三通 4. 翻转式检修门盖
5. 滚筒基座 6. 液体多管路添加系统 7. 定制滚筒 8. 卸料箱

滚筒式油脂喷涂机的料斗容积一般为 1～2m³，它起一种缓冲作用。滚筒是向着出口方向倾斜放置，中间装有喷管和喷嘴，滚筒内壁装有阻板，以将物料抛起，颗粒在抛扬过程中接受油脂喷涂并进行混合。滚筒转速一般为 30～50r/min。油脂在储罐内被加热至 50℃左右，通过过滤器进入油泵，再通过阀门、流量计、气阀由喷嘴喷出，喷量由气阀控制，多余油脂由溢流阀回到油罐。

3. 真空液体喷涂设备 常压滚筒式液体喷涂机仅适用于脂肪添加量小于 8% 的普通畜禽饲料。随着水产饲料和宠物食品的快速发展，脂肪的添加量越来越高，传统的常压滚筒式液体喷涂机已不能满足生产的需要，因此近几年开发出了真空液体喷涂设备。

真空液体喷涂技术是将留存在膨化颗粒料内部微孔中的空气采用真空技术进行抽除，使整个混合室达到负压状态，然后将油脂（或其他液体原料）喷涂到颗粒表面，最后释放真空，利用颗粒内、外压力差，即空气的大气压将喷涂到颗粒表面的油脂压入颗粒内部，从而达到提高颗粒饲料脂肪含量的目的。

在工作过程中，膨化颗粒饲料进入真空液体喷涂设备，真空泵对液体喷涂设备进行抽真空，以排出设备内的空气，同时也排出了颗粒饲料内部微孔中的空气。当达到真空度要求时，将液体均匀地喷涂在颗粒表面，待油脂喷涂完成并混合均匀后，打开真空混合机的阀门，解除真空，喷涂在颗粒表面的液体在外界大气压力的作用下，被压入颗粒的微孔中，以提高液体的添加量。真空喷涂工艺是通过真空抽除系统，在颗粒饲料内外产生较大的压力差，在压力差作用下使喷在颗粒表面的液体更多地渗透到颗粒内部，使液体能在颗粒内外均匀分布，减少颗粒饲料因摩擦、碰撞和入水融化所造成的营养成分损失，达到配方保真和环保的目的。

（1）真空液体喷涂设备的类型 国际上最早在 20 世纪 90 年代发明了真空液体喷涂设备，随后我国也相继开发和研制出不同类型的真空喷涂机。目前有固定双轴（单轴）桨叶式真空喷涂机（图 8 - 27）、旋转翻转式真空喷涂机（图 8 - 28）、立式锥形真空喷涂机（图 8 - 29）等，其中立式锥形真空喷涂机最为常见。下面以立式锥形真空喷涂机为例介绍该设备工作原理及工作过程。

A   B

图 8 - 27 固定双轴（单轴）桨叶式真空喷涂机
A. 固定双轴桨叶式真空喷涂机 B. 固定单轴桨叶式真空喷涂机

图 8-28　旋转翻转式真空喷涂机

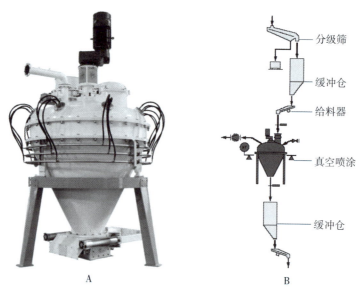

A　　　　　　　　　　　　　　　　B

图 8-29　立式锥形真空喷涂机

A. 立式锥形真空喷涂机　B. 立式锥形真空喷涂机工艺流程

　　立式锥形真空喷涂机的主要结构部件为罐体，在罐体的上部设有进料口和阀门，罐体的下部设置有出料门；罐体内竖向设置有筒状的分料管，分料管的上、下两端分别与罐体的顶部、底部保持预定距离；在罐体的上部设有对着分料管与罐体之间的液体喷嘴；罐体的上部安装有立式绞龙，绞龙插入分料管的内部（图 8-30）。另外，罐体还需与真空蝶阀和真空释放阀等装置连接。工作时，经过称重的物料由进料口投放至罐体，装载完成后，封闭进料口，将罐体抽真空。立式绞龙将罐体底部的颗粒物料经分料管不断地向上提起，从分料管上部向四周抛洒，形成薄的料层。此时，喷嘴喷出的液体恰好与这部分抛洒出的颗粒物料结合，分料管与罐体之间的颗粒向下流动并进一步混合。分料管中的颗粒向上移动，罐体内的颗粒经多次上述过程，反复混合，达到液体喷涂均匀的目的。颗粒物料喷涂均匀后，打开真空释放阀，将外界的空气缓慢地释放进罐体，利用罐内外气压差将颗粒表面的油脂压入颗粒内部。真空释放完毕后，打开出料门，物料由出料口排出。立式锥形真空喷涂机结构及主要工作过程如图 8-30 所示。

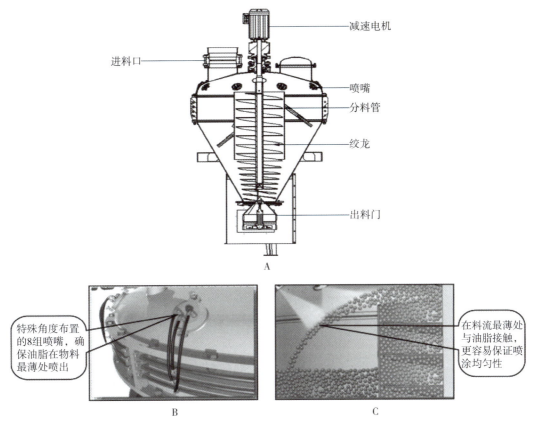

图 8-30 立式锥形真空喷涂机结构及主要工作过程示意
A. 立式锥形真空喷涂机剖面图 B. 喷嘴的布置 C. 料层的抛洒及油脂的喷涂

（2）真空喷涂添加及吸收过程 与常压液体喷涂相比，真空喷涂提高了液体喷涂的准确性和均匀性；在不影响产品质量及稳定性的前提下，大幅度增加了液体的添加量，最大添加量可达到35%。由于油脂渗入颗粒内部，对于水产饲料而言，降低了油脂从颗粒内部溶出和对水体的污染，以及油膜对空气交换的影响。另外，由于油脂留存在颗粒内部，阻止了水分的进入，可起到隔湿防潮作用，保持颗粒的干燥，有利于保存；也可提高饲料的耐水性。真空喷涂设备还可用于喷涂粉状饲料，在真空喷涂之前先将粉状饲料加入混合室与颗粒混合均匀，然后再进行真空喷涂液体饲料。立式锥形真空喷涂工艺流程见图 8-31。

由于挤压膨化颗粒饲料的密度为300～500kg/m³，普通环模制粒机生产的颗粒饲料的密度大约为 650kg/m³，颗粒内部的空隙差异很大，所以硬颗粒饲料的液体喷涂量远远低于挤压膨化颗粒饲料。由于真空喷涂机除湿功能很弱，挤压膨化的颗粒饲料必须干燥至水分含量10%以下（物料被挤出挤压膨化机的水分在 24% 左右），才会取得良好的喷涂效果。挤压膨化颗粒饲料的真空喷涂吸收过程见图 8-32。

（3）立式锥形真空喷涂机的工作特点 包括：①液体添加量大，最大喷涂量达35%。其最大的抽空度为4kPa（96%的真空度）。关闭真空泵以后，真空度可以在 5min 内变化不超过10kPa。对于浮性饲料，其最大的液体喷涂量可以达到35%，对于沉性饲料，其最大的液体添加量为25%。②喷涂机喷嘴布置合理。根据物料被抛撒的轨迹，结合喷涂机上盖的直径和喷嘴的喷吹角度，确定了喷嘴的安装位置，确保油雾在喷吹的过程中，对准

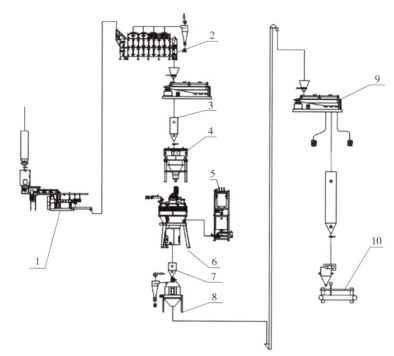

图 8-31　立式锥形真空喷涂机工艺流程

1. 膨化机　2. 烘干机　3. 待喷涂仓　4. 秤　5. 储油罐
6. 真空喷涂机　7. 缓冲仓　8. 冷却器　9. 分级筛　10 打包秤

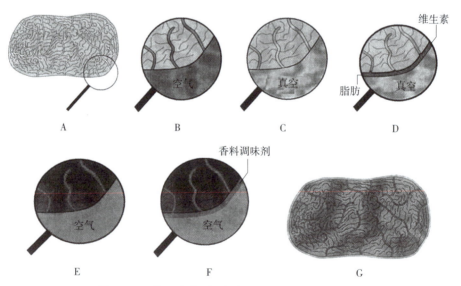

图 8-32　挤压膨化颗粒饲料的真空喷涂吸收过程

A. 脂含量为 10％以下的膨化颗粒饲料　B. 常压下颗粒空隙中充满空气
C. 抽真空后空气从颗粒空隙中排出　D. 在真空情况下向颗粒喷涂脂肪和液体
E. 恢复常压后液体进入颗粒内核和空隙中　F. 再在常压下对颗粒表面喷涂调味等液态原料
G. 最终产品（油脂含量≤35％）

（资料来源，《中国现代饲料工程学》，2014）

料流的最薄处。并且在喷嘴上盖四周均匀布置8组喷嘴，每组喷嘴与相邻的喷嘴有一定的重叠，确保整个喷涂过程油脂无盲区。

（4）影响真空液体喷涂效果的因素　包括：①真空度。真空度越高，液体渗透性越好，添加量就会越大。②解除真空的时间。解除真空混合机中真空的时间长短决定着液体添入量的多少，如果解除真空的时间很短，液体渗入不充分，空气会重新占据颗粒微孔的位置，液体还只停留在颗粒饲料的表面，喷涂量和喷涂效果就会降低。解除真空的时间延长，液体渗透充分，空气可将液体充分压入颗粒内部空隙。因此，在不影响混合周期，不降低生产率的前提下，解除真空的时间越长，越可有效提高喷涂效果。③挤压膨化颗粒饲料的特性。颗粒饲料膨化度越高，内部空隙越多，对液体吸收的能力越强，真空喷涂的效果越好。进行喷涂颗粒饲料的温度应降至50℃左右，温度过高，颗粒内部自由水蒸发，会延长抽真空时间，影响整个喷涂工艺效率。④喷涂液体的特性。真空喷涂机不仅可以喷涂添加油脂，而且还可添加调味剂、酶制剂、氯化胆碱等其他液体原料，所以在喷涂时一定要注意液体的黏度、流动性、吸附性等对喷涂效果的影响。特别是喷涂动物性脂类，应适当加温，降低黏度，以提高喷涂效果。

三、加压式挤压膨化颗粒饲料密度控制技术

水产动物饲料按其漂浮性可分为：浮性饲料、半浮性饲料、慢沉性饲料和沉性饲料4种类型。使用挤压膨化工艺通过适当的调整可生产不同沉浮性饲料。密度是影响水产饲料沉浮性的关键性指标，两者之间的关系见表8-5。

表8-5　水产饲料的密度与饲料沉浮性的关系（g/L）

饲料特性	20℃海水（盐度35）	20℃淡水
快速下沉	＞640	＞600
缓慢下沉	580～600	540～560
中度漂浮	520～560	480～500
浮性饲料	＜480	＜440

挤压膨化机生产浮性饲料比较容易，而生产沉性和慢沉性饲料相对困难。目前生产沉性水产饲料时通常配套使用在挤压腔设置排气口和在挤压排料后设置压力室这两种密度控制的方法。前者是通过降低出模口前压力，实现降低饲料的膨胀度；而后者是通过增加物料通过出料口后压力，降低物料被挤出料口的膨胀度，增加挤压膨化饲料的密度，保证其沉降性能。前者称之为抽真空式密度控制；后者称之为加压式密度控制，并以加压式密度控制装置为主。

（一）加压式密度控制装置的工作原理

在挤压膨化颗粒饲料生产中，加压式密度控制是指给膨化颗粒出模后的密闭的切割室内通入压缩空气，在切割室内建立起正压力，通过降低物料出模前后的压差，以降低挤压膨化饲料的膨胀度。因随切割室内压力的提高，水的汽化点（沸点）提高，这将会降低物

料中水分出模后的闪蒸速度，从而降低饲料的膨化度，有利于增大颗粒的密度，满足沉性饲料的容重要求。一般来说，使用加压式密度控制装置还可提高膨化机 20%～30%的产能（和不采用任何密度控制设备相比较）。通过调节加压式密度控制装置的压力，可在一定范围内生产不同密度的水产饲料，因此加压式密度控制装置在沉性饲料的生产中得到了广泛应用。其原理如图 8-33 所示。

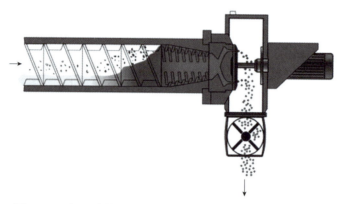

图 8-33　加压式挤压膨化饲料密度控制装置的工作原理示意
注：图中箭头所示为物料流动方向

（二）加压式密度控制装置的构成

加压式密度控制装置的结构如图 8-34 所示。

图 8-34　加压式密度控制装置的主要结构

加压式密度控制装置主要由切割装置、关风器和空气压缩系统组成。切割装置包括：壳体、电机、切刀组件、清理门、泄爆口等，物料在壳体内正压的环境下被切割成形。通过关风器将压力室内切割成形后的物料排出，其作用是在输送卸出物料的同时保证加压切割室的密封。空气压缩系统是给加压式密度控制装置提供正压（0～0.2MPa），以降低膨化颗粒的膨化度，增加密度。表 8-6 为利用挤压膨化机生产小龙虾沉性饲料时密度控制装置的内部压力与产品密度的关系；表 8-7 为挤压膨化机出料压力控制与产品密度和油脂喷涂量的关系。

表 8-6　密度控制装置内部压力与产品密度的关系

产品名称	模板孔径（mm）	压力室压力（MPa）	物料密度（g/L）
小龙虾饲料	3.0	0.08	635
		0.12	644
		0.16	676
		0.20	697

表 8-7　压力与产品密度和油脂喷涂量的关系

增加的压力（MPa）	喷涂前产品密度（g/L）	喷涂后产品密度（g/L）	最大吸油率（%）	最终产品含油率（%）
0	526	689	21.5	23.4
0.05	547	705	22.7	24.2
0.10	571	705	20.7	22.0
0.13	613	726	16.9	20.4
0.17	640	756	9.8	17.1

第四节　挤压膨化工艺在饲料加工中的应用

一、挤压膨化加工处理饲料原料

挤压膨化加工过程可以改变物料的物理性质，使其内部结构发生变化。一方面可以使蛋白质变性、灭活或降低饲料原料中的热敏性抗营养因子，主要用于玉米、大豆、棉籽、亚麻籽、血粉、羽毛粉等蛋白饲料资源的提质增效；另一方面大幅度地提升淀粉的糊化度和使蛋白变性，改善饲料的适口性和养分的消化率，延长饲料原料的保质期。

（一）膨化大豆

膨化大豆是饲料生产中的主要的蛋白膨化产品，膨化大豆有干法和湿法两种方法，在有蒸汽条件下，应尽量使用湿法生产。湿法生产效率高，在同功率情况下，湿法膨化大豆粉的生产能力比干法高出1倍以上。湿法膨化控制尿素酶活性更稳定，可以精确地控制在0.02~0.2。干法膨化大豆粉尿素酶活性波动较大，易出现熟化度不均匀的现象。湿法膨化大豆水分可以精确控制在12%左右，而干法产品水分仅在8%左右。虽然湿法膨化大豆效率较高，但干法产品香味浓郁，诱食性更好。湿法膨化大豆时的温度在115~125℃，压力为5~10MPa，在尿素酶活性≤0.2的情况下，生产膨化大豆的耗电量为22~62kW·h/t，平均为38kW·h/t，膨化机主电动机功率越大，膨化机能效等级越高。

挤压膨化处理后的全脂大豆是适口性极佳的高能、高蛋白饲料。膨化工艺保留了大豆本身的营养成分，钝化了饲料中的部分抗营养因子。干法膨化在100~140℃下胰蛋白酶抑制因子的含量能够降低74.8%~88.6%，且温度升高胰蛋白酶抑制因子的失活程度增大。大豆抗原蛋白中免疫原性最强的是 β-伴大豆球蛋白（11S）和大豆球蛋白（7S）。大豆原料中的 β-伴大豆球蛋白为 306.8mg/g，大豆球蛋白为 110.2mg/g；膨化大豆 β-伴大豆球蛋白的平均值为 26.45mg/g，变化范围为 3.10～79.50mg/g，大豆球蛋白的平均值为 52.95mg/g，变化范围为 20.30～93.50mg/g。与大豆原料相比，膨化大豆抗原蛋白含量都有一定的降低。膨化对皂苷、低聚糖的含量基本无影响。此外，挤压膨化改善全脂大豆的适口性，其产品鲜黄亮泽，疏松多孔，具有浓郁的香油味，可提高饲料利用率。

赵克振等（2011）以美国转基因大豆为原料，进行了粉碎过程中不同水分含量（13.21%、14.82%、16.71%）和筛孔直径（2.0mm、2.5mm、3.0mm、3.5mm）对粉碎产品粒度的影响，以及不同挤压膨化温度（130℃、140℃、150℃）、不同粒度和不同水分含量对膨化大豆中脲酶活性和蛋白质溶解度的影响的研究，筛选出加工膨化大豆的最优工艺条件。该研究选用的大豆原料中的脲酶活性较高为 5.47U/g，试验结果表明，当膨化温度为 130℃时脲酶活性大幅下降，全部样品都降低到 0.3U/g 以下，膨化温度为 140℃和 150℃时脲酶活性值下降更多，尤其是 150℃时测得脲酶活性的最大值只有 0.08U/g，因为其值过低可以视为无脲酶活性。综合评定大豆最佳挤压膨化加工参数：水分含量 13.21%，筛网孔径 3.5mm，膨化温度 130℃。在此加工参数条件下，膨化全脂大豆的脲酶活性为 0.248U/g，蛋白质溶解度为 75.52%。White 等（2000）的研究表明，高水分含量的全脂大豆在膨化中使脲酶和胰蛋白酶抑制因子失活的温度低于干大豆。而该试验中水分的变化对脲酶活性影响较小，也可能是因为水分变化范围较小的原因。

（二）膨化玉米

玉米中淀粉含量为 71%～72%，其中直链淀粉占 27%。原淀粉是由淀粉粒子组成的颗粒状团块，结构紧密，吸水性差。玉米膨化是在水分、热、机械剪切、摩擦、揉搓及压力等综合作用下的淀粉糊化过程。当玉米粉与蒸汽和水混合时，淀粉颗粒开始吸水膨胀，通过膨化腔时，迅速升高的温度及螺旋叶片的揉搓使网袋状淀粉颗粒加速吸水，晶体结构开始解体，氢键断裂，膨胀的淀粉粒开始破裂，变成一种黏稠的熔融体，在膨化机出口处由于瞬间的压力骤降，蒸汽（水分）瞬间散失使大量的膨胀淀粉粒崩解，淀粉糊化。水蒸气进一步蒸发使冷却的胶状物料中留下许多微孔，就形成了膨化玉米。高温、高压及机械剪切使挤压膨化比其他加工方式产生的淀粉糊化更彻底，糊化度可达 80%～100%。与常规的蒸煮工艺相比，玉米膨化能使植物细胞壁破裂，淀粉链更短，从而可以更有效地提高消化率。玉米膨化的温度为 150～160℃，压力为 8～12MPa。在淀粉糊化度≥85%的前提下，干法和湿法生产膨化玉米的耗电量分别为 80～130kW·h/t 和 70～120kW·h/t。挤压膨化加工用于其他饲料原料的加工技术参数见表 8-8。

表 8-8 部分饲料原料膨化加工参数及效果

原料	膨化加工的目的	主要工艺参数	效果
亚麻籽	去除生氰糖苷等毒素	干法和湿法膨化机，膨化温度为 180～220，压力为 5～10MPa，电耗为 80kW·h/t	消减毒素，提高用量和使用效率

（续）

原料	膨化加工的目的	主要工艺参数	效果
羽毛粉	角蛋白难以被动物消化吸收，必须进行加工处理，膨化破解角蛋白的空间结构，使其变成可消化吸收的状态	羽毛粉水分25%。螺杆直径为45mm，螺杆长径比为18∶1，螺纹螺距为45mm，螺纹升角为30°，螺杆转速为40～120r/min，加热温度为100～200℃，主机功率为7kW，环形模口环隙为0.6mm（朱选等，2001）	膨化加工后的羽毛粉为松弛的条状，经粉碎为淡黄色或浅灰色的疏松粉末。角蛋白体外消化率大幅度增加
血粉	血粉含有血细胞，消化吸收率低，血腥味大，适口性差	膨化机模孔与顶杆的间距为（9.4±0.26）mm，膨化腔熔融段温度为（116.7±1.8）℃，膨化腔均化段温度为（160.35±1.95）℃，血粉的含水率为（20.72±0.24）%（胡华中，2005）	挤压膨化加工改进血粉的品质，提高其营养成分的吸收率，膨化血粉的消化率达到97.76%
菜籽粕	含硫苷、芥酸、单宁、植酸等，经芥子酶作用会分解产生异硫氰酸酯、噁唑烷硫酮、腈等有毒有害物质	TSE65型双螺杆膨化机，膨化腔三区温度为150℃，水分含量为16.10%，主机螺杆转速为210r/min（田珍珍，2015）	硫苷降低55.11%，芥子碱降低9.82%，蛋白溶解度降低19.13%，蛋白体外消化率提高1.89%
棉粕	消除游离棉酚的毒副作用	采用MY56×2挤压膨化机，模头开孔面积为300mm²（t·h），进料电机频率为7.0Hz，调质温度为95℃，调质后物料含水率为17.6%，主机螺杆电机频率为35Hz，膨化腔温度（四区模头）为132℃（倪海球，2017）	膨化棉粕疏松多孔，游离棉酚降低87.54%，提高蛋白体外消化率，蛋白溶解度和水溶性指数明显降低

王宝石等（2012）以普通玉米粉为原料，研究了不同挤压膨化条件下对玉米粉糊化度的影响。试验结果表明，随着物料含水量增加，挤出膨化玉米粉的糊化度先增加后降低，物料含水量为35%时，糊化度达到最大为96.03%；随着挤出温度的增加，挤出玉米粉的糊化度先增加然后略有降低，挤出温度为150℃时，糊化度达到最大为94.1%；随着螺杆转速的增加，挤出玉米粉的糊化度呈现先增加后降低的趋势，螺杆转速为225r/min时，糊化度达到最大为93.7%。由此可见，在挤压膨化玉米粉过程中，物料的含水量、挤出温度和螺杆转速对膨化玉米的糊化度有重要影响。

二、挤压膨化水产饲料

浮性饲料和沉性饲料在挤压过程中沿着膨化腔的温度有显著差异，膨化机内的温度和压力影响膨化饲料的密度和膨化度。淀粉是影响水产饲料沉浮性的重要原料。膨化饲料在膨化机内膨化腔中间段附近时温度达到最高，而在末端靠近模头处的温度较低。这种温度的变化有助于控制产品的密度和外观。对于脂肪含量较高的饲料，需要控制膨化腔内的温度以确保饲料在模头处具有一定高度的温度。生产良好的浮性或沉性饲料的关键是控制产品的密度，一般认定为密度（容重）为480g/L是膨化饲料沉浮的转折点，低于此密度即为浮性，高于此密度即为沉性。

（一）浮性饲料的生产技术

在加工生产浮性饲料时，饲料原料中的淀粉含量一般大于12%。通过挤压膨化机的螺套和螺杆结构设置，机膛内蒸汽和水的添加量可高达干物质的8%。如果水分添加量合适，膨化机的螺套结构正确，则挤出物在到达模头前具有以下性质：最终压力3.4~3.7MPa，温度为120~140℃，含水量为18%~30%。挤出物穿过模孔后的膨化产品密度为320~500g/L，含水量为21%~24%。挤压物出模时会闪蒸6%~10%的水分。成品饲料需进一步干燥、稳定、冷却，水分控制在≤13%，含水量低可增加物料的漂浮性。浮性水产膨化饲料加工工艺参数见图8-35。

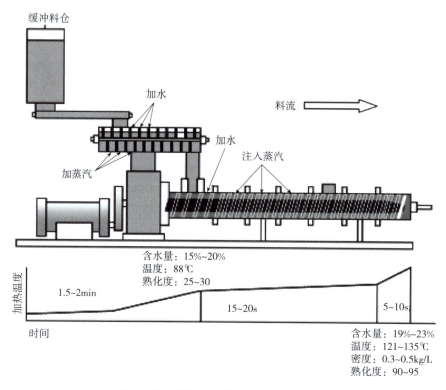

图8-35　浮性水产膨化饲料加工工艺参数

（二）沉性饲料的生产技术

沉性饲料生产要求产品密度≥400g/L。生产过程中，先在调质器内加入少量的蒸汽，然后加入适量的水。混合物料进入膨化机前的含水量通常达到20%~24%，水和蒸汽的流速一定要平衡，使混合料在调质器的出口处达到70~90℃。向膨化腔即机腔内注水的流量应保证挤出物的含水量达到28%~30%。为了保证活性成分的含量，需要降低产品的温度、含水量和膨化度。挤出物在被迫通过模头之前经过一个减压过程。生产沉性水产饲料，挤出机模头处的压力通常在2.6~3.0MPa，挤出物含水量为28%~30%，密度≥500g/L，物料温度在120℃，水分含量为26%。使用在膨化腔上装有泄压阀（密度控制仪）的挤压膨化机，可降低挤压物的温度、水分和膨化度。沉性水产饲料应含不高于10%的淀粉和不高于12%的脂肪，最终产品应干燥至含水10%~12%，过度干燥会使沉性饲料上浮。沉性水产膨化饲料的加工工艺参数见图8-36。

（三）其他水产饲料

1. 慢沉性饲料　饲料密度为390~410g/L，通常用于网箱养殖。在饲料颗粒到达箱底之前，鱼类有充分的采食时间。

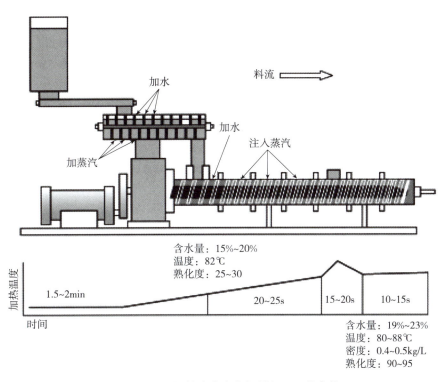

图 8-36　沉性水产膨化饲料加工工艺参数

2. 半浮性饲料　在混合机内加入液体，使水分达到 25％～35％，挤压、冷却后水分在 22％左右。在加入的液体中应有一定的保湿剂、防霉剂，如丙二醇、山梨酸等。

三、挤压膨化宠物食品

猫、犬等宠物食品，国际上习惯采用挤压膨化加工工艺进行生产。其主要工艺流程为将谷物和干的原料进行粉碎处理，并将动物性湿原料绞碎成肉糜或肉浆，然后配料混合，再经挤压膨化机加工。挤压膨化后的产品可根据不同产品要求，采用干燥、冷却、液体表面喷涂等不同的处理工艺继续后续加工。

挤压膨化宠物食品一般分为干膨化饲料、半湿饲料和软膨化饲料等。

1. 干膨化饲料　干饲料通常含 10％～20％的水分，均由谷物及其加工副产品、大豆产品、动物产品、乳制品、油脂、矿物质及维生素添加剂加工而成。干犬饲料的粗脂肪含量一般为 5％～12.5％，猫饲料含 8％～12％的粗脂肪（均以干基计）。加入较多脂肪可改善饲料的适口性。通常做法是：在饲料成品表面喷涂液化油脂或增味剂。干的犬饲料有粉料、颗粒料、破碎料和挤压膨化料等类型，干的猫饲料通常经过挤压蒸煮加工。此类饲料的挤压水分含量为 20％～25％，成品水分为 9％～12％，饲料的密度为 320～350kg/m³。

2. 半湿饲料　加工工艺与干挤压膨化产品的工艺方法相似，但因配方不同，加工工艺存在一定的差别。半湿产品的基础原料很多与干挤压膨化产品相同，但除了干谷物混合物外，半湿产品在挤压前还需混入某种肉类物料或肉类副产品浆液。干料和湿料之间的比例各生产厂家不尽相同。一般认为，干料和湿料比例为（4～1）∶1。从加工方面考虑，当干料明显多于湿料时（4∶1），应采用间歇式混合工艺，将干、湿料混合后送入挤压装

267

置进行连续蒸煮挤压。当干料和湿料比达到3∶2至1∶1时，应直接置于挤压机前道连续混合装置进行干、湿料混合。干物料通过喂料装置进入连续混合机，同时湿料经计量泵后也送入混合机，两者得以混合。可喷入蒸汽和水促使形成混合充分的物料。然后，物料从混合室直接进入蒸煮-挤压机进行加工。

该类饲料在挤压时水分含量为30％～35％（湿基），在产品中添加防腐、防霉、保鲜剂，将成品的水活度调节到0.65～0.9，成品的pH调节到4.0～5.5。产品在贮存前无须去水处理，产品保持柔软性（与肉相类似），产品的密度为480～560kg/m³。

3. 软膨化饲料　与半湿饲料极其相似，含有较多肉类或其副产品，油脂含量高于干膨化产品。软膨化饲料与半湿饲料最大的差别，在于软膨化饲料经挤压后具有干膨化饲料的膨胀外观。与生产半湿饲料一样，生产软膨化饲料需将生产干膨化饲料的设备进行改造，加工操作方式也需改变。软膨化产品的挤压过程与干膨化产品的挤压加工过程基本相似，都需在挤压前加入蒸汽与水进行调质，最后成品在压模处得以挤压膨化。但软膨化产品的组分特征与半湿产品的组分相似。虽然最后成品经过挤压膨化，但软膨化产品仍具有真肉般软而柔韧的性质。该类饲料的成品含水量为27％～32％，不需干燥，只需冷却；在饲料中加有防腐剂等，产品的密度为417～480kg/m³。

第五节　影响挤压膨化加工效果的因素

一、饲料原料的影响

（一）原料中水分含量

挤压膨化中原料水分含量一般控制在15％～27％。水分含量过高，原料的收缩会逐渐增大，最终出现产品变形；原料水分含量过低，能耗、机械损耗会持续增加，产品的表里组织变化也不一致。应根据挤压膨化机的性能、模具孔径大小及饲料配方等因素调整原料中水分含量。

（二）淀粉来源和含量

饲料中淀粉含量的多少、淀粉的种类、淀粉的结构及淀粉在挤压过程的变化，与产品的质量有密切关系。为获得优质的膨化产品，有时需添加变性淀粉，以提高产品质量。

1. 淀粉在挤压膨化中的作用

（1）赋形作用　原料经挤压机挤出后，糊化的淀粉分子相互交联，形成了网状的空间结构。该结构在挤出后迅速冷却，闪蒸掉部分水分后成型，成为膨化饲料结构的骨架，给予产品一定的形状。若淀粉含量过低，则会形成松散的产品结构。

（2）密度控制作用　淀粉含量高的原料经挤压后易膨化、产品密度小；支链淀粉和变性淀粉含量越高，则产品膨化度越大，密度越小。

（3）硬度控制作用　直链淀粉和变性淀粉含量高时，膨化制品的抗碎强度大，质地较硬。

（4）吸水速度控制作用　变性淀粉含量高的原料经挤压膨化后，会产生结构变化。该结构的形成可降低产品的吸水速度，能使产品在水中或在液状食品中不会立即变成糊状，而能较长时间保持产品的外形。水产饲料要求有较高的耐水性能，否则不仅造成饲料的浪费，而且污染水体。

2. 淀粉对挤压膨化加工的影响　　不同来源淀粉的颗粒大小、结构不同，其对水产膨化饲料加工和品质产生的影响也存在差异。淀粉起着膨化和黏结作用，是影响饲料沉浮性能的主要因素。淀粉含量越高，饲料越容易膨化。淀粉含量相同，淀粉来源不同、种类不同，膨化效果也会产生差异。因此，应根据不同动物对营养的要求，选择合适的淀粉源。小麦面粉（淀粉含量75%～82%）、玉米粉（淀粉含量70%～75%）、大米粉（淀粉含量81%）均是水产饲料的淀粉来源，茎块植物的淀粉（如马铃薯淀粉、木薯淀粉等）中直链淀粉含量较高，具有较好的黏结性，也是较理想的淀粉原料。

淀粉主要由直链淀粉和支链淀粉构成，二者的分子聚集状态与分子结构不同。支链淀粉是一种呈分支状的分子，分子间的键在高温作用下很容易断裂，当支链淀粉分子质量较大时，其链状分支构造在糊化后可以形成复杂的网状结构，网目结构强而不易崩塌，物料在膨化过程中能承受较强的蒸汽压力且结构不易被破坏，使得样品容易膨化，并且膨化度较大。支链淀粉具备增稠作用、高收缩性、水吸收性和抗老化特性等，而直链淀粉具备优良的质构调整特性和凝胶性。淀粉中直链淀粉的含量和支链淀粉与直链淀粉的比例会对膨化饲料的加工产生重要影响。水产饲料在水中或沉或浮的特性，可以通过淀粉膨化的特性得以实现。一般沉性饲料中淀粉含量在10%～15%，而浮性饲料中淀粉含量一般不低于20%。

（三）脂肪含量

脂肪是水产饲料中的主要能量原料，尤其是海水动物饲料、宠物食品等需要大量的脂肪。一般饲料挤压对脂肪添加量的要求：单螺杆挤压机，脂肪添加量一般不超过12%；双螺杆挤压机，脂肪添加量一般不超过17%。水产饲料与宠物食品中脂肪含量≤12%时，对挤压产品的质量几乎无影响；脂肪含量在12%～17%时，每增加1%脂肪，最终产品的密度增大16kg/m³；脂肪含量达到17%～22%时，产品几乎不膨胀，但颗粒质量仍稳定；脂肪含量达到22%以上时，最终产品的稳定性极差。通常将膨化饲料原料的脂肪含量控制在8%以下，以减少脂肪对挤压膨化加工品质的影响。当膨化饲料挤压前总脂肪含量超过8%时，超出部分油脂应改在成形后再喷涂，以减小脂肪含量过高对挤压膨化加工的不利影响。颗粒硬度指数与颗粒内部的脂肪含量有密切的关系。脂肪含量在6%～14%时，硬度趋于递增；脂肪含量超过14%，随着脂肪含量的增加硬度快速下降。另外，饲料原料自身含有的油脂对膨化度的影响小于外加的油脂。因此，通过添加油脂含量高的饲料原料来提高饲料的油脂水平更有利于膨化饲料的生产。

（四）粗蛋白含量

水产动物对蛋白的需求量较大，蛋白原料在整个饲料配方中的比例占25%～60%或更高，蛋白在膨化成品中起着结构骨架的作用。同样，蛋白的含量及种类对膨化饲料产品质量影响显著。植物性蛋白源的吸水性、黏结性强，易加工成型，膨化效果好；动物性蛋白源种类丰富，来源广泛，成本低。但水产动物对植物性蛋白源的消化性低于动物性蛋白源，在普通水产动物饲料配方中植物性蛋白源占比高于动物性蛋白源，且植物性蛋白源含有其他杂质，如少量的纤维素、淀粉等。植物蛋白的组成和氨基酸比例差别较大，而不同的蛋白其加工特性不同，甚至相反，因此不同来源的植物性蛋白源对膨化效果的影响有较大差异。合理地将动、植物来源的蛋白资源进行搭配显得非常重要。在一定范围内，粗蛋白含量升高，摩擦系数小，设备磨损降低，产品组织化好，黏弹性增加。

蛋白含量高的原料一般在挤压时膨化程度低。因此，为提高产品的膨化率，往往需要提高挤压温度和适量调整水分含量。挤压过程中若蛋白含量高，则物料的黏稠度大，挤压过程中的能耗也增加。

二、加工工艺的影响

（一）粉碎粒度

粉碎粒度是影响膨化工艺的主要因素之一，颗粒较大的原料会降低饲料的膨化系数，容易堵塞模孔，磨损机器内壁，增加损耗率，且膨化饲料外观粗糙。因此，在生产膨化饲料前，要充分评定饲料的等级和品质要求，选择性价比高的粉碎粒度。淡水鱼饲料要求全部通过 20 目分级筛，40 目筛上物不大于 30%；河蟹、虾饲料要求全部过 40 目筛，80%过 60 目筛；鳗、鳖饲料要求全部过 60 目筛，80 目筛的通过率达 95%。其目的主要有两点：一是增加原料表面积，增加与消化酶的接触面积，有利于消化吸收；二是增加原料细度，促进糊化程度，从而有利于膨化制粒，提高商品价值。

（二）挤压膨化温度

挤压腔内原料的温度是挤压膨化加工中重要的工艺参数之一。温度是促使淀粉膨化，蛋白质变性和其他成分熟化，并使原料变为均匀玻璃化流体的必要条件。利用挤压膨化机加工谷物原料时，一般要求挤压筒内的原料温度达到 120～180℃，在 140～160℃时效果最好。若挤压机内温度太低，则淀粉不能充分糊化、蛋白质不能变性，故大分子物料塑化较少，且物料在机内具备足够的能量，当骤然释放至常态时，其糊化度增加不够，致使物料未能充分膨化；若温度太高，物料在挤压机内获得的能量太大，其作用力超过了物料间的相互黏着力，易发生喷爆。因此，只有控制在适宜温度范围内，物料才可以在挤压机内获得足够的能量，并在骤然释放时，产生较好的膨化效果。

（三）调质蒸汽

不同原料的调质蒸汽量也不同，通常膨化大豆蒸汽添加量在 7%～8%，膨化玉米的蒸汽添加量控制在 10%左右。蒸汽的添加量过多，会导致原料变黏稠状，进而影响膨化质量。膨化过程中蒸汽的供应需要依靠压力来保持稳定，通常进入调质器内的蒸汽压力为 0.058～0.4MPa。不同原料配方的饲料对蒸汽的需求量不同，蒸汽的供应量受原料中淀粉含量的影响，淀粉含量高的原料，需要添加的蒸汽量也多。

（四）调质时间

通常情况下，调质的温度为 65～90℃。调质过程需要时间来进行控制，针对不同的配方，调质所需的时间不同。调质时间的长短直接影响物料的熟化程度，在一定范围内，调质时间越长，物料的熟化程度越好，物料间的相互黏结性也越好，易膨化。此外，水分能够使膨化饲料具有较高的黏合度，但是水分使用过量会影响干燥环节的进度。近几年为了确保饲料的生物安全，有些工艺设计使调质和保持的时间合计达到 3min。

第六节　挤压膨化过程中物料营养成分的变化

一、碳水化合物的变化

碳水化合物占畜禽饲料配方的 60%～70%，水产饲料中略低。碳水化合物根据其分子质量、结构及理化性质可分为淀粉、纤维、亲水胶体及糖 4 类，其在挤压过程中的变化及作用各不相同。

（一）淀粉

挤压膨化加工主要是淀粉的糊化加工过程。挤压膨化产品的品质与淀粉的糊化特性密切相关。淀粉的糊化特性包括：糊化温度、峰值黏度、峰值时间、最低黏度、最终黏度、衰减值和回生值 7 个指标。如图 8-37 所示，糊化温度指淀粉糊化所需要的最低温度，此温度反映能量的消耗。当温度达到最高值，并随着时间的延长，物料的黏度快速降低；当温度开始下降，物料的黏度开始增加；当温度降低到一定值时，物料达到峰值黏度，其反映淀粉结合水的能力，与最终产品的质量有关，可作为一个指标反映挤压膨化机的黏性负载。最终黏度反映淀粉在熟化并冷却后形成黏糊或凝胶的能力。回生值与各种产品的质地密切相关，回生值高，可能与凝胶脱水或液体的渗析有关（杨洁，2019）。淀粉的回生值越高，其适口性和消化性能越差，所以在饲料生产中要尽量降低淀粉的回生率。

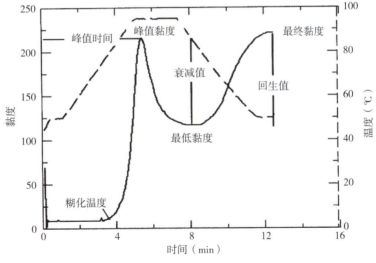

图 8-37　快速黏度测定仪（RVU）测定的淀粉糊化曲线
注：实线为淀粉糊化过程中的温度变化曲线，虚线为淀粉在加热过程中的黏度变化曲线

天然淀粉以颗粒状存在，颗粒的外形有圆形或不规则状态，粒度一般为 1～100μm。它们靠分子间的氢键和分子内的氢键紧密联在一起，联成类似晶体的结构，天然淀粉的吸水性很小，口感很硬，进入动物体后不易被淀粉酶酶解。淀粉在一定的水分及温度条件下，其颗粒会溶胀破裂，内部有序状态的分子之间的氢键断裂，分散成无序状态，产生"糊化"，糊化之后的淀粉也称为 α-淀粉。几种常见淀粉的糊化温度如表 8-9 所示。

表 8 - 9　常见淀粉的糊化温度（℃）

淀粉种类	糊化温度
大米淀粉	68～78
小麦淀粉	59～64
玉米淀粉	62～70
马铃薯淀粉	56～66

谷物类淀粉一般在 50～60℃开始膨胀，豆类淀粉在 55～75℃开始膨胀。原料的变性温度因水分而异，含水 20%的纯小麦淀粉糊化温度为 120℃。

淀粉在挤压膨化过程中的主要变化是"糊化"。经水热处理后，淀粉粒子在湿、热、机械挤压、剪切的综合作用下，结构受到破坏，使淀粉分子内 β-1,4-糖苷键断裂而生成葡萄糖、麦芽糖、麦芽三糖及麦芽糊精等低分子质量产物，分子间氢键断裂而糊化，即 α 化。淀粉分子断裂为短链糊精，降解为可溶性还原糖。糊化的淀粉分子相互交联，形成网状的空间结构，物料在瞬间膨化后失去部分水分，冷却后成为膨化产品的骨架，使产品保持一定的形状。通过膨化加工可以将淀粉颗粒及中间的介于半晶体状和晶体状区域的表面积显著扩大，瓦解其组织结构，使淀粉颗粒融为一体，形成像塑料一样的平缓区域（图8-38）。这种变化可改善肠道内淀粉酶活性极低的乳仔猪对淀粉的消化率。

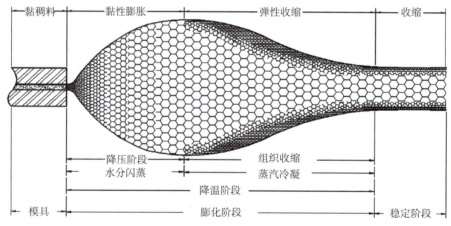

图 8 - 38　谷物挤压膨化/膨胀过程中结构形成原理示意

刘世操（2018）就挤压膨化和先膨化后烘焙两种加工工艺对玉米的淀粉糊化特性进行了研究。在挤压膨化工艺中研究了挤压机套筒温度、水分添加量和螺杆转速对玉米淀粉糊化度的影响；在烘焙熟化工艺中研究了烤炉烘焙温度、烘焙时间和压片机的压片厚度对玉米淀粉糊化度的影响。结果表明，在挤压膨化加工工艺中，影响玉米的淀粉糊化度的因素依次是水分添加量>套筒温度>螺杆转速，最优工艺参数为：水分添加量 14%，套筒温度 120℃，螺杆转速 220r/min。在此条件下，玉米淀粉的糊化度为 90.34%。而在烘焙工艺中影响糊化度的因素依次为烘焙温度>烘焙时间>压片厚度，最优工艺参数为：烘焙温度 220℃，烘焙时间 45s，压片厚度 1.0mm。在此条件下，压片玉米的糊化度高达

99.94%，淀粉糊化度达到最大化。

该试验还就普通玉米、蒸汽压片玉米、挤压膨化玉米和烘焙玉米4种不同加工工艺对玉米淀粉糊化度、直链淀粉含量、回生值、玉米淀粉形态和淀粉水解产物量的影响进行了研究。试验结果表明，不同加工处理的玉米的淀粉糊化度依次为烘焙玉米>挤压膨化玉米>蒸汽压片玉米>普通玉米。烘焙工艺提高了玉米淀粉的消化速率，烘焙玉米的淀粉消化速率比挤压膨化玉米提高了0.61mg/（g•h）。由图8-39可见，不同加工方法均可不同程度地提高玉米淀粉的糊化度，烘焙玉米糊化度高于其他三种加工方法的玉米。淀粉糊化受到许多因素的影响，不同加工处理玉米可使淀粉不同程度地糊化。只经过粉碎的普通玉米，其淀粉颗粒没有变化，但通过粉碎，玉米淀粉的颗粒可能部分破碎，增大了淀粉酶接触面积；另外粉碎加工也产生一定热量，使淀粉有一定的糊化，但糊化度较低。蒸汽压片玉米在经过高温蒸汽和压力的作用后，玉米淀粉吸水膨胀，氢键发生断裂，形成糊化状态，淀粉的糊化度可达40%，这主要是由于蒸汽压片是整粒玉米压片，玉米片较厚，热量传递具有局限性。挤压膨化玉米的糊化度比蒸汽压片玉米高出约40%，达到80%以上，挤压膨化玉米主要是受到高温和挤压的作用，使分子间氢键破裂，达到糊化状态。烘焙玉米糊化度达到99%，其主要是由于烘焙温度达到200℃，经过压片后的玉米片水分在19%～23%，水分充足，薄片状使其受热均匀，可以接近完全糊化。

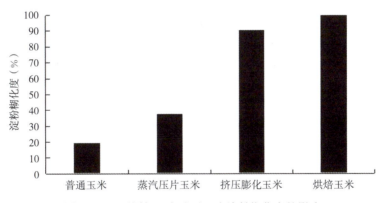

图8-39 不同加工方法对玉米淀粉糊化度的影响

不同加工方法对玉米直链淀粉含量的影响见图8-40。从图中可以看出，普通玉米和蒸汽压片玉米的直链淀粉含量较高，在11%以上；而玉米经膨化和烘焙后直链淀粉含量均有所降低，烘焙玉米降低最为明显。淀粉在糊化过程中，部分直链转化形成网状结构，生成分支，增加了支链淀粉的含量。宾石玉等（2007）介绍由于直链淀粉分子较支链淀粉分子小，分子侧链较支链淀粉长，连接葡萄糖链的氢键也较强，因而直链淀粉难以接受消化酶的作用。另外直链淀粉的含量也影响淀粉的结晶程度，从而影响淀粉的消化性能。

淀粉颗粒经水分和高温作用达到糊化状态，但随着温度的降低和水分的散失，氢键断裂的小分子又会重新有序地聚合在一起，称为淀粉的回生或老化。淀粉发生回生后，淀粉酶很难水解，淀粉变得不易被消化吸收。不同加工方法对玉米淀粉回生值的影响见图8-41。由图可见，蒸汽压片玉米淀粉回生值最高，说明蒸汽玉米淀粉老化更快。三种热加工

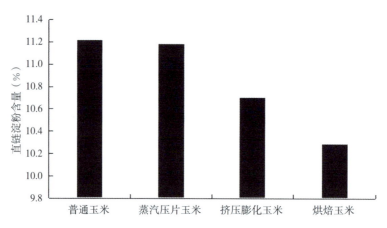

图 8-40　不同加工方法对玉米直链淀粉含量的影响

的玉米淀粉回生值均高于普通玉米，其中烘焙玉米的回生值最低。这可能是由于蒸汽压片玉米和挤压膨化玉米加工过程中添加的水分高于烘焙玉米，由此可认为是水分含量促进了淀粉的回生。

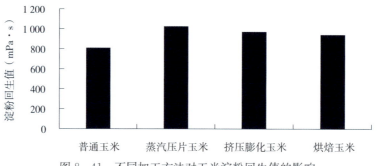

图 8-41　不同加工方法对玉米淀粉回生值的影响

　　不同加工方法对玉米淀粉消化速率的影响见图 8-42。由图可见，挤压膨化玉米的淀粉消化速率最高，其次是烘焙玉米，蒸汽压片玉米的消化速率略高于普通玉米。淀粉在消化道内水解的速度和程度，取决于支链淀粉和直链淀粉的含量和比例，以及淀粉颗粒的结晶程度和晶粒类型。淀粉中直链淀粉含量越高越不易消化，反之，支链淀粉含量越高越易消化，因此支链淀粉含量高的淀粉又称为快消化淀粉。直链淀粉难消化可能是由于直链淀粉分子比支链淀粉分子小，其分子侧链比支链淀粉长，葡萄糖链之间的氢键也较强，导致消化酶难以作用于直链淀粉。此外，直链淀粉较支链淀粉难消化的原因还可能是与支链淀粉相比，直链淀粉易与油脂等化合物形成复合物，导致其更难被消化。酶的作用效果很大程度上与原料的结构有关，不同的加工方法对玉米结构的破坏程度不一致。在酶解过程中酶活性中心与淀粉链的特定区域结合并定位，然后酶分子的催化部位再进行催化作用使淀粉分子水解。淀粉颗粒是层状结构，颗粒内部主要是非晶部分，外层主要为结晶区域而且牢固，有耐酸性和耐淀粉酶的性能。显然，由于酶处理而导致的淀粉分子结构的变化会不可避免地影响酶促反应的进行，从而影响淀粉颗粒对淀粉酶作用的敏感性。

　　经过挤压膨化加工处理后玉米淀粉表面形成了孔状，说明淀粉分子间形成了网状结构，糊化性能提高。由图 8-43 可见，未处理的普通玉米中淀粉颗粒较大，排列紧

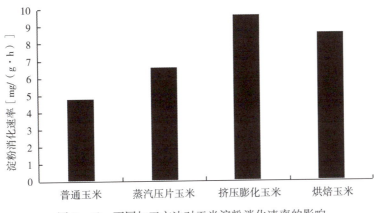

图 8-42　不同加工方法对玉米淀粉消化速率的影响

密，淀粉颗粒呈块状聚集，且有大量淀粉颗粒显露（图 8-43A）。蒸汽压片玉米淀粉表面较平整，淀粉颗粒较分散；蒸汽压片玉米经过高温的水蒸气蒸煮和挤压加工，淀粉糊化度高于普通玉米，并且经糊化处理后，玉米淀粉出现了交联结构，淀粉大分子结构被破坏，形成熔融的混合状态（图 8-43B）。挤压膨化玉米中的淀粉结构疏松、多孔，呈网状结构，糊化度较高（图 8-43C）。烘焙玉米的淀粉有孔洞，结构较松散，但也有结块（图 8-43D）。在烘焙玉米的生产过程中，温度应控制在 190℃下，烘焙时间不超过 10s，高温下淀粉内部的分子会发生变性聚合形成凝胶化结构，不利于动物消化吸收。

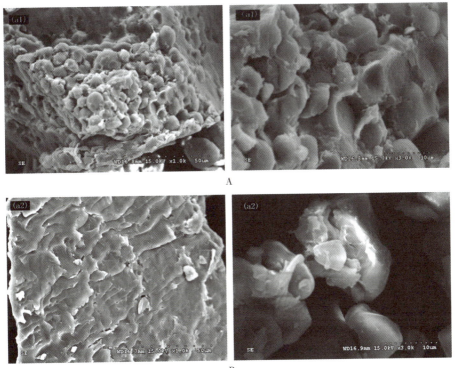

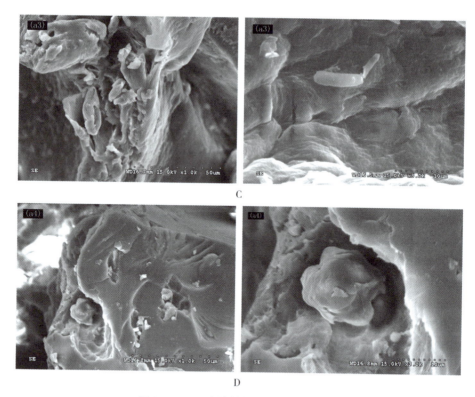

图 8-43　玉米淀粉扫描电子显微镜图
A. 普通玉米　B. 蒸汽压片玉米　C. 挤压膨化玉米　D. 烘焙玉米

不同饲料原料的糊化度与其淀粉的含量和品种有极大关系，淀粉含量越高，其黏度越大；淀粉中支链淀粉含量越高，其黏度也越高。豆粕中淀粉含量极低，所以黏度很小。在水产及特种动物的饲料制粒加工中，为提高颗粒饲料的耐久性和耐水性，要适当增加支链淀粉含量高的饲料原料。图 8-44 所示为仔猪教槽料中常见原料的糊化度。

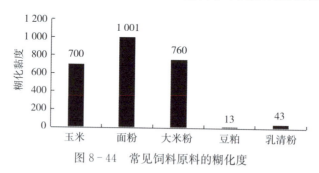

图 8-44　常见饲料原料的糊化度

（二）纤维

饲料中的纤维类原料主要来源于玉米、饼粕和糠麸等。在挤压膨化过程中，其规律一般是膨化度随纤维添加量增加而降低，但不同原料的纤维或纤维纯度不同，对膨化度的影响也有明显差异。例如，豌豆和大豆纤维的膨化能力较好，它们在以淀粉为主原料的饲料中添加量达到 30％时，对最终产品的膨化度也无显著影响；而像燕麦麸及米糠，由于它们含有较高的蛋白质及脂肪，其膨化能力较差。

（三）亲水胶体

亲水性胶体主要用于特种水产饲料的生产，通常有阿拉伯胶、果胶、琼脂、卡拉胶和海藻酸钠等亲水胶体，它们经挤压后其成胶能力将普遍下降。在挤压膨化过程中其亲水特性还将影响常规的挤压条件，降低挤压产品的水分蒸发速率及冷冻速率，提高产品的质构性能。对于一个特定的产品，在选择亲水胶体时胶体的黏稠性、成胶性、乳化性、水化速率、分散性、口感、操作条件、粒径大小及原料来源等因素均需慎重考虑。

（四）糖

糖具有亲水性，在挤压过程中通过添加糖类物质可调控物料的水分活度而影响淀粉的糊化。挤压的高温、高剪切作用使糖分解产生羰基化合物，并同物料中的蛋白质、游离氨基酸或肽发生美拉德反应，影响挤压膨化饲料产品的颜色。另外，在挤压过程中添加一定量的糖能有效地降低物料的黏度，从而提高物料出模时的膨化效果，这一点对控制水产饲料的沉浮性有一定的帮助。在挤压饲料中糖除了提供能量外，主要是作为一种风味剂、甜味剂、质构调节剂、水分活度与产品颜色调控剂，常用的糖有蔗糖、糊精、果糖、玉米糖浆、糖蜜、木糖和糖醇等。

二、蛋白质的变化

蛋白质饲料原料在挤压机腔体内受到水分、高温、高压及强机械剪切力作用下，导致蛋白质最终发生变性，产生絮状沉淀或形成凝胶结构，这种变性使蛋白酶更易进入蛋白质内部，从而提高消化率。高温、高压、高剪切力可使蛋白质分子在被挤压经过模孔时，形成组织化蛋白。例如，用挤压膨化机生产大豆分离蛋白，用于生产加工火腿肠等。绝大多数蛋白质沿物料流动方向成为线性结构，并产生了分子间重排。挤压膨化对蛋白质的影响主要表现在以下几个方面。

1. 变性作用 当蛋白质受热或受到其他物理、化学作用时，其特有的结构和性质也随之变化，如溶解度降低，对酶水解的敏感度提高，失去活性等，这种现象称为变性作用。变性不是蛋白质发生分解，而仅仅是蛋白质的二、三级结构发生变化。适度破坏蛋白的结构可以改善蛋白质的消化性。

2. 热致变性 蛋清在加热时凝固、瘦肉在烹调时收缩变硬等现象都是蛋白质的热致变性作用所致。蛋白质受热变性后对酶水解的敏感度提高。

3. 灭酶与杀菌 热力杀菌也是利用了蛋白质的变性原理。例如，挤压膨化可抑制或灭活大豆中的抗胰蛋白酶；也可灭活米糠中的脂肪酶，减缓米糠的腐败变质，延长米糠的保质期。

4. 蛋白质在水中的蛋白分散指数（PDI）下降 由于物料中淀粉的存在，糊化淀粉将其他营养物质包裹在淀粉基质中。因此，蛋白质被物理性地结合在糊化淀粉内，被淀粉基质保护起来，简单的水溶液不能溶解蛋白，导致蛋白质在水中的分散指数下降，但肠道中的消化酶可轻易地溶解淀粉基质，将蛋白释放出来。膨化对某些氨基酸稳定性和可利用性的影响见表 8 - 10。

表 8-10　膨化对某些氨基酸稳定性和可利用性的影响（％）

项目	未处理	膨化加工	
		120℃	130℃
赖氨酸	0.84	0.83	0.78
可利用氨基酸	0.80	0.79	0.74
可利用率	95	96	95
苏氨酸	0.61	0.59	0.57
甲硫氨酸	0.55	0.56	0.54

一般情况下，经挤压膨化后蛋白质含量会有所下降。赖氨酸有较明显的损失，其次是蛋氨酸。氨基酸的损失随温度升高而增大，随水分的提高而降低。原料中的淀粉（糖）含量在一定程度上影响氨基酸含量的下降。糖对氨基酸含量的影响主要来自美拉德反应。

以玉米为原料湿法生产淀粉时，可分离出相对玉米（干基）6％左右的副产物玉米蛋白粉（CGM）。CGM 的主要成分是玉米蛋白（55％～65％），其中玉米醇溶蛋白占总蛋白的 65％～68％。但玉米醇溶蛋白是高度紧密及疏水的"醇溶蛋白体"，蛋白结构比较稳定，功能性难以释放，因此有必要采用加工方法及技术手段，改变天然玉米醇溶蛋白的结构，改善其功能特性。郑喜群等（2014）以玉米蛋白粉为原料，采用双螺杆挤压膨化机进行挤压膨化，以处理后的蛋白粉为原料提取玉米醇溶蛋白，研究挤压膨化对玉米醇溶蛋白结构及物理性质的影响。结果表明，挤压膨化工艺可使玉米醇溶蛋白的结构特性发生改变，微观结构中蛋白聚集体发生融合（图 8-45）。红外光谱中蛋白酰胺带出峰位置与强度发生变化，二级结构中 α 螺旋和 β 转角转化为 β 折叠和无规卷曲，热学性质中蛋白变性温度减小。蛋白的物性研究结果表明，挤压膨化的玉米醇溶蛋白的物性得到改善，持水力、吸油性和黏度均有不同程度的增加。

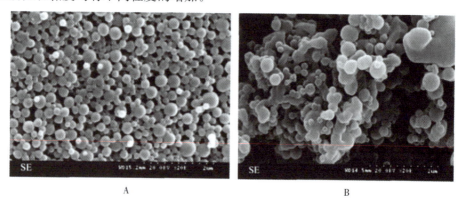

图 8-45　未处理及挤压膨化后的玉米醇溶蛋白扫描电子显微镜图
A. 未处理的玉米醇溶蛋白　B. 挤压膨化后的玉米醇溶蛋白

通过挤压膨化处理使玉米醇溶蛋白的稳定性降低、动物的利用率提高，但挤压膨化预处理玉米及玉米蛋白粉是否会使蛋白的改性效果更好，还有待进一步研究。

三、脂肪的变化

在挤压过程中，原料中部分脂肪与淀粉、蛋白质形成了复合物，降低了挤出物中游离脂肪的含量，如玉米经挤压之后，游离脂肪含量由 4.22% 下降到 1.65%。挤压温度越高，挤出样品中的游离脂肪含量也越高，复合体的生成量越少；同样，水分含量越高，挤出样品中的游离脂肪酸含量也越高，复合体的生成量下降。

挤压作用会使饲料中的甘油三酯部分水解，产生单甘油酯和游离脂肪酸，产品中的游离脂肪酸含量升高。就单纯处理来看，挤压过程将降低油脂的稳定性，但就整个产品而言，挤压产品在贮存过程中游离脂肪酸含量显著低于未挤压样品，主要因为挤压使饲料中的脂肪水解酶、脂肪氧化酶等促进脂肪水解的因子失活。脂肪复合体的生成，使得脂肪受到淀粉和蛋白质的保护作用，对降低脂肪的氧化速度和氧化程度有积极作用。脂肪及其水解产物在挤压过程中能与糊化的淀粉形成复合物，从而使脂肪不能被石油醚萃取。但这种复合物在酸性的消化道中能解离，不影响脂肪的消化率。

四、维生素和矿物质的变化

挤压膨化会造成热敏性维生素较大程度的损失，不同维生素的损失程度不同。其中损失率小于 10% 的有维生素 B_2、烟酸和泛酸。维生素 B_1 的损失率在 10%~20%，维生素 B_6 的损失率在 20%~30%，维生素 D 的损失率在 30%~60%，维生素 A 和维生素 E 的损失率在 50%~70%，维生素 K_3 的损失率可高达 60%~90%。随着膨化温度、压力和物料含水量的提升，维生素的损失率升高。为减少在挤压膨化中热敏性维生素的损失，在饲料配方设计中，常选用一些稳定性较好或经包被、微胶囊化等预处理加工过的产品，可以使膨化过程中维生素的损耗率降低 10~30 个百分点。

从生产方便性看，挤压膨化之前添加维生素优于挤压后添加，但必须超量添加以弥补由于挤压膨化加工造成的维生素部分损失对动物的影响。挤压过程中会对维生素产生破坏，产品在贮存过程中维生素的损失也会加快，在挤压之后添加更为经济，但需要后喷涂设备。

挤压过程中，矿物质一般不会被破坏，但是具有凝固特性的新络合物的形成可能会降低某些矿物质的生物效价，如植酸可能与 Zn、Mn 等络合，形成不为动物所消化的化合物。挤压膨化对矿物质的生物学效价有一定的影响。一般认为，植物性饲料中矿物质的生物利用率是受植酸含量的影响，而挤压膨化可提高植酸磷的利用率。

五、抗营养因子的变化

大豆含有丰富的营养物质，除了作为食品原料外，也是非常重要的饲料原料，但大豆所含抗营养因子限制了其在食品及饲料行业中的应用。挤压膨化工艺能够在基本保持大豆营养成分的基础上，有效降低其抗营养因子的含量，从而减小对人和动物健康的负面作用。李军国等（2016）采集市场上不同地区及厂家的大豆 20 批次和膨化大豆 19 批次，检测其中胰蛋白酶抑制因子、抗原蛋白（包括大豆球蛋白和 β-伴大豆球蛋白）、低聚糖（包括水苏糖和棉籽糖）等抗营养因子的含量和脲酶活性；并与在膨化大豆加工企业采集的 2 批次大豆原料和在不同加工条件下制备的 8 批次膨化大豆中相应抗营养因子的含量进行比较分析，研究挤压膨化工艺对大豆主要抗营养因子含量或活性的影响。结果显示，膨化大豆中胰蛋白酶抑制因子、抗原蛋白的含量及脲酶活性均显著低于大豆原料，而大豆和膨化大豆中的低聚糖含量没有显著差异。膨化大豆中脲酶活性基本为 0，比大豆的脲酶活性低

99％以上，胰蛋白酶抑制因子含量比大豆降低约 66％，大豆球蛋白的含量降低约 67％，β-伴大豆球蛋白含量降低 90％以上，水苏糖和棉籽糖的总含量基本保持不变。大豆原料中的胰蛋白酶抑制因子的含量范围为 32.5～89.6mg/g，大豆球蛋白含量范围为 91.0～143.1mg/g，β-伴大豆球蛋白的含量范围为 161.1～268.7mg/g，棉籽糖含量范围为 3.3～8.78mg/g，水苏糖的含量范围在 21.4～34.16mg/g，脲酶活性范围为 3.6～9.42U/g。而膨化大豆样品中胰蛋白酶抑制因子含量范围为 10.7～31.1mg/g，大豆球蛋白含量范围为 17.7～64.5mg/g，β-伴大豆球蛋白含量范围为 9.3～57.5mg/g，棉籽糖含量范围为 4.25～10.21mg/g，水苏糖的含量范围为 17.68～34.15mg/g，脲酶活性范围为 0～0.02U/g。综合评价显示挤压膨化过程能显著降低大豆中主要抗营养因子的含量，从而减少这些因子带来的不良反应，并能提高大豆营养物质的利用率。

挤压膨化的温度、水分、设备配置、滞留时间、模孔大小等因素都会影响大豆中的抗胰蛋白酶（trypsin inhibitors，TI）等抗营养因子的破坏程度。使用单螺杆挤压膨化机加工全脂大豆，可使 95％以上的 TI 失活；用双螺杆挤压膨化机处理全脂大豆后，TI 活性可完全丧失。挤压膨化对棉粕中的游离棉酚和菜粕中的芥子苷也都有破坏作用，挤压膨化加工技术也可用于棉籽和菜粕的脱毒处理，以消除或钝化棉籽中的棉酚、菜籽中的芥子苷等。

展望

近几年来，随着我国饲料工业，尤其是水产饲料的快速发展，对挤压膨化饲料的要求也越来越高。挤压膨化加工对饲料营养品质的影响具有两面性，其中积极的影响包括促进淀粉凝胶化、改善产品的溶胀性和持水性、提高淀粉和蛋白质的消化性、增加水溶性膳食纤维和抑制脂肪的氧化等；消极的影响包括降低产品中热不稳定的活性物质的含量，可能会降低产品的抗氧化性。这主要归因于原料的种类、成分、挤压膨化设备及挤压膨化的工艺条件等。挤压工艺参数对产品品质有显著的影响，所以在加工过程中还要充分考虑挤压工艺参数之间的相互作用，优化工艺参数及饲料配方的组成，生产优质挤压膨化饲料新产品，满足我国快速发展的养殖业对优质饲料产品的需求。

参考文献

曹康，郝波，2014. 中国现代饲料工程学［M］. 上海：上海科学技术文献出版社.

冯秋兰，车轩，2008.SYP 真空喷涂机在水产饲料上的应用［J］. 工艺与装备，12：18-19.

郝波，吴旭东，史俊威，2016. 颗粒饲料的滚筒式液体添加与喷涂技术的创新和应用［J］. 饲料工业，37（23）：7-9.

董飚，张贵阳，糜长雨，等，2020. 加压式密度控制仪在挤压膨化加工中的应用［J］. 饲料博览（5）：37-39.

刘鹏，王世让，刘艳秋，等，2018. 挤压加工对食品中营养物质的影响研究进展［J］. 中国粮油学报，33（6）：127-132.

刘海军，穆玉云，李亮，2013. 挤压膨化参数对膨化大豆质量及营养成分的影响［J］. 饲料工业（3）：8-10.

刘世操，2018. 二次熟化加工工艺对玉米淀粉特性的影响及饲料原料黏度模型［D］. 武汉：武汉轻工大学.

鲁明上，范文海，董飚，等，2018. PTZL 型真空喷涂机主要结构及工艺流程 [J]. 饲料工业，39（13）：26-28.

马永喜，王恬，2021. 饲料加工工艺学 [M]. 北京：中国农业大学出版社.

王盼，汪丽萍，田晓红，等，2016. 挤压加工与淀粉理化性质关系的研究进展 [J]. 粮油食品科技，24（6）：13-17.

王宝石，庞海强，修琳，等，2012. 双螺杆挤压蒸煮对普通玉米粉糊化度的影响 [J]. 食品与发酵科技，48（2）：13-15.

王春维，2002. 水产饲料加工工艺学 [M]. 武汉：湖北科学技术出版社.

王肇慈，2000. 粮食食品品质分析 [M]. 北京：中国轻工业出版社.

肖志刚，王依凡，段玉敏，等，2020. 挤压膨化技术对不同谷物蛋白功能性质影响的研究进展 [J]. 粮食与油脂，33（9）：18-21.

熊易强，2000. 饲料淀粉糊化度（熟化度）的测定 [J]. 饲料工业，21（3）：30-31.

杨洁，李军国，许传祥，等，2019. 不同淀粉源对水产膨化饲料加工及品质特性影响研究进展 [J]. 水产学报，43（10）：2102-2109.

姚怡莎，谷旭，商方方，等，2016. 大豆和膨化大豆主要抗营养因子分析 [J]. 中国农业科学，49（11）：2174-2182.

尤海明，2001. 颗粒料饲料真空喷涂系统设计和研究 [J]. 广东饲料，10：26-28.

郑喜群，马艳秋，刘晓兰，等，2014. 挤压膨化对玉米醇溶蛋白结构特性的影响 [J]. 华南理工大学学报（自然科学版），42（3）：131-136.

赵克振，王卫国，程宗佳，等，2011. GM 大豆粉碎膨化工艺参数的优选 [J]. 饲料工业，32（1）：12-14.

Das A B，Goud V V，Das C，2020. Influence of extrusion cooking on phytochemical, physical and sorption isotherm properties of rice extrudate infused with microencapsulated anthocyanin [J]. Food Science and Biotechnology，30（prepublish）：1-12.

Yang Q，Yang Y，Luo Z，et al，2016. Effects of lecithin addition on the properties ofextruded maize starch [J]. Journal of Food Processing and Preservation，40（1）：20-28.

Jahanian R，Rasouli E，2016. Effect of extrusion processing of soybean meal on ileal amino acid digestibility and growth performance of broiler chicks [J]. Poultry Science，95（12）：2871-2878.

Kaur N，Singh B，Sharma S，et al，2022. Study of relationships between independent extrusion variables and dependent product properties during quality protein maize extrusion [J]. Applied Food Research，2（1）：1-8.

Liu Q，Wang Y H，Yang Y Y，et al，2022. Effects of extrusion and enzymatic debranching on the structural characteristics and digestibility of corn and potato starches [J]. Food Bioscience，47：101679.

Paridhi G，2016. Effects of feed moisture and extruder screw speed and temperature on physical characteristics and antioxidant activity of extruded proso millet（*Panicum miliaceum*）flour [J]. International Journal of Food Science & Technology，51（1）：114-122.

Riaz M N，Aldrich G，2007. Extruders and expanders in pet food, aquatic and livestock feeds [M]. Agrimedia.

White C E，Campbell D R，Mcdowell L R，2000. Effects of dry matter content on trypsin inhibitors and urease activity in heat treated soya beans fed to weaned piglets [J]. Animal Feed Science & Technology，87（1-2）：105-115.

Zahari I，2021. Development and characterization of extrudates based on rapeseed and pea protein blends using high-moisture extrusion cooking [J]. Foods，10（10）：2397-2397.

第九章
生物技术及其在饲料工业中的应用 ▶▶▶

随着我国畜牧养殖业的发展，饲料资源短缺所导致的"人畜争粮"的矛盾正日益凸显，尤其蛋白质饲料资源不足将长期存在。利用生物技术开发新的饲料资源和提升现有的饲料资源利用率，是有效的技术解决方案之一。

生物技术是生物科学技术的简称，是利用生物体（含动物、植物及微生物）生产有用的物质或改进制成、改良生物的特性，以降低成本及创新物种的科学技术。生物技术在饲料工业中的应用有可能创造出新饲料和新饲料添加剂，提高原有资源的饲料化利用率和利用效率、降低养殖成本，有助于提高畜产品竞争力，保护环境，促进畜牧业的健康可持续发展。

我国在 2018 年颁布的团体标准中，生物饲料定义为：使用《饲料原料目录》和《饲料添加剂品种目录》等国家相关法规允许使用的饲料原料和添加剂，通过发酵工程、酶工程、蛋白质工程和基因工程等生物工程技术开发的饲料产品总称，其包括发酵饲料、酶解饲料、菌酶协同发酵饲料和生物饲料添加剂等。生物饲料的分类见图 9-1。

第一节　微生物发酵技术在饲料生产中的应用

广义的"发酵"是指人们借助控制微生物在有氧或无氧条件下的生命活动来制备微生物菌体本身、初级代谢产物或者次级代谢产物的过程。

发酵根据获得产品的不同可分为微生物酶发酵、微生物菌体发酵、微生物代谢产物发酵、微生物的转化发酵和生物工程细胞的发酵等；根据微生物的种类不同可分为厌氧发酵和好氧发酵；根据培养基的不同可分为固体发酵和液体发酵；根据设备分为敞口发酵、密闭发酵、浅盘发酵和深层发酵等。

一、发酵饲料的原理及特点

发酵饲料是以配合饲料或饲料原料作为发酵基质，以微生物、复合酶为生物饲料发酵剂菌种，通过微生物自身繁殖和代谢，将饲料原料转化为微生物菌体蛋白、生物活性小肽类氨基酸、微生物活性益生菌、复合酶制剂为一体的生物发酵饲料。该类产品不但可以弥补常规饲料中容易缺乏的氨基酸，而且能使其他粗饲料原料营养成分迅速转化，达到增加动物对营养物质消化吸收率的目的。微生物发酵饲料选用的菌种均属于有益菌，发酵饲料在畜禽肠道内的作用机制一般都是综合作用的结果。其特点主要包含以下几方面。

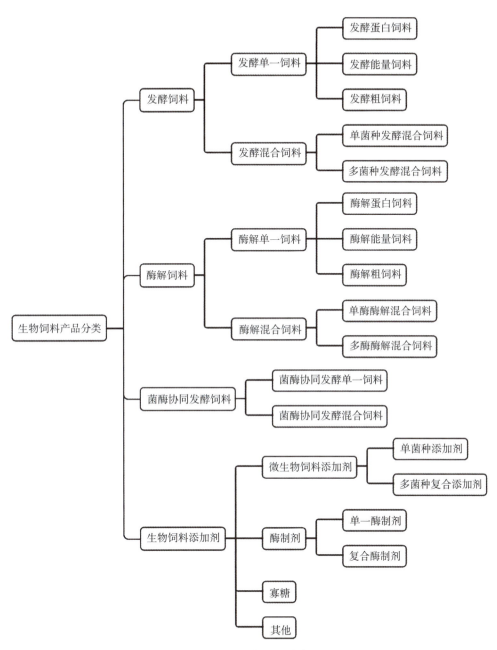

图 9-1　生物饲料分类

(资料来源：生物饲料开发国家工程研究中心)

1. 改善肠道内的微生态平衡　发酵饲料进入动物肠道后，饲料中的乳酸菌、酵母菌和芽孢杆菌等有益菌之间能够进行协同作用，维持肠道的微生态健康。动物采食后，芽孢杆菌等需氧菌不断消耗氧而形成厌氧环境，从而导致好氧菌死亡。

2. 补充营养成分，提高饲料利用率　饲料经混合菌种发酵后可产生多种营养物质，包括多种不饱和脂肪酸、芳香酸等，发酵产物有特殊的香味可有效改善饲料的适口性；发酵过程中菌种可将大分子物质降解为动物易吸收的小分子物质及多种促生长因子，这些营养物质容易被畜禽机体吸收利用，提高饲料利用率，促进动物的生长和增重。

3. 提高畜禽机体免疫功能　微生物发酵饲料中的有益微生物可以作为一种非特异性免疫调节因子，通过细菌本身或细胞壁成分刺激并激活宿主免疫细胞，促进吞噬细胞活力或作为佐剂发挥作用。乳酸杆菌、芽孢杆菌等在发酵过程中还可产生细菌素，抑制有害病原菌在动物肠道内的生长繁殖。

4. 降解饲料中的抗营养因子　许多乳酸菌和链球菌可以产生细菌素，这些多肽物质对革兰氏阳性细菌有抑制作用。微生物对饲料原料进行生物加工，可以降解其中的棉酚、硫苷、脲酶等抗营养因子。同时饲料中的一些抗原物质被微生物分解利用，减轻了对动物肠道的抗原性刺激。

5. 防止有害物质产生　动物饲喂微生物发酵饲料其有益菌可降低畜禽舍内氨气、硫化氢等有毒气体的浓度，可有效减少粪便中氨氮物质的含量，畜禽养殖舍内的氨气含量明显降低，净化畜禽环境。同时，直接饲用微生态制剂有益菌在肠道内可形成致密性膜菌群，形成生物屏障，以防止对有害物质和废物的吸收。

二、发酵饲料的常用菌种

2009 年美国食品药品监督管理局（FDA）和美国饲料控制官员协会（AAFCO）允许 46 种微生物菌种可作为饲料添加剂使用。我国农业部 2013 年发布的《饲料添加剂品种目录》中公布了包括枯草芽孢杆菌、嗜酸乳杆菌、酿酒酵母、米曲霉等 34 种可以直接饲喂动物、允许使用的饲料级微生物饲料添加剂菌种（表 9-1）。基于该目录，目前在发酵饲料生产中应用较多的菌种有芽孢杆菌、乳酸菌、酵母菌和霉菌这四大类。

1. 芽孢杆菌　作为最理想的微生物添加剂，其属于兼性厌氧性细菌，对外界有害因子抵抗力较强。芽孢杆菌在增殖的同时可释放出高活性的分解酵素，还能产生多种营养物质，如维生素、氨基酸、促生长因子等促进动物机体的物质代谢，可抑制有害菌的生长，减少抗营养因子对动物消化利用的负面影响。

2. 乳酸菌　是一类能利用可发酵碳水化合物产生大量乳酸的无芽孢细菌，在自然界分布广泛，是构成人和动物体内必不可少的微生物菌群中的优势菌群。按乳酸代谢途径可大致分为同型乳酸菌、专性异型乳酸菌、兼性乳酸菌和双歧杆菌四类。而且乳酸菌可抑制肠道内腐败菌的生长和腐败产物的产生，可产生多种消化酶，制造营养物质，提高饲料消化率，保持动物体内的微生态平衡。

3. 酵母菌　是一类可将糖类物质分解为酒精和二氧化碳的兼性厌氧性单细胞真菌。饲料用酵母菌主要分为热带假丝酵母、产朊假丝酵母、酿酒酵母、红酵母、毕赤酵母等。酵母可以将大分子物质分解成细胞新陈代谢易利用的小分子物质。酵母菌含有丰富的蛋白质、维生素和氨基酸等物质，能有效促进动物的生长发育，其独特的酵母香味还可以改善肉质，增强幼年畜禽的抗病能力。

4. 霉菌　是一类能够形成分支菌丝的多细胞真菌的统称，应用历史悠久，早期人们利用霉菌进行酿造等，现广泛应用于工农业生产中。其发酵过程中会分泌多种酶，能够降解纤维素、淀粉等产生低聚糖，从而提高了纤维素的利用率及营养价值，同时可以改善作为饲料的适口性。这些是其被用于生物饲料生产的主要原因。

表 9-1　我国已批准使用的饲料添加剂微生物目录

通用名称	适用范围
地衣芽孢杆菌、枯草芽孢杆菌、双歧杆菌、粪肠球菌、屎肠球菌、乳酸肠球菌、嗜酸乳杆菌、干酪乳杆菌、德式乳杆菌乳酸亚种（原名：乳酸乳杆菌）、植物乳杆菌、乳酸片球菌、戊糖片球菌、产朊假丝酵母、酿酒酵母、沼泽红假单胞菌、婴儿双歧杆菌、长双歧杆菌、短双歧杆菌、青春双歧杆菌、嗜热链球菌、罗伊氏乳杆菌、动物双歧杆菌、黑曲霉、米曲霉、迟缓芽孢杆菌、短小芽孢杆菌、纤维二糖乳杆菌、发酵乳杆菌、德氏乳杆菌保加利亚亚种（原名：保加利亚乳杆菌）	养殖动物
产酸丙酸杆菌、布氏乳杆菌	青贮饲料、牛饲料
副干酪乳杆菌	青贮饲料
凝结芽孢杆菌	肉鸡、生长育肥猪和水产养殖动物
侧孢短芽孢杆菌	肉鸡、肉鸭、猪、虾

三、发酵饲料的生产工艺

根据发酵过程中原料基质的水分含量，发酵饲料生产工艺通常可分为液体发酵饲料和固体发酵饲料。目前，国外一般液体发酵饲料工艺较多，而国内则以固体发酵饲料为主。

（一）液体发酵饲料

液体发酵又称液态发酵，是将物料首先制备成液态，再将微生物接入而产生的生物反应过程。按微生物的聚焦状态，分为在液体培养基表面聚集并形成一层菌膜的表面培养、附着在反应器（发酵罐）固体表面的附着培养、悬浮于液体培养基中的沉没培养（或深层培养）。其中，液态深层发酵过程较易控制，易实现纯种培养，可在较大规模的发酵罐中进行，为多数工业发酵所采用。

液体发酵饲料过程中通常需要添加 60％以上的水分，增加了物料与菌种之间的传质速度，从而加快发酵的速度。液体发酵饲料混合均匀，可避免动物挑食，在预防仔猪腹泻等方面有着很好的作用。但液体发酵饲料的含水量较高，保质期较短，一般多采用直接饲喂，若进行干燥处理，成本较高。

液体发酵饲料的生产方式主要分为三类：①依据发酵底物，划分为全价饲料完全发酵和一种或多种原料混合发酵。相对于发酵部分谷物原料来说，完全发酵比较简便快捷，但是会造成必需营养物质的损失；而部分谷物原料发酵迅速，养分丢失率低，可以与各种原料配比成用于各个年龄阶段的饲料。②依据发酵微生物来源，发酵划分为自发发酵和接种发酵。自发发酵是利用饲料及原料中的自有微生物进行液体发酵，发酵过程中容易受杂菌的影响，且适口性和安全性差，造成饲料质量不稳定；而接种发酵会在发酵过程中加入有益微生物，其代谢产生大量有机酸、细菌素，能有效地抑制饲料及原料中病原菌繁殖。③依据操作方式，划分为分批发酵和连续发酵。分批发酵又称分批培养，是发酵罐中一次性投料，一次性接种完成一个生长周期的微生物发酵后，一次性地收获产品。其营养物质利用率高，操作简单，易解决杂菌污染问题；但是资源耗费大、生产周期长、生产效率低。连续发酵又称连续培养，是以一定的速度向发酵罐内添加新鲜培养基，同时以相同速度流出培养液，从而使发酵罐内的液量维持恒定的发酵过程，罐内完成多个生长周期的微生物发酵，具有发酵稳定、便于管理、生产效率高等特点。

（二）固体发酵饲料

固体发酵又称固态发酵，发酵培养基为固态不溶性基质，几乎无水存在或者有一定湿度，但是几乎没有自由流动的水，基质（底物）自身可提供微生物生长所需要的碳源、氮源、无机盐、营养因子及水，也提供微生物生长的能量，同时也是微生物生长的微环境。固态发酵的过程是一种或多种微生物利用这样的基质进行发酵的一个生物反应过程。

固体发酵饲料是以饲料原料作为发酵基质，含水量较低，添加单一或混合菌种进行发酵的过程，发酵产物中营养成分高、适口性好，还可对原料中有毒有害物质进行降解。

依据发酵过程中微生物的生长是否需要氧气，固体发酵工艺分为好氧发酵和厌氧发酵。由于固态厌氧发酵的设备投资和生产成本均低于好氧发酵，所以目前我国饲料生产企业普遍以固态厌氧发酵生产工艺为主。

1. 固态发酵的特点及适宜菌种　与液态发酵相比，固态发酵具有以下优点：①对发酵基质含水量要求较低，因此可以降低细菌及真菌的污染；②通气量更高，有利于提高固态发酵的效率；③与真菌天然生长环境相似，有利于真菌的发酵及生长代谢；④固态发酵反应的装置较为简单，所需空间小；⑤工业级固态发酵不需要高温高压灭菌、蒸汽预处理、机械搅拌、通气等预处理过程，因此能耗较低；⑥废水、废气、废渣排放量少，产品浓度一般相对较高；⑦固态发酵的底物一般湿度较低，在此条件下，可能会产生液态发酵过程中不能获得或者产量很小的特殊产物。

但同时，固态发酵也存在一些缺点：①原料发酵前需要进行预处理，如物理粉碎、酶水解、蒸汽处理等；②细菌发酵往往对湿度要求较高，真菌发酵对湿度要求相对较低，因此发酵前需先判断菌种，再确定是否选用固态发酵方式；③发酵过程中一些工艺参数如温度、湿度、pH、溶氧量、生物质等难以精确控制；④固态发酵一般为静态发酵，该方式会导致基质与菌种混合不均匀；⑤难以严格控制发酵环境，可能在发酵过程中会导致杂菌污染；⑥如果基质为高浓度黏性固态基质，则通气较为困难。

2. 影响固态发酵的主要因素及调控

（1）发酵水活度　与液态发酵相比，固态发酵中的水分含量非常有限。水在固态发酵中不仅为微生物生长提供营养充足的水环境，也直接影响到微生物对氧的利用。不同微生物在发酵中对水活度（A_w）的要求不同，一般而言，细菌水活度为 0.90～0.99，多数酵母菌水活度为 0.80～0.90，真菌及少数酵母水活度为 0.60～0.70。水活度要求越低，被杂菌污染的概率也会降低，这也是真菌在固态发酵中的优势之一。

若基质含水量过高，空隙率降低，不利于通风降温，有利于细菌的生长；反之含水量过低，空隙率增加，由于通风和散热带来的水分流失会影响微生物的生长，并直接影响最终产物的产量。在发酵过程中，由于不断通气及生物热使温度上升，将导致水活度下降，这时应根据实际情况进行适当补水，以确保菌体的正常生长。

（2）发酵温度　在固态发酵中，随着发酵的进行，发酵产生一定量的生物热，由于固体的导热性差，使得这些热量很难散发出来。在这种情况下，发酵基质中常形成温度梯度，局部温度偏高。特别是在菌体的对数生长期，菌体生长旺盛，产热快，造成固体基质板结，单位距离上存在很大的温度梯度，有时高达 3℃/cm，对微生物的生长和产酶带来不利影响。

（3）发酵 pH　如何控制好发酵的 pH，是固态发酵的一个难点。首先，用 pH 计的探头很难测量固体基质的 pH。目前常用的测量方法有两种：一种是让 pH 探头深入固体基质中，用手轻轻挤压基质，使之渗出少量水分，让 pH 探头测定水分中的 pH；另一种则是取部分基质，加入少量的水分，充分混匀，用 pH 计直接测量，这种方法测定的 pH 结果往往比实际值高出 0.1～0.2。其次，固态基质不同于液态溶液，调节 pH 较难。

（4）发酵通气量　固态发酵与液态发酵最根本的区别之处在于连续相，前者是以气相为连续相，而后者是以液相为连续相。因此，通气量影响着发酵过程的传质、传热和水活度的变化。为确保氧气的转移、二氧化碳的排出及温度和湿度的稳定，实际发酵中通常通过定时翻醅、间歇或连续通风、发酵设备的翻转等方法，使发酵过程始终处于流动的、可操控的状态，使发酵的质量达到最高水平。

四、常见的饲料原料发酵技术

可作为发酵饲料原料的品种很多，按物料的来源可分为微生物发酵饼粕类、微生物发酵食品加工副产物、青贮饲料以及畜禽屠宰下脚料等。

（一）微生物发酵饼粕类饲料原料

我国饼粕类资源较为丰富，主要有大豆饼粕、菜籽饼粕、棉籽饼粕、花生粕、玉米胚芽粕、芝麻饼粕、油茶饼粕、葵花籽饼粕和亚麻籽饼粕等。由于浸出工艺较为先进，所以粕类占大多数。现阶段进行规模发酵生产的主要产品有发酵豆粕、发酵菜籽粕和发酵棉籽粕等。

1. 发酵豆粕　大豆粕是大豆浸出制油后得到的副产物。我国每年用于饲料生产的豆粕有 6 000 万～8 000 万 t。由于大豆的品种和浸出工艺的不同（主要是浸出前是否去皮），豆粕中粗蛋白含量为 40%～52%。豆粕虽蛋白含量高，但其含有一定量的抗营养因子，如脲酶、胰蛋白酶抑制因子、凝血素、大豆球蛋白、β-伴球蛋白和植酸等。大豆中的抗营养因子对动物构成一定的危害，因此限制了豆粕在饲料中的添加量和使用范围。

发酵豆粕生产工艺通常采用固态发酵技术，以豆粕为主要发酵原料，添加一种或多种发酵菌剂，通过微生物的发酵最大限度地消除豆粕中的抗营养因子，有效地降解大豆蛋白为优质小肽蛋白源，并可产生大量益生菌和多种活性物质。该工艺在发酵剂组成上，有单一菌种、复合菌种或菌酶结合；在发酵方式上，有好氧、厌氧或者二者兼有；在发酵设备上，有池式、箱式、罐式和袋式等。诸多工艺方法各有优劣，一般而言，多菌种发酵相比单一菌种，作用更加全面，但发酵条件要求更高。好氧发酵具有生产周期短、速度快的优势，但是物料损耗较高、杂菌污染机会大；厌氧发酵与之相反，优点是能耗较低、污染控制相对容易，但发酵所需的时间较长。罐式和袋式发酵密封性好，物料与外界不接触，但通气受到限制，操作相对复杂；池式、箱式发酵密封性差，物料与外界接触较多，但容易通气，操作相对简便（许欣，2020）。豆粕发酵的基本工艺流程见图 9-2。发酵过程中，有许多工艺参数需要控制，如含水量、发酵时间、接种量、pH 和温度等，其对发酵豆粕产品质量有较大的影响。

王国强等（2016）在发酵豆粕的研究中筛选了常用的 3 种微生物菌种，即选用异常汉逊酵母、枯草芽孢杆菌和干酪乳杆菌作为发酵菌株，并利用四因素三水平正交试验进行复合微生物固态发酵豆粕的研究。其以抗原蛋白的降解、酸溶蛋白含量及益生菌活菌数量为

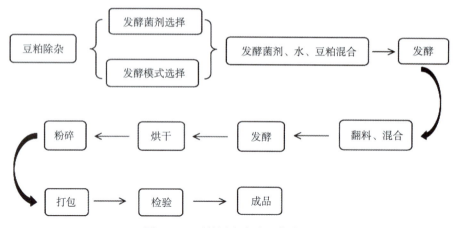

图 9-2　豆粕固态发酵工艺流程

指标来优化豆粕发酵的技术参数。从试验结果得出，凡是接种了 3 种菌种的试验组的大分子蛋白（大于 20ku）几乎全部降解。之前有研究人员指出，大豆蛋白中的大部分抗营养因子的分子质量均在 35ku 以上，这说明该研究所制备的发酵豆粕中大部分抗原蛋白已被降解，具有较高的营养价值。从微生物的配比分析看出，当枯草芽孢杆菌：异常汉逊酵母菌：干酪乳杆菌为 2：2：1 时，接种量为 5%，发酵时间为 48h。在此条件下，豆粕中的抗原蛋白降解彻底，酸溶蛋白含量提高了 73.9%，有益活菌总数达到 8.5×10^8 CFU/g，明显提高了豆粕的营养价值。且枯草芽孢杆菌对酸溶蛋白含量的提高起主要作用，这可能是由于枯草芽孢杆菌可分泌蛋白酶，将大分子蛋白降解为小肽、游离氨基酸，使酸溶蛋白含量升高。综合以上结果及规模化生产的实际需求，发酵豆粕的生产工艺参数以获得最大的酸溶蛋白和抗原蛋白降解为主要指标。枯草芽孢杆菌在高效清除了豆粕中的抗营养因子的同时，作为益生菌有助于肠道对营养物质的吸收，抑制致病菌的生长；异常汉逊酵母通过发酵，可提高发酵产品的风味，增加动物采食量；干酪乳杆菌发酵可产生乳酸等酸性物质，抑制病原菌的生长，同时还产生酸香气味，有利于改善饲料的风味及适口性。3 种微生物协同作用，消除了豆粕中的抗原蛋白，提高了豆粕中游离氨基酸含量及其消化吸收率，使豆粕的营养价值得到提升，具有非常重要的意义及广阔的应用前景。

目前乳酸菌类发酵豆粕应用较多，如植物乳杆菌、嗜酸乳杆菌、德氏乳杆菌、鼠李糖乳杆菌和唾液乳杆菌等发酵豆粕。丁酸梭菌作为动物肠道中的厌氧型有益菌，可与其他有益菌群协同共生，可产生丁酸、维生素、氨基酸、酶等多种代谢产物及益生因子，抑制肠道有害菌，提高动物免疫力，减少发病率，还可减少饲料中抗生素的使用，并已成为重要的抗生素替代品。丁酸梭菌在不同基质中进行固态培养，豆粕是其最佳的培养基质，利用丁酸梭菌与植物乳杆菌固态混菌发酵豆粕已有报道，但丁酸梭菌与嗜酸乳杆菌混合固态发酵豆粕的研究较少。因此李祥等（2021）采用响应面分析法，以发酵豆粕多肽含量为指标，对丁酸梭菌与嗜酸乳杆菌固态发酵豆粕的最佳工艺进行了优化。试验应用响应面法（RSM）对其工艺条件进行优化。首先对 5 个因素进行单因素试验，通过 Plackett-Burman 设计确定了 3 个显著性因素，分别是接种量、接种比例和料水比。经过 Box-Behnken 设计试验，建立二次回归模型，得到最佳发酵参数。结果表明，最佳发酵条件为丁酸梭菌与嗜酸乳杆菌的接种比例为 1：1，料水比为 1：0.8，接种量为 12.2%，发酵时间为 48h，发酵温度为 37℃。验证试验结果表明，在此条件下，发酵豆粕中多肽含量为 9.64%。

胡瑞萍等（2019）使用枯草芽孢杆菌、乳酸菌和海洋红酵母对豆粕进行复合益生菌发酵，应用正交设计与多指标综合加权分析方法优化 3 种益生复合菌发酵豆粕的工艺，采用接种量、环境温度、料水比、发酵菌种为处理因素，以还原糖、乳酸、氨基酸含量等作为综合评价指标，利用 Minitab 17 软件以及多指标试验公式法进行加权数据处理，优化豆粕的固体发酵工艺参数。最终确定最佳发酵工艺条件为：接种量 1%，环境温度 30℃，料水比 2∶1，发酵菌种为枯草芽孢杆菌 NHS1∶乳酸菌 NHS03∶海洋红酵母菌 NHS05 ＝ 1∶1∶1。在该条件下，酶解使豆粕蛋白质含量由 45.42% 提高到 49.85%，脲酶活性由 0.41U/g 降低到 <0.01U/g，酸溶蛋白占粗蛋白含量由 1.71% 提高到 12.87%。

研究表明，混菌发酵优于单一菌种发酵，混菌发酵不仅可以有效去除豆粕中的抗营养因子，将抗原蛋白转换为可被动物容易利用的小分子肽类，还可以在饲料中添加枯草芽孢杆菌、酵母菌和乳酸菌，增加肠道益生菌，产生多种生物活性因子，改善动物胃肠道对营养物质的吸收利用（李建，2009）。石慧等（2011）为研究多菌种协同发酵间的相互作用，采用两步发酵法减少菌种之间的相互抑制，增强菌种的功能，以获得更好的发酵工艺。该研究以枯草芽孢杆菌、酵母菌混菌和枯草芽孢杆菌、乳酸菌混菌发酵生豆粕，研究表明，酵母菌及乳酸菌对枯草芽孢杆菌降解抗原蛋白的能力均具有较强的抑制作用。所以试验以枯草芽孢杆菌好氧发酵作为前期发酵，乳酸菌及酵母菌厌氧发酵作为后期发酵对生豆粕进行两步发酵。结果表明，前期的发酵时间对豆粕中抗原蛋白的降解影响最大，枯草芽孢杆菌对抗原蛋白的降解非常完全，可以将 7S 伴球蛋白 3 个亚基降解到 34.0ku 以下，将 11S 球蛋白的亚基降解到 20.0ku 以下；酵母菌对抗原蛋白无降解作用；乳酸菌对 7S 抗原蛋白有较强的降解作用，但不降解 11S 大豆球蛋白。后期发酵温度影响其次，前期发酵温度影响最小，当前期发酵温度为 35℃、发酵时间为 48h，后期发酵温度为 42℃、发酵时间为 32h 时，豆粕中两种主要抗原蛋白的残留量仅为 0.15%。

魏满红等（2021）选取了高产蛋白酶的毕赤酵母 Y18、Y20，酿酒酵母 Y11、Y27，热带假丝酵母 Y3、Y45 酵母菌在不同条件下对菌酶协同发酵豆粕品质的影响进行了研究。该研究以蛋白酶活性为指标，以豆粕发酵的时间、含水量、菌液接种量和葡萄糖添加量为因素，探究高产蛋白酶酵母菌发酵对豆粕中蛋白酶、纤维素酶、植酸酶、果胶酶活性和粗蛋白、小分子多肽、胰蛋白酶抑制剂含量的影响。结果表明，在单因素试验条件下，分别在含水量为 50%、菌液添加量为 4%、葡萄糖添加量为 1.5% 的条件下，发酵豆粕具有最高的蛋白酶活性。以单因素试验结果设计正交试验，与空白对照组相比，9 个试验组蛋白酶活性提高 100.56%～380.13%、纤维素酶活性提高 2.67%～81.77%、植酸酶活性提高 53.89%～252.81%、果胶酶活性提高 13.84%～70.83%、小分子多肽增加 574.67%～1 981.08%、粗蛋白含量提高 9.24%～16.69%、胰蛋白抑制剂含量降低 7.36%～67.39%。高产蛋白酶酵母菌发酵豆粕可以显著提升其营养价值，降低抗营养因子含量。使用高产蛋白酶酵母菌对豆粕进行发酵，若需要发酵豆粕中水解酶活性最高时，发酵条件为：葡萄糖 1%，混合菌液 2%，含水量 45%，在室温下发酵 5d；需要粗蛋白质、多肽含量及胰蛋白酶抑制剂降低率最高时，发酵条件为：葡萄糖 2%，混合菌液 4%，含水量 55%，在室温下发酵 5d。

2. 发酵菜籽粕 菜籽粕（rapeseed meal，RSM）又称菜粕，是油菜籽加工后的副产物，我国每年的饲用菜粕有 700 多万 t。菜籽粕中粗蛋白含量为 34%～45%，粗纤维含量为 10%～13%，碳水化合物含量为 20%～25%，属低能量的蛋白饲料，氨基酸组成较平衡，赖氨酸和含硫氨酸含量高。但菜籽粕中含有硫代葡萄糖苷（又称硫葡萄糖苷、硫苷、芥子苷）、单宁和植酸等抗营养因子，其中硫代葡萄糖苷是菜籽粕中最主要的有毒成分，含量一般可达 103～155μmol/g，最高可达 258μmol/g。试验表明，硫代葡萄糖苷本身毒性并不大，或者无毒，只有在芥子酶的作用下，硫苷能分解为异硫氰酸盐、噁唑烷硫酮等有毒物质。这些有毒有害成分严重制约了菜籽粕在畜牧养殖中的应用。为确保动物和动物产品安全，我国饲料标准规定菜籽及其加工产品中异硫氰酸酯含量不得超过 4 000mg/kg、噁唑烷硫酮含量不得超过 2 500mg/kg，并对不同动物饲料的饲料产品进行了严格的限量，见《饲料中异硫氰酸酯的测定方法》（GB/T 13087—2020）。

降低菜籽粕有毒有害成分的方法有很多，其中微生物发酵法是目前普遍认为的成本低、效果好、较安全的脱毒方法。发酵菜籽粕常采用和发酵豆粕相同的固态发酵工艺。

为研究微生物技术对脱除菜籽粕中硫苷的效果，王晓凡等（2012）以普通菜籽粕为原料进行了试验研究，该研究所选菜籽粕的水分含量为 11.5%，粗蛋白含量为 43.35%，硫苷含量为 32.33μmol/g；采用植物乳酸菌、枯草芽孢杆菌、米曲霉等益生菌进行单菌和多菌种复合发酵，重点研究发酵对菜籽粕中硫苷的去除效果和粗蛋白含量的影响。结果表明，植物乳酸菌对硫苷的降解效果显著高于其他菌种，30℃恒温发酵 3d 降解率达 56.42%；多菌种复合发酵效果优于单菌发酵，当植物乳酸菌∶枯草芽孢杆菌∶米曲霉的接种比例为 9%∶6%∶6%，pH 为 6.5，料水比为 1∶1.2 时，33℃发酵 96h，菜籽粕硫苷含量从 33.33μmol/g（干基）下降到 2.79μmol/g（干基），降解率可达 91.36%（干基），粗蛋白含量提高 6.06%（干基），表明硫苷含量大幅度下降，粗蛋白含量也有所提高。

由于不同菌株所分泌的硫苷降解酶不同，复合乳酸杆菌发酵对硫苷的降解比单一菌株更具优势。因此，朱晓峰等（2021）使用 3 株乳酸杆菌（罗伊氏乳杆菌 L45、植物乳杆菌 L47 和约氏乳杆菌 L63）等比例混合菌剂作为发酵液，以 MRS 培养基作为对照，研究复合乳酸杆菌在菜籽粕中的生长发酵特性和对碳、氮源的利用；利用正交试验优化固态发酵条件；并在最适发酵条件下发酵，探究发酵对菜籽粕营养价值的影响。结果显示，复合乳酸杆菌能够发酵菜籽粕产生乳酸，降低发酵培养基 pH，在 24h 进入平台生长期，说明乳酸杆菌能够以菜籽粕为唯一营养源进行生长发酵；优化获得了乳酸杆菌固态发酵最适发酵条件为：不添加麸皮，料水比 1∶1.1（质量与体积比），菌种接种量 70mL/kg，发酵时间 48h。与未发酵组相比，在最适发酵条件下，菜籽粕粗蛋白含量由 38.41% 提高到 42.15%，提高了 6.41%，可溶蛋白含量升高了 78.45%，粗纤维、中性洗涤纤维和酸性洗涤纤维含量无显著变化；硫代葡萄糖苷由 107.44μmol/g 降低至 60.78μmol/g，下降了 43.43%。研究表明，复合乳酸杆菌固态发酵能降低菜籽粕硫代葡萄糖苷含量，改善其营养价值，提高其在畜禽饲料中的应用潜力，但对纤维的降解能力有限。

研究发现，微生物固态发酵能有效降低菜籽粕中抗营养因子的含量，在替代豆粕方面具有较高的开发价值。Rozan 等（1998）使用少孢根霉菌固态发酵处理菜籽粕 40h 后可降解菜籽粕中 47% 的硫苷；Drazbo 等（2018）的研究表明用 6-植酸酶固态发酵菜籽粕可显著降低菜籽粕中硫苷含量，并可在一定程度上提高火鸡生长性能；吴正可等（2019）通过两个正交设计试验探究了不同菌株添加量及各发酵参数对发酵效果的影响，兼顾发酵菜籽粕硫苷的降解率及营养价值的改善，深度挖掘了发酵菜籽粕的饲用价值。该研究以普通菜籽粕为原料，采用嗜酸乳杆菌、枯草芽孢杆菌、酿酒酵母 3 种菌株，以硫苷降解率、总酸增加率、多肽增加率为评价指标，并采用加权法以 M 为综合评价指标评价发酵效果。结果显示，混菌固态发酵菜籽粕最佳混菌组合为嗜酸乳杆菌∶酿酒酵母∶枯草芽孢杆菌＝1∶3∶2。在此基础上配制混菌发酵液，以发酵温度、料水比、发酵时间、接种量为试验因素探究混菌固态发酵菜籽粕的最佳工艺，并结合最佳工艺进行中试验证。结果表明，混菌固态发酵菜籽粕的最佳工艺条件为：温度 33℃，料水比 1∶1，发酵时间 84h，接种量6%。分析表明发酵增加了菜籽粕中各种氨基酸的含量；发酵后菜籽粕硫苷含量从$36.08\mu mol/g$ 降至 $18.48\mu mol/g$，硫苷降解率为 48.8%；发酵增加了菜籽粕中多肽含量（从 0.84% 增加到 2.09%）和总酸含量（从 1.01% 增加到 6.05%）；菜籽粕发酵前后对粗脂肪含量影响较小。

目前国内外对菜籽粕的研究主要集中在菜籽粕硫苷的脱毒方面的研究，而对微生物法降解菜籽粕中的植酸、纤维素等营养因子的研究报道较少。陈娟等（2010）为降低菜籽粕中的植酸和粗纤维素含量，改善菜籽粕的品质，同时提高粗蛋白质含量为目标，探讨了微生物对菜籽粕中抗营养因子的降解作用。该试验选用粗蛋白含量为 38.8%、植酸含量为2.95% 和粗纤维素含量为 12.7% 的菜籽粕，采用白地霉、产朊假丝酵母、黑曲霉和热带假丝酵母 4 个菌种组合发酵能较好地提高菜籽粕作为饲料蛋白的品质，经 4 个菌种组合发酵后其粗蛋白含量和植酸、粗纤维素降解率分别为 46.9%、43.9% 和 9.8%。结果表明，利用微生物发酵法降解菜籽粕中的植酸和纤维素，能够实现菜籽粕低成本高效益地利用。

3. 发酵棉籽粕　随着我国畜牧业的快速发展，饲料的需求越来越大；棉籽粕（又称棉粕，cottonseed meal）是我国除豆粕以外的一种优质的植物性蛋白饲料，因此棉籽粕的开发利用是解决我国蛋白质资源短缺的主要途径之一。我国每年可产超过 600 万 t 棉籽粕，而使用量仅为 30%，资源浪费严重。棉籽去壳后的棉籽仁含油 30%～35%，含蛋白35%～38%，是一种良好的油料资源，也是优质的动物蛋白质原料。棉籽中含有的棉酚（gossypol），制约着其副产物棉籽粕的应用；棉酚又被称作棉籽醇或棉毒素，主要存在于棉仁色素腺体中，是一种不溶于水而溶于有机溶剂的黄褐色聚酚色素。棉酚的存在形式有两种，一种是游离棉酚（free gossypol，FG），另一种是结合棉酚（bound gossypol，BG），两者之和称为总棉酚。棉酚在棉籽壳中含量较少，约为 0.008%，棉酚及类棉酚色素主要存在棉籽仁中，棉仁中其含量为 0.5%～2.5%，棉仁中存在着浅黄色至红色的棉酚腺体，腺体中棉酚占重量的 35%～50%，是棉籽中含棉酚最密集的部分。棉酚的毒性主要是由活泼醛基和活泼羧基引起，而游离棉酚分子结构中含有较多活性的酚羟基，所以对动物机体产生毒害作用的物质主要是游离棉酚。

棉籽粕中游离棉酚的含量与制油方法及制油过程中的加热程度有很大关系。棉籽粕的营养指标差异较大，其主要取决于浸出前的脱壳工艺，即是部分脱壳，还是全部脱壳。在制油过程中，由于蒸炒和压榨等加热作用，大部分棉酚与蛋白质、氨基酸结合而变成结合棉酚；结合棉酚在动物消化道内不被动物吸收，故毒性比较低。另一部分棉酚则以游离形式存在于棉粕中，这部分游离棉酚对动物毒性较大，尤其单胃动物过量摄取或长期摄取，可导致生长迟缓、繁殖性能及生产性能下降，甚至导致死亡等，幼年动物对棉酚的耐受能力更低。并可通过食物链传导直接或间接地危害人类健康。在我国饲料标准《饲料原料棉籽饼》（NY/T 129—2023）中规定棉籽加工副产物中游离棉酚的含量≤1 200mg/kg，肉用仔鸡、生长鸡配合饲料≤100mg/kg，产蛋鸡配合饲料≤20mg/kg，生长猪配合饲料、混合饲料≤60mg/kg（GB/T 13086—2020）；联合国粮食及农业组织（FAO）规定，动物日粮中游离棉酚≤125mg/kg。

棉粕的脱毒方法主要有物理法、化学法和微生物发酵法等，其中微生物发酵法是目前普遍公认的成本低、效果好、较安全的脱毒方法。发酵棉粕生产是以最大限度地脱除其游离棉酚为目标。常采用和发酵豆粕、发酵菜粕相同的固态发酵工艺，接种能高效降解棉酚的一种或多种微生物菌种，控制适宜的发酵条件，通过微生物的繁殖和代谢作用，可有效钝化棉籽粕中游离棉酚的活性、降低其毒性，并使其营养价值得到提高。

目前，国内外研究发现可降解棉籽粕中游离棉酚的微生物主要有假丝酵母、黑曲霉、稻根霉菌、鲁氏毛霉，甚至还有黄曲霉等真菌、芽孢菌和乳酸菌等细菌。但是这些菌单独发酵时存在一些不足，如霉菌在动物饲料中使用的安全性仍然被怀疑；芽孢菌在氨基酸代谢中会产生刺鼻的氨，影响发酵风味；乳酸菌降解棉酚效果不显著等。实际生产中真菌和细菌对营养物质的利用存在一定差别，利用安全的真菌和细菌联合发酵棉籽粕或许更有利于棉籽粕中棉酚的降解。为此，亓秀晔等（2019）利用酵母菌和乳酸菌发酵棉籽粕，研究其对棉籽粕中游离棉酚降解率的影响，并对发酵前后棉籽粕的营养指标如活菌数、酸溶蛋白、pH 和游离棉酚含量等进行比较，筛选出了高效降解游离棉酚的酵母菌 BLCC4-0327 以及可改善发酵风味的乳酸菌 BLCC2-0092，并对筛选出的酵母菌和乳酸菌复配发酵进行了初步研究。结果表明，最优复配发酵组为 BLCC4-0327＋BLCC2-0092（1∶1），30℃厌氧发酵。与空白对照组相比，最优复配发酵组的各发酵阶段发酵棉籽粕的pH 均显著降低，发酵 24h 时 pH 降至 5.73；酸溶蛋白含量显著提高。发酵 24h 时酸溶蛋白质量分数达到 14.61%，发酵 48h 时酸溶蛋白质量分数达到 17.61%；游离棉酚含量显著降低，发酵 24h 时游离棉酚降解率达到 70.99%，发酵 48h 时游离棉酚降解率达到73.44%。由此可知，酵母菌 BLCC4-0327 与乳酸菌 BLCC2-0092 复配发酵可有效降低发酵棉籽粕中的游离棉酚含量并改善其营养品质。

在我国饼粕类饲料原料中，棉粕产量仅次于大豆粕，而由于棉粕所含的有毒物质棉酚，使其利用率降低。研究证明，棉粕中游离棉酚含量在 0.02% 以下时，对动物不具有毒性。朱德伟等（2010）通过醋酸棉酚 YPG 培养基多级逐步驯化筛选，结合棉粕固态生物发酵的方法，筛选出 1 株高效降解棉酚的热带假丝酵母 JD-9。通过单因素试验初步确定了棉粕发酵脱毒的工艺条件为：发酵时间 48h，发酵温度 30℃，热带假丝酵母 JD-9 接种量 4%，料水比 1∶0.8，秸秆氏酵母 JD-13 接种量 0.5%；并进一步利用分式析因试验设计法，对影响棉粕脱毒率的因素进行了筛选，方差分析表明，影响棉粕发酵脱毒的主要因素为热带假丝酵母 JD-9 和秸秆氏酵母 JD-13 的接种量。通过响应面分析法和典型性分析得出棉粕发酵脱毒的最优条件为：热带假丝酵母 JD-9 接种量 4.42%，秸秆氏酵母 JD-13接种量 0.56%，发酵时间 48h，发酵温度 30℃，料水比 1∶0.8。在此条件下，棉粕中的棉酚从 987.5mg/kg 降解至 85.9mg/kg，脱毒率达到 91.3%。卜小丽等（2017）以最大限度地去除游离棉酚为目标，采用微生物、物理复合工艺对棉粕固态发酵最佳的脱毒工艺条件进行研究，并通过动物饲养试验检测了脱毒棉粕的毒副作用。结果表明，首先采用枯草芽孢杆菌与酵母菌以 2：1 的比例进行复合发酵 48h；再以发酵后的棉籽粕为原料，采用微波脱毒技术进行物理辅助二次脱毒。该复合工艺可有效钝化棉籽粕中游离棉酚的活性、降低其毒性，并使其营养价值有所提高。该复合法处理后，棉粕的脱毒率达到91%，蛋白质和小肽含量分别提高了 25.3%、20.2%，棉酚含量仅为 71mg/kg，远低于我国发酵棉粕蛋白饲料标准 400mg/kg（GB/T13086—2020），属于低酚棉粕。通过动物饲养试验证明，其在合理的添加范围内对动物的生长性能和主要的生理生化指标均无显著性影响，可作为一种优质的蛋白饲料原料使用。

为降低饲料生产成本，选择一些性价比较高的饲料原料，并通过生物技术提高其利用率。张昆等（2012）以棉籽粕、菜籽粕、玉米酒糟、麸皮等原料为发酵底物，接入黑曲霉、酿酒含水率、发酵温度、混菌接种比例、接种量和发酵时间等影响发酵产物品质的主要因素进行试验研究，以确定最佳发酵工艺参数。通过对固态发酵工艺条件的优化，获得复合菌种固态发酵生产蛋白质饲料的最佳工艺参数。结果表明，以棉籽粕 45%、菜籽粕15%、玉米酒精糟 15%、麸皮 21%、硫酸铵 2% 和其他营养物质 2% 为发酵基质，枯草芽孢杆菌：酿酒酵母：黑曲霉＝2：1：1，接种量为发酵基质的 12%，发酵基质初始含水率45%，发酵温度 34℃ 和发酵时间 60h 为发酵条件，发酵后粗蛋白含量达 42.5%，比发酵前提高 15.5%；游离棉酚从 1 240mg/kg 降至 360mg/kg，脱毒率达 71%；粗纤维含量下降。

（二）微生物发酵食品加工副产物饲料原料

食品加工企业可用于饲料的副产物主要有两大类：一类是发酵食品加工副产物；另一类是果蔬加工副产物。

1. 发酵食品加工副产物　其又可分为两类：一类是粮食原料通过固态发酵产生的副产物，如酒厂、酒精厂、调味品厂（酱油、醋）等糟渣类副产物；另一类是指粮食原料先分离出淀粉，经过液化、糖化后再利用微生物通过液态发酵产生的副产物，如柠檬酸厂、味精厂和氨基酸厂等的加工副产物等。前者多为固态发酵糟渣类副产物，其蛋白质和脂肪含量较高，并含有发酵过程中生成的未知促生长因子等。酒糟中纤维含量特别高，未干燥的酒糟水分含量为 50%～70%，含有盐类物质；醋糟有酸香味，能增进猪的食欲。后者多为液态发酵产生的副产物，其蛋白成分一般为微生物菌体蛋白，含量较高，须经严格的灭活处理。而其纤维含量也高，不易被畜禽消化吸收。其物料水分含量较高，一般可达60%～70%，且黏性大，不便输送和干燥处理。

阿拉腾珠拉等（2016）使用米曲霉、黑曲霉和酵母菌混合发酵白酒糟，以常规营养成分、蛋白酶和纤维素酶的活力为考察指标，对发酵条件进行优化研究。结果显示，最适条件为三菌种按 1：1：1 的比例，各自的接种量为 0.05%，基质以 80% 酒糟、10% 玉米和10% 麦麸组成，控制基质水分为 45% 左右。在该条件下发酵后，粗蛋白含量、真蛋白含量、酸性蛋白酶活力、中性蛋白酶活力和纤维素酶活力分别提高了 30.39%、38.06%、41.69%、67.00% 和 103.84%，总氨基酸含量提升 17.74%，酸性洗涤纤维和中性洗涤纤维含量分别降低了 23.64%、20.40%。王颖等（2010）使用枯草芽孢杆菌、热带假丝酵母混合发酵啤酒糟生产饲料蛋白，以真蛋白含量为考察指标，通过正交优化试验确定了最佳发酵条件，啤酒糟与豆粕配比为 7：3，接种量为 20%，硫酸铵添加量为 0.5%，尿素添加量为0.5%，发酵时间为24h。在该条件下发酵后，真蛋白含量达到39.1%。

2. 果蔬加工副产物 这一类副产物包括风落果、不合格果及大量的果皮、果核、种子、叶、茎、花和根等。这类物料水分高、成分复杂，通常被当作垃圾处理，既污染了环境，又造成了巨大资源浪费。其中来源广、产量大、可进行发酵处理的大宗产品如下：

（1）发酵马铃薯渣 马铃薯渣是马铃薯淀粉加工过程中的副产物，含水量很高，其成分包括淀粉、纤维素、蛋白质等。

程芳等（2015）使用8株菌种对马铃薯渣进行固态发酵，以发酵产物中粗蛋白、粗纤维的含量及蛋白酶、纤维素酶的活力为指标，进行单一菌种、双菌组合、菌种不同比例的发酵试验。结果发现，黑曲霉Z9和啤酒酵母PJ组合为最佳菌种配伍，且当菌种比例为1:1时，粗蛋白含量及蛋白酶和纤维素酶活力分别为41.7%、1 344.9U/g、120.9U/g，分别提高了78.7%、296.7%、1 473.8%；粗纤维含量为8.47%，降低了32.0%。

（2）发酵甘薯渣 甘薯渣是甘薯加工过程中产生的副产物，占原料的10%~14%，蛋白含量为3.10%~5.26%，属低蛋白饲料原料，且适口性差，营养价值和消化利用率低。

赵华等（2015）使用曲霉、木霉、芽孢杆菌和酵母4类12种菌株对甘薯渣进行固态发酵研究，首先通过单菌发酵试验，确定发酵效果排前4的菌株，又用发酵最佳的黑曲霉与另3种菌株进行不同组合混合发酵，通过正交试验考察温度、时间、料水比、菌种比例和接种量对甘薯渣营养价值的影响。结果发现，最适发酵工艺条件为：黑曲霉2、里氏木霉、枯草芽孢杆菌和酿酒酵母＝1:1:2:1，接种量$1×10^6$CFU/g，发酵温度38℃，料水比1:1，发酵时间4.5d。在该条件下发酵后，基质中粗蛋白和粗脂肪含量分别提高了53.0%、82.0%；羧甲基纤维素酶、滤纸酶、β-葡萄糖苷酶和淀粉酶的活力分别为4.26、3.29、3.75、5.15CFU/g（干基）。

（3）发酵柑橘渣 我国是柑橘的主要原产地之一，柑橘渣是柑橘类水果加工后的副产物。据估计，从汁类压榨生产中可获得50%的柑橘渣，罐头加工中可获得25%的柑橘皮渣。柑橘渣的粗纤维含量高，果皮和瓣膜中多为果胶、纤维素和半纤维素，木质素含量较低，蛋白质含量较低，但易于消化吸收，且含有可溶性糖和有机酸。

李赤翎等（2009）使用酵母菌对柑橘皮渣进行固态发酵，通过单因素和正交试验研究其最适发酵条件。结果显示，其最佳发酵工艺条件为：接种量3%，发酵温度30℃，起始pH＝5，发酵时间4d。在该条件下发酵后，基质中的酵母菌生物量为$9.3×10^8$CFU/g；粗蛋白含量为28.1%，提高了243.5%。

（4）发酵苹果渣 我国苹果的栽培面积和产量均居世界第一。苹果渣是苹果加工后的下脚料，富含可溶性维生素、果胶、糖类等营养物质，同时也含有丰富的有机酸，造成酸性过强，作为饲料影响其适口性。

发酵苹果渣一般采用和发酵柑橘渣相似的固态发酵工艺。武运等（2009）以热带假丝酵母和啤酒酵母为发酵剂，研究了发酵苹果渣生产菌体蛋白饲料的影响条件。结果发现，混合菌种发酵优于单菌发酵，加入氮源处理较无氮源处理的蛋白质含量高，确定了固态发酵的最适工艺条件为：发酵温度32℃，果渣和麸皮质量比85:15，水分含量660g/kg，pH自然，发酵时间60h。该条件下发酵后，基质中的粗蛋白和粗脂肪的含量分别提高了45.8%、5.3%；粗纤维含量降低了23.1%。

（5）发酵菌糠　菌糠是食用菌栽培、采收后剩余的培养料，即食用菌培养基废弃物，俗称废菌棒或菌糠。目前，我国的食用菌产量全球第一，约占世界总产量的70%，2019年全国食用菌总产量近4 000万t，按照食用菌生物学效率平均40%计算，2019年全国菌糠的总产量达到近6 000万t，除少部分作为肥料和燃料用途之外，大部分都作为废弃垃圾处理，造成巨大的污染和浪费。

目前我国对菌糠饲料的资源开发研究还不够深入，未能充分利用菌糠资源。刘世操等（2017）利用生物工程技术对菌糠进行前处理，以提高菌糠的饲用价值。该研究以出菇3茬后的杏鲍菇菌糠（水分含量为10.99%、粗蛋白含量为9.42%、粗纤维含量为32.89%、粗灰分含量为14.82%）为原料，该杏鲍菇培养基由木屑、麦草、棉籽壳、玉米芯、废棉渣、生石灰和尿素等原料组成。选取黑曲霉、枯草芽孢杆菌和嗜酸乳杆菌3种菌株，采用单因素试验和正交试验设计，考察接种量、发酵时间、料水比和混菌比例对杏鲍菇菌糠发酵后营养价值的影响。结果表明，杏鲍菇菌糠的最佳发酵工艺条件为：菌种接种量12%，发酵时间84h，料水比1∶1.5，3种菌株混菌比例2∶1∶1，发酵温度37℃。在此条件下粗蛋白含量提高39.9%、粗纤维含量降低18.9%。动物饲养试验表明，与对照组相比，添加5%和10%发酵菌糠对生长猪的生长性能无显著影响，5%菌糠组和10%菌糠组的表观消化率明显优于对照组。综合考虑，通过优化发酵条件，提高了杏鲍菇菌糠的营养价值，且在生长猪饲料中杏鲍菇菌糠的适宜添加量为10%。

徐淏等（2015）使用灵芝菌和酿酒酵母联合发酵杏鲍菇菌糠，以真蛋白和粗多糖含量为考察指标，通过正交试验优化得出了最适发酵条件，在菌糠为88%，尿素为2%，麸皮为10%，起始料水比为1∶2，pH自然，发酵温度为28℃的条件下，先接种灵芝菌发酵7d，再接种酿酒酵母发酵4d后，基质中真蛋白和粗多糖含量分别为15.8g（以100g样品计）、4.5g（以100g样品计），分别提高了68.5%、132.1%。

（三）青贮饲料

青贮是调制和贮存青饲料的有效方法。青贮原料非常广泛，包含玉米秸秆、高粱等禾本科作物副产品及青绿的大豆、蚕豆、豌豆和杂豆的茎叶等豆科作物副产品；甘薯秧叶、向日葵籽实成熟时的上部茎叶及花盘，甜菜、马铃薯、西红柿等的茎叶。另外，其他野生杂草、树叶，栽培牧草等都是良好的青贮原料。

郭天龙等（2009）使用添加甲酸、乳酸菌和碳酸钙作为外加剂，研究了不同外加剂对甜菜茎叶青贮品质的影响。试验结果表明，甲酸、乳酸菌单用或混合使用，均不同程度地改善了甜菜茎叶青贮发酵品质，尤其两者混合效果最好，可以有效降低青贮pH和氨态氮含量，显著提高乳酸、粗蛋白、干物质、可溶性糖含量。碳酸钙作为添加剂，对甜菜茎叶青贮发酵品质改善不太明显。侯美玲等（2015）采用外加青贮剂研究了适合天然牧草青贮的甲酸、纤维素酶、乳酸菌剂添加浓度。试验采用单因子完全随机设计，通过使用3种添加剂的不同剂量，对天然牧草青贮饲料的感官品质、发酵品质、营养成分及体外消化情况进行比较。结果发现，甲酸、纤维素酶、乳酸菌的添加量分别为6.0mL/kg、0.15mL/kg、0.02g/kg时，所得的天然牧草青贮饲料在保证良好的发酵品质的同时，还可以有效保存其营养价值。

（四）畜禽屠宰下脚料发酵饲料

畜禽屠宰下脚料主要有屠宰场的下脚料、皮革工业下脚料、水产品加工下脚料、蚕蛹、蚯蚓、家蝇等可作饲料的动物资源。这些资源可依其组成分为动物蛋白质饲料和动物矿物质资源。前者包括血粉、血浆蛋白粉、血细胞蛋白粉、肉骨粉、猪毛水解粉、羽毛粉、鱼粉、蚕蛹等，后者包括骨粉、蛋壳和贝壳粉等。伴随畜牧业发展，我国每年有200多万t的畜禽屠宰下脚料资源，具有巨大的开发价值。

1. 发酵血粉　家畜血液约占体重的8%，屠宰后可收集的血液占屠宰体重的4%～5%，内含丰富的营养物质和生物活性物质。血粉是动物经屠宰后的废弃血液加工而成的一种良好的动物性蛋白饲料，可用于生产全价配合饲料。

王燕等（2017）使用米曲霉和枯草芽孢杆菌对血粉进行混合固态发酵，以基质蛋白酶活力为考察指标，研究了其最适血粉发酵工艺。结果发现，麦麸为最佳辅料，最适发酵工艺条件为：米曲霉与枯草芽孢杆菌的菌种比例1：1，血粉和麦麸（吸附剂）比例5：5，混合菌种溶于水中料水比1：3.5，发酵温度36℃。在该条件下发酵72h后，基质中蛋白酶活力最高达到6 122.1U/g，可使血粉蛋白质的酶解更充分，消化率更高，且改善了血粉的适口性，增加了其饲用价值。

2. 畜禽屠宰残渣发酵饲料　屠宰残渣物如牛、猪、鸡等的毛、骨及废内脏等，这些动物性蛋白原料具有特别的臭味，需先进行彻底除臭处理。目前，多采用好氧性微生物对屠宰场产品加工的废弃物进行发酵处理，先将屠宰废弃物与米糠、麦麸、草粉等植物原料按一定比例混合均匀，然后加热灭菌，再接种适宜的菌种进行好氧发酵。

杨可心（2021）采用贝莱斯芽孢杆菌、嗜酸乳杆菌、克鲁假丝酵母对鸡羽毛进行固态发酵研究。以可溶蛋白含量、失重率、总变化率为指标，通过正交试验设计优化鸡羽毛发酵的混菌比例及工艺。结果发现，其最适工艺条件为：3种菌株比例1：1：1，发酵温度38℃，初始pH 9.0，接种量10.0%，料水比1：2.5，发酵时间8d。在该条件下发酵后，最终羽毛失重率为33.7%，可溶蛋白含量为12.7mg/g，检测出游离氨基酸及代谢物的总量为26.7mg/g，胃蛋白酶消化率提高了16.0%，证明混合菌种固态发酵能有效改善鸡羽毛的营养价值。杨婷（2014）以酵母菌和淡紫拟青霉为发酵微生物，羽毛粉和麸皮为发酵底物，采用混菌固态发酵方式，探究基质初始水分及麸皮与羽毛粉的比例等因素对饲料蛋白生产的影响。试验结果表明，麸皮：水=1：1时，最适合酵母菌的生长；麸皮：水=1：0.8时，最适合淡紫拟青霉的生长。以1：1的料水比，当麸皮：羽毛粉=7：3时，最适合酵母菌的生长；而当麸皮：羽毛粉=6：4时，最适合淡紫拟青霉的生长。因此，混菌固体发酵降解羽毛生产饲料蛋白最佳初始水分是1：1，麸皮与羽毛比为7：3。

（五）猪液态发酵饲料

猪液态发酵饲料技术又被称为面向未来的古老技术。在漫长的人类养猪历史中，给猪喂颗粒饲料的历史其实是很短暂的。液态料（或称稀料）饲喂作为一种古老的饲喂方式在养猪现代化的欧洲国家普及率越来越高。据统计，在丹麦和瑞典，超过60%的出栏猪使用的是液态料，而母猪使用液态料的比例也很高。荷兰和法国出栏猪液态料饲喂比例为33%左右，但在养猪集中区，这个比例为50%～60%。常与液态料饲喂相伴的是发酵料，即液态发酵饲料。液态料饲喂中一个比较突出的问题是饲料卫生的控制，也正因此液态料饲喂长期在气温比较低的地区流行。在液态料制备过程中利用天然存在的或人工加入乳酸菌、酵母菌等天然有益菌，给予一定的时间使其充分发酵即为液态发酵饲料。上述有益菌在增殖过程中会产生乳酸、醋酸和乙醇，从而降低混合物的pH。这种低pH的混合物饲喂给猪后，可以降低猪胃中的 pH，阻止大肠杆菌和沙门氏菌等病原体在胃肠道中的增殖。发酵技术生产的液态料不仅解决了饲料卫生控制问题，还可提高猪肠道健康和饲料的消化率等。自欧盟宣布全面禁止使用抗生素作为猪的抗菌生长促进剂之后，发酵饲料在仔猪和育肥猪中的使用量急剧增加。

1. 发酵原料的选择 发酵饲料既可以对全价饲料进行发酵，也可单独对谷物部分进行发酵，然后把发酵后的谷物按比例混合以配制全价日粮。直接发酵全价日粮虽方法最简单，但这种方法在发酵过程中势必造成一些必需营养物质，如维生素和氨基酸的损耗。因此有学者主张只对谷物部分进行发酵，与成分复杂的全价混合发酵饲料相比，发酵谷物是一种更稳定的产品，而且可以更方便地制备不同阶段的液态发酵饲料。

2. 接种发酵 在液态料中接种乳酸菌可迅速产生高浓度的乳酸。如果只发酵谷物部分，则应进一步提高乳酸浓度，以补偿加入其他饲料成分形成的稀释和缓冲，这种情况下接种更显得有价值。用作生产接种剂的菌株必须具有较高的乳酸生产能力，并应具有抗肠道病原体的活性。通常用于接种的细菌种类是植物乳杆菌和片球菌属。

3. "引子"发酵技术 这种技术是把前一次成功发酵的混合物作为接种剂（"引子"）混合到新鲜稀料中进行发酵，这会对乳酸菌进行逐步选育并加速发酵。相比于分批发酵过程需要几天时间才能完成，"引子"法可以在几小时之内完成发酵。"引子"法可能会导致酵母菌为主的微生物区系的发展。而酵母菌的大量生长会对发酵饲料的营养价值产生有利或不利的影响，这主要取决于存在的菌种。在实际应用中通常会留 50% 余液作为"引子"，也有研究表明，20%～25% 的余液就足够保持正常发酵。

4. 影响液态发酵饲料质量的因素 影响液态发酵饲料质量的因素见图 9-3。影响最终成品质量的因素包括最初存在的微生物类型、底物的数量和质量及各种发酵工艺参数。

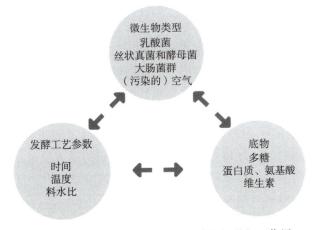

图 9-3 液态料发酵过程中三因素之间的相互作用

（1）微生物 在发酵过程中乳酸菌的数量越多，乳酸产生越快，pH 下降就越快，可更好地抑制有害菌的生长。研究表明，植物乳杆菌和戊糖片球菌是在发酵饲料中最多的乳酸菌群。发酵过程中酵母菌存在的数量会对液态发酵饲料的品质造成影响。由于酵母菌可以吸附肠道细菌，因此高浓度酵母菌对肠道有一定有益的作用。但是酵母菌也会导致异味，以及产生一些影响适口性的物质如乙酸、乙醇和戊醇。可以在发酵过程中添加弱酸来抑制酵母生长。

（2）发酵条件　研究表明，在液态发酵饲料生产过程中，20℃以上发酵与20℃以下发酵相比没有任何优势。但是，如果要求饲喂时pH低于4.5，则温度需要至少高于20℃。20℃是有效发酵的最低温度，温度越高，乳酸产生越快，对于抑制有害菌的生长越有利。在液态发酵饲料生产过程中，应避免向发酵系统中直接注入冷水，冷水会使肠道致病菌受冷应激，产生冷休克蛋白，这种蛋白会对致病菌形成保护；此外，冷休克会抑制乳酸菌生长，使酵母菌成为主导。发酵液态饲料的料水比可在1∶（1.5～4）波动，最常见比例是1∶（2～3）。

5. 液态发酵饲料的特性　液态发酵饲料的理想pH是低于4.5，乳酸菌浓度高于10^9 CFU/mL，乳酸浓度高于150mmol/L，乙酸和乙醇浓度分别低于40mmol/L和0.8mmol/L。为了防止沙门氏菌的生长，液态饲料的乳酸含量至少要大于75mmol/L；为了减少肠杆菌的浓度，乳酸的浓度应高于100mmol/L。这一浓度的乳酸可有效提高猪的采食量、日增重和降低料重比。虽然乙酸浓度的上限设定为40mmol/L，但当乙酸浓度超过30mmol/L时，已对液态发酵饲料的适口性产生了负面影响。

6. 液态发酵饲料的优点

（1）替抗产品　液态发酵饲料最大的优点是可以提高猪生产性能。研究认为，液态发酵饲料是替代抗生素的最有效饲喂策略之一。在乳猪、断奶仔猪和生长育肥猪上已经观察到了有益的效果。其改善的程度与特定猪场中存在的病原体水平有关。

（2）帮助仔猪建立好的微生物印记　新生仔猪的肠道是无菌的，通过与母猪和环境的接触获得其特有的菌群。研究认为，仔猪出生后的这段时间可能是建立潜在有益细菌群落的最重要窗口期，这可能导致终身的、稳定的关联，也被称为细菌"印记"。给母猪喂食发酵的液态饲料会影响其子代的肠道细菌群。与饲喂非液态发酵饲料或干饲料的母猪所产的仔猪相比，饲喂液态发酵饲料的母猪所产的仔猪粪便中的大肠菌群数量较低。此外，与其他仔猪相比，饲喂液态发酵饲料的母猪所产的仔猪粪便中的乳酸菌计数更高。这可能表明，使用正确的益生菌菌种来生产液态发酵饲料，可能会导致仔猪微生态的微生物印记，因此有可能发展出一种细菌群体，在断奶等时期能够抵抗不利的生态环境转变。

（3）提高干物质摄入量　以液态形式饲喂日粮的一个好处是断奶仔猪可以同时得到水和饲料。这样，仔猪不需要单独学习采食和饮水行为。有研究表明，通过提供液态发酵饲料可以增加新断奶仔猪的干物质摄入量。当向仔猪提供不同干物质百分比（14.5%～25.5%）的液态发酵饲料时，仔猪可以通过增加总体积的摄入量来维持干物质的摄入量。在饲喂液态饲料或液态发酵饲料时，仔猪会限制非饲料来源（如来自乳头饮水器）的水的摄入，以最大限度地提高饲料摄入量。因此，当同样的日粮以液体或干燥形式饲喂时，干物质和水的总体积摄入量将是相当的。由于断奶仔猪在饲喂液态饲料或液态发酵饲料时的干物质摄入量往往高于饲喂干燥日粮时的干物质摄入量，因此在配制液态发酵饲料的日粮时，应根据仔猪对干物质摄入量的实际估计来配制饲料。否则，仔猪会消耗过多的营养物质，如蛋白质，从而降低饲料转化率，最终抑制干物质的摄入量或导致蛋白质引起的腹泻。营养均衡的发酵饲料只有在增加采食量或改善肠道健康的前提下才会提高生产性能。如果采食量没有变化，很可能会导致仔猪营养不均衡。

（4）提高饲料原料利用率　使用液态发酵饲料一方面可对病原体进行有效的控制，另一方面可以提高营养物质的消化率。这可能是由于发酵过程使谷物中有机酸和内源酶（如植酸酶）被激活，提高了某些营养物质的消化率和利用率。研究发现，日粮在发酵72h（30～35℃）时，可以提高生长育肥猪对粗蛋白、粗纤维和中性洗涤纤维的回肠消化率及粗蛋白的总肠道消化率。饲喂液态发酵饲料的猪，其蛋白质消化率提高的原因之一与胃的pH下降有关。胃的pH低，会刺激胃内的蛋白质分解活动，减缓胃排空的速度，使胃内的消化有更多的时间进行。据报道，与干饲料相比液态发酵饲料中的有机物、氮和钙的回肠消化率明显得到改善。这可能是由于饲喂液态发酵饲料改变了猪胃肠道的形态。大量的研究表明，饲喂液态发酵饲料的猪的肠绒毛长度和绒毛/隐窝比明显增大，这两个特征都有助于提高饲料的利用率。也有研究表明，饲料的发酵可以通过激活内源性谷物植酸酶而提高植酸磷的利用率。有研究报道，与干饲料相比，喂食液态发酵饲料的猪对磷的回肠消化率更高（30%～48%）。

（5）减少抗营养因子　发酵饲料的另一个优点是可以减少饲料中含有的各种抗营养因子的含量。研究表明，以菜籽粕为基础的日粮发酵1d后，其异硫氰酸盐的含量减少了17%，发酵3d后减少了68%；豆类发酵96h后，α-半乳糖苷、植酸、胰蛋白酶抑制剂、单宁酸和皂苷等抗营养因子的浓度下降。

（6）减少粉尘及呼吸道疾病　使用液态发酵饲料饲喂时，猪舍内的粉尘量减少。这不仅改善了猪舍的环境，而且有助于减少猪和工作人员呼吸道疾病的发生。

7. 液态发酵饲料的不足　尽管使用液态发酵饲料有许多优点，但也存在缺点。液态喂养的猪易发生出血性肠道综合征、胃扭转、胃肠道鼓膜和胃溃疡等疾病。此外，发酵过程会造成饲料中必需营养物质的损失，特别是添加到饲料中的合成氨基酸。例如，由于合成L-赖氨酸的脱羧作用，会产生生物胺，如尸胺。生物胺的形成会给猪带来不可逆转的氨基酸损失。

五、发酵菌体蛋白饲料及其应用

菌体蛋白饲料由发酵后菌体（酿酒酵母蛋白、产朊假丝酵母蛋白、乙醇梭菌蛋白）及其发酵产物（氨基酸发酵类和功能性副产物类）组成。菌体蛋白饲料又称单细胞蛋白饲料，是指利用工农业废料培养丝状真菌、细菌等微生物，使其发酵废料中的物质进行增殖生长，再经过分离、干燥后产生的一种蛋白饲料（黄志东，2023）。单细胞蛋白饲料具有浓郁的香味，蛋白含量较高（40%～80%），是大豆的1.1～1.2倍。此外，这种饲料中氨基酸种类齐全，比例恰当，特别是含有大量的植物饲料中缺乏的部分必需氨基酸，生物学价值高于普通的植物蛋白饲料；且生产这种饲料的原料来源广泛，如糖质原料、石油原料、氢气和二氧化碳均可作为生产底物。一般按生产目的，菌体蛋白饲料可分为两类，一类是以获得菌体本身为生产目的的菌体蛋白，即发酵的主要目的为获得菌体，如酵母粉、乙醇梭菌蛋白等；另一类是利用菌体获得其他产品的发酵副产物，即发酵的主要目的为获得其他非菌体产品，如核苷酸渣、谷氨酸渣等。

（一）菌体蛋白的分类

菌体蛋白是单细胞蛋白，主要目的是获得发酵后的菌体本身，菌体含有促进生长和代谢的生物物质，甚至还能抑制病原体的黏附，作为饲料原料按一定比例配成的饲粮能起到促进动物健康的作用。根据农业部2012年公告第（1773）号文件，目前可用作饲料原料的单细胞蛋白包括产朊假丝酵母蛋白、啤酒酵母粉和啤酒酵母泥等；乙醇梭菌蛋白作为新型菌体蛋白，实现了无机向有机的转化，具有一定的饲料原料潜力。

1. 酿酒酵母蛋白　　酿酒酵母是单细胞真酿酒酵母，又称面包酵母或出芽酵母，是单细胞真核生物，在环境中无处不在，常作为有益微生物存在于许多传统发酵食品和饮料中。多数酵母可以分离于富含糖类（一些植物分泌物）的环境中。酵母的适应能力强，其细胞器可随外部环境而发生适应性变化，用于废渣、废液的发酵。将活酵母产品及其衍生物（即酵母细胞壁产品）饲喂动物，可提高动物生产性能，改善动物健康。有报道表明，其主要起作用的部分是多糖，这些多糖除了可以提高动物生长性能和促进代谢以外，还可以直接作用于免疫细胞并结合细菌，从而减少黏附和定植。

2. 产朊假丝酵母蛋白　　产朊假丝酵母是单细胞蛋白生产中使用最广泛的微生物之一。产朊假丝酵母可以转化无机氮为有机生物质，是微生物蛋白质的来源，富含外源氨基酸。产朊假丝酵母产生的生物质是 β-葡聚糖、葡甘露聚糖和甘露蛋白等物质的来源。该酵母还能提高废液、废渣中的粗蛋白含量，玉米酒糟上清液经产朊假丝酵母发酵后，粗蛋白含量提高 33.8%。用大豆乳清废水作培养基培养产朊假丝酵母后，废水中单细胞蛋白干重产量为 1.18g/L，且化学需氧量（COD）和 5d 生化需氧量（BOD）分别降低 67.6% 和 63.2%，说明该酵母有一定处理废水的能力。

3. 乙醇梭菌蛋白　　乙醇梭菌蛋白（CAP）是用乙醇梭菌作为发酵菌种，分别以含有一氧化碳的工业尾气和氨水为碳源和氮源进行液态发酵，再经离心分离浓缩、喷雾干燥、人工合成后产生的一种新型单细胞蛋白产品。乙醇梭菌蛋白的发酵过程仅需 90s，即可实现从无到有，这类蛋白能激活肝脏和肠道中的 IGF-1N-TOR 信号通路，从而提高动物生长和免疫能力。该菌体蛋白含有多种氨基酸、维生素和微量元素，可部分替代常规饲料中的蛋白原料，还能增加饲料适口性。当其替代豆粕比例达到 40% 时，可显著提高颗粒饲料的硬度和耐久度。柳入铭（2022）通过超声辅助 Osborne 分级法对新型蛋白源乙醇梭菌蛋白进行分级提取，得到水溶性蛋白、盐溶性蛋白、醇溶性蛋白和碱溶性蛋白 4 种蛋白，蛋白含量的大小顺序为碱溶性蛋白＞水溶性蛋白＞盐溶性蛋白＞醇溶性蛋白，对其中含量最多的碱溶性蛋白的提取条件进行优化，结果表明，碱溶性蛋白的最佳提取条件为：提取温度 50℃，料液比 1∶35（g/mL），提取时间 30min，NaOH 溶液质量分数 0.3%。此条件下蛋白得率为 75.75%。

由中国农业科学院饲料研究所和北京首钢朗泽科技股份有限公司历经 6 年研发，使乙醇梭菌蛋白从中试到大规模生产的产业化，从年产 300t 扩大到万吨级，并于 2021 年 8 月获得农业农村部颁发的我国第一张饲料原料新产品证书。该成果揭示了我国率先突破工厂化条件下利用一氧化碳一步法生产蛋白的技术，并已形成万吨级的工业生产能力。该项目的最大成果是合成乙醇梭菌蛋白的原料之一为工业尾气，工业尾气中含有的大量的一氧化碳是利用乙醇梭菌生产菌体蛋白和乙醇的极佳原料。以钢厂尾气中的一氧化碳为碳源、氨水为氮源，经优化的厌氧发酵工艺，实现 22s 快速转化，高效产出乙醇和乙醇梭菌蛋白，实现了无机物向有机物的一步转化。由于乙醇梭菌经空气暴露可全部灭活，菌体经离心浓缩和喷雾干燥后即为乙醇梭菌蛋白产品，生产成本远低于酵母及微藻等单细胞蛋白产品。同时，工业化生物合成蛋白还开辟了一条"低成本非传统动植物资源生产优质饲料蛋白"的新途径，每生产 1 000 万 t 乙醇梭菌蛋白，相当于减少二氧化碳排放 2.5 亿 t。

4. 氨基酸发酵类　　氨基酸生产过程中会产生大量的发酵废液，这些废液中含有大量的菌体蛋白，占氨基酸废水中有机成分的 30%～40%。这些废液经特定的加工程序后可得到用于发酵氨基酸的菌体蛋白。

（1）谷氨酸渣　味精作为常用的调味剂，在日常生活中的使用量非常大，我国作为味精生产大国，生产味精后的残渣处理也极为重要。该残渣中谷氨酸发酵废醪菌渣的蛋白含量高，易于储存，且必需氨基酸尤其是赖氨酸含量丰富。谷氨酸棒状杆菌是一种革兰氏阳性、非孢子化细菌。谷氨酸棒状杆菌常用于味精的生产，能有效地生产 LN-谷氨酸。在生产 LN-谷氨酸过程中，经谷氨酸棒状杆菌发酵后，其产生的谷氨酸发酵液中含有少量菌体，发酵液经分离、干燥、磨粉之后得到一种菌体蛋白，这种菌体蛋白就是谷氨酸菌体蛋白。谷氨酸菌体蛋白的提取方法主要有高速离心分离法、加热沉淀法、超滤膜法、絮凝沉淀法和气泡捕集法等。

（2）赖氨酸渣　玉米淀粉等谷物在生产赖氨酸过程中产生一些废液，经提取、浓缩、干燥后可得到赖氨酸渣，采用高速碟片分离机可对赖氨酸发酵液进行分离，得到用于提取赖氨酸的上清液和菌体蛋白液；将得到的菌体蛋白液直接进行蒸发浓缩提取蛋白，然后进行流化床喷雾造粒，即可得到赖氨酸菌体蛋白颗粒。

5. 功能性副产物类　在发酵工业中，会产生一些与目的产物无关的残渣，这些残渣中不仅含有少量菌体蛋白，还含有一些功能性物质，经提取后可作为饲料原料。

（1）核苷酸渣　是发酵生产核苷酸或肌苷酸后剩余的固体残渣，经灭活后可得到谷氨酸棒杆菌菌体蛋白，且含少量的游离肌苷酸。核苷酸渣蛋白饲料作为一种新型的饲料原料，与常规饲料原料相比，配制成的全价饲料成本相对较低。

（2）啤酒酵母泥　是啤酒生产过程中的副产物，主要成分为酿造后剩余的非活性酵母（死酵母细胞）。它是一种廉价的氮源，具有良好的营养特性。啤酒酵母在加热灭活后通常可生产出很好的饲料原料，干燥酵母是猪和反刍动物蛋白质的极好来源。啤酒酵母在水产养殖中常常用于替代鱼粉，按一定比例添加后可以改善饲料适口性和利用率，提高水产养殖动物的生长性能及抵抗力。啤酒酵母泥还可以与产朊假丝酵母一起分步发酵，相比于用产朊假丝酵母单菌发酵，产物中菌体干重可有效提高。啤酒酵母泥还含有大量超氧化物歧化酶（SOD）和酵母多糖，不仅具有提高免疫力等功效，还能增强抗氧化功能。

（二）菌体蛋白的应用

我国是水产养殖大国，淡水鱼的养殖量一直保持全球第一。已有许多研究表明，对于鱼类，植物性蛋白存在必需氨基酸不平衡、含有抗营养因子（如脲酶、胰蛋白酶等）、产品质量不稳定等问题，且豆粕中含蛋白酶抑制剂和大豆凝集素，会抑制鱼类的消化酶活性，导致其过量使用后不利于水产动物的生长和健康。因此，寻找抗营养因子含量较低的非动物源性饲料蛋白源，如单细胞蛋白，对植物食性鱼类消化系统的健康十分重要。魏洪城等（2018）选用新型蛋白源乙醇梭菌蛋白替代豆粕进行了对草鱼生长性能、血浆生化指标及肝胰脏和肠道组织病理的影响研究。结果表明，饲料中添加 5% 乙醇梭菌蛋白替代 27.5% 的豆粕可以有效提高鱼类饲料利用率、增重率和特定生长率，降低血浆总胆固醇（TC）、丙二醛（MDA）含量，改善脂肪代谢和抗氧化能力，同时有利于肠道组织健康，从而提高生长性能，在此范围内使用安全有效；而进一步提高乙醇梭菌蛋白添加量至 10% 则造成鱼类肝细胞损伤，肝脏功能受损，存活率降低。在本试验中条件下，建议乙醇梭菌蛋白在草鱼饲料中添加量为 5%。乙醇梭菌蛋白（CAP）作为乙醇生产过程中产生的一种蛋白质和赖氨酸含量较高的单细胞蛋白，具有高比例替代水产饲料中鱼粉的潜力。陈颖（2022）以乙醇梭菌蛋白为原料并以黑鲷为研究对象，研究了乙醇梭菌蛋白部分替代鱼粉对黑鲷的生长性能、饲料利用、氮磷沉积、血清生化指标、胃肠道消化酶活性、胃肠道组织结构及肠道微生物组成等方面的影响，评价其作为黑鲷饲料中鱼粉的部分替代蛋白源的应用效果。研究结果表明：①CAP 替代饲料中的鱼粉可达 58.20%，对黑鲷的生长性能、鱼体营养组成、抗氧化性能和消化酶活性无显著不良影响；②黑鲷的摄食量随 CAP 替代饲料中鱼粉水平的升高而逐渐降低，替代水平达到 58.20%时，摄食量显著降低；③使用 CAP 部分替代鱼粉能够显著降低黑鲷生长时的氮、磷排放量，替代水平达到 58.20%时，能够显著降低氮排放量，达到 19.40%时显著降低磷排放量；④使用 CAP 部分替代鱼粉不会对黑鲷的肠道结构造成明显损伤，但会一定程度影响其肠道微生物组成。

为了合理开发利用发酵生产赖氨酸后的菌体蛋白资源，沈沾红（2009）通过三项试验评定了其营养价值及对肉鸡生产性能的影响。试验一，分析菌体蛋白的营养成分；试验二，研究赖氨酸发酵蛋白粉等量替代豆粕蛋白对肉鸡生产性能和氨基酸利用率的影响；试验三，研究菌体蛋白对肉鸡生长性能及肠道生理的影响。试验以可利用氨基酸为基础配制饲粮，考察菌体蛋白对肉鸡生产性能和肠道生理的影响，以及添加外源酸化剂对其饲喂效果的影响。三项试验结果表明，菌体蛋白的粗蛋白含量高，但真蛋白含量低，氨基酸利用率低，并含有大量非蛋白氮，等蛋白替代 20%豆粕蛋白或饲粮用量 4%时，对肉鸡生产性能无显著影响，但替代 40%或饲粮用量 8%时，则可降低肉鸡生产性能；菌体蛋白可显著提高肉鸡肠道、血液氨浓度和 pH，增加肠道黏膜更新率；以总氨基酸和可利用氨基酸为基础配制饲粮，或添加外源酸化剂均可改善菌体蛋白的饲喂效果。

第二节　酶解技术在饲料生产中的应用

酶解技术是指在适宜的酶的催化作用下，将大分子物质降解为小分子物质的过程。在动物体外或体内条件下对饲料进行酶解预消化，可提高饲料的消化率，同时，酶解饲料还可以有效改善饲料品质。我国颁布的饲料团体标准中规定，使用《饲料原料目录》和《饲料添加剂品种目录》等国家相关法规允许使用的饲料原料和酶制剂，通过酶工程技术生产的单一饲料和混合饲料为酶解饲料。近几年，酶解饲料预消化技术在蛋白质饲料开发方面得到快速发展。我国饲料添加剂目录规定可使用的酶制剂见表 9-2。

表 9-2　我国已批准使用的饲料酶制剂目录

酶制剂种类	适应物料
淀粉酶（产自黑曲霉、解淀粉芽孢杆菌、地衣芽孢杆菌、枯草芽孢杆菌、长柄木霉、米曲霉、大麦芽、酸解支链淀粉芽孢杆菌）	青贮玉米、玉米、玉米蛋白粉、豆粕、小麦、次粉、大麦、高粱、燕麦、豌豆、木薯、小米、大米
α-半乳糖苷酶（产于黑曲霉）	豆粕
纤维素酶（产自长柄木霉、黑曲霉、孤独腐质酶、绳状青酶）	玉米、小麦、大麦、麸皮、黑麦、高粱
β-葡萄糖酶（产于黑曲霉、枯草芽孢杆菌、长柄木霉、绳状青酶、解淀粉芽孢杆菌、棘孢曲霉）	小麦、大麦、茶籽粕、小麦副产物、去壳燕麦、黑麦、黑小麦、高粱

（续）

酶制剂种类	适应物料
葡萄糖氧化酶（产于特异青酶、黑曲霉）	葡萄糖
脂肪酶（产于黑曲霉、米曲霉）	动物或植物源性油脂或脂肪
麦芽糖酶（产于枯草芽孢杆菌）	麦芽糖
β-甘露聚糖酶（产于迟缓黑芽孢杆菌、黑曲霉、长柄木霉）	玉米、豆粕、椰子粕
果胶酶（产于黑曲霉、棘孢曲霉）	玉米、小麦
植酸酶（产于黑曲霉、米曲霉、长柄木霉、毕赤酵母）	玉米、豆粕等含有植酸的植物籽实及其加工副产物产品类饲料原料
蛋白酶（产于黑曲霉、米曲霉、枯草芽孢杆菌、长柄木霉）	植物和动物蛋白
角蛋白酶（产于地衣芽孢杆菌）	植物和动物蛋白
木聚糖酶（产于黑曲霉、孤独腐质酶、长柄木霉、枯草芽孢杆菌、绳状青霉、黑曲霉、毕赤酵母）	玉米、小麦、大麦、黑麦、高粱、黑小麦、燕麦
溶菌酶（源自鸡蛋清）、β-半乳糖苷酶（产自黑曲霉）、菠萝蛋白酶（源自菠萝）、木瓜蛋白酶（源自木瓜）、胃蛋白酶（源自小牛、小羊、禽类的胃组织）、胰蛋白酶（源自猪或牛的胰腺）	犬、猫

一、饲料生产中常用酶的分类

酶的种类很多，现已发现有 3 000 多种，几乎所有的动物、植物和微生物都含有各类酶，由于其种类繁多，所以有不同的分类方法。在畜牧养殖及饲料工程领域，主要依据酶的来源、酶解反应最适宜的酸碱度和酶在饲料生产中的实际用途等来进行分类。

（一）依据酶的来源分类

1. 动物源蛋白酶 胃蛋白酶、胰蛋白酶、糜蛋白酶、凝乳蛋白酶和肽酶等。

2. 植物源蛋白酶 木瓜蛋白酶、菠萝蛋白酶、无花果蛋白酶、生姜蛋白酶、猕猴桃蛋白酶和朝鲜梨蛋白酶等。

3. 微生物源蛋白酶 真菌蛋白酶、细菌蛋白酶和病毒蛋白酶等。

（二）依据酶的最适作用 pH 分类

1. 酸性蛋白酶 最适作用 pH 为 2.5～5.0，主要由黑曲霉发酵提取制备，能在低 pH 条件下有效水解各种蛋白质。

2. 中性蛋白酶 最适作用 pH 为 7.0～8.0，主要由枯草芽孢杆菌发酵提取制备，可在中性条件下有效水解各种蛋白质。

3. 碱性蛋白酶 最适作用 pH 为 9.0～11.0，主要由枯草杆菌发酵提取制备，能在碱性条件下有效水解各种蛋白质。

（三）依据酶的实际用途分类

为便于推广应用，依据酶在饲料生产中的实际用途分为：蛋白酶、淀粉酶、脂肪酶、纤维素酶、植酸梅、木聚糖酶和多种酶的复合物即复合酶等。也有针对不同动物及其不同生长阶段设计的复合酶制剂，如仔猪用复合酶、生长猪用复合酶、肉禽用复合酶、蛋禽用复合酶、水产动物复合酶及反刍动物复合酶等。

二、饲料生产中的酶解技术应用

酶制剂作为新型高效的饲料添加剂，既可提高畜禽的生产性能，又可为减少饲料成本提供有效的途径。目前饲料生产中最常用的是酶解蛋白加工技术，以饲料中的蛋白原料为底物，在适宜的一种或多种酶的作用下，经生物催化和转化，将大分子蛋白质水解为具有多功能且更易被动物吸收的小分子肽类。

酶解原料方面，应用较多的是植物源蛋白，如豆粕、菜粕、棉籽粕等植物饼粕。此外，动物源蛋白也有少量报道，如动物血液、内脏等动物屠宰下脚料等。在酶制剂的选用方面，有采用单酶酶解的工艺，常见的有碱性蛋白酶、中性蛋白酶或菠萝蛋白酶、木瓜蛋白酶、胃-胰蛋白酶等。也有采用复合酶的酶解工艺，即两种以上单酶的组合。通常复合酶解在提高水解度、蛋白的可溶性及降解大分子蛋白等方面的效果均优于单一酶解。

（一）酶解豆粕的工艺研究

大豆酶解蛋白是指大豆或大豆加工产品（脱皮豆粕）经酶水解、干燥后获得的产品。大豆因其蛋白质含量高和氨基酸相对平衡性好而成为动物理想的植物性蛋白源。但大豆直接饲喂动物存在的问题是：大豆蛋白饲料中只有75%～80%的蛋白被消化，还有20%～25%的蛋白被动物排泄。究其原因主要是大豆含有一定的抗营养因子，这些抗营养因子包括非淀粉多糖（NSP）、大豆抗原蛋白、蛋白酶抑制因子、凝集素、酚类（单宁）、寡糖、植酸、抗维生素因子、致甲状腺肿因子、皂苷、异黄酮和生氰糖苷等。宋士良等（2021）以一级饲料豆粕作为原料，首先经过挤压膨化去除原料中的大部分热不稳定性抗营养因子。再对于热稳定性抗营养因子，主要为非淀粉多糖、大豆抗原蛋白（大豆球蛋白、β-伴大豆球蛋白等）、寡糖等，采用复合酶组合进行酶解处理。该试验选用的复合酶为中性蛋白酶和非淀粉多糖酶（非淀粉多糖酶包括纤维素酶、果胶酶、甘露聚糖酶、木聚糖酶和β-葡聚糖酶），酶解处理豆粕，将大豆中大分子蛋白降解成小分子肽，同时消除抗营养因子，以提高蛋白消化吸收利用率。试验采用两次正交试验设计和单因素试验，结果表明，优化组合非淀粉多糖酶形成非淀粉多糖复合酶，进行酶解处理豆粕，处理后豆粕中非淀粉多糖去除率达到24.91%；优化中性蛋白酶，酶解处理豆粕，处理后豆粕中肽的质量分数达到18.34%，大豆球蛋白去除率达到97.61%，β-伴大豆球蛋白去除率达到96.60%；经非淀粉多糖复合酶、中性蛋白酶复合处理豆粕后得到大豆酶解蛋白：粗蛋白49.15%，酸溶蛋白28.32%，肽质量分数18.49%，非淀粉多糖11.74%，大豆球蛋白3.40mg/g，β-伴大豆球蛋白4.90mg/g，棉籽糖1.00mg/g，水苏糖3.20mg/g，脲酶活性0.01U/g，粗灰分6.44%，钙0.44%和水分8.10%。

据刘培剑等（2020）介绍，豆粕酶解后粗蛋白可提高2.32%～14.75%，酸溶蛋白含量高达5.50%，酶制剂的来源、种类、添加量、添加方式、处理条件等都会影响处理后豆粕的品质。黄微等（2012）选择6种蛋白酶，分别为Alcalase、胰蛋白酶、Protex.7L、Protex、Flavourzyme和木瓜蛋白酶，采用以下工艺路线对酶解大豆蛋白制备大豆蛋白水解液的过程变化规律进行了研究：

大豆蛋白→按比例加水匀浆→预处理（90℃，15min）→调最适温度→调最适pH→蛋白酶保温酶解→沸水浴灭酶15min→离心10min（5 000r/min）→取上清液作为酶解液

以蛋白水解度以及可溶性蛋白、多肽、寡肽和游离氨基酸的得率为指标，对酶解试验

结果分析发现，Alcalase 水解大豆蛋白的能力最强，生成的多肽、寡肽及游离氨基酸的量最多；胰蛋白酶酶解产物的分子质量偏大；Flavourzyme 水解出的游离氨基酸含量占可溶性蛋白的比例较高。Alcalase 相比其他几种酶，水解大豆蛋白效率较高，能达到较高的水解度，获得多肽、寡肽及游离氨基酸的量较多，适宜在工业化生产中应用。

豆康宁等（2009）研究发现，碱性蛋白酶与菠萝蛋白酶联用水解豆粕的效果最好，水解度可达 21.3%，较碱性蛋白酶的单一水解度提高了 1.4%。宋永康等（2012）研究发现，先加 Alcalase 碱性蛋白酶后再添加 Protex.7L 蛋白酶分步水解豆粕的效果较好，大豆蛋白的水解度可达 23.5%，蛋白利用率、多肽得率和寡肽得率分别为 38.7%、51.0%、21.4%。刘建国（2009）研究报道，中性和酸性蛋白酶联用，豆粕的酸溶蛋白从 8.84% 提高到 24.76%，处理时间由 48h 缩短至 36h。

除蛋白酶外，其他酶类在酶解豆粕中也发挥着重要作用，如植酸酶（phytases）。植酸酶是一类催化植酸和植酸盐水解成无机磷和肌醇的酶的总称，根据其最适 pH，可分为酸性植酸酶、中性植酸酶和碱性植酸酶。微生物植酸酶因其活性高、易工业化生产等优点，而被广泛地研究和开发。植酸具有较强的螯合作用，可螯合饲料中的无机磷、蛋白质、氨基酸、矿物质元素等营养物质，其螯合物相对稳定，是谷物籽粒中磷酸盐的主要贮存形式，这种形式的磷不能被缺乏植酸酶的单胃动物包括人类所吸收利用，降低了饲料原料的营养物质的消化率，所以被称为抗营养因子。植酸酶能将磷酸残基从植酸上水解下来，可破坏植酸对矿物元素强烈的亲和力，所以植酸酶能增加矿物元素的营养效价，而且由于释放出的 Ca^{2+} 可参加交联或其他反应，从而改变了植物性食品的质地。据刘培剑等（2020）介绍，谷类、豆类和油料种子中磷约 60% 以植酸磷的形式存在，无法被畜禽直接利用，利用植酸酶预处理豆粕原料，可显著降低原料中植酸磷的含量，植酸磷的水解度同植酸酶浓度呈正相关关系。王陶等（2016）利用黑曲霉发酵制备的植酸酶对豆粕中的植酸磷进行水解研究发现，在加酶量为 600U/g，底物浓度为 60mg/mL，pH 为 4.0，水解温度为 55℃ 的最优条件下，水解 5h 后，植酸磷水解度可达 87.34%。

非淀粉多糖酶（NSP 酶）是一类可以分解非淀粉多糖（NSP）的酶制剂总称，主要包括纤维素酶、果胶酶、半纤维素酶（木聚糖酶、甘露聚糖酶、葡聚糖酶、半乳糖苷酶）。豆粕作为一种优质的植物蛋白源，除含有 43% 左右蛋白质外，还含有大量的非淀粉多糖、大豆抗原蛋白和残留的蛋白酶抑制因子等抗营养因子。其中 NSP 可结合大量的水，造成消化道食糜的黏度增加，使营养物质与消化道内源酶的作用降低，导致脂肪、蛋白质消化和利用降低。因此，在蛋白酶酶解的基础上添加 NSP 酶可有效提高豆粕的品质。何中山等（2004）研究了中性蛋白酶、纤维素酶、果胶酶、β-甘露聚糖酶酶解豆粕的最佳工艺条件。综合考虑酶解效果和成本，确定了豆粕的最适酶解条件为每 1g 豆粕中先加入纤维素酶 80U、果胶酶 160U、甘露聚糖酶 40U，水解温度 50℃，pH5.0，酶解 6h；再加中性蛋白酶 500U，水解温度 50℃，pH7.0，水解 4h。该酶解豆粕中还原糖含量由 4.5% 增至 8.2%，蛋白质水解度达 4.5%。

酶制剂在豆粕预处理中发挥着重要作用，蛋白酶可有效降低豆粕蛋白分子质量大小，提高小肽含量，降低豆粕中抗原蛋白及胰蛋白抑制因子等抗营养因子含量，其中，碱性蛋白酶和中性蛋白酶的表现尤为突出。植酸酶和 NSP 酶可分别通过降解植酸，降低植酸与蛋白质等营养物质的螯合度和破坏原料细胞壁的结构，释放碳水化合物和蛋白质的方式协助蛋白酶酶解豆粕，进一步提高了豆粕的营养品质。酶制剂在未来多元化体外预处理豆粕及其他饲料原料方案中必将发挥重要的作用。

（二）酶解菜粕的工艺研究

我国拥有丰富的菜籽资源，是世界公认的菜籽生产大国。但由于菜籽粕中植酸和有害酚的存在，对动物具有不利影响，需要将这种蛋白质水解成能够被生物吸收利用的小分子才能发挥作用，因此有必要利用酶工程技术对蛋白质进行适当水解，使其能被动物充分吸收。但是，菜籽蛋白在水解过程中若水解不完全，很容易产生苦味，影响其适口性；同时，酶解过程中也会带来菜籽的损失等问题。因此，李业禄等（2020）为更有效地对菜籽进行酶解，以菜籽粕为原料，将碱性蛋白酶、中性蛋白酶、风味蛋白酶（Flavourzyme）及果胶酶分别对菜籽粕进行单酶水解和复合酶水解，探究各酶体系对菜籽粕水解度影响。结果表明，在各酶体系 pH 适宜条件下，分别以碱性蛋白酶、风味蛋白酶及中性蛋白酶各 2g，在 50℃下分别对菜籽粕进行 2h 水解，所得菜籽粕平均水解度为 27.3%，菜籽粕平均水分为 79.37%，总氮含量平均为 93.28%。

（三）酶解动物屠宰副产物的工艺研究

动物屠宰副产物之一的血液是一种极具潜力的动物性蛋白饲料原料。它含有多种养分和生物活性物质，如蛋白质、多种生物酶等。利用畜禽血液生产的饲料制品主要有两种，即将血液抗凝分离后的由血浆生产的血浆蛋白粉和由血细胞生产的血红蛋白粉。血浆蛋白粉是一种很好的功能性蛋白原料，已被广泛应用于断奶仔猪教槽料中；而血细胞中的主要成分血红蛋白是一种混合四聚体，呈蜷曲状排列，且外有细胞膜的保护，难以在动物体内被消化利用。

血红蛋白是一种高蛋白、低脂肪和富含血红素铁的动物屠宰副产物。血红蛋白粉具有很高的营养价值，在提高仔猪、鱼和肉鸡的日增重、采食量、饲料效率、增强免疫性功能等方面具有显著的作用。但由于普通的血红蛋白粉的色泽猩红、血腥味较重、有异味、适口性较差、影响感官质量，并且在动物肠道内缺乏红细胞的消化酶及氨基酸组成不平衡（亮氨酸和赖氨酸含量较高，而异亮氨酸和蛋氨酸含量较低），限制了其在动物上的广泛应用。因此，研究适宜的血红蛋白粉加工工艺，扩大添加量和使用范围，既可以弥补我国蛋白质资源的不足，又可以获得巨大的经济效益和减少环境污染。采用蛋白酶水解技术可以将血红蛋白降解为有利于动物体消化吸收的多肽、小肽和氨基酸等，特别是血红蛋白富含的血红素铁可以作为理想的补铁补血原料，生产优质的功能性饲料原料。

胡刚等（2009）选用中性蛋白酶、木瓜蛋白酶、风味蛋白酶和碱性蛋白酶进行水解猪血红蛋白试验研究。通过单因素试验，研究水解温度、pH、酶添加量、底物浓度、水解时间对猪血红蛋白水解效果的影响。优选出中性蛋白酶的水解效果最佳；再通过正交试验得出，温度对中性蛋白酶水解猪血红蛋白的影响最大，其次是 pH，最后是酶添加量和底物浓度；最佳的水解条件是：底物浓度 10%，pH7.5，水解温度 55℃，酶添加量 5 000U/g（以蛋白计），水解时间 3h。在此条件下得出的猪血红蛋白水解度为 22.03%，三氯乙酸可溶性氮含量（SN-TCA 指数）为 63.83%。

酶解技术以其反应条件温和、生产成本低、安全性高、对底物蛋白破坏小等优势而得到广泛应用。利用蛋白酶水解血红蛋白的同时也可在一定程度上脱色和去腥。金菲等（2008）研究了 3 种不同蛋白酶对猪血红蛋白的水解效果，从中筛选出最佳的复合水解酶（表 9 - 3）。血红蛋白粉酶解工艺路线见图 9 - 4。

表 9 - 3 不同蛋白酶白的性能

项目	酶添加量	底物浓度（%）	水解温度（℃）	pH	水解时间（h）
中性蛋白酶	4 000U	8	50	7.0	6
木瓜蛋白酶	4 000U	8	50	7.0	6
风味蛋白酶	30LA-PU	8	50	7.0	6

注：加酶量为每克蛋白含酶量；LA-PU 为诺维信（中国）生物技术有限公司的产品标准。

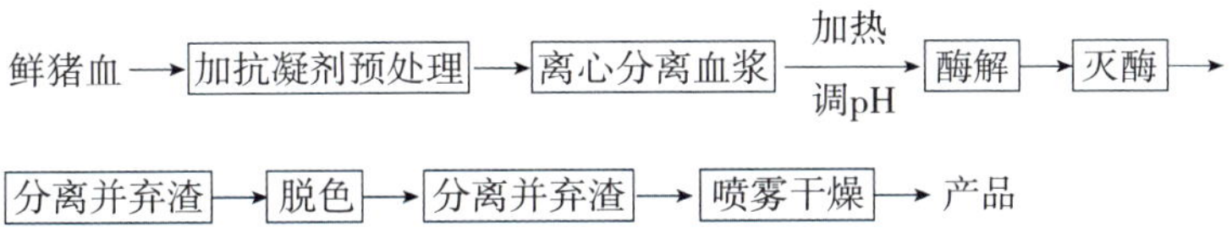

鲜猪血 → 加抗凝剂预处理 → 离心分离血浆 ──加热调pH──→ 酶解 → 灭酶 →

分离并弃渣 → 脱色 → 分离并弃渣 → 喷雾干燥 → 产品

图 9 - 4 血红蛋白粉酶解工艺路线

该试验初步比较了中性蛋白酶、木瓜蛋白酶、风味蛋白酶等对猪血红蛋白酶解效果。结果表明，中性蛋白酶的水解效果较优，其水解猪血红蛋白的最适工艺条件为：温度 50℃，酶添加量 5 720U/g（以蛋白计），底物浓度 13.28%，自然 pH，酶解 11h。在此条件下水解度为 15.11%。同时表明底物浓度、酶添加量和水解时间 3 个因素与水解度之间呈二次曲线关系，且各因素之间交互作用不显著。

该试验在单因素试验的基础上采用响应面分析法，利用中性蛋白酶与风味蛋白酶对血红蛋白进行复合水解。通过对双酶复合水解条件进行优化，得出双酶水解的最适工艺条件为：温度 50℃，底物浓度 12%，中性蛋白酶添加量 3 820U/g（以蛋白计），风味蛋白酶添加量 43.5LA-PU/g（以蛋白计），自然 pH，水解 22.8h。此时水解度可达 37.81%（预测值 38.03%）。

猪肠膜蛋白粉（dried porcine soluble，DPS）是利用猪小肠加工肠衣，并提取肝素后的废弃肠黏膜，再经过特定的酶处理、浓缩，最后经高温灭菌干燥等加工过程制备而成的一种动物性蛋白饲料。其干物质中蛋白质含量达 60%。猪肠膜蛋白粉是一种营养性动物蛋白原料，含有丰富的蛋白质、氨基酸、寡肽、钙、磷、纤维素及其他常量和微量元素，易被动物体消化吸收，在断奶仔猪、母猪和水产养殖中均有应用（赵昕红，1999）。

为提高猪肠黏膜的水解度和低分子肽的含量，胡晓燕等（2007）进行了双酶分阶段水解猪肠黏膜的加工工艺研究，以获得最佳的水解条件。该研究选用新鲜的猪小肠制取肠黏膜，选用木瓜蛋白酶、中性蛋白酶和碱性蛋白酶（实测酶活力为 19 万 U/g），在其各自最适反应条件下，采用不同加酶组合和加酶顺序，对小肠黏膜蛋白进行水解研究（表 9 - 4），其酶解工艺路线为：

摘取肝素后的猪小肠黏膜→一次酶解→105℃灭酶（10min）→二次酶解→105℃灭酶（10min）→喷雾干燥→产品

表9-4 蛋白酶组合和加酶顺序对猪小肠黏膜蛋白质水解的影响（%）

加酶品种及组合	水解度	氮得率
木瓜蛋白酶-中性蛋白酶	43.94	85.7
中性蛋白酶-木瓜蛋白酶	39.39	80.1
木瓜蛋白酶-碱性蛋白酶	40.91	39.5
碱性蛋白酶-木瓜蛋白酶	36.36	80.7
中性蛋白酶-碱性蛋白酶	34.85	78.8
碱性蛋白酶-中性蛋白酶	40.91	77.5

注：底物浓度为5%，酶添加量为8 000U/g，水解时间为4h。

由表9-4的水解度和氮得率可看出，对小肠黏膜蛋白进行木瓜蛋白酶、中性蛋白酶的双酶分阶段水解效果最优，其最佳工艺条件为：木瓜蛋白酶：中性蛋白酶＝1：2，水解温度55℃，酶总添加量8 000U/g（以蛋白计），pH 7.0，水解总时间3h，最适水解时间分配比例为各1.5h。根据极差分析，正交试验设计中4个因素对试验结果影响的主次关系为：双酶分配比例＞水解时间分配比例＞酶总添加量＞pH，在此条件制备的肠黏膜蛋白粉中蛋白质含量为37.5%，水解度为43.9%。

植酸盐还会使动物体内蛋白酶、淀粉酶和脂肪酶等消化酶的活性降低，致使动物体对蛋白质、淀粉、脂肪等营养物质消化率降低。由于单胃和无胃动物体内缺乏能分解植酸磷的酶，无法将植酸磷分解为可利用的无机磷，因此很难利用以植酸盐的形式存在的磷。必须在植酸酶的作用下才能被分解成可利用的无机磷。植酸酶最佳酶解pH为5.5，因此现有的直接添加植酸酶技术，被动物采食后其胃（畜禽pH为1.5~2.5，水产动物肠道为中性）和畜禽肠道（pH为7.0~7.5）环境均不利于植酸酶充分发挥功效，造成植酸酶的酶解效率进一步降低。

为解决在水产饲料中直接添加植酸酶不利于植酸酶充分发挥作用等问题，吴丰惟等（2016）试验参考吉富罗非鱼饲料配方，以豆粕、棉粕和菜粕为原料，按比例15：9：7混合，采用植酸酶进行体外水解，在单因素试验的基础上，以水解效率为指标，采用正交试验研究酶添加量、水解温度、加水量和水解时间4个因素对植酸酶体外水解植物性饲料原料效率的影响。结果表明，各因素对植酸酶体外水解植物性饲料原料效率的影响程度依次是酶添加量＞水解温度＞加水量＞水解时间；其最佳酶解工艺条件为：酶添加量2 000U/kg（以底物计），水解温度35℃，加水量50%，水解时间3h。在此条件下得出的植酸酶水解度为42.16%。

第三节　菌酶协同发酵在饲料生产中的应用

菌酶协同发酵饲料是指使用《饲料原料目录》和《饲料添加剂品种目录》等国家相关法规允许使用的饲料原料、酶制剂和微生物，通过发酵工程和酶工程技术协同作用生产的单一饲料和混合饲料。

一、菌酶协同发酵饲料概述

酶解是利用蛋白酶将大分子蛋白分解为小分子物质，酶解产物具有肽类物质含量高、免疫活性强等特点，但在酶解过程中易产生苦味物质，影响饲料产品的适口性。微生物发酵是通过发酵工程中产生的蛋白酶发挥作用，其不仅可以降低饲料中抗营养因子的含量，提高发酵产品中游离氨基酸的含量，并产生一定量的有机酸、维生素及有益微生物等，还可以有效地抑制动物肠道内腐败菌生长，调节动物肠道健康和提高机体的免疫力，改善饲料适口性。

菌酶协同发酵饲料常用酶制剂按其功能大致分为以下四类：①能够降解饲料原料中难以消化吸收的物质，如纤维素酶、半纤维素酶、木聚糖酶、植酸酶、果胶酶、葡萄糖苷酶等；②能够抑制有害菌生长，促进益生菌繁殖，如溶菌酶、葡萄糖氧化酶等；③能够提高动物机体免疫，维持肠道健康，如甘露聚糖酶、葡萄糖苷酶等；④能够减少饲料原料中的有害物质，如降解霉菌毒素的酶、降解棉酚的酶等。菌酶协同发酵饲料常用菌种主要为酵母菌、乳酸菌、芽孢杆菌、霉菌这四类。

二、菌酶协同发酵饲料的应用

目前，报道的菌酶协同发酵饲料工艺均采用固态发酵工艺，且大多数是一步法的发酵工艺，即在微生物发酵饲料的过程中同时添加所需的酶进行协同处理。在工艺条件方面，对作用效果最佳的菌种和酶应尽可能创造其发挥协同作用的最适条件，因此对它们的背景研究尤为关键。例如，许欣（2020）采用凝结芽孢杆菌 LA204 和 4 种非淀粉多糖酶进行发酵豆粕的研究，以豆粕中的抗营养因子和"不良寡糖"代表 β-伴大豆球蛋白、棉子糖和水苏糖的含量为考察指标，通过正交试验设计得出的最适工艺条件为：协同酶 α-半乳糖苷酶的添加量 0.25%，LA204 凝结芽孢杆菌的接种量 5%，酶解发酵温度 50℃，发酵时间 36h。在该条件下高温发酵后，豆粕中 β-伴大豆球蛋白含量由 170.09mg/g 降至 2mg/g 以下；棉子糖和水苏糖含量由 9.51mg/g、44.34mg/g 分别降至 2mg/g、1mg/g 以下，该高温发酵工艺对豆粕主要抗营养因子去除效果要优于常温发酵工艺。也有少量报道采用两步法的发酵工艺，即先酶解后发酵，或反之，均在时间上分开进行；与一步法相比，两步法协同处理的发酵工艺复杂，参数变化差异大，对生产设备和加工工艺提出了更高的要求。帖余等（2019）建立了一种两步法发酵菜粕的工艺：第一步，通过黑曲霉对菜粕进行固态发酵，产生蛋白酶等多种酶类；第二步，利用第一步发酵所产的各种酶，进一步降解菜粕中的抗营养因子和大分子蛋白。结果表明，与单菌固态发酵法相比，两步法可以更有效地降解菜粕中的抗营养因子，提高蛋白含量，从而提升菜粕作为饲料蛋白的使用价值。

胡瑞等（2013）在优化复合益生菌（酿酒酵母：米曲霉：枯草芽孢杆菌＝5：1：2）发酵豆粕的生产工艺参数的基础上，考察了添加外源蛋白酶对发酵豆粕品质的影响。通过模拟工厂化规模生产，测定 4 个料水比水平（1：0.3、1：0.4、1：0.5、1：0.6）在发酵0、24、48、72h 条件下，发酵温度、pH 及初水分、粗蛋白、真蛋白和挥发性盐基氮含量，选择复合益生菌发酵的最优生产参数，而后在该最优参数下设计加酶试验组和无酶对照组，比较了添加外源蛋白酶对发酵豆粕品质的影响。结果表明：①在不同料水比条件下发酵 72h，底物温度先升高后下降，pH 缓慢下降，初水分含量逐渐提高，粗蛋白含量在料水比 1：0.6、发酵 48h 时有最高值 47.29%；真蛋白含量在料水比 1：0.4、发酵 48h 时有最高值 43.34%；挥发性盐基氮含量在料水比 1：0.6、发酵 48h 时有最高值 38.10×10^{-2}mg/g。②加入蛋白酶后发酵豆粕真蛋白和干物质含量较对照组分别降低了 2.59 和

4.11 个百分点，游离氨基酸含量提高了 0.36 个百分点，豆粕大分子蛋白降解程度显著升高。由此可知，复合益生菌可实现对豆粕低料水比发酵，添加蛋白酶可进一步改善发酵豆粕的品质。推荐发酵参数为复合益生菌（酿酒酵母：米曲霉：枯草芽孢杆菌＝5：1：2）总添加量 0.05%，蛋白酶添加量 0.01%，料水比 1：0.4，发酵时间 48h。菌酶协同作用可进一步提高发酵豆粕中可利用氮的质量。

第四节　生物饲料目前存在的问题及发展趋势

一、生物饲料目前存在的问题

生物饲料虽然有很多的优点，但目前还存在一些问题，仍需进一步的研究和完善。

1. 在产品质量方面　发酵过程中小分子营养物质流失，总能下降；菌种混合发酵的协同或拮抗作用还有待研究；产品质量标准存有争议，产品质量和应用效果受菌种、工艺、养殖品种和饲喂模式的影响较大。

2. 在生产菌种方面　多菌种混合发酵时，存在菌株来源不明、不纯和菌种退化现象；菌株相互之间的协同或拮抗的机制尚不清楚；同时可能存在耐药基因转移、有害代谢产物、超敏反应等来自菌种的安全隐患。

3. 在生产技术方面　为节约生产成本，原料多采用未经消毒灭菌的"生料"发酵，经常导致发酵产品的霉菌毒素超标；发酵工艺以单元操作为主，自动化程度低，工人的劳动强度大；酶解工艺过程中一般会释放出大量的有味气体和一定量的废水，对环境有一定的危害。

4. 在发酵饲料标准方面　除明确的营养常规指标外，酸溶蛋白、乳酸、益生菌活菌数等有益指标和挥发性盐基氮、霉菌和霉菌毒素等有害指标均应纳入产品标准。同时检测方法不够完善，发酵过程中产生的菌体、有机酸等代谢物会对粗脂肪、酸价、过氧化值等的检测结果产生干扰。

二、生物饲料的发展趋势

随着生物技术的不断深入研究，将会有更多的新技术、新工艺被应用于饲料的生产中，未来在生物饲料行业中将有如下发展趋势。

（一）特色功能菌株的筛选

未来功能性菌株的筛选仍然是生物饲料研究的核心。针对饼粕类原料中存在的抗营养因子、玉米深加工副产物中的霉菌毒素和含硫物质，筛选高效降解菌；针对不同畜种的肠道特点及同一畜种不同发育时期的肠道特点等，筛选适应性好、定植能力强的菌株；以及根据其他特定功能性代谢产物，筛选高效表达菌株。

（二）菌酶协同作用的研究

菌酶协同发酵饲料能够将酶制剂和微生物功效有机结合，高效降解饲料原料，提高有效成分含量，两者的协同作用既能缩短发酵周期，又能充分利用活菌制剂优化动物机体环境，减少疫病发生，从而降低生产成本，提高养殖效益。其发酵效果明显优于微生物或酶制剂的单独作用，但目前对微生物、酶制剂与动物机体之间的相互作用机制研究较少。

（三）对功能性小肽的认定

酶法水解蛋白的主要目的是获得各种功能性小肽，小肽制品既有丰富的营养性作用又具有防病抗病等功能作用。可以预见，肽类制剂将成为继维生素和氨基酸后在饲料中应用的又一种必不可少的添加物。因此，探讨酶解小肽的评价标准及对功能性小肽的认定，会成为今后研究的热点。

（四）生物饲料质量安全性监测

生物饲料首先要符合国家饲料卫生标准，因其微生物学属性，还应对其微生物安全性进行监测，监测内容应包括所用菌种是否合法合规，严格禁止选用《饲料添加剂品种目录》中规定以外的菌种。同时建立和完善饲料中霉菌毒素等有害成分的快速、准确的检测方法。此外，生物饲料具有动态变化的性质，所以其质量安全监测也应是一个全程的动态监测过程。

展望

合成生物学的目的在于建立人工生物系统（artificial biosystem），人们将"基因"连接成网络，创造/改造出来新的生物（细胞），让细胞来完成设计人员设想的各种任务。

随着合成生物学的发展，利用合成生物学指导新型饲料资源的开发正成为畜牧业中具有应用前景的发展方向。相较于传统饲料资源供应方法，合成生物指导新型饲料资源开发有可通过无耕地的方式提供可持续的饲料资源的优势。例如，通过单细胞蛋白的培育可获得脂类、蛋白质等成分的替代物，通过对生命系统的改造，在微生物中合成异源功能性成分饲料资源。但初始的微生物改造所获得的微生物生长能力大多较低，改进过程也耗时耗力。而随着合成生物学的发展，通过"设计-构建-测试-学习"迭代循环的思路对生命系统进行改造相较于从应变工程和模型微生物研究中积累知识，效率得到了提高。

随着合成生物相关技术的发展，在"双碳"政策下，全球各国均出台了推动合成生物技术成果落地的政策。美国 Calysta 公司已经利用天然气和微生物发酵生产一种单细胞蛋白 FeedKing 作为鱼粉的替代品。Amyris 公司成功合成维生素、氨基酸等。我国国家发展和改革委员会在 2022 年 5 月 10 日印发了《"十四五"生物经济发展规划》，明确指出了包括合成生物学在内的生物经济是未来中国经济转型的新动力。

合成生物的研究包含以下多种手段：

（1）利用模块的研究开发各种人工合成或天然的调控元件包括启动子、终止子、核糖体结合位点等，在转录、mRNA 浓度、翻译层次上达到提高目的产物产量的目的。其中以美国麻省理工学院"标准生物元件登记库"（RSBP）为代表可实现元件信息和实物共享。

（2）利用 CRISPR、IN-Fusion、Gateway、Golden Gate、Gibson 等 DNA 合成、组装及基因编辑手段设计代谢通路，并导入底盘细胞"构建"合成生物学中的"芯片"。

（3）利用 Fluidigm、FACS、高通测序等手段"检验"底盘细胞构建质控环节。

（4）利用建模分析、结果可视化、数据整理与分析等方法反馈生命系统的改造。

（5）利用虚拟仿真进行数学建模，模拟畜禽饲料加工工艺，对工艺参数进行优化，最终实现工业化生产。

参考文献

卜小丽，陈熠娜，王春维，等，2017. 生物与物理复合法脱除棉籽粕中游离棉酚的工艺［J］. 中国畜牧杂志，53（3）：79-83.

程方，李巨秀，来航线，等，2015. 多菌种混合发酵马铃薯渣产蛋白饲料［J］. 食品与发酵工业，41（2）：95-101.

陈娟，刘军，张云鹏，等，2010. 微生物降解菜籽粕中抗营养因子的研究［J］. 粮食与饲料工业（7）：40-42.

陈颖，2020. 黑鲷饲料中乙醇梭菌蛋白部分替代鱼粉的应用效果研究［D］. 杭州：浙江大学.

豆康宁，石晓，王飞，2009. 不同蛋白酶水解能力的比较研究［J］. 粮油加工（7）：54-56.

金菲，王春维，赵胜军，2008. 猪血红蛋白酶解参数的优化［J］. 饲料工业，29（16）：36-39.

侯美玲，格根图，孙林，等，2015. 甲酸、纤维素酶、乳酸菌剂对典型草原天然牧草青贮品质的影响［J］. 动物营养学报，27（9）：2977-2986.

胡刚，王春维，周海，等，2009. 酶解猪血红蛋白工艺条件的研究［J］. 饲料工业，30（23）：18-22.

胡晓艳，王春维，胡刚，2007. 猪肠膜双酶分步酶解工艺的研究［J］. 饲料广角（24）：32-35.

胡瑞萍，丁贤，李俊伟，等，2019. 多指标综合加权分析法优化固态发酵豆粕工艺［J］. 农业工程学报，35（12）：304-312.

黄明媛，宋敏，魏秋群，2017. 蛋白酶对豆粕的酶解研究［J］. 广东饲料，26（3）：19-22.

黄志东，张翘楚，李惠惠，等，2023. 菌体蛋白作为饲料蛋白原料的研究进展［J］. 饲料工业，44（10）：16-21.

李成贤，周安国，王之盛，等，2007. 大豆主要抗原蛋白的分离及测定方法的研究［J］. 大豆科学，26（4）：618-622.

李祥，李浩，潘春梅，等，2021. 丁酸梭菌与嗜酸乳杆菌固态发酵豆粕的工艺优化［J］. 饲料工业，42（13）：46-52.

李业禄，王丽娟，汪晶晶，等，2020. 酶解条件对菜籽粕水解得率的研究［J］. 农产品加工（3）：11-12.

刘世操，刘梓洋，祝爱侠，等，2017. 杏鲍菇菌糠固态发酵工艺条件的优化及在生长猪上的应用［J］. 中国畜牧杂志，53（9）：86-90.

刘建峰，葛向阳，梁运祥，2007. 响应面法优化豆粕固态发酵工艺的研究［J］. 中国生物工程杂志（6）：87-91.

刘培剑，刘延杰，赵素珍，2020. 酶制剂在豆粕体外预处理中的应用［J］. 中国饲料添加剂（8）：16-22.

柳入铭，张朝辉，2022. 乙醇梭菌蛋白的分级提取工艺优化［J］. 食品研究与开发，43（13）：128-134.

亓秀晔，谢全喜，于佳民，等，2019. 高效降解棉籽粕中游离棉酚菌株的筛选及复配发酵方式的优化［J］. 中国粮油学报，43（1）：99-106.

宋士良，陆克文，2021. 大豆酶解蛋白复合酶组合试验研究［J］. 粮食与饲料工业（6）：47-52.

沈沾红，2009. 菌体蛋白的营养价值评定及其对肉鸡生长性能、肠道生理的影响研究［D］. 雅安：四川农业大学.

魏金涛，赵娜，李绍章，等，2014. 复合酶酶解豆粕营养成分变化规律研究［J］. 中国粮油学报，29（1）：17-20.

魏洪城，郁欢欢，陈晓明，等，2018. 乙醇梭菌蛋白替代豆粕对草鱼生长性能、血浆生化指标及肝胰脏和肠道组织病理的影响［J］. 动物营养学报，30（10）：4190-4201.

吴正可，刘国华，李阳，等，2019. 混菌固态发酵菜籽粕工艺优化［J］. 中国农业科学，52（24）：4603-4612.

吴丰惟，祝爱侠，刘翼，等，2016. 植酸酶体外水解植物性饲料原料工艺条件的研究［J］. 饲料工业，37（3）：49-54.

王陶，李文，董玉玮，等，2016. 黑曲霉植酸酶对豆粕中植酸的脱磷作用［J］. 食品工业（5）：70-74.

王章存，李乐静，赵学伟，等，2013. 碱性蛋白酶水解对豆粕中大豆抗原蛋白的影响［J］. 中国粮油学